Les Forces
de la montagne

Du même auteur
chez le même éditeur

Les Grimpeurs de muraille, 2000.
342 Heures dans les Grandes Jorasses, 2002.

Dans la même collection
Le Pôle intérieur, Jean-Louis Étienne
Les Moulins de glace, Janot Lamberton
Imarra, aventures groenlandaises, Georges de Caunes

RENÉ DESMAISON

Les Forces
de la montagne
Mémoires

HOËBEKE

© 2005 Éditions Hoëbeke, Paris
ISBN 2-84230-229-X

Imprimé en France

Tous droits réservés. La loi du 11 mars 1957 interdit les copies ou les reproductions destinées à une utilisation collective. Toute représentation ou reproduction intégrale ou partielle de cet ouvrage, faite par quelque procédé que ce soit – photographie, photocopie, microfilm, bande magnétique, disque ou autre – sans le consentement de l'auteur et de l'éditeur, est illicite et constitue une contrefaçon sanctionnée par les articles 425 et suivants du Code pénal.

1
Premières évasions

Je suis né en 1930, à l'orée du printemps. Si je m'en tiens aux signes du zodiac, je serais, comme Michel Polac l'évoqua un jour, lors d'une émission de France-Inter, un Bélier avec une queue de Poisson. Étrange bestiole, en vérité.

De taille moyenne, un peu fort, mon père était de Brantôme, ma mère, belle femme, plutôt grande, de Bourdeilles. Des gens qui venaient de la terre. Une grande famille : quatre tantes du côté maternel, trois oncles chez mon père. Les fermes familiales étaient nombreuses dans ce Périgord Vert où j'adorais passer mes vacances.

Peu d'hommes étaient rentrés vivants dans leurs villages, aux lendemains de 1914-1918. Ma mère, Antoinette, avait perdu son fiancé à Verdun, elle épousa donc Joseph Desmaison, qu'elle prénomma Louis, je ne sais pour quelle raison. Mon père était un héros de la guerre, et j'en ai toujours gardé une certaine fierté, même si la guerre me fait horreur. Il fallait bien défendre la France... Mon père s'était engagé à dix-huit ans, et je conserve précieusement son carnet militaire : « Joseph Desmaison. Grenadier d'élite. Cité à l'ordre du deuxième régiment n° 47 le 17 mai 1917. Volontaire pour l'exécution d'un coup de main, reconnaître la position ennemie. Bien qu'arrêté par un réseau de fils de fer barbelés presque infranchissable, et soumis à un violent tir de barrage, a accompli sa mission avec une bravoure et un entrain dignes de tous éloges. A forcé l'ennemi à reculer jusqu'à sa dernière barricade qu'il a attaquée immédiatement et prise, et est rentré dans nos lignes en ramenant un prisonnier. A été grièvement blessé à la tête par balle le 16 juillet par un officier allemand, en essayant de franchir une zone battue par les mitrailleuses. Décoration : croix de guerre avec deux étoiles et palmes. Médaille militaire. » J'ajouterais, puisque le document n'en fait pas mention, un morceau de boîte crânienne en moins. Les quelques minuscules fragments d'os qui se déplaçaient dans son cerveau l'emportaient parfois en des crises terribles, aux limites de la folie. Elles le laissaient prostré des jours durant. Il aurait dû porter une plaque de métal à l'endroit de sa blessure, sur le crâne, mais il ne la supportait pas, aussi la seule protection entre son cerveau et les incidents extérieurs tenait à l'épaisseur de son cuir chevelu.

Mon père tenait la moto en passion, mais pas plus que de prothèse crânienne il ne supportait de se coiffer d'un casque. Pour dire ses prouesses, un jour, il perdit l'une de mes tantes, assise sur le siège arrière de l'engin. Il s'en rendit compte quelques kilomètres plus tard et la retrouva, allant à pied sur la route. Ultime exploit, un virage raté, machine en miettes, lui ôta l'envie et le goût de la motocyclette. Fort heureusement, car je crois que je ne serais jamais venu au monde...

Mes parents n'étaient ni riches ni pauvres, mon père était pensionné à 100 % plus 1 degré, ce qui lui donnait le privilège d'être accompagné par un tiers dans ses déplacements. Jamais il n'en fit usage. Ma mère était couturière. Ainsi tous deux apportaient-ils le nécessaire pour entretenir convenablement une famille : Isabelle, ma sœur aînée, Marie-Louise et moi-même.

Les images des premières années sont confuses. Il m'apparaît étonnant que certains souvenirs, somme toute anodins, restent inscrits dans ma mémoire après plus d'un demi-siècle, comme celui-ci, qui révèle comment, sans le vouloir, on peut affecter la sensibilité d'un enfant. Ma mère m'avait acheté un poussin à la foire-exposition de Périgueux, je l'élevai moi-même, dans la petite cour, derrière la maison où nous habitions. Le poussin devint un coq magnifique, blanc et noir, crête sanguine, mais il était si agressif qu'à part moi, nul ne pouvait s'en approcher. De retour de l'école, j'allais m'asseoir sur une caisse, et le coq sautait sur mes genoux. Bec à hauteur de visage, il se mettait à chanter, ce qui ne laissait pas d'inquiéter mes parents qui craignaient que le volatile ne me crève un œil. Rentrant de classe, un jour, on m'annonça que mon compagnon était mort « d'un coup de sang ». Je n'en fus pas dupe, quand, le lendemain, ma mère nous servit un coq rôti au repas... Je refusai d'en manger, de crainte, à mes yeux, de passer pour anthropophage, j'avais perdu mon meilleur copain, et j'en voulus aux miens. Je compris leur inquiétude plus tard, mais le malaise persista.

L'air de Périgueux, la grande ville, ne me convenait pas. Sans être maigre, j'étais mince comme un fil, alors qu'Isabelle et Marie-Louise, mes sœurs, se portaient mieux, elles tenaient de ma mère Antoinette un tonus d'enfer. J'adorais ma sœur aînée, Isabelle, ma deuxième maman. Comme je souffrais de maux de ventre fréquents, le médecin, qui ne diagnostiqua aucun mal particulier, conseilla aux parents de nous installer à la campagne. J'avais sept ans alors, nous étions en 1937. Nous emménageâmes au village de Marsac, sur la route de Bordeaux, à cinq kilomètres de Périgueux. Ce n'était pas la campagne profonde, mais la rivière, l'Isle, et les bois étaient tout proches. Derrière notre maison, baptisée « Villa René » par ma mère, nous tenions un grand jardin. Toute la famille participait à la culture des légumes nécessaires à nos besoins, nous construisîmes un poulailler, des abris pour les lapins, une mignonne étable pour la chèvre, Bichette, qui nous donna des chevreaux. Une deuxième chèvre agrandit notre cheptel, nous avions notre lait et nos fromages une bonne partie de l'année. Minette, la chatte, et Diane, une chienne de race incertaine, toutes deux abandonnées, avaient élu domicile chez nous.

Ma principale activité au potager consistait à ramasser les pierres de notre terrain pour les transporter en un tas, où elles devaient servir à je ne sais trop quoi, un jour. J'avais horreur de ce travail. Si je me comportais mal à la maison, c'était mes punitions du jeudi, jour sans école, ou les après-midi du dimanche : « René, va ramasser des pierres ! » À force d'en cueillir, il vint un jour où il n'y en eut plus, alors, la punition changea : « Va ramasser de l'herbe pour les lapins ! » Quand j'en avais fini avec mes activités champêtres, j'abandonnais mon panier et je filais par le fond du jardin, prenant garde que personne ne me voie. Je rejoignais mes camarades au bord de la rivière. Nous empruntions une barque de pêcheur et nous jouions aux pirates. Quand je rentrais, en fin de journée – je n'avais alors aucune notion de l'heure –, l'orage m'attendait. Mon père criait fort, mais jamais il ne porta la main sur moi, pas une gifle même. Avec ma mère, c'était une autre affaire. Mes escapades à la rivière l'effrayaient, d'autant que je ne savais pas plus nager que les copains.

– Et si vous tombiez à l'eau ! Et si la barque se retournait ! se lamentait-elle.

– Mais maman, on fera comme les chiens…

– Tu me feras mourir d'angoisse !

Et j'en prenais une.

– Mais maman…

J'en recevais une autre.

Chaque fois, l'accrochage se terminait dans ses bras avec la promesse que je lui accordais : je ne recommencerais pas. Chère maman, ce que j'ai pu t'en faire voir !

Mes aventures pirates prirent fin du jour où nous nous enhardîmes à franchir le barrage, à l'aval de la rivière. Incapables de remonter l'obstacle, il ne nous restait pas d'autre solution que d'amarrer la barque volée plus bas. Les responsables furent vite identifiés, mes oreilles s'allongèrent d'autant ce jour-là. C'en était fini des jeux sur la rivière, pour le bonheur des pêcheurs qui n'appréciaient guère notre tintamarre. La décision fut prise : je n'y retournerais qu'aux premiers jours de l'été, pour apprendre enfin la brasse.

Alors, pour me récompenser de mes dispositions de nageur, mon père m'offrit un vélo rouge. Bonheur suprême. Les grandes évasions pouvaient commencer.

Lors des vacances d'été, quand je n'étais pas chez l'une ou l'autre des tantes, je filais en douce, dès la fin du repas de midi. Je rejoignais mes copains à des kilomètres de là. Inquiets de mes escapades, mon père et mes sœurs partaient à ma recherche, sillonnant la contrée à vélo. Quand je les rencontrais sur la route, au soir, je savais que mon retour se passerait mal. « Au lit sans manger ! » Mais à peine étais-je couché que ma mère venait me chercher pour que je passe à table. « Mais qu'as-tu donc dans la tête ? » se lamentait-elle. La punition était plutôt douce.

Je m'en souviens, un jour, je m'enfuis en vélo, passant par la cave, j'avais dix ans, le soleil irradiait, j'étais libre, heureux, à la campagne. Mon père me retrouve le premier. « Ta mère est furieuse », me dit-il, puis il ajoute : « Elle ne veut plus le voir, ton vélo. » Il savait que maman ne plaisantait pas. Quand, après une partie de manille avec les copains, il avait bu un petit verre de blanc de trop, il se faisait vertement remettre sur les rails. Une fois, voulant faire preuve d'autorité à table, il décréta que les petits pois n'étaient pas bons sans dire un mot, ma mère lui retourna l'assiette sur la tête.

Ce soir-là, redoutant l'interdit qui pesait sur ma bicyclette, je filai me coucher, espérant que les choses s'arrangeraient, mais cette fois maman ne vint pas me chercher pour souper. Je pris alors une grande décision : je quitterais définitivement la maison, je partirais sur les routes, le plus loin possible, seul.

Le lendemain, alors que ma mère préparait le petit-déjeuner, je lui fis part de ma décision.

– Où vas-tu donc aller ? fit-elle.

– Loin, très loin.

– Mais il faut marcher longtemps pour aller aussi loin, répondit-elle. Il vaut mieux que tu prennes ton petit-déjeuner avant de partir, il n'est pas bon de marcher le ventre creux.

Comme j'avais faim, je ne me fis pas prier. Après avoir posé mon bol dans l'évier, je lui dis, d'un air bravache : « Adieu maman », et je quittai la maison en me demandant où donc était le très loin que je voulais atteindre. Privé de vélo, je passai une grande partie de la journée à errer dans les prés, le long des berges de la rivière, incapable de décider de la bonne direction pour aller loin... Dans la poche arrière de ma culotte courte, j'avais en tout et pour tout mon lance-pierre.

J'étais devenu spécialiste dans la fabrication de cette arme redoutable. Un camarade d'école, dont le père réparait les chambres à air des voitures et des camions, me procurait du caoutchouc autant que je le voulais. J'en découpais des bandes, que je fixais à des fourches que je dénichais dans les taillis. Le choix d'une fourche est très important, elle se doit d'être de bois dur, de forme régulière, pour la précision du tir. La bourse où l'on place le projectile doit être de cuir souple, pas un seul morceau de ficelle ou de fil de fer ne doit servir pour maintenir les élastiques tranchés dans les chambres à air. J'étais expert, aussi j'échangeais mes lance-pierres contre des chevrotines que mes camarades dérobaient dans les réserves de plomb de leurs pères qui, chasseurs comme le mien, fabriquaient leurs cartouches eux-mêmes. C'était là d'excellents projectiles pour lance-pierres. En cousant soigneusement la bourse aux lanières, des deux côtés, on pouvait tirer plusieurs chevrotines ou bien une gerbe de petits plombs.

Comme, par ennui, je décidai d'abandonner mon projet d'aller très loin, je m'exerçai au tir sur des branches d'arbres, faute de merle. En milieu de l'après-midi, je suis tenaillé par la faim, la maison n'est pas loin, et je sais que mes parents font la sieste aux heures chaudes. Quant à mes sœurs, elles étaient sûrement à la plage, en bord de rivière. Du jardin, je regarde la porte de la cuisine, les volets sont entrebâillés, je remonte l'allée, et je les tire doucement. La porte n'est pas bouclée. J'avance de quelques pas sur la pointe des pieds, et j'aperçois mon couvert, dressé sur la table. Ma mère surgit, elle m'observait depuis un moment en fait, elle m'attrape dans ses bras : « Tu ne crois pas que tu es mieux ici plutôt que "Très loin" ? Et ce lance-pierre que tu as dans ta poche ! Tu ne vas pas refaire des bêtises, comme la dernière fois ? »

J'en avais mon compte des bêtises. Un jour, je m'étais exercé sur les carreaux de ce qui me semblait être un baraquement en bois, au bord de la route. Les chevrotines firent des petits trous sans briser les vitres, mais il se fait que le baraquement était le garage du maire de notre commune, un ami de mon père. On se douta que le coupable n'était pas loin. On me confisqua donc l'objet du délit, et ma mère m'envoya ramasser les cailloux du jardin du maire. Brave homme, celui-ci leva la punition une heure plus tard. On aura compris que j'étais souvent puni… Mais mes copains s'ennuyaient ferme sans « Desmai ». Peu à peu, nous organisâmes une bande dont, bien entendu, je devins le chef. Vint le temps des « quatre cents coups », quand nous nous affrontions aux bandes des copains des villages voisins. Combien de fois ne suis-je pas rentré à la maison, genoux et nez en sang !

J'étais un enfant terrible, c'est le moins que l'on puisse dire, nous étions heureux. La famille en était une, ma mère, Antoinette, était son pilier. J'allais à l'école communale, à cinq cents mètres de la maison, mes sœurs, au lycée de Périgueux, à cinq kilomètres, en bicyclette. Le dimanche matin, les enfants allaient à la messe ensemble, pendant que maman préparait le repas de midi. Elle n'était guère croyante, mais la messe était une règle, un rituel auquel nous ne pouvions nous soustraire. Mon père, quant à lui, préférait jouer aux quilles, sur la place du village, ou bien à la manille, au bistrot du coin. Cela dit, comme tant de familles de notre Sud, les miens vivaient dans le respect scrupuleux du pain. On ne le posait jamais sur la croûte, mais bien à plat, tel qu'il avait été cuit, et on n'entamait la tourte qu'après l'avoir signée d'une croix du tranchant du couteau.

Bientôt vint l'âge du catéchisme, le jeudi matin, à l'église, ou en fin d'après-midi, chez une chrétienne du village. Pendant l'instruction religieuse, j'étais le seul à faire du bruit. Une fois, alors que je m'ennuyais ferme, j'entrepris de démonter la chaise devant moi. Il y en avait toujours une aux montants improbables, alors je tapai dessus, à coups de poing, pour en réajuster les montants.

– René, lança le curé, que fais-tu encore ?

– Je répare la chaise, mon père.

– Laisse cette chaise tranquille et réponds-moi : qu'est le mystère de la Sainte-Trinité ?

Je répondis :

– Si on le savait, ce ne serait plus un mystère.

– Après le catéchisme, pour pénitence tu réciteras trois « Notre Père » !

Je crois bien que c'était un jeu entre nous. Je connaissais mon catéchisme par cœur, toutes les prières en latin, et le curé le savait.

Il rendit visite à ma mère un jour. Il lui confia sa surprise de ne jamais l'apercevoir à la messe du dimanche, mais, si elle le voulait, je pourrais aisément devenir enfant de chœur. Ma mère en fut ravie. Elle pensait que le temps de la sagesse survenait enfin…

Enfant de chœur, un bonheur. J'étais volontaire aux mariages, baptêmes et enterrements, toutes cérémonies qui me dispensaient de l'école… En ce temps, la coutume voulait que les parents des mariés et des baptisés glissent la pièce aux enfants de chœur. Ainsi je pouvais acheter de belles billes en verre, et comme j'en gagnais plus que j'en perdais, mes poches étaient toujours énormes. J'ajoute que les billes sont d'excellents projectiles pour lance-pierres… Mon dévouement lors des offices, hormis celui du dimanche, impressionna favorablement le curé, et je devins, au grand dépit de mes trois acolytes, premier enfant de chœur. Quand il fallait, selon le rituel, agiter la clochette, je faisais preuve d'une telle vigueur que le curé, agacé, me faisait le signe d'y aller moins fort. Mon rôle était encore de verser le vin de messe dans le calice. Je le coupais généreusement d'eau claire. Alors, penché sur moi pour me surveiller, le curé appuyait sur le col de la burette de vin de l'index, et il soulevait la burette d'eau... Je faisais celui qui ne comprenait pas.

Je tenais les confessions en horreur, mais il fallait en passer par là pour le sacrement de première communion. Je ne savais jamais quoi dire, je m'accusais de péchés de gourmandise, d'avoir mangé trop de confiture, d'avoir fait de la peine à mes parents, de m'être battu, d'avoir triché au jeu de billes, même si rien n'était vrai. Le curé me demandait immanquablement de confesser mes mauvaises pensées, mes désirs malsains. Je voyais bien où il voulait en venir, j'étais d'un âge où le bigoudi se redressait dans ma culotte courte, et j'en avais honte. Aussi, narquois, je lui répondais : « C'est quoi une mauvaise pensée ? » Ne sachant trop quoi dire, notre prêtre m'infligeait une série de prières pour pénitence.

Nous étions quatre enfants de chœur, l'église était notre domaine. Nous nous y retrouvions souvent après la classe, elle était notre repère, la caverne où nous échafaudions nos espiègleries, convaincus que nous étions des protégés de Dieu. Une bigote habitant tout près de l'église venait voir ce que nous faisions parfois. « Vous n'avez rien à faire ici ! » disait-elle, appuyant sur ses mots, et nous lui répondions : « La maison de Dieu est d'abord celle des enfants. »

Nous connaissions l'église sous toutes ses coutures, de la sacristie, où nous piochions dans la réserve d'hosties et buvions un peu de vin de messe, jusqu'au clocher, où, dans la poussière, sous la cloche, nous ramassions les plombs des chasseurs qui massacraient les pigeons. Quand il pleuvait, nous salissions les allées de nos brodequins mouillés, nous déplacions les chaises sans les remettre en ordre. Comme le sacristain, voûté par l'âge, ne pouvait le faire, les dames pieuses du village s'en chargeaient. Mais nous étions respectueux de Dieu : chaque fois que nous passions devant l'autel, nous esquissions une génuflexion en nous signant. Il y avait aussi le reliquaire qui contenait les traces des saints sous verre. Ces parcelles d'ossements ou d'étoffes étaient si minuscules que nous ne parvenions pas à les distinguer, mais ces reliques nous intriguaient au plus haut point. Un jour, n'en pouvant plus, nous les ouvrîmes, songeant que les saints, s'ils nous voyaient, devaient bien rigoler. Arriva ce qui se devait : une révolution germa au sein des dames pieuses. Elles se plaignirent, véhémentes, de nos tripatouillages sacrilèges. Une avalanche de « Notre Père » et de « Je vous salue » nous tomba dessus. Pour avoir la paix enfin, le curé pria le sacristain de boucler l'église à double tour entre les offices.

Après ma communion privée, puis la communion solennelle, je délaissai peu à peu l'église. Mon temple devint la nature, la création, l'univers tout entier. J'en pris davantage conscience en grandissant. Admirer l'œuvre du Créateur universel, ce fabuleux spectacle a toujours été pour moi la plus belle prière que l'on puisse accomplir.

Mais des temps de souffrances et de malheurs grossissaient comme l'orage qui s'approche.

En 1939, ma sœur Isabelle se fiança avec Raymond Bourgoin, un aviateur militaire encaserné à Bizerte, en Tunisie. Il vint de sa base pour les noces au début de 1940. Ma mère aurait préféré qu'ils attendent la fin de la guerre, mais Raymond réussit à la persuader que sa jeune femme Isabelle serait plus en sécurité en Tunisie, sur l'autre rive de la Méditerranée. Faute de temps, le mariage fut célébré rapidement. Isabelle quitta la maison, on ne devait jamais plus la revoir.

Quand, en novembre 1942, les Allemands envahirent la Tunisie, la base militaire de Bizerte fut transférée en Algérie, mais les épouses des aviateurs ne furent pas autorisées à suivre leurs maris. Prisonnières de l'ennemi, ces femmes éprouvèrent la faim. Ma sœur vécut de grandes privations et mit un enfant au monde, Gérard, qui lui-même souffrit de ces restrictions alimentaires. Quand à leur tour les Anglais débarquèrent, en mai 1943, Isabelle était gravement malade. Elle mourut dix-sept mois plus tard, en octobre 1944, d'un anthrax à la lèvre supérieure, qui aurait pu être traité avec la pénicilline, mais ce récent médicament était réservé uniquement aux alliés anglo-américains. Une missive de la Croix-Rouge nous apprit sa disparition treize mois plus tard. Quand la lettre nous parvint, tôt le matin, ma mère sortit sur la route, elle criait devant la maison, prenant le monde à témoin : « Ma fille est morte ! Ma fille est morte ! » Le désespoir de notre famille était au comble, et nous ne sûmes jamais où reposait la dépouille d'Isabelle. Quelques mois après ce courrier se manifestèrent les premiers symptômes du cancer, la maladie qui devait emporter ma mère, plus tard. Le pilier, le cœur de la famille chancelait sur ses bases. Plus rien ne fut jamais comme avant.

Jusqu'en 1941, je fus un élève assez studieux dans la classe de l'institutrice, Mme Doches, directrice de l'école des garçons. C'était une femme charmante, qui savait prendre le temps de comprendre les enfants. Un an plus tard, en 1942, la zone non occupée fut envahie par les Allemands. Cette année-là, Mme Doches, hélas, devint la directrice de l'école des filles. Un instituteur bien peu sympathique la remplaça. Il avait tout du dragon, crâne chauve, lunettes d'écaille, petit, souvent furibond, et nous n'étions guère copains. Bientôt, alors que j'étais assis au deuxième rang, je me retrouve vite au fond de la classe. Une fois, alors que j'étais distrait par le spectacle, dehors, je sursaute en entendant la forte voix :

– Desmaison, au tableau !

Je me lève, traînaillant mes brodequins entre les rangs des pupitres, où pouffaient mes camarades. Je m'approche du tableau, et je reste planté un bon moment avant que le dragon daigne s'approcher de moi.

– Qu'est-ce que j'ai dit ? éructa-t-il.

– Desmaison au tableau…

– On dit « Monsieur » !

– Monsieur-vous-avez-dit-Desmaison-au-tableau.

– Et avant, qu'ai-je dit ?

– Je ne me souviens pas, du fond de la salle, on entend mal...

– Montre-moi tes mains, fit-il, mielleux.

Je les tends.

– Elles sont sales, tachées d'encre. On ne se lave pas chez toi ?

– Je les ai salies en jouant aux billes, à la récréation.

– On dit « Monsieur » ! fit-il en me frappant les doigts d'un coup de règle.

Ma réponse fut immédiate : je lui lance un coup de croque-not dans les tibias qui le fait gémir aussitôt de douleur, puis je fonce vers la porte, traverse la cour, courant jusqu'à la maison. Mon père blêmit quand je lui racontai la scène. Qu'un étranger à la famille frappe son fils était inadmissible. Il sauta sur son vélo et partit à la rencontre de l'instituteur. Je ne sus jamais ce qu'ils se dirent, mais dès ce jour, celui-ci ne me posa plus aucune question et ne m'adressa jamais plus la parole.

Je n'ai jamais oublié ce coup de règle injustifié. Plus tard, dans la vie, je connaîtrai d'autres formes d'injustices, et de plus insidieuses, mais je rendrai toujours coup pour coup, et plutôt deux fois qu'une. Qu'on me pardonne si je n'ai jamais eu le talent des ronds de jambe, du cirage de pompes, pas plus que je n'aimerais que l'on brosse les miennes. Je tiens de ma mère.

À ma demande, à la rentrée suivante, Antoinette m'inscrivit à l'école professionnelle de Périgueux. Je voulais devenir ajusteur. J'aimais le contact du métal, mais ce goût ne dura pas trois mois. Au deuxième jour, je pestais devant l'état indigne des limes qu'on nous donnait, elles étaient usées à la corde. Je rêvais d'une limaille brillante, or n'en tombait qu'une poussière impalpable, ce n'était pas du limage, mais du polissage. Le professeur de technique me fit observer qu'il fallait apprendre à bien tenir la lime. Je lui fis donc remarquer qu'avec un outil en bon état, le résultat serait meilleur. Il me répondit sèchement : « Tu n'es pas là pour te faire plaisir, mais pour apprendre à limer à plat. » Ce n'était pas mon avis. Plaisir et travail devaient aller de pair.

Un jour, l'un de mes camarades dispersa de la poudre à éternuer dans la salle de classe. Le professeur était furieux. Il fait le tour de l'atelier, cherchant le coupable qui, bien entendu, ne se dénonce pas, et il s'approche de moi, éternuant aux larmes :

– C'est toi ! dit-il
– Non, monsieur.
– Alors, tu sais qui l'a fait ?
– Oui, monsieur.
– Tu vas me le dire !
– Non, monsieur, je ne suis pas un délateur.

Je reçois une gifle magistrale, puis une deuxième, en aller-retour. Furieux, je lui balance un coup de bâtarde, une lime assez lourde. Scandalisé, il recule de plusieurs pas, se tenant le bras, puis il quitte l'atelier, sans un mot. Il ne réapparut pas de la journée. Je m'attendais à être convoqué par le directeur, mais il ne se passa rien. Par contre, quand j'arrivai le lendemain, élèves et professeurs étaient rassemblés dans la cour. Le directeur annonça que l'élève Desmaison était renvoyé huit jours de l'école pour indiscipline. Pour moi une semaine signifiait définitif : je ne remis jamais les pieds à l'école.

Il me fallait apprendre un métier. Quinze jours plus tard, je commençais ma vie d'apprenti mécanicien auto au garage Paul Mazan de Périgueux. Le patron était une grande gueule, les plaisanteries n'avaient plus cours avec lui. Comme Moïse, son chef mécanicien, c'était un technicien exceptionnel, à qui les garagistes voisins venaient souvent demander conseil. Grâce à eux, au bout de deux ans je savais démonter et remonter un moteur entier, ajuster une ligne d'arbre, long travail qui s'effectuait à l'aide d'un grattoir triangulaire. Ils étaient finis les jeux, les lance-pierres.

2

Les miens

Quand les Allemands occupèrent Périgueux, ils établirent aussitôt des barrages. Les contrôles étaient quotidiens à l'entrée et en sortie de ville. La résistance s'était levée. Des tractions avant Citroën, toutes portes démontées, passaient souvent en trombe devant la maison. Les embuscades se multipliaient. Ma sœur, Marie-Louise, dut remiser son vélo ; apeurée, elle ne voulait plus aller au lycée. Alors, le maire du village lui proposa la place vacante de secrétaire ; quant à mon père, il devint garde champêtre. Dans notre commune, de nombreux juifs réfugiés avaient besoin de changer de nom et, tout naturellement, Marie-Louise leur confectionnait de nouvelles cartes. Un jeudi, jour de fermeture de la mairie, des maquisards vinrent la chercher à la maison pour qu'elle les accompagne à l'hôtel de ville et leur ouvre la porte. Ils savaient qu'un stock de bons d'alimentation venait tout juste d'être livré par l'Administration. Ma mère n'était guère rassurée quand sa fille monta et s'assit dans la voiture, entre les hommes armés de mitraillettes. Marie-Louise leur suggéra de semer du désordre dans la mairie, d'emporter tous les tampons avec les titres, ce qu'ils firent bien volontiers. Ils lui conseillèrent de prévenir la gendarmerie quelques minutes après leur évacuation, mais ce ne furent pas les gendarmes qui accoururent à la mairie, mais deux voitures pleines de miliciens. Ils constatèrent le vol des titres d'alimentation et des tampons, et mirent un peu plus de désordre. Ils levèrent le camp, oubliant une mitraillette que ma sœur s'empressa de cacher sur une armoire. Erreur qui aurait pu être funeste, car, le lendemain, les hommes revinrent la chercher... Ils fouillèrent partout, mais heureusement, aucun n'eut l'idée de regarder où il fallait. Mon père rapporta la mitraillette à la maison et la cacha dans les cages des lapins. Prévenu par ma mère, quelques jours plus tard, un résistant vint la chercher.

Sans être attachée au mouvement de libération, ma mère était en liaison avec les hommes de la Résistance. Il y avait beaucoup d'inconscience de la part des miens : les pistolets et boîtes de cartouches déposés simplement sur l'armoire de leur chambre n'auraient pas échappé à la perquisition des Allemands ou des miliciens. Les fusils de chasse étaient dissimulés dans le puisard, au fond du jardin. Posséder une arme à feu, alors, exposait au pire, l'exécution ou la déportation.

Les accrochages étaient quasi quotidiens. Un jour, un train de Bordeaux – il transportait des billets de banque vers Périgueux – fut attaqué par les maquisards dans la petite gare de La Cave, commune de Marsac. Les représailles furent immédiates. Les occupants arrêtèrent six personnes et les fusillèrent aussitôt dans un champ, en bordure de route. Prévenue par des témoins, Marie-Louise saisit des draps à la maison pour en recouvrir les dépouilles, dont personne n'osait approcher. Les familles prirent les corps en charge le lendemain.

Une nuit, à une heure du matin, nous sommes réveillés par le choc des coups contre la porte : un camion de gendarmerie était garé devant la maison. Mes parents savaient de quoi il s'agissait : un activiste de la Résistance, employé à la préfecture de Périgueux – le même, un peu plus tard, fit disparaître un dossier contre ma sœur, destiné à la Gestapo –, les avait avertis qu'une rafle pouvait frapper Marsac en représailles de l'attaque du train. Antoinette s'était préparée à cette éventualité, elle avait caché son vélo au fond du jardin. Quand mon père, après avoir enfilé un pantalon sur sa chemise de nuit, ouvrit la porte aux gendarmes, ma mère était déjà loin, dans la nuit. Elle connaissait des gens qui allaient forcément être arrêtés, elle prit tous les risques pour les en prévenir.

Un officier gendarme tenait à ce que ma sœur l'accompagne à la mairie, afin qu'elle lui remette le registre des réfugiés que ses hommes embarqueraient alors dans leur camion. Mon père eut grand mal à le convaincre que pour lui, il n'était pas convenable de laisser sortir sa jeune fille avec des hommes en pleine nuit, bien qu'ils fussent gendarmes. Il exigea de les accompagner lui-même.

Par la porte entrebâillée, j'entendais, terrorisé, tout ce qui se disait. Je n'avais alors aucune notion de ce qu'était la guerre. Elle était lointaine dans mon esprit, je n'en avais que les échos venant de l'Est, au nord de la France. Or maintenant, elle se déroulait chez nous. Dans la commune, des gens parlaient, sans trop se soucier des risques, des visites fréquentes des résistants chez nous, qui se tenaient au vu et au su de tout le monde. Des combattants déjeunaient à la maison, à n'importe quelle heure de la journée, pistolets sur la table. Ma mère m'envoyait alors faire des commissions au village, afin que je n'entende rien de ce qui se disait.

Cette nuit-là, les gendarmes n'arrêtèrent personne. Mais il y eut d'autres rafles, en plein jour, effectuées par les Allemands et les miliciens, des juifs furent arrêtés. Une jeune fille juive vint rendre visite à ma mère, un jour, son frère l'avait envoyée chez nous. Elle habitait Périgueux et risquait d'être arrêtée à tout moment, elle était si effrayée que ma mère l'hébergea quelque temps à la maison. Ma sœur Marie-Louise lui confectionna une carte d'identité au nom de Chabrol, elle avait tenu à garder son prénom, Berthe. Ma mère l'inscrivit en pension au collège de Ribérac. Les fins de semaine et lors des vacances, Berthe rentrait à la maison. Depuis cette lointaine époque, Berthe téléphone chaque année à ma sœur pour son anniversaire.

Les résistants multipliaient les embuscades, attaquaient les convois allemands, puis s'évaporaient dans la nature. Dans les villages et les hameaux proches des lieux de ces actions, des otages étaient fusillés sur place par l'occupant, ainsi à Brantôme, Les Pilles et tant d'autres encore. Les Allemands avaient ouvert grandes les cellules des prisons de Marseille, ils avaient intégré les détenus au sein de la Phalange africaine, à Périgueux. Ce groupe criminel, composé de repris de justice, de délinquants, sillonnaient les routes de campagne en camion et tiraient sur les gens sans sommation. Aussi, quand on apercevait l'un de ces véhicules, mieux valait quitter la route au plus vite et se dissimuler dans les taillis. Les gens du pays étaient terrorisés. Je décris cette période troublée comme je l'ai vécue et ressentie alors que je n'étais qu'un enfant.

Vint enfin le moment où, la guerre s'achevant, les occupants commencèrent à quitter Périgueux pour Bordeaux. Les résistants avaient pour consigne de retarder leur retraite par tous les moyens, ils dynamitèrent les murailles qui bordaient la route, coupèrent et basculèrent les arbres. Près de chez nous, il y avait un grand cèdre que mon père et ses copains scièrent au passe-partout. Sitôt l'arbre abattu, nous partons en courant, mais à peine arrivé à la maison, je me rends compte que la scie est restée près de l'arbre. Je vais la chercher aussi vite, car elle pouvait être une preuve accablante

Revenant sur le chemin, passe-partout sous le bras, j'entends des clac-clac-clac, puis des détonations plus rapprochées. Les Allemands dépassaient le village de Marsac, ils étaient à moins de cinq cents mètres, dans la ligne droite, et tiraient vers moi. Je coupe alors à travers champs pour contourner la route, faisant le plus long détour possible, puis, après avoir dissimulé le « passe » dans un buisson, je rentre par le fond du jardin, escalade quatre à quatre l'escalier qui accédait à la cuisine. J'entends un sinistre sifflement de balle, ma mère était folle d'angoisse.

À Saint-Astier, une quinzaine de kilomètres plus loin, la Résistance tenait un véritable barrage armé. De la maison, nous entendions les rafales de mitraillette, l'explosion des roquettes. Les Allemands fuyards s'immobilisèrent un jour et toute une nuit sur la route, ils pillèrent les légumes des jardins. C'était le moindre mal, car s'ils avaient découvert le fusil que mon père avait caché dans la buse du fossé, devant la maison, nous aurions été sûrement fusillés. Il n'y eut pas grands dommages à Marsac, mais une fois que les occupants eurent enfoncé le barrage des maquisards, beaucoup d'otages le payèrent de leur vie à Saint-Astier.

La guerre était finie. Les drapeaux tricolores furent ajustés aux fenêtres, nous n'avions pas de bannière à fixer sur la maison, et certains osèrent nous le reprocher. Ceux-là mêmes qui auraient dû se faire oublier furent les premiers à les brandir, en hurlant : « Vive la France ! »

Les délations avaient provoqué de nombreuses victimes dans notre région, des jeunes gens que ma mère avait fait passer en résistance le payèrent de leur vie. Nous avions eu une chance incroyable d'en sortir indemnes. Certes, les angoisses, la crainte des dénonciations nous avaient marqués, et dans mon inconscient je porte, j'en suis sûr, les traces de ces moments difficiles. L'irritabilité excessive que depuis l'enfance j'ai si souvent ressentie en est sans doute le signe.

Antoinette, ma mère, souffrait. Le cancer poursuivait son implacable destruction. Quand je rentrais un peu tard du garage, où mon apprentissage se poursuivait, elle venait à ma rencontre, à vélo. Elle m'attendait toujours à mi-chemin, et je la retrouvais dans le ravissement. Ma mère savait qu'elle allait mourir, elle savait combien son absence me serait cruelle. Aussi mobilisait-elle tous ses efforts pour me transmettre un immense amour. Ses douleurs se firent plus vives, je l'entendais gémir, la nuit. Elle, si courageuse, si active, ne quittait pas le lit pendant des jours entiers. Le médecin décida de la faire transporter à Bordeaux, où on lui fit subir des rayons d'uranium tout un mois, puis il y eut des moments de rémission. Alors Antoinette se levait, reprenait du goût à la vie, le sourire renaissait sur son visage, pour s'assombrir aussitôt quand ses yeux se posaient sur la photo d'Isabelle, en évidence sur le buffet de la cuisine. Elle s'activait dans des activités débordantes, comme si elle voulait rattraper le temps perdu. Bientôt, son organisme épuisé la contraindra à se coucher pour ne jamais plus s'en relever.

Paul Roze, mon parrain, photographe d'architecture à Antony, près de Paris, s'était installé à Périgueux en compagnie de sa mère. Dans notre Sud-Ouest privé d'activités professionnelles, il s'occupait dans des activités de scoutisme. Il avait reçu mission du Commissariat des scouts de France de gérer l'ensemble des mouvements de la région afin d'aider, d'occuper les jeunes en ces temps troubles. Il retrouvera notre famille et viendra souvent rendre visite à ma mère affaiblie. Plus tard, j'appris qu'elle lui avait fait jurer de s'occuper de moi, de m'emmener avec lui quand elle ne serait plus.

Un jour de février 1946, rentrant du garage, j'aperçus ma sœur, mon père et une de nos voisines en larmes dans la chambre de ma mère. « Ta maman est partie, elle ne souffre plus maintenant », me dit cette dame. Des mots qui restèrent gravés en moi. Je revois encore la chambre dans la pénombre, et ma mère, allongée, bras repliés sur la poitrine. Elle avait quarante-six ans, j'allais en avoir seize bientôt. L'âge difficile de l'adolescence. Antoinette ne souffrait plus, mais sa présence attentive allait me manquer terriblement.

3

Les grès de Fontainebleau

Avec l'accord de mon père, qui avait promis à maman, je partis avec Paul Roze vers Antony, en région parisienne, où il était propriétaire de deux villas. Là-bas, je pourrais achever mon apprentissage de mécanicien et passer l'examen du CAP. Nous prîmes la route vers la capitale, Paul au volant de son antique Donnet 7 CV.

La taille légèrement supérieure à la moyenne, le nez droit, les yeux bruns dans un visage allongé, les cheveux tout juste grisonnants, taillés court, très dégagés au-dessus des oreilles, Paul était un personnage énergique. Il aimait plaisanter, et il riait facilement, mais pour ce qui était de la religion, il était d'un sérieux trop rigoureux à mon goût. Il m'avait d'ailleurs confié que sans sa mère, qu'il ne pouvait laisser seule, il serait devenu missionnaire.

Durant son séjour à Périgueux, jugeant de mon agressivité lors des longues années de guerre, Paul m'avait incité à m'inscrire dans un club de boxe. Plusieurs fois par semaine, quittant le garage, puis les dimanches après-midi, dans un parfait désordre, je tapais à coups redoublés dans les sacs de sable et la bouille des copains qui boxaient contre moi. Je donnais des coups, mais j'en prenais aussi. Les gants d'entraînement assouplissaient notre violence, et un soir, l'entraîneur m'apprit que la boxe n'était pas une bataille de chiffonniers, mais une noblesse. Il m'enseigna à me garder, à chercher l'ouverture, à frapper au visage, j'avais de l'allonge, j'étais rapide et pugnace. Je me souviens que les dirigeants du club recherchaient des espoirs pour combattre plus loin que Périgueux. Bientôt, ils organisèrent des tournois dans les villages alentour. Un jour, sur un ring d'Agonac, je prends un mauvais coup sur le nez qui me rend furieux, alors, renonçant à tout esprit sportif, je me mets à taper sur la bobine de mon adversaire, cherchant à le faire souffrir le plus possible. Je ne sentais même plus ses coups. Il abandonna bientôt, je fus déclaré vainqueur et j'en sortis ulcéré… Je me jurai de ne plus jamais passer les gants. Les combats que j'allais mener bientôt sur les parois montagneuses de la planète seraient d'une autre dimension. Une histoire de passion, que je n'imaginais pas alors.

Pour l'heure, je découvrais Antony et Paris, ma nouvelle existence. J'évoluais dans un autre monde, loin de la première partie de ma vie. Maman me manquait, et j'éprouvais le sentiment coupable de l'avoir laissée seule dans le petit cimetière de Marsac, où j'allais souvent lui parler, solitaire, assis sur le rebord de sa tombe. Quand Paul voyait la tristesse fondre sur moi, il évoquait Dieu, Jésus, son fils torturé, cloué sur la croix pour sauver l'humanité. Sauver les hommes de leur connerie infinie, combat qui ne cesserait qu'à la fin des temps… C'est ce que je pensais, mais que je taisais à Paul. À trop parler du Divin, il m'en éloignait. Il n'aurait pu me comprendre, sa foi était sans faille. Paul était un type exceptionnel, qui avait décidé de consacrer une grande part de sa vie à la jeunesse. Il avait promis à Antoinette, il tint parole, il s'occupa de moi, mais ne pouvait se douter combien la tâche lui serait difficile.

Les scouts d'Antony, dont j'étais, furent une véritable famille, qui m'entoura d'amitié et d'affection. Les uns poursuivaient leurs études, les autres apprenaient un métier. Paul me plaça dans un garage dont le patron était lui-même un ancien scout. Celui-ci lui promit que je réussirais mon CAP de mécano. Trois mois après l'embauche, j'en étais toujours à nettoyer le garage, les outils, les crics et les voitures. Je lui fis part de mon désappointement, il me regarda, sans un mot, souriant. Il n'avait rien à faire de mes doléances. Alors, je le quittai en le traitant de sale con, il me traita de petit voyou.

Mon parrain me proposa alors de travailler avec lui, dans l'ancien atelier de serrurier de son père où il avait installé des appareils pour tirer des plans d'architecture. Il avait aménagé un labo photo dans le sous-sol de la maison. J'appris à tirer des plans, à photographier avec un énorme appareil à plaques, à développer les clichés. Cette nouvelle activité me plaisait. Paul était un bon artisan, et son affaire devint presque rentable. En ces temps de reconstruction du pays, les architectes étaient débordés. Hélas, bientôt, Paul ne pouvant plus satisfaire à la demande, sa petite entreprise périclita. C'est alors qu'on lui proposa la direction d'un magasin de sport à Paris, une succursale de Clairière Sports, qui distribuait les équipements du scoutisme : des uniformes au matériel de camping. J'intégrai l'équipe, et ce travail me convint durant quelques années. Nous avions toute une clientèle de campeurs et de randonneurs, je gagnais enfin ma vie et, dirais-je, une certaine indépendance vis-à-vis de Paul qui prenait très au sérieux sa mission d'éducateur, ce qui, je l'avoue, finit par me lasser. À dix-huit ans, un garçon normalement constitué s'intéresse aux filles, j'étais entouré de charmantes demoiselles adeptes du scoutisme.

Sans mon parrain, je n'aurais sans doute jamais découvert la montagne. Si j'avais achevé mon apprentissage de mécanicien auto à Périgueux, je me serais sûrement engagé dans la marine, et peut-être serais-je devenu un grand navigateur. Comme me l'avait suggéré ma mère, j'avais envisagé d'entrer dans une école de mousses, mais il fallait être pupille de la marine. La mer. Un rêve qui ne s'est jamais effacé.

Un an avant mon incorporation au service militaire, je rencontrais le charmant Pierre Kohlmann. Il habitait Antony, et il s'était rapproché du mouvement scout sans y adhérer vraiment. Nous devînmes de bons amis. Après le conseil de révision, je savais que j'effectuerais mon temps de soldat à Briançon, à la première section du 99ᵉ régiment d'infanterie alpine, basé à Lyon. C'est ainsi que l'idée de gravir les montagnes fit lentement son chemin. En attendant, chaque week-end, Pierre et moi allions grimper sur les rochers de la forêt de Fontainebleau, ces merveilleux blocs de grès formés par l'évaporation d'un lac perdu depuis la nuit des temps. Rochers primordiaux, plus précieux que des diamants pour nous.

Nous quittions Paris le samedi soir, après la fermeture du magasin, et nous allions camper dans la forêt. Aux premières heures du jour, à l'instar des groupes de grimpeurs que nous ne connaissions pas encore, nous nous exercions sur les blocs, difficiles malgré leur faible hauteur. Pour prolonger le temps de l'escalade si vite écoulé à notre gré, nous grimpions tard dans la nuit parfois avec nos lampes frontales. Les blocs émettaient des ondes qui nous transfiguraient, nous comblaient de plaisir. Cette passion naissante allait, bien plus tard, nous faire gravir les parois les plus redoutables des Alpes. D'autres jeunes d'Antony se joignirent à nous, mais à part Bernard Lagesse, nouveau venu, et André Bertrand, nous serons les seuls du groupe à devenir de vrais alpinistes.

4

Au poste de Gondran

Les obligations militaires furent pour moi de véritables vacances, quoique assez rudes. Après mes classes au 99ᵉ bataillon d'infanterie alpine de Lyon, je fus envoyé à Briançon, où nous n'avions pas le temps de batifoler sous le grand soleil des Hautes-Alpes. Ça m'allait bien. Aucune sortie le soir ni le dimanche, le premier mois. Plus par défi qu'autre chose, une nuit je fais le mur avec un copain de chambrée. Deux « bleus » errant dans les rues de Briançon se voyaient de loin. Au lever des couleurs, le lendemain, nous voilà, sans autre commentaire, chargés de curer les chiottes une semaine. Des trous dans une dalle de béton, séparés les uns des autres par des murs munis de portes qui ne fermaient pas, sans eau courante. Nous ne disposions que de balais usés jusqu'au manche, de seaux que nous devions remplir au robinet extérieur, et pas question d'abandonner cette puanteur, de se tirer. Un caporal, un minable qui tentait d'asseoir son autorité sur la bleusaille, gouvernait l'opération et nous priait de recommencer quand à son avis notre travail n'était pas parfait. Je lui en fais la remarque et je lui propose de prendre le balai à ma place. Il s'en plaint à son sergent-chef, et le capitaine de la compagnie est prévenu de mon indiscipline. Il me convoque.

– Quel est ton nom ?
– Desmaison.
– On dit « Alpin Desmaison, mon capitaine » ! On ne t'a rien appris pendant tes classes à Lyon ? fit-il d'une voix forte.

Il examine un dossier posé sur son bureau, et il m'observe des pieds à la tête.

– Desmaison, tu n'es plus chez les scouts, mais intégré à la première compagnie du 99ᵉ bataillon d'infanterie alpine. Compagnie d'élite ! Rectifie ta position ! Bras serrés le long du corps, doigts sur la couture du pantalon ! tonne-t-il.

Puis il éclate de rire :

Tu voulais que ton caporal nettoie les chiottes ? Un caporal t'est supérieur, tu lui dois respect, obéissance ! Fiche-moi le camp !

Le capitaine Deslande était une grande gueule plutôt sympathique. Son franc-parler était de notoriété publique dans Briançon, et je crois que la majorité des soldats de la compagnie l'aimait bien.

Dans des forts désaffectés, on nous apprit à manipuler nos armes lors de simulations de combats. Nous tirions sur des cibles à balles réelles, puis ce fut le bazooka, avec des tirs de roquettes incendiaires sur de vieilles portes que le phosphore enflammait. Au champ de tir, il s'agissait de mitrailleuses de 30 et de fusils-mitrailleurs. Sous les tirs prolongés – il fallait épuiser les stocks afin de recevoir des munitions l'année suivante –, les canons des armes bleuissaient, les mitrailleuses s'enrayaient, et nous devions cesser le tir pour les laisser refroidir. Les détonations parvenaient jusqu'aux rues de Briançon, mais les habitants en avaient l'habitude, seuls les touristes de passage s'inquiétaient de ces fusillades ininterrompues dans les hauteurs éthérées où ils recherchaient le grand silence des montagnes.

Le sergent-chef Friz – il finira sa carrière militaire comme capitaine – n'aimait guère la chasse aux chamois. Aussi, la veille de l'ouverture, avait-il cru bon d'organiser un exercice de tir au mortier sur l'un des versants de la vallée de la Clarée. L'explosion des obus de 60 se répercutait d'un versant l'autre, si bien que les chamois, effrayés par le vacarme infernal, avaient déserté la région, au grand dam des chasseurs du lendemain...

Le maniement des armes me permit de découvrir la moyenne montagne. Ah ! les marches harassantes au travers des forêts, longeant les crêtes escarpées, les descentes dans les éboulis, chargés de si lourds sacs ! Les paquetages alourdis par les armes rompaient les échines et les jambes... Il y avait des râles, des pleurs, mais il fallait en passer par là. Il n'était pas question de s'éparpiller dans la nature pour suivre un itinéraire apparemment plus facile, changer de trajectoire dans les descentes nous aurait exposés aux sanctions : privation de sortie le dimanche suivant, ou bien corvée de « pluche ». Il n'est rien de plus fastidieux, démoralisant, que d'être planté devant un monceau de patates avec un éplucheur si petit dans la main. La corvée durait des heures, il était interdit de les trancher en quatre pour aller plus vite, ni d'oublier le moindre œil de bourgeon, ce qui n'aurait pas plu au mess des officiers.

Je suis le stage d'instruction de soldat de première classe et j'en sors caporal-chef. Quelques jours plus tard, le capitaine m'appelle dans son bureau : « Tu n'es pas obligé d'accepter, mais demain, tu pars au 27e BCA d'Annecy pour suivre le peloton de sous-officier. » Il était clair qu'on ne discutait pas une suggestion de Deslande.

Je rencontrerai Paul Gendre au peloton. Cet alpiniste de renom allait, un an plus tard, partir en expédition en Himalaya du Garwal pour tenter l'ascension et la traversée d'un sommet à l'autre du Nanda Devi, 7 810 mètres. Longue et difficile arête. Les deux alpinistes Roger Duplat et Gilbert Vignes, qui s'engagèrent dans cette aventure, ne revinrent jamais de cette tentative.

Un jour, le commandant du 27e me convie dans son bureau. Il était ancien scout. Les chasseurs alpins le surnommaient Mickey. Il évoque les camps qu'il organisait quand il était jeune, l'intérêt formateur du scoutisme, puis il me glisse une question insidieuse :

– Que penses-tu de la discipline du bataillon d'Annecy ?

Je demeure interloqué un instant. Jugeant de mon hésitation, il poursuit :

– Tu peux parler sans crainte. Ici, dans ce bureau, nous sommes entre scouts.

– Mon commandant, dis-je alors, j'ai vu, à maintes reprises, le chef du poste de police refouler des appelés parce que les plis de leurs blousons n'étaient pas repassés parfaitement. Il les privait de sortie. À mon avis, c'est un peu excessif !

Il me regarde de ses yeux demi-plissés, lèvres pincées et me congédie sans autre explication.

Résultat : je fus rétrogradé caporal à la fin de mon séjour au peloton.

De retour à Briançon, je ris moins. Le capitaine Deslande était de fort méchante humeur. Il me laissa figé au garde-à-vous une bonne minute, sans prononcer un seul mot. Il avait reçu les avis du peloton avant mon arrivée. Il redressa enfin la tête, me regarda, et d'une voix qui dut s'entendre jusqu'au cœur de la cour de la caserne, il lança :

– Qu'est-ce que tu as encore fait, Desmaison ?

– Rien de particulier, mon capitaine.

Il insista. Je finis par évoquer ma conversation avec le commandant, entre scouts...

– Oser dire au comandant du 27ᵉ BCA que la discipline est excessive, tu appelles ça rien ? rugit-il.

Puis, plus calme :

– Je le connais, il a pas inventé la poudre. Bon, tu es sergent maintenant... Je ne veux plus te voir à Briançon, tu vas rejoindre aussitôt la section des éclaireurs skieurs au poste du Gondran.

Je n'espérais que cette mutation.

– Je me rends compte que ça ne t'ennuie pas trop d'aller chez les éclaireurs... Allez, déguerpis ! Je ne veux plus te voir.

Mon stage au Gondran fut plein d'imprévus. À l'assaut des descentes les plus hasardeuses, compensant mon manque de technique par une témérité folle, j'attaque le ski avec fougue. Neige profonde, neige tôlée, il fallait que ça tourne. Je ramasse des bûches monumentales, casse cinq paires de ski en un mois. Je ne prétendrai pas que les planches de frêne fragiles étaient d'une solidité à toute épreuve. J'avais une belle souplesse, des os solides qui résistaient aux fractures, aux limites de la torsion. Pour les sorties en tenue de patrouille, c'est-à-dire habillé de blanc du béret aux chevilles, nous utilisions des skis Aluflex en métal, dotés de fixations de montée et faciles en toutes neiges. Les sécurités n'existaient pas encore, et nos chaussures n'avaient rien de comparable à celles que nous portons aujourd'hui, nous les fixions aux skis avec de longues lanières de cuir. Nous étions donc rivés à nos planches pour le meilleur comme pour le pire. Le chef de section nous avait recommandé la prudence, de rengorger notre fougue pour les championnats de ski militaires qui allaient se dérouler à Serre-Chevalier, cet hiver-là, mais quand on a vingt ans, on fait fi de toute prudence ! Combien de compagnons subirent de longues vacances à l'hôpital militaire de Briançon…

Le capitaine Deslande se morfondait : les effectifs de la section diminuaient, le stock de skis pareillement. Il escomptait tout de même des médailles pour la première compagnie de 99ᵉ. Il n'y en eut aucune, malgré quelques forts skieurs catalans, alsaciens et haut-alpins, quant à moi, je brisai ma sixième paire de skis lors de la course de descente. Les championnats à peine terminés, le capitaine renvoya les éclaireurs au Gondran, tonnant qu'il ne voulait plus les revoir à Briançon avant la fonte des dernières neiges.

Ces représailles me convenaient. Au poste du Gondran, entouré de champs de neige, j'étais bien plus à l'aise qu'à la caserne ou dans les rues de Briançon. Ce n'était pas l'avis des camarades de la section. Nombreux auraient aimé séjourner quelques jours de plus dans la vallée : les championnats de Serre-Chevalier avaient attiré du monde, et sur les trottoirs, dans les brasseries le soir, de très belles Italiennes et de jolies Françaises affichaient un air innocent en admirant les beaux soldats. Nous, ceux de l'infanterie alpine, en uniforme kaki, malgré le béret qui nous donnait une certaine allure, nous étions perdants devant les chasseurs alpins, ces vainqueurs, revêtus de magnifiques tenues bleu marine.

Les grands départs pour la guerre d'Indochine commencèrent bientôt. Tous les engagés, soldats, sous-officiers et officiers, embarquèrent, les uns après les autres, vers l'Extrême-Orient. Le sergent-chef Laurent, le sergent Coudurier, qui commandaient tous deux la section, partirent à leur tour, je restai le seul sous-officier au Gondran, et je devins chef de poste. J'avais fort à faire pour être entendu et compris des Catalans et des Alsaciens qui parlaient leurs dialectes entre eux, des braves types, passionnés de ski et de montagne. Ils comprirent vite qu'en respectant un rien de discipline, la vie serait très agréable. Des vacances, même...

Le lever quotidien des couleurs ne se fit plus qu'une fois par semaine, et les revues d'armes furent annulées. Cependant, je recommandai à mes camarades de les garder parfaitement propres, légèrement graissées, la visite imprévue d'un officier n'étant pas exclue. Je l'admets, un certain laisser-aller s'installa : les barbes poussaient, je devais insister pour que les chaussures soient cirées, les vêtements lavés et repassés. Nous étions grassement nourris, car en altitude nous avions droit à double ration. Un monte-charge harnaché dans la vallée nous ravitaillait en aliments frais chaque semaine. Nous recevions des légumes en abondance, des fruits, de la viande et du vin... Le cuisinier nous préparait des biftecks grands comme l'assiette. La journée, nous allions nous promener en petits groupes sur les versants ensoleillés, non loin du poste. En l'absence d'officier, nous n'avions pas droit aux longues randonnées à ski, enfin, tout allait pour le mieux dans le meilleur des mondes. Quand, un matin, un coup de fil nous annonce l'arrivée, dans l'après-midi, d'un officier qui va prendre le commandement de la section avant son propre départ pour l'Indochine. Une forte activité s'empare des éclaireurs. Couloirs et salles sont lavés à grandes eaux, lits faits au carré, comme l'exige le règlement. Paquetages impeccablement rangés dans les armoires, état des armes vérifié.

Le jeune lieutenant, tout frais sorti des écoles, se pointe en fin d'après-midi, flanqué de deux soldats, suant, les cheveux épars, poussant fort sur leurs bâtons de ski. En ces temps-là, il n'y avait qu'un seul téléski à Montgenèvre, le Chenaillet, et un petit télésiège plus à gauche. Il fallait utiliser les peaux sous les skis pour atteindre le Gondran. Selon le sacro-saint règlement, tenue de sortie de rigueur, la section au grand complet accueille le lieutenant. Je lance la formule consacrée : « Sectiooon gaaarde-à-vous ! » Le lieutenant fut bien embarrassé pour répondre au salut ; béret passé dans la ceinture, il lâche ses bâtons pour s'en coiffer vivement. Hélas pour lui, ses skis glissent, il tombe sur son cul. Les deux soldats qui l'accompagnaient s'empressent de le relever. Il s'ajuste et il répond « Repos » à notre salut, rouge de confusion, à moins que la grimpée l'ait un peu essoufflé. Sans perdre une seconde, pour effacer sa maladresse je lui propose alors de prendre un thé au mess des officiers. Me remerciant, il accepte volontiers. Il ne trouvera rien à redire à sa visite du poste. Le rituel du lever des couleurs recommença dès le lendemain, la revue d'armes aussi. Les barbus durent se raser, il y eut des grognements, des mots en catalan et en alsacien, incompréhensibles heureusement. Mais le lieutenant n'était pas dupe...

Deux jours plus tard, après avoir pris ses quartiers, il projeta de lancer une première patrouille en montagne. À l'itinéraire qu'il envisageait, je compris que ses connaissances montagnardes étaient nulles ; je n'étais pas encore alpiniste, mais nous avions l'habitude de la moyenne montagne, je la connaissais, détecter une pente avalancheuse était affaire de bon sens. Or, traverser les pentes de neige du versant sud-est du sommet du Château Jouan, 2 565 mètres, pour rejoindre le Janus, à peine moins haut, représentait un réel danger. Je lui en fis la remarque. Peine perdue…

– Que chacun prenne sa cordelette d'avalanche, répondit-il.

– Mais…

– C'est un ordre !

Je claquai des talons.

Dès lors, malgré tout le respect que je lui devais, l'affaire fut entendue : ce lieutenant était à classer au rang des tarés, des irresponsables, ce qui revient au même.

L'équipée se révéla telle que je l'avais prévue. Pénible. Deux éclaireurs ouvraient la trace, le lieutenant les suivait de près. À sa façon de pousser les skis équipés de peluches, de tenir ses bâtons, nous nous rendions compte qu'il n'était guère doué pour la glisse. J'avançais derrière lui, à quelques mètres, le reste de la section à bonne distance, sans se presser. Prudents, les éclaireurs observaient la pente de haut en bas : il n'avait pas gelé de la nuit, nous enfoncions jusqu'aux mollets dans une neige molle et lourde. Le lieutenant n'était plus aussi sûr de lui, mais il ne renonça pas pour autant. Il me demande de rassembler la section, je lui conseille alors de laisser un espace de vingt mètres entre chaque skieur, afin de répartir notre poids sur une grande surface. Il me lorgne avec circonspection, puis finit par se rallier.

En fait, notre chef de section s'avéra plutôt sympathique. Parachuté dans un milieu montagnard où il était techniquement inférieur aux hommes qu'il commandait, il ne pouvait qu'éprouver un certain malaise. Sa descente du sommet du Janus au Gondran fut ponctuée de nombreux trous, il en rit. Le soir, il s'abstint de prendre son repas au mess des officiers, mais dîna en salle commune, avec ses soldats. Cette marque de sympathie lui valut une belle ovation. À la fin du repas, il pria le deuxième classe Émile Gautier, originaire de la vallée de la Guisane et moniteur de ski, de lui donner quelques cours de perfectionnement.

Le lieutenant fit des efforts méritoires durant son séjour. Il se donna à fond, franchissant des creux et des bosses pendant quatre jours, le cinquième, il se fractura la jambe. On l'évacua en traîneau à Montgenèvre, où une ambulance le transféra à l'hôpital. On ne devait plus le revoir. Quelques mois après cet accident, il partit pour l'Indochine. Bien des années plus tard, j'appris qu'il était revenu de cette guerre inutile, meurtrière, avec deux jambes en moins. Son destin ne lui avait été guère favorable, mais je suis sûr qu'avec nous, au poste du Gondran, il vécut quelques journées des plus belles de sa vie. Si un jour il lit ces lignes, qu'il sache, par déférence pour lui, que nous exécutâmes le lever quotidien des couleurs en son absence, qu'il fut pour nous un authentique éclaireur skieur, que nous l'aimions, et que je ne l'ai pas oublié, un demi-siècle plus tard.

Descendant, par je ne sais quelle aberration, dans les traces du téléski du Chenaillet, je me fracturai la jambe gauche à mon tour, un mois et demi plus tard. Une belle fracture hélicoïdale du tibia et du péroné. Cette fois, les skis avaient été plus solides que mes os. Quarante-cinq jours d'hospitalisation, jambe en extension, autant de convalescence. Je réapparus à Briançon pour les grandes manœuvres, dont je fus dispensé compte tenu de mon état. J'insistai pourtant. Je fus affecté à la première compagnie. Pour moi, la section des éclaireurs de montagne était terminée. Avec une jambe endolorie, je n'aurais pu suivre les longues randonnées d'été.

Malgré les souffrances, les sentiers de longue marche, les remontées et les descentes d'éboulis finirent par solidifier ma jambe et ma cheville. J'étais souvent loin derrière les camarades, mais je serrais les dents, les larmes au bord des yeux, je suivais. Boitillant. J'endurcissais mon corps et mon esprit contre la douleur, exercice qui me servirait dans des situations bien plus redoutables, plus tard.

Grandes manœuvres, défilé du 14 Juillet derrière moi, j'entrepris l'ascension du pic de Rochebrune, sommet du Queyras de 3 300 mètres. Sommet modeste certes, mais qui eut beaucoup d'importance dans ma vie, car c'était la première montagne que je gravissais. Une montagne esthétiquement belle, royale, dominante, même si elle n'est qu'un tas de roches délitées. Je l'ai gravie récemment avec mes amis, Mireille et Jacques Guillemin, ainsi que Pascal, mon fils, me disant que la boucle se bouclait, que pour moi la montagne s'arrêtait là. Alpha-Oméga. Je n'en suis plus tout à fait sûr... Quand, depuis la vallée de la Guisane, j'observe ce sommet dans les infinies nuances du soleil couchant, je ressens comme une invitation. Là où tout commença...

En compagnie des amis du CAF[1] de Briançon, j'avais gravi quelques sommets du massif des Écrins. Je découvrais la haute montagne, ses glaciers, sans avoir jamais à utiliser les crampons. Je ne pouvais encore me douter combien elle me marquerait, qu'elle deviendrait à jamais mon domaine, ma raison d'exister. Qu'elle m'accorderait d'indescriptibles joies, mais aussi les souffrances du corps et de l'âme, celles qui ne s'effacent jamais. Comment oublier mes amis, mes compagnons, ceux qui allaient disparaître, si jeunes encore... Voilà que je pleurniche en écrivant ces mots, Dieu, par quel miracle suis-je encore de ce monde ?

Je pensai un temps m'engager pour rester à Briançon et m'établir dans cette région des Hautes-Alpes. Mais, en 1950, s'engager dans l'armée signifiait partir à coup sûr pour l'Indochine... Partir tuer des gens, ou me faire tuer dans ce pays lointain, ne m'inspirait pas vraiment. Service militaire achevé, je regagnai sans plaisir la région parisienne.

---

1. Club alpin français. (*N.d. E.*)

5

Loin des montagnes

Je retrouvai Paul et le magasin de sport à Paris, mais ma vie avait changé, je n'avais plus guère d'aspiration pour l'activité commerçante. Il fallait cependant gagner ma vie. Je tournais en rond du matin au soir, attendant impatiemment le samedi, les amis, en route vers les rochers de Fontainebleau, les falaises du Saussois de Merry-sur-Yonne. Grimper à n'en plus pouvoir. L'armée m'avait fait découvrir – ce qui semblera paradoxal – une liberté, une indépendance que je m'étais promis de ne jamais endiguer. Du moins ainsi le pensais-je… Quelques mois après mon retour, je fais la connaissance d'une jeune femme charmante, Odette Martin de Roquebrune. Elle devient mon épouse. Odette appartenait au mouvement scout, elle aimait la nature, les longues marches en forêt, et la montagne ne lui déplaisait pas. Mais je devais bientôt comprendre que tout arrivait trop tôt. Mon goût de l'indépendance allait en souffrir. Nous rendîmes visite à son père, Alban, dans sa villa du Raincy ; il était en fin de vie. La mère d'Odette ne quittait plus la chambre de son mari. Étendu dans son lit, Alban nous observa tous les trois, puis, sans dire un mot, il désigna son épouse et me tendit trois doigts, agitant doucement sa main, d'un air de me dire : « Mon pauvre ami, si vous saviez ce que je m'en suis vu ! » La mère d'Odette était sa troisième union, Alban ne se doutait pas qu'il augurait ainsi de mon avenir.

Sur les conseils d'un ami, agent commercial d'une nouvelle marque de réfrigérateurs, je décide de quitter mon emploi au magasin de sport pour me lancer sur les routes de la région parisienne, visiteur détaillants d'électroménager. Ce ne fut pas facile, mais je devais être persuasif, car, après plusieurs mois de travail intensif, les commandes affluèrent. Il était temps. Mes économies disparaissaient dans le réservoir de la voiture. Un beau jour enfin, je pus m'offrir deux mois en montagne.

Mon parrain Paul avait acquis, sous le Prarion, à Saint-Gervais, une grange qu'il transforma en chalet avec l'aide des scouts d'Antony. Nous travaillions à dix, les jours de mauvais temps. Hélas, quand la grange sera enfin devenue un véritable chalet, l'incendie la réduira à néant…

Entre-temps, j'avais fait la connaissance d'Hubert Tuaz, un garçon sympathique, aîné d'une famille de six enfants. Ses parents possédaient une ferme et menaient la vie traditionnelle des hautes vallées alpines, ils élevaient des vaches, des moutons. Le chef de famille ne voulait pas entendre parler d'alpinisme. Il avait envisagé d'être guide dans sa jeunesse, mais, au cours d'un portage à l'aiguille du Goûter, son frère avait été tué sous une chute de pierres. Son fils, mon copain Hubert, voulait être guide. La montagne était son unique passion et, quand il pouvait s'échapper quelques heures, nous allions grimper les dalles de granit sous le sommet du Prarion. C'est ainsi qu'un jour, nous projetons de faire la traversée des Dômes de Miage. Complice de notre escapade, Paul, la nuit venue, nous conduit aux Contamines.

Nous remontons le sentier du glacier de Trélatête sans prendre un instant de repos. La surface du glacier luisait sous la lune, le vent doux l'avait rendue glissante. Nous tenions dans nos sacs une belle paire de crampons neufs que, l'un comme l'autre, nous n'avions jamais utilisés encore, ignorance que nous nous cachions mutuellement. Si un grimpeur parisien pouvait se ridiculiser en se prenant un pied dans les pointes de l'autre, a fortiori un Haut-Savoyard ne pouvait courir pareil ridicule. Les dérapages devenant trop fréquents, nous nous arrêtons pour fixer les crampons. Singeant les gestes précis de l'alpiniste expérimenté, nous nous surveillions en coin pour voir comment l'autre passait les sangles sur ses chaussures. Au début, nous avancions les pieds un peu trop écartés, mais ça marchait... Et nous remontons allègrement le glacier.

En avance sur l'horaire prévu, avant de traverser les Dômes de Miage, nous décidons de gravir l'aiguille de Trélatête, qui culmine à 3 930 mètres. Ignorant l'itinéraire, nous suivions la ligne droite du glacier jusqu'au sommet, le chemin le plus court, en toute logique. Hélas, nous étions encordés trop courts, sans marteau ni pitons, et bientôt les difficultés surgirent. Quelques acrobaties hasardeuses, au-delà du raisonnable pour les grimpeurs que nous étions alors, sur le rocher lisse et la glace vive, et enfin le soleil nous accueillit au sommet.

Sans le savoir, nous venions de réaliser une première. Plus tard, consultant les différents topos de l'époque, je me suis rendu compte qu'aucun itinéraire d'ascension ne correspondait à celui que nous avions emprunté. À midi, après être redescendu de l'aiguille par la voie normale, après avoir effectué la traversée des Dômes de Miage, nous étions sur le sentier des Contamines, et Hubert était de retour à la ferme pour les tâches du soir.

Je retrouverai Hubert à Chamonix des années plus tard. Beau gaillard, rayonnant de santé joyeuse, il était enfin devenu guide, comme il l'avait tant souhaité. Puis, j'appris dans une infinie tristesse qu'il s'était tué en gravissant l'aiguille des Pèlerins. La montagne ne fait aucun cadeau. Elle est belle, majestueuse, envoûtante, mais dans ce monde vertical la moindre erreur peut être fatale. Hubert Tuaz a payé son amour du prix extrême.

À Paris, mes activités de représentant en réfrigérateurs me lassèrent vite. Mais il fallait des sous pour payer les traites de l'appartement dont nous avions fait l'acquisition, Odette et moi. D'autant qu'une troisième petite personne, Sylvie, ma fille, allait prendre beaucoup de place…

C'est alors qu'un voyageur de commerce, une rencontre de mes pérégrinations professionnelles, me présente à l'un de ses amis : cet inventeur venait de réaliser le prototype d'une perceuse à percussion capable de perforer le béton sans l'éclater. L'outil était primaire, mais il fonctionnait. Mon nouveau travail consistait donc à présenter la perceuse sur les chantiers, chez les installateurs, les électriciens. Ce changement d'activité me convenait. Non sans plaisir, j'abandonnais les grandes surfaces de vente illuminées par les néons, les réfrigérateurs, les longues attentes des gestionnaires. Je préférais parcourir les chantiers, j'aurais pu devenir excellent agent commercial et gagner confortablement ma vie, mais, je le savais, mon avenir n'était pas là. Mes week-ends prolongés dans les falaises des Ardennes belges, sur les parois du Vercors et celles du massif du Mont-Blanc inquiétèrent mon patron qui me trouva vite dilettante. C'était un brave Savoyard d'origine, aussi comprit-il ma passion et patienta-t-il un peu. Mais le jour viendrait où je devrais choisir entre la montagne et les « perceuses à percussion ».

Il me restait à acquérir suffisamment d'expérience pour aborder prudemment la haute montagne. L'apprentissage le plus difficile. Quand on est jeune, volontaire, physiquement fort, sans grande connaissance de ce monde prodigieux, seul pour le découvrir, la patience vaudrait mieux. Sans être réellement conscient, ignorant les dangers multiples, on peut surestimer ses propres possibilités mais surtout sous-estimer les difficultés qu'on devra surmonter. C'est ce que j'avais fait en gravissant l'aiguille de Trélatête avec mon ami Hubert Tuaz.

À l'automne de la même année, je projetai de faire l'ascension du mont Blanc en compagnie de mon copain Pierrot Kohlmann. Il était libre pendant les vacances de Toussaint, et je fis en sorte moi aussi de me libérer, malgré les récriminations du patron. Je n'eus pas de peine à convaincre celui-ci :

évoquer le mont Blanc devant un Savoyard de Paris, a fortiori quand il s'appelle M. Blanc, était dans mes cordes. Pour finir, le patron m'invita à prendre une bière au bistrot, en face du bureau. Il m'avait à la bonne.

Tentative au mont Blanc

La période de Toussaint est la plus mauvaise pour gravir la Grande Montagne, le temps est gris, les versants sont déjà blancs. Comme moi, Pierre Kohlmann l'avait compris. Mais, quand on vit loin des montagnes, il faut profiter de la moindre occasion, ne serait-ce que pour rêver au pied de ces pyramides de roc et de glace merveilleuses.

Pas plus le tramway du Nid d'Aigle que le téléphérique des Houches ne fonctionnait en cette saison. Grimper à pied depuis la vallée ne nous gênait guère, nous avions la forme de la jeunesse... Quand nous arrivons au refuge de Tête-Rousse, 3 167 mètres, après avoir fait la trace dans la neige jusqu'à hauteur des genoux, puis à mi-cuisses, il faisait nuit. Dans la fraîcheur polaire du refuge déserté, nous nous sentions bien, engoncés dans nos vestes de duvet, bonnets de laine enfoncés jusqu'aux oreilles, nous ne parlions pas, la présence de l'un suffisait à l'autre. Alors que Pierrot prépare le repas sur le réchaud – des tomates et des œufs, transportés dans une boîte en métal pour ne pas les écraser –, je découvre sous un monceau de couvertures, dans la pièce attenante à celle où nous allions dormir, un tonnelet équipé d'un robinet. Je l'ouvre, ô miracle ! du vin rouge... L'ambiance devint très gaie tant nous bûmes à la santé du gardien qui avait eu la riche idée de laisser ce tonneau au refuge. Une courte éclaircie laissa apparaître quelques étoiles, vague espérance pour l'ascension du mont Blanc. Hélas, le temps était couvert le lendemain. Nous apercevions à peine le sommet de l'aiguille du Goûter, sept cents mètres plus haut, où nous passerons notre deuxième nuit. Étrange refuge que cette cabane inconfortable, construite en

1906… L'après-midi, le vent se leva et souffla toute la nuit en tempête. Dormir, malgré la fatigue de la veille accumulée dans la montée de l'aiguille et les effets de l'altitude, fut un exploit. Notre sommeil fut agité, entrecoupé de sursauts, de réveils, à l'écoute du vent malmenant les vieilles parois de bois. La cabane vibrait sur ses assises, à croire qu'elle allait se décrocher, choir dans l'abîme. Les bourrasques s'interrompirent en fin de matinée du lendemain. Notre descente de l'Aiguille fut plus dangereuse que difficile, car nos jambes, repoussant la neige, déclenchaient des coulées avalancheuses.

Nous ne gravirons pas le mont Blanc cette fois-là, mais l'enseignement que nous en tirerons fut bien plus bénéfique que si nous étions parvenus au sommet par beau temps. Le mont Blanc est dangereux quand la météo est mauvaise, mortel même. La liste de ceux qui tombèrent est longue. Avions-nous acquis suffisamment d'expérience ? Certainement. Et pourtant : neuf ans plus tard, Pierrot arrivera au terme de son chemin, dans une tourmente, au pilier central du Freney, sur le versant italien du mont Blanc.

Un jour, je visitai l'une de ses sœurs, à Chambéry. Son propre mari, après de longs mois de coma, venait de mourir, la laissant seule au monde avec deux enfants. L'orage l'avait foudroyé. Au mont Blanc. « Qu'est-ce que vous allez chercher là-haut ? Pierrot a laissé sa vie, et maintenant c'est mon mari, me dit-elle. Tu es fou, René, tu es fou comme ils l'étaient eux-mêmes. Vous êtes tous des malades ! » Peine immense. Je ne trouvai aucun mot pour lui dire la passion qu'ils avaient pour la montagne, passion cruelle.

André Bertrand, guide et moniteur de ski au Monêtier-les-Bains, Hautes-Alpes, fut l'un de mes premiers compagnons de cordée. Quand nous nous rencontrâmes, à Paris, il venait tout juste de terminer son service militaire dans un centre de montagne d'Autriche. Ensemble, nous avons vagabondé dans le massif de l'Oisans, gravi le pilier sud des Écrins, considéré très difficile à cette époque.

Sur la face sud du Pavé, une corde de rappel, témoignage d'une tragédie, pendait dans le vide, en surplomb, cent mètres au-dessus de l'attaque. Quelques années auparavant, deux alpinistes fuyant le mauvais temps s'étaient perdus dans le brouillard. Sans visibilité, ils avaient posé un rappel en plein vide... Le premier était descendu, pensant aboutir sur un emplacement où il aurait pu installer un relais. Malgré ses cris désespérés, son compagnon, plus haut, ne put l'entendre dans la clameur des vents. Épuisé, il avait lâché la corde et fait une chute effroyable. Son compagnon, tirant alors sur la corde et la sentant libre, était descendu à son tour. Il l'avait rejoint dans le néant... Les sauveteurs retrouvèrent les corps en position assise, colonne vertébrale désarticulée.

Dans ce massif déserté de septembre, la corde ondulant au-dessus de nos têtes créait une ambiance funeste. Nous escaladâmes la paroi, anneaux de corde en main, nous assurant dans un seul passage. Nous étions pressés d'arriver au sommet et d'en redescendre au plus vite.

En montagne, à propos du choix des passages, nous étions aussi têtus l'un que l'autre. Lorsque André estimait que le plus facile était à gauche, je trouvais l'autre bien mieux à droite. Pour clore nos interminables discussions, nous choisissions de passer entre les deux, ouvrant des variantes inédites, qui n'avaient plus aucun rapport avec les itinéraires décrits dans le guide du massif des Écrins. Par la suite, nous en riions aux éclats.

À Paris, afin d'améliorer notre souplesse, nous nous étions inscrits dans un club de judo. Nous n'y resterons pas longtemps. Nous saluer avant, à la fin du combat, selon le rituel de ce sport magnifique, nous faisait éclater de rire. Malgré les observations du moniteur, une ceinture marron, nous restions incorrigibles : nous nous livrions à des batailles de chiffonniers qui tenaient peu du Japon, le maître perdit patience et nous aida à comprendre que notre présence n'était plus souhaitable.

Notre bonne cordée allait bientôt se séparer. Alors ébéniste à Paris, André décida de s'installer en montagne. Très doué manuellement, il dessine et sculpte merveilleusement le bois, mais nous ne nous sommes jamais perdus de vue. Ainsi nous nous retrouvâmes ensemble pour faire la première ascension de la face sud de l'aiguille de la Vanoise, celle du pilier est du pic de Bure, puis du Jannu en Himalaya, et enfin de la directe de la face sud du Huandoy, dans la cordillère des Andes.

6

Jean Couzy

En 1954, sur les rochers de Fontainebleau, je fis la connaissance de Jean Couzy, ingénieur à l'Aéronautique. Des Alpes à l'Himalaya, son palmarès de brillant alpiniste était une succession d'exceptionnelles réussites. Il avait participé à la conquête de l'Annapurna, gravi avec Lionel Terray le Chomo-Lonzo, 7 796 mètres, en Himalaya du Népal, malgré des rafales de cent cinquante kilomètres/heure, et le Makalu, 8 470 mètres, l'année suivant notre rencontre. Jean Couzy et Lionel Terray arrivèrent au sommet les premiers, le 15 mai 1955.

Au début de cette même année, nous nous rencontrons à nouveau au pied des falaises du Saussois. Jean se préparait pour sa fameuse expédition du printemps, au Makalu. Il me propose de gravir avec lui la face ouest des Drus dès son retour en France, vers le mois de juillet. J'exultais. J'avais enfin trouvé un compagnon de cordée qui pouvait se libérer de ses activités professionnelles en cours d'année.

La face ouest des Drus était alors l'ascension la plus difficile des Alpes, elle n'avait été escaladée que trois fois seulement par les alpinistes les plus forts du moment. Lucien Bérardini, Guido Magnone, Adrien Dagory et Marcel Lainé pour la première, deux Autrichiens pour la seconde, la troisième revenant à quatre Parisiens, Adrien Billet, Michel Grassin, René Gervais et Paul Lenain, garçon intelligent, infiniment sympathique, qui allait se tuer en redescendant du sommet par la voie normale. Dieu, quelle fatalité ! Se tuer après avoir gravi la face ouest ! Non, la montagne ne fait aucun cadeau. Je me répète, mais ma vie a été jalonnée par la disparition d'êtres que je ne veux oublier.

Aux premiers jours de juillet, en attendant Jean Couzy, je gravis le mont Blanc, un excellent entraînement à l'altitude. Commencer par le plus élevé, autant de temps gagné, puis j'ouvris une voie dans la face nord-est du Capucin du Requin. Ma forme physique et morale ne pouvait être meilleure.

Je commençais à ronger mon frein, à tourner en rond, quand Jean Couzy arrive enfin à Chamonix, à la mi-juillet. Le temps était beau, l'aventure pouvait commencer.

Sacs lourdement chargés, le 20 juillet au soir, nous remontons la longue moraine jusqu'au glacier des Drus et installons notre bivouac sous un auvent rocheux. Le temps, devenu instable, se dégrada toute la nuit et il pleuvait au lever du jour. Après avoir protégé notre matériel sous une toile plastique, nous redescendons à Chamonix pour revenir dormir sous notre auvent rocheux le soir même... Nous effectuerons ainsi quatre jours durant des allers-retours « Chamonix-glacier des Drus ». Nous avions des vivres pour entreprendre l'ascension, mais pas assez pour attendre le beau temps sur place. Dans la vallée, les amis trouvaient notre aventure plaisante, et leurs railleries fusaient. Nous n'en laissions rien paraître, mais notre agacement était bien entendu certain.

Quand, le 23 juillet, le soleil se leva enfin, nous étions déjà hauts dans ce dangereux couloir rocheux qui longe la partie inférieure de la face ouest. Sans notre persévérance, nous n'aurions pu la gravir cette année-là... Deux jours plus tard, alors que nous arrivions à l'approche du sommet, l'orage qui menaçait depuis la veille s'abattit sur la montagne. Les Drus forment un véritable paratonnerre, et c'est sous les décharges de foudre, la neige tombant serrée, que nous faisons notre troisième bivouac. Sans doute aurions-nous pu gagner un jour sur notre ascension avec des sacs moins lourds, mais la face ouest n'était pas équipée de pitons, comme elle le sera ensuite. Le matériel technique, les équipements vestimentaires dont nous disposions étaient relativement rustiques, comparés à ceux d'aujourd'hui. Dans les fissures larges, nous utilisions des coins de bois, les pitons à lame fine se tordaient dans les fissures plus minces, piolets, marteaux-piolets à lame droite et crampons ne permettaient pas de monter vite, en sécurité, dans les couloirs et les pentes de glace raides. Les laines polaires, le fameux Gore-Tex, les aliments lyophilisés, les barres de céréales, les sels minéraux apparaîtront beaucoup plus tard...

L'aiguille Noire de Peuterey

Tout comme Jean Couzy, je m'intéressais à la répétition des itinéraires des grandes parois. L'ascension des Drus nous avait permis de mieux nous connaître, d'apprécier la valeur de la cordée que nous formions, et je pensais que le temps était venu d'ouvrir de nouveaux itinéraires plus audacieux.

L'arête nord de l'aiguille Noire de Peuterey, 3 773 mètres au versant-sud du mont Blanc, le plus isolé, le plus tourmenté du massif, était un objectif exceptionnel. Jean avait déjà reconnu cette arête, il l'avait alors jugée difficile, voire impossible, deux adjectifs qui convenaient à mon caractère... La montagne offrait des défis, à nous de les relever.

Au mois de juillet 1956, nous nous retrouvons en Italie, à Courmayeur. Le temps instable virait de l'orage à l'éclaircie. Le soir, nous montons au refuge Gamba, où nous avions déjà transporté notre matériel lors des jours de mauvais temps. D'après Jean, ne jamais patienter sur place, monter et descendre était la meilleure méthode pour entretenir sa forme. Depuis l'ancien refuge Gamba, une sympathique cabane de bois, a été détruit, c'est dommage. Ce refuge appartenait à l'histoire d'un versant riche en événements exceptionnels. Aujourd'hui, il est remplacé par le refuge Monzino, 2 550 mètres, construit de pierres et de métal.

Le beau temps revint enfin et, le 23 juillet, un an jour pour jour après notre départ précédent pour la face ouest des Drus, nous traversions le glacier du Freney pour atteindre le couloir de la brèche des Dames Anglaises et le départ de l'arête nord. Pour gagner plus de temps sur la marche d'approche, nous avions abordé le glacier sous l'aiguille Croux. Ce n'était pas une bonne idée. Les séracs, particulièrement brisés, les crevasses béantes nous contraignirent à effectuer de nombreux détours. À neuf heures, nous avions seulement atteint le bas du couloir et, à midi, la brèche des Dames Anglaises. Le premier ressaut de l'arête, vertical et compact, laissait augurer ce que serait la suite de l'ascension. À trois heures de l'après-midi, nous l'avions gravi. La suite ne fut pas décevante : une étrave de navire, haute de cent cinquante mètres, aussi lisse que le ressaut que nous venions de surmonter, se dressait devant nous. Par où commencer ? En l'étudiant bien, nous finissons par apercevoir de vagues aspérités et de minces fissures sur la roche.

À la faveur de prises minuscules, les dix premiers mètres ne me comblèrent pas de joie, et vint le moment où je ne pouvais plus ni monter ni redescendre. À ma hauteur, à part une fêlure infime de la roche, aucune fissure ne me permettait d'enfoncer un piton solide. Il y en avait une, deux mètres plus haut, mais, selon la position où l'on se trouve, deux mètres sont souvent le bout du monde. Libérer ma main droite pour saisir un piton sur le mousqueton accroché à la ceinture compromettait dangereusement mon équilibre, un léger tremblement d'une jambe me signalait qu'il fallait faire vite. Mais c'est dans ces moments que le piton dont on a besoin s'obstine à ne pas s'extraire du mousqueton... Après un instant de panique vite réprimé, je réussis à saisir un extra-plat de trois centimètres et à l'enfoncer, à la main, de quelques millimètres dans la fêlure en question. Puis, à légers coups de marteau afin qu'il ne rebondisse, je réussis à le planter jusqu'à l'anneau. Ouf! Trois centimètres d'acier dans une fissure de granit, c'est bon, je passe un mousqueton et la corde dans l'anneau du piton, puis je décontracte mes jambes en les allégeant de mon poids l'une après l'autre. Pour atteindre la prochaine fissure, il me fallait accrocher un étrier au piton, que je lui confie tout mon poids, en me redressant sur la plus haute marche. Les trois centimètres d'acier me parurent soudain bien fragiles... Après deux heures d'efforts laborieux, je n'avais progressé que d'une quarantaine de mètres, en ayant planté une série de pitons du même type. Non sans soulagement je rejoignis Jean en rappel.

Le vent du nord s'était levé, notre bivouac était glacial dans la brèche transformée en soufflerie. Le vent ne s'interrompit qu'au lever du jour. Du thé brûlant et le soleil nous firent oublier bientôt le froid de la nuit. Jean prend la tête de la cordée, puis, après avoir remonté la corde fixe que j'ai laissée en place, il se lance à son tour dans un pitonnage des plus délicats, rendant grâce au ciel d'être bien placé dans la catégorie « poids léger ». Plus haut, une large fissure nous oblige à faire des couplages de coins de bois, puis, s'élargissant enfin, l'ascension s'effectue en escalade libre sur une quarantaine de mètres, et les pitons, les étriers de nouveau. Nous étions frigorifiés jusqu'aux os par le vent du nord, le deuxième de cordée surtout qui devait attendre que le premier finisse sa longueur de corde avant d'entrer à son tour en action.

L'après-midi était fort avancé quand nous atteignons le pied du dernier ressaut. D'une structure bien différente, il se présentait sous la forme d'une facette verticale, sur laquelle se superposaient des dièdres monolithiques fermés par d'impressionnants surplombs. Était-ce la fatigue de la journée ? L'effet du vent gelant ? Le bel optimisme de la veille déclinait. Il ne nous restait qu'à installer notre bivouac sur le versant ouest de l'arête, à l'abri des rafales, allumer le réchaud pour fondre de la neige et nous préparer un potage brûlant. Nous n'avions rien absorbé depuis le frugal petit-déjeuner du matin, et la faim nous tenaillait. Au cours de la nuit, un spectacle d'une rare splendeur nous combla : la brume légère s'étalait à hauteur de notre bivouac, au-delà du glacier du Freney, le mont Blanc dressait ses grands piliers de granit dans un ciel inondé de clair de lune. Des frissons de froid et de bonheur mêlé me parcouraient l'échine, j'avais trouvé enfin mon temple : la montagne, ce chemin qui un jour me conduirait peut-être quelque part dans les étoiles.

Je ne pouvais imaginer encore combien tout serait dur, que des êtres iraient jusqu'à souhaiter ma mort, parce que j'en ferais trop, simplement. Rivalités, jalousies meurtrières existaient aussi dans ces milieux dits éthérés. Certes, d'après les « on-dit », j'ai parfois sauté à pieds joints sur le catalogue des règles bien établies, et encore, c'est à voir ; il reste que je n'ai jamais laissé mourir quiconque quand le temps était à l'action et non aux discussions à table ou devant un verre de blanc, sur le zinc d'un bistrot. J'avais la tête dans les astres, et je m'y sentais bien. Je respectais mes pairs dans la mesure où ils me respectaient, et j'ignorais les autres. Que sont-ils devenus, que sont devenues les pensées malsaines, alors qu'avec le temps ils ne sont que des savates éculées ? Mais il s'agit d'une autre histoire, que j'évoquerai plus loin.

Le lendemain, le dernier ressaut se révéla bien moins difficile. Le pitonnage dans les bonnes fissures était classique, l'escalade libre ne dépassait pas le cinquième degré, le beau temps s'était maintenu.

L'ascension de l'arête nord sera le départ d'une belle série de premières que Jean Couzy et moi réaliserons ensemble.

La face nord-ouest de l'Olan

L'Olan, 3 563 mètres, est l'une des plus belles montagnes de l'Oisans. Sa face nord-ouest est assez complexe, un profond couloir la divise pratiquement en deux parties. Sur la droite, un éperon très marqué s'élève du bas jusqu'au sommet sud ; la partie gauche, au départ, est assez peu redressée, puis s'élance en un seul jet vertical, surplombant sur cinq cents mètres jusqu'au sommet nord, son point culminant.

En 1934, Lucien Devies et Guisto Gervasutti avaient ouvert l'itinéraire de l'éperon du sommet sud. Avec la face nord de l'Ailefroide, qu'ils gravirent un an plus tard, c'était les deux ascensions les plus difficiles pour l'époque.

Jean Couzy et Marcel Schatz avaient fait une première tentative à l'aplomb du sommet nord. Au pied de la partie verticale et de ses surplombs, l'ascension leur avait paru problématique. Aussi Jean m'en parla sans grand élan, Mais à la perspective d'une deuxième conquête, mon enthousiasme eut vite fait de le convaincre. Deux jours après la descente de l'aiguille Noire, nous arrivions avec piolets et matériel de bivouac au dernier village du Val-Jouffrey.

À partir du Désert-en-Valjouffrey, il ne fallait pas moins de trois heures pour atteindre le refuge de Fond-Turbat, de lourds sacs au dos. En prévision d'une ascension d'une durée indéterminée, nous avions acquis une quantité relativement importante de nourriture. Fort amateur de sucreries, Jean composait des menus où prédominaient biscuits et pâtes de fruits ; comme nous étions limités par le poids et le volume, j'avais âprement défendu un morceau de lard et mes rondelles de saucisson. Le choix du matériel technique n'était pas des plus simples. Jean, pesant les pitons à la main, choisissait les plus légers, ceux qui s'adapteraient le mieux au rocher, réduisant au minimum le nombre de mousquetons. C'est ainsi que, dans la face ouest des Drus, le premier de cordée devait redescendre parfois de quelques mètres, récupérer des mousquetons, afin de continuer plus haut. Habitué aux minutieux préparatifs de mon compagnon, j'avais pris le parti de me taire, mais quand les sacs furent prêts, je rajoutai discrètement quelques pitons et une poignée de mousquetons.

Afin d'éviter un tel portage, nous nous mîmes en quête d'un mulet, ce qui n'était plus l'habitude depuis des générations dans le milieu de l'alpinisme. Mais pourquoi pas... Après une méthodique exploration du village, nous découvrons, dans le fond d'une étable, un mulet sec, misérable, noueux comme un sarment, poil rare et croupe poussiéreuse. Hormis quelques chiens hargneux, c'était le seul animal vivant de ce coin. Dénicher son propriétaire fut plus facile : il n'y avait qu'un débit de boisson dans le petit village, notre homme était là, sur un tabouret, coudes appuyés au bar, béret rabattu sur le front, devant la chopine de vin rouge. Il nous fallut beaucoup de patience pour lui faire comprendre ce que nous attendions de lui, une ultime chopine et une location de misère pour son mulet lui éclaircirent les idées. Il se redressa, puis, titubant, il franchit la porte, et se dirigea vers l'étable. La condition physique de l'animal était déplorable, quant aux courroies du bât, inutilisées depuis des années, elles étaient dures comme du bois. D'ailleurs, l'une d'elles se cassa, une ficelle la remplaça. Quand le mulet fut enfin chargé, il était quatre heures de l'après-midi. La bête pliait sous la charge et nous lorgnait, yeux pleins de reproches, nous en avions presque honte. Devant notre refus de grimper sur l'animal, le propriétaire entreprit de l'enfourcher lui-même. Au premier essai, il bascula de l'autre côté, au deuxième, il se retrouva à plat ventre sur le dos du mulet, sans réussir à hisser ses jambes. La troisième tentative fut la bonne. Alors, l'animal partit au petit trot. Au premier carré d'herbe tendre, il se mit à brouter. Et de touffes en brins d'herbe, sans perdre de vue le muletier et son mulet, nous atteignîmes le refuge dans la nuit noire.

La pluie crépitait sur notre toit de tôle au lever du jour. Respectant les idées de Jean : « Ne jamais rester inactif », nous redescendons au Désert. Le ciel s'éclaircit en fin d'après-midi, la paroi découvrit enfin ses mille mètres de gneiss. Quand nous parvenons au refuge, le soleil déclinait. Comme pour nous saluer, ses rayons rougeoyants enflammaient le sommet de l'Olan, des lumières liquides glissaient sur sa muraille. Grâce à la lueur de deux bougies découvertes sur une étagère – nous économisions ainsi les piles de nos lampes –, le repas fut vite prêt : un potage en sachet, un morceau de fromage, quelques biscuits. Maintenant que nous étions au pied de la paroi, une certaine tension s'emparait de nos esprits, nous ne parlions guère. On ne pouvait envisager une ascension d'une telle envergure sans imaginer ce qu'il adviendrait si nous étions touchés par une volée de pierres (les casques n'étaient pas encore en usage en montagne). Une chute de quelques mètres, la tête heurtait violemment la roche, mais nous savions que l'action seule nous libérerait de ces interrogations.

Bustes fléchis sous le poids des sacs, pieds butant contre les pierres de la moraine, nous abordons le cône de neige sous la paroi. La brise glacée, remontant le long des versants, cingle nos visages ensommeillés, mille mètres plus haut ; dans le ciel, une frange d'or délimitait l'ombre de la face nord. Le jour se levait. Une première volée de pierres, descellées par le soleil, dévale le couloir.

Nous avions projeté d'atteindre le sommet en ouvrant une voie la plus directe possible, mais dans le premier tiers de la paroi, la ligne droite passait au plein milieu du couloir, où les pierres rebondissaient. Nous nous accordons une première entorse à la trajectoire de la goutte d'eau... Il y en aura d'autres. Nous commençons à grimper à gauche du couloir, le verglas abondant ralentissait la progression, mais en arrivant sous un premier ressaut vertical, il faisait grand jour. Franchir le ressaut haut d'une cinquantaine de mètres était la seule façon d'éviter les pierres. Je revendique l'honneur « d'enlever le morceau », qui ne me semblait guère difficile, mais le gneiss de l'Oisans réserve souvent des surprises. Il peut être compact, glissant, les fissures à peine amorcées parfois. Sentant venir le moment où, en ligne directe, je doublerais mon compagnon vers les étages inférieurs, je lui fais part de mes inquiétudes, de l'onglée qui commence à martyriser le bout de mes doigts. À mon avis, il fallait reconsidérer la question du couloir, car les volées de pierres me semblaient un peu moins fréquentes. Jean m'avertit que, de son emplacement, sur ma gauche, il apercevait une fine fissure se prolongeant derrière un angle rocheux. Mais les quelques mètres qui me séparaient de l'énigmatique fissure étaient plus lisses encore que les dix que je venais tout juste de gravir. Si la fissure était bouchée – il n'y avait aucune raison pour qu'elle ne le soit pas –, c'était la « gamelle » assurée.

– Allons, René, tu ne vas pas me faire croire que tu pourrais tomber dans un passage aussi enfantin !

La discussion aurait pu se prolonger si j'avais été dans une position plus confortable, mais je redescends, furieux, près de mon compagnon.

– Vas-y voir toi-même ! lui lançai-je, un peu hargneux.

Il me répondit de toute sa hauteur :

– Je ne te ferai pas l'insulte de passer là où tu as marqué un but !

À l'époque, dans le milieu des grimpeurs, but signifiait échec.

L'escalade fut beaucoup plus facile dans le couloir, les pierres ne nous visaient pas spécialement... C'est toujours ce que l'on dit quand on ne peut pas faire autrement. Nous quittons le couloir dangereux, cent mètres plus haut, et nous remontons une série de vires verglacées. La paroi ne s'était pas encore asséchée des pluies de la veille. Nous étions arrivés là où Jean avait interrompu sa précédente tentative avec Marcel Schatz, à cinq cents mètres sous le sommet. Pour me racheter de ma faiblesse du petit matin, j'attaque les premiers mètres d'une longueur fort difficile. Pour le non-initié, suivant les cordes utilisées, une longueur est de 35 à 50 mètres, les nôtres étaient de 45 mètres, pour 9 millimètres de diamètre. Chaque mètre à franchir était d'un risque extrême dans ce rocher vertical et verglacé. Après quelques émotions, après avoir planté quelques pitons douteux qui n'auraient pas enrayé la chute éventuelle, je me glisse, non sans soulagement, dans une large fissure, puis, sans ajouter un seul piton, j'escalade trente mètres difficiles, exposés. Alors, installé sur une petite surface horizontale où je pouvais poser les pieds, accroché enfin à un piton solide, j'allume une cigarette et fais monter mon compagnon. Pour dire, je ne suis ni vrai fumeur ni vrai sportif, ascensionniste seulement. Deux longueurs plus haut, une terrasse nous offrait le parfait emplacement de bivouac.

Dès le coucher du soleil, le froid se fit plus vif, des rafales de vent balayaient la paroi, de longues traînées nuageuses dans le ciel ne laissaient présager rien de bon pour les prochains jours. Allongés dans nos sacs de couchage, nous examinions la masse sombre des surplombs ; l'immobilité succédant à l'action de la journée nous ramena à notre dimension humaine, et la perspective d'un échec s'insinua lentement dans nos esprits.

L'aube maussade nous tira des duvets, les nuages plissaient le ciel. Hier, nous pensions franchir les surplombs à l'aplomb du bivouac, ce matin, nous n'étions plus très certains que ce serait là le plus rapide. Le ciel prenait des allures sauvages, de gros nuages noirs s'accumulaient dans l'horizon, le mauvais temps serait sur nous vers la fin de la journée, ou bien la nuit suivante.

Jean manifesta le désir d'ouvrir la première longueur. Normalement, c'était mon tour de monter en tête, mais je lui laissai volontiers la place. Il doutait que nous réussissions à franchir la zone surplombante, il pensait que la tentative s'arrêterait là, c'est donc sans grande conviction qu'il escalada les premiers mètres verticaux, verglacés. Jean n'était pas un grimpeur rapide, mais il était extrêmement précis. Il ne se reprenait jamais à deux fois pour déplacer une main, un pied, chaque mouvement était calculé, réalisé sans précipitation, en revanche les pitons qu'il plantait, la confiance qu'il leur accordait relevaient d'une effarante légèreté. Mon compagnon n'était pas de ceux qui pouvaient tomber, aussi difficile et délité que soit le passage. Un long moment, j'ai plaisir à le voir grimper sur ce rocher, particulièrement mauvais. Pendant ce temps, assis sur mon sac, engoncé dans ma veste de duvet, doigts bien au chaud dans des gants de laine, je fais fondre de la neige sur le réchaud pour préparer du thé, tenant les cordes d'une main.

Par ses origines, sa position sociale, Jean était un homme très civilisé, mais en montagne il se libérait, il usait d'un vocabulaire inconnu du si parisien milieu où il évoluait. Pour exprimer son inquiétude, dans un passage hasardeux, il lançait : « Il y a le pet noir. » Alors, on ne pouvait douter de la difficulté dudit passage, mais quand il évoquait « le pet velu et obscur », et c'était le cas dans cette longueur, il fallait s'attendre au pire… Mais, après plusieurs onglées, après avoir planté des pitons qui n'auraient pas résisté au moindre choc, il s'en sortit bien ; grimpant à mon tour, je me demandais comment il s'y était pris pour se hisser sur des prises qui cédaient sous mon poids.

Sur une étroite corniche, attachés à un piton, nous examinons le gros problème de l'ascension : droit au-dessus de nous, franchir la partie surplombante nous semble bien aléatoire. Le temps douteux, les nuages qui s'abattaient sur le sommet ne nous y engageaient guère. À gauche, quelques fissures ascendantes nous permettraient d'atteindre un angle rocheux surplombant, mais au-delà duquel nous ne pouvions rien voir. J'éprouvais néanmoins l'intuition qu'il fallait aller par là si nous voulions gagner le sommet, ou tout au moins sortir des difficultés avant l'arrivée du mauvais temps. Jean est d'accord. Nous avions perdu beaucoup trop de temps avec ce verglas et ce froid anormal en cette saison. Sans plus attendre, je commence à traverser. Le vide était impressionnant, digne des grandes parois calcaires des Dolomites, les nuages descendant sur la muraille, le givre qui blanchissait les cordes rendaient l'ambiance plus qu'austère. Les sinistres craquements sous-jacents de la roche, quand je plantais des pitons dans des fissures où ils pénétraient trop facilement, me laissaient imaginer que la dalle sur laquelle je grimpais était décollée de la paroi. Je m'attendais à ce que tout s'effondre sous mes pieds, mais fort heureusement il n'en fut rien. Il faisait nuit quand Jean me rejoignit au relais, la zone surplombante était derrière nous. Notre deuxième bivouac fut inconfortable, glacial. Le lendemain, quand enfin nous arrivons au sommet, le vent et la neige se conjuguaient en de vastes tourbillons. Il ne nous restait qu'à trouver la voie de descente dans une visibilité limitée à quelques dizaines de mètres, il était trois heures de l'après-midi.

Cette deuxième réussite, si rapprochée de la première, nous permit d'envisager de plus audacieux projets encore : le grand alpinisme hivernal.

Les grands sommets des Alpes avaient tous été gravis en saison d'hiver : le mont Blanc en 1874, le Cervin en 1882, la Meije en 1924, mais par les itinéraires les plus faciles. Nous allions nous appliquer à un nouveau défi : puisque aucune grande paroi n'avait été gravie en hivernale, nous allions commencer !

Déjà lors de l'ascension de la face ouest des Drus, nous avions imaginé une cordée dans cette paroi, l'hiver. Aventure déraisonnable. Pourtant, l'idée fit son chemin, et ce qui nous paraissait alors utopique allait être réalisable. « Il suffira de prendre une petite laine de plus »…

L'automne venu, je repris le collier du VRP. Revinrent alors les temps des œufs durs et des sandwichs. Je ne travaillais plus, je trimais. Conduisant ma voiture, je ne pensais qu'à l'hivernale de la face ouest des Drus… Je m'y voyais. À un retour de Reims, après que j'eus démarché pendant une semaine et rempli mon carnet de commandes de perceuses à percussion, Odette m'apprend que le gendre de l'inventeur est venu en mon absence lui annoncer que je ne faisais plus partie du cheptel des représentants. Ce minable n'avait pas eu le courage de m'affronter en face. Furieux, je me rends à son bureau à la première heure, le lendemain. J'ouvre la porte avec fracas, puis, sans le saluer, je lui tends le carnet de commandes. Rivé à son fauteuil, l'autre le consulte, page après page. À ses expressions changeantes, je comprends que ses intentions évoluent à mon égard. « René, me dit-il, vous avez fait du bon travail. » C'était la première fois qu'il usait de mon prénom, mais d'un geste, je lui arrache le carnet des mains. Il me regarde d'un air ébahi, il me dit qu'il doit livrer aussitôt ces commandes, je lui réponds que je lui rendrai le carnet quand il m'aura réglé les retards de commissions. Il hésite, prétextant que c'est là le travail du comptable. Comme j'ouvre la porte, faisant mine de partir, il tire les livres de comptes et se lance dans des calculs qui ne seront certainement pas à mon avantage. Pendant ce temps, j'observais les voitures pressées qui défilaient dans les deux sens sur le boulevard extérieur, le bureau se trouvait à la hauteur de la porte de Versailles, le soleil irradiait les façades, et je pensais que la face ouest dans un hiver aussi prometteur que l'automne précédent ne nous résisterait pas longtemps.

Finalement, il me remet un chèque rondelet, de quoi abonder mon compte défaillant. Il réclame alors le carnet de commandes que j'avais déjà enfoui dans mon porte-documents. Il ne l'obtiendra que quand son chèque sera encaissé par ma banque, lui dis-je. Quand ce fut fait, je lui téléphonai et lui dis d'aller se faire contempler chez les Grecs, en n'oubliant pas ses machines à percer des trous, que son carnet de commandes était au fond de ma poubelle. Je lui en voulais terriblement de son intrusion chez moi en mon absence. Antoinette, ma mère, m'avait dit un jour : « Ne te laisse jamais faire, et marche, tête droite. » Je perdis ainsi une semaine de travail et mes frais de déplacement, mais mon honneur était sauf.

Dans les années 1950, l'emploi ne manquait pas. J'avais bien d'autres cartes dans mon portefeuille de représentant, des produits autrement moins onéreux que les perceuses à béton se vendaient facilement, sans démonstrations. L'argent rentrait normalement.

Entre mes activités professionnelles, mes congés passés dans les écoles d'escalade, je n'étais pas souvent à la maison. Insensiblement, je m'éloignais d'Odette. De fait, je n'étais pas né pour être marié, j'étais un solitaire vivant accompagné. Je nourrissais une passion où la montagne avait pris toute la place, mais matériellement j'assurais toujours.

7

Face ouest des Drus, première hivernale

Les week-ends d'automne, je retrouvais Jean sur les rochers de Fontainebleau ou les falaises du Saussois. Qu'il pleuve, qu'il vente, nous accumulions les kilomètres d'escalade, la forme était bonne, l'hiver approchait. Les mois de janvier et de février s'écoulèrent. De temps à autre, Jean téléphonait à l'épouse d'un célèbre alpiniste de Chamonix qui avait promis de nous informer de l'état du temps. Curieusement, et contrairement à ce qu'annonçait la météo, sa réponse était toujours négative : le mauvais temps sévissait sur le massif… Fort heureusement, Marcel Legrand, un autre ami, crédible celui-là, et qui séjournait dans la vallée, nous prévint qu'en fait, il faisait grand beau depuis une dizaine de jours ! De toute évidence, certains ne tenaient pas à nous voir dans les parages…

Au petit jour, dès le lendemain de ce coup de fil engageant, la 2 CV de Jean, chargée jusqu'à la gueule, se lança vaillamment sur la nationale 6. L'autoroute du Sud n'était encore qu'un projet, à cinquante kilomètres de moyenne, il ne nous fallut pas moins de douze heures pour rejoindre Chamonix. Un ciel d'une limpidité parfaite régnait sur le massif du Mont-Blanc, pas un souffle de vent ne soulevait la poudreuse en altitude. Nous avions perdu dix jours… Nous n'avions qu'à espérer que le temps se maintienne ainsi assez longtemps.

De Chamonix au pied des Drus, on compte mille huit cents mètres de dénivelé. Enfonçant dans la neige jusqu'aux cuisses, alourdis de sacs de vingt kilos, il nous fallut six heures pour atteindre le Rognon des Drus, où nous avions bivouaqué avant l'ascension de la face ouest, en 1955. L'été, du Rognon à la rimaye, au pied du couloir, il faut compter vingt minutes de marche, mais, cet hiver-là, la neige était profonde, nous enfoncions jusqu'à la taille. La repoussant du buste, après une heure d'efforts épuisants, nous réussissons à remonter le cône neigeux formé par les avalanches du couloir. La rimaye était bouchée par un énorme bourrelet de neige. Tentant de le franchir, Jean s'enfonce à la hauteur de poitrine ; en s'effondrant, une partie du bourrelet nous transforme en bonshommes de neige...

Le temps passe vite en action. À seize heures, nous n'avions gravi que cent mètres de couloir, la trace depuis la vallée nous avait éreintés. Il nous parut évident que nous ne pourrions pas atteindre les terrasses de la face ouest avant la nuit. Plus haut, le couloir se redressait, la glace vive était apparente, les crampons et les piolets dont nous disposions, les meilleurs de l'époque, ne nous permettraient pas de monter en sécurité face à la pente, il faudrait tailler des marches. Jean, fatigué, souffrait de maux de ventre, séquelles de ses expéditions d'Himalaya. Avant de monter, deux jours de repos à Chamonix auraient été des plus bénéfiques, mais nous ne pouvions jouer avec le temps, nous en avions trop perdu.

Une ligne de nuages noirs obscurcissait l'horizon, à l'ouest. Mauvais présage ? En bordure du couloir, une terrasse nous offre l'emplacement du bivouac. Au cours de la nuit, Jean a un accès de fièvre, et je lui prépare des boissons chaudes.

Lundi matin, le ciel était à nouveau limpide, Jean se sentait beaucoup mieux, je prends donc la tête de la cordée. La neige du couloir était toujours aussi profonde, froide, mais nos moufles fourrées nous permettaient d'enfoncer les bras sans souffrir. Des bans rocheux recouverts de glace ralentirent notre progression, sur des broches à demi enfoncées dans la glace, notre assurance précaire ne nous autorisait pas la moindre glissade. Nous atteignons enfin la partie supérieure du couloir, formée de glace noire, dure.

Les rochers en bordure me semblant faciles, je m'y engage. Mais, dès les premiers mètres, les difficultés deviennent extrêmes, aussi je rejoins vite le centre du couloir. Plutôt que des marches, je taille des encoches de faible épaisseur dans une glace raide, où il était impossible de planter une broche ou un piton. Jean me suivait à quelques mètres, tenant son piolet d'une main, la corde de l'autre. Nous nous sentions terriblement vulnérables. Heureusement, aucune coulée de neige, aucune chute de pierre ne nous déséquilibra. C'est avec soulagement que nous atteignons la partie rocheuse de la paroi, en fin d'après-midi. Pour la première fois de la journée, nous pouvons nous accorder une courte pause. Jean avait recouvré la forme, il passe donc en tête, et je peux souffler un peu. Nous atteignons une terrasse, où nous installons un bivouac confortable avant la nuit. Gorges asséchées par la soif, la fatigue, nous ne mangeons guère, et sans songer au lendemain, blottis dans nos sacs de couchage, nous sombrons dans un sommeil profond.

La lumière du jour nous réveilla, il était neuf heures. Nous aurions dû être déjà cinquante mètres plus haut, pourtant, aucun de nous d'eux n'eut l'initiative de bondir hors du couchage. Jean avait la tête lourde, un séjour d'altitude manquait à notre entraînement. Nous avions mis vingt heures depuis la vallée pour arriver seulement au pied du mur. De la station du Montenvers, en été, il faut à peine cinq heures pour franchir l'étape. Gênés par le froid glacial d'une paroi qui, l'hiver, reste dans l'ombre les deux tiers de la journée, ralentis par le poids des sacs qu'il fallait tirer, il nous faudrait au moins trois jours pour atteindre le sommet. Certes, le temps était beau depuis dix jours, mais se maintiendrait-il assez longtemps ? L'un comme l'autre, nous gardions le silence, plongés dans un profond débat intérieur, attendant que l'un formule la conclusion qui s'imposait : l'hivernale de la face ouest était une trop grande entreprise, il fallait en convenir. Décision est prise : nous abandonnons. Tandis que la neige du petit-déjeuner fondait sur le réchaud, nous ruminions notre défaite.

Comme nous avions envisagé la descente, à quoi bon nous rationner, d'autant que nous n'avions pratiquement rien mangé depuis la veille. Nous avalons saucisson, thon, un tube de lait entier dans le café trempé d'un pain d'épice, près du double de la ration prévue pour la journée. Et pour clore ce festin pantagruélique pour des alpinistes d'altitude, nous sifflons une gourde d'un quart de litre de « potion magique », à savoir le cognac que Jean avait tiré du sac. Contrairement à l'avis des médecins, nous pensions qu'en cas de malaise, un peu de *moraline* a toujours plus d'effet qu'un médicament quelconque.

Est-ce le résultat d'une grasse matinée, de l'abondant repas, du cognac ? Tout à coup, nos sombres spéculations du réveil nous semblèrent d'un pessimisme exagéré... N'était-il pas ridicule d'abandonner par un temps aussi radieux !

Nous établissons notre plan : ce soir, bivouac au pied du dièdre de quatre-vingt-dix mètres, demain, sortie de la face ouest, là où elle rejoint la face nord. Nous irons vite avec des sacs si légers, puis descente en rappel au bivouac du dièdre, où nous passerons la nuit. Le surlendemain, Chamonix...

Les crampons, piolets et *surbottes* fourrées, imbibées d'eau gelée, restent sur place. À dix heures, nous attaquons enfin les difficultés rocheuses. Ainsi allégés, nous montons vite, avec moins de fatigue. Le jour baissait quand nous atteignons le passage dit le « Bloc Coincé », un énorme bloc de granit, obstruant la sortie d'un couloir rocheux sous le dièdre éclairé par la lumière orangée d'un splendide soleil couchant. La neige entassée sur le Bloc rend le passage des plus pénibles, mais au crépuscule, nous sommes enfin au pied du dièdre. Une lumière clignotait dans la vallée : c'était celle de notre ami Marcel Legrand et nous répondons à ses signaux.

Le repas du soir achevé, des plus frugaux cette fois, nous bavardons un moment, fumant la dernière cigarette, rêvassant sur l'éclat croissant des étoiles au firmament.

Neuf heures de sommeil nous permirent de récupérer, le matin nous étions dans une forme étonnante. Dès le départ, nous sentons dans nos muscles le tonus des grands jours. Cinq heures plus tard, nous étions au rendez-vous avec le soleil sur la terrasse qui limite la face ouest de la face nord. Celle-ci était en meilleure condition que nous l'avions supposé, et nous regrettons de ne pas nous être munis des crampons et des piolets, nous aurions atteint le sommet des Drus sans aucune difficulté. Qu'importe : nous avions tout de même escaladé la face ouest des Drus en hiver !

Une partie difficile nous restait à jouer : la descente de la paroi en rappel. Ce fut une grisante voltige, en plein ciel, au-dessus d'un vide fantastique. Bien avant le coucher du soleil, nous avions rejoint le pied du dièdre de quatre-vingt-dix mètres, les rayons du soleil étaient presque tièdes, l'air à peine froid. Nous nous déshabillâmes quelques instants pour faire respirer notre peau et remettre de l'ordre dans nos vêtements. À la grande joie, nous le saurons plus tard, des skieurs de la Flégère qui nous observaient chaque jour au télescope. Deux types à poil dans la face ouest, l'hiver, ce n'était pas habituel !

La descente se poursuivit sous le soleil le lendemain, quand un incident faillit m'être fatal...

Au milieu du mur de quarante mètres, je dois faire un relais, la corde n'étant pas assez longue pour aller jusqu'au bas du mur. Erreur. Nous avions sauté un relais pour aller plus vite. Après avoir fixé deux étriers sur un piton qui me paraissait solide – sans le vérifier, seconde erreur –, j'enfile mes jambes sur les petits échelons d'aluminium et lâche la corde, afin que Jean puisse descendre à son tour. Soudain, je suis pris d'une indescriptible frayeur : le piton enfoncé dans la fissure verticale oscillait lentement sous mon poids... Au bout de quelques centimètres, sa tête trouve le rocher, puis s'immobilise. Je n'osais plus le moindre geste. Planter un autre piton dans la fissure, au-dessus de moi ? La moindre vibration de la roche pouvait libérer celui qui me soutenait. Sous mes pieds, cinq cents mètres de vide... Je crie à Jean d'attendre avant de descendre, et de replanter le piton de relais sans se libérer du rappel ! Puis, doucement, je décroche un autre étrier de mon baudrier, je le serre entre mes dents, et, après avoir dégagé mes jambes, je commence à descendre à la force des poignets, me tenant aux échelons des étriers accrochés au piton. Un mètre plus bas, je fixe l'étrier que je tenais entre mes lèvres, je récupère ceux que je venais de quitter, et, de piton en piton, tenaillé par la crainte de voir l'un d'eux céder, je descends au bas du mur.

Gorge sèche, je crie à Jean, arrivé au bout du rappel et qui avait mal compris ce qui se passait, de ne pas monter sur le fameux piton incliné. Il se bloque sur la corde, puis, à coups de marteau, il redresse le piton et l'enfourne jusqu'à l'anneau. Alors, il pose un autre rappel, et il me rejoint enfin...

Ce mur me réservera d'autres émotions, plus tard, plus désagréables encore, car, malgré les précautions, on est toujours à la merci d'un imprévu en montagne. L'habitude est le seul danger, être toujours aux aguets, attentif, malgré la fatigue, est le plus difficile.

À la nuit tombante, après avoir laissé les dernières pentes neigeuses, nous dévalions le sentier du Lavancher. Une ombre solitaire venait à notre rencontre, Marcel Legrand. Il eut des mots qui nous allèrent droit au cœur : « Aimez-vous les biftecks très épais ? » Nous les avons appréciés, Marcel. Ils étaient épais, tendres, avec l'amitié en plus.

8

La mort en face

Avant cet été 1957, je ne connaissais les Dolomites que par les récits de grimpeurs désabusés qui avaient traîné leurs chaussures dans les fissures et les surplombs de ces étranges montagnes. Si certains récits me lassaient, d'autres m'intriguaient pourtant.

Jean connaissait le calcaire des Dolomites, il avait gravi des parois très difficiles, et le respect qu'il portait à ces montagnes m'encouragea à passer une partie de mes vacances dans les Alpes orientales. Les Tre Cime di Lavaredo, par la facilité de leur approche de Cortina d'Ampezzo, sont les montagnes les plus fréquentées du massif. Il faut dire que l'on accède au refuge Auronzo, sur le versant sud, en voiture. Ce qui n'enlève rien aux difficultés techniques des faces nord de la Cima Grande et de la Cima Ovest. Hors ces deux faces aux itinéraires d'ascension composés de gradins plus ou moins faciles, il est deux escalades courtes, mais très exposées : le Spigolo Giallo, haut de 300 mètres, et la Cima Piccola de 150 mètres, si célèbres pour ceux qui grimpent la première fois dans les Dolomites.

Dès le lendemain de notre arrivée, nous les gravissons l'un et l'autre. Ce premier contact me ravit. Puis nous entreprenons la face nord de la Cima Ovest, haute de 500 mètres, par la voie Cassin, la seule existant alors sur cette paroi. Après ce séjour aux Tre Cime, nous partons pour le massif de la Brenta, et nous réussissons la quatrième ascension du difficile dièdre Oggioni, haut de 700 mètres. Pour dire, mon acclimatation au calcaire des Dolomites fut rapide. Dès lors, aucune de ces montagnes magnifiques ne m'effraierait. D'ambitieux projets prirent forme.

Pour l'heure, les vacances finissant, nous repartîmes vers le massif du Mont-Blanc pour ouvrir une voie directe et verticale de sept cents mètres, dans la face ouest de l'aiguille Noire de Peuterey, entre la voie Ratti et la Boccalate.

Le retour vers mes obligations professionnelles fut des plus mornes ; certes, mes gains, confortables, allaient progressant, et je pouvais envisager mon indépendance économique sans trop d'inquiétude. Seulement il me fallait consacrer plus de temps au travail quotidien, au détriment d'une montagne qui me captivait de plus en plus. Les clients que je rencontrais chaque jour étaient si différents, si loin de ma passion ! Quant à mes employeurs, réticents à mon égard, ils m'en voulurent quand je leur annonçai que je m'absenterais plusieurs mois au printemps prochain... Je venais en effet d'être sélectionné pour la prochaine expédition nationale au mont Jannu, 7 710 mètres, en Himalaya du Népal ! J'en rajoutai pour donner plus d'importance à l'événement : l'expédition était parrainée par le président de la République en personne ! À l'époque, le milieu des grimpeurs de haut niveau était restreint. Nous avions tous l'habitude de nous rencontrer au Club alpin à Paris, ou bien à Chamonix. Mon palmarès, et notamment l'ascension de la face ouest des Drus avec Jean Couzy, trois ans plus tôt, décida de ma participation à l'expédition au mont Jannu. Sans modestie, je dois dire que ma réputation de « type qui en voulait » joua dans le choix de votre serviteur. Expédition française, parrainage élyséen, mes employeurs n'avaient rien à faire de l'exploit collectif que j'allais vivre. En d'autres termes, j'étais viré... Dans l'instant, je ressentis un grand vide, puis une onde de joie m'envahit : j'étais libre. Mes patrons avaient choisi pour moi : je pratiquais l'alpinisme en amateur depuis huit années, le moment était venu d'envisager la profession de guide !

C'est à ce moment que le guide Lionel Terray me proposa de participer à un film consacré à l'alpinisme, *Les Étoiles de midi*, produit et réalisé par le cinéaste Marcel Ichac. J'avais connu Terray à Chamonix et nous nous rencontrions souvent au Club alpin à Paris. J'avais un rôle et trois mois de travail. Les honoraires du tournage étaient remarquablement faibles, mais je signai le contrat, heureux de vivre un trimestre en montagne avec des amis que j'aimais. Enfin, dès l'automne, je serais engagé par la Fédération de la montagne pour préparer l'expédition au Jannu, en compagnie du même Lionel Terray. Que rêver de mieux !

Le printemps était magnifique. Nous passâmes des jours de repérages dans les Aiguilles-Rouges, la neige, d'abondance, prolongeait les couloirs et les flancs des arêtes, c'était le décor naturel idéal pour donner idée de ce qu'était la haute montagne. Quand la décision fut prise enfin de tourner les plans de cette séquence les orages se manifestèrent, mais ce n'était rien comparé à ce qui m'attendait...

La mort peut survenir quand elle veut, au moment le plus inattendu. La production était installée au refuge de l'Envers des Aiguilles depuis une semaine. Ce matin-là, nous avions filmé un grand rappel pendulaire qui comportait quelques risques dans les soubassements de l'aiguille de Roc. Les précautions habituelles prises, tout s'était parfaitement bien passé, et, vers une heure de l'après-midi, travail terminé, nous avions regagné le refuge. En ce mois de juin, l'eau courante n'était pas encore rétablie, aussi, pour cuisinier, fallait-il fondre la neige sur les réchauds. Quant à la toilette, elle était particulièrement simplifiée...

Les pentes de neige venaient mourir à cent mètres sous le refuge, sur de grandes dalles de granit, puis, à peine inclinées, elles plongeaient de cent cinquante mètres sur la mer de Glace. L'eau de la fonte ruisselait sur quelques centimètres d'épaisseur, site idéal pour se laver... Après notre long séjour d'altitude, nous ne résistons pas à la tentation. Et nous voilà nus, nous savonnant, nous rinçant sous le soleil de ce bel après-midi.

Je décide alors de me brosser les dents, et, pour ce faire, je dois traverser la dalle, vers une eau plus claire. Inclinée à peine à 20°, malgré la proximité du vide, elle n'offrait aucun danger pour des hommes ayant l'habitude de se déplacer en terrain escarpé. Quand, brosse entre les dents, tube dentifrice à la main, mes pieds glissent sur une plaque de lichen gluant, indiscernable sous l'eau ruisselante... Sans plus m'inquiéter, m'étalant sur le dos, je glisse vers l'abîme, je n'ai qu'à m'asseoir, appliquer mes mains sur le granit suffira pour enrayer cette glissade. Ce que je fis... Sans résultat ! Alors, j'augmente la pression de mes mains, mais l'eau formant un lubrifiant parfait entre ma peau et la roche lisse, la vitesse ne fait que croître. Dès lors, rien ne pouvait plus m'arrêter...

À l'extrémité de la dalle, avant le grand saut, dernière chance, une frêle bordure, de quelques centimètres à peine, émerge du ruissellement. Si je parviens à caler mes deux talons sur ce relief, je pourrai stopper ma chute sans aucun doute. Alors, je tends les jambes, mais la vitesse acquise est trop forte ; se bloquant sur le relief, mes talons me redressent à la verticale, et je plonge dans le vide... Je porte mes bras instinctivement autour de ma tête pour la protéger. Je comprends alors que je vais mourir. Je ne ressentais aucune frayeur, tout allait si vite ! Rien, sinon un indéfinissable sentiment de désespoir. Sans être athée, je ne suis pas particulièrement croyant, mais si seul le néant régnait au-delà, alors c'était ma fin. Une révolte éclata en moi : « Je ne veux pas mourir comme ça, pas encore ! » Un premier impact me projette en l'air, j'en ressens le choc sans éprouver de douleur. Restés au refuge, mes compagnons, plus tard, me diront avoir entendu le bruit de mon corps qui rebondissait sur le roc. Me détournant de l'axe de chute, ces chocs successifs me sauvèrent la vie. Ai-je perdu conscience durant quelques secondes, peut-être, car entre le premier impact et l'instant où j'aperçus une terrasse neigeuse où il fallait que j'aboutisse pour avoir la chance d'interrompre ma chute, je ne me souviens plus de rien. Bras et jambes enfoncés dans la neige mouillée, je glisse vers l'extrémité de la terrasse, où un bloc de granit, abandonné au bord du vide par un ancien éboulement, m'arrête. J'avais fait une chute de cinquante mètres...

Je m'assis dans la neige, à demi inconscient. Dans le vague brouillard, je distinguais, à quelques mètres, une silhouette qui n'osait s'approcher de moi, je ne devais pas être beau à voir. J'entends alors la voix de Lionel :

– René ! Où as-tu mal ?

Je lui réponds, ces mots sont gravés dans ma mémoire :

– Je suis fatigué. Monte-moi au refuge. Je dois dormir.

Je me sentais partir en effet, j'avais l'impression que la vie m'abandonnait, doucement. Je ne voyais rien, mais j'étais assez conscient encore pour entendre ce que l'on disait autour de moi : « Regarde sa tête, il est mal en point... », « Ne parle pas trop fort. Il entend peut-être... »

Le guide René Collet, ancien de l'équipe de France de ski, partit en courant au Montenvers, demander un hélicoptère. Lionel me fit une injection de morphine, puis une seconde, de solucamphre. Elles me firent grand bien, et je récupérai lentement. Mais pourquoi étais-je aveugle ? Fracture du crâne ? Je palpai des doigts, j'écartai mes paupières gonflées, fermées, et enfin je vis la lumière. Merci mon Dieu, pour ce sursis, moi qui doutais, voici quelques minutes seulement. Mais je doute encore. Un ami jésuite, devant qui j'évoquais mes funestes pensées lors de cette chute, m'affirma que ce sentiment était preuve de foi. Les jésuites ont toujours la bonne réponse. Comme j'insistais, m'étonnant de la nébulosité de cet avis, il prétendit que dans le doute, mieux valait se tourner vers la lumière que les ténèbres. Clair comme de l'eau de roche... En fait, je n'étais pas prêt pour le grand voyage, et l'astuce n'est-elle pas de ne jamais être prêt ?

Deux heurs plus tard, j'étais allongé dans un lit à l'hôpital de Chamonix. On me recoudra l'arcade sourcilière, le menton, les hanches, de longues éraflures zébraient ma poitrine, mes cuisses, les bras, les paumes de mes mains, mes coudes étaient à vif. On m'enduisit de pommade, puis on m'allongea sur le dos, intact heureusement. On déposa des arceaux métalliques, afin que le drap ne m'effleure pas, il ne restait que l'attente.

Au huitième jour, j'en avais assez. Je fis un tel foin que le médecin finit par me virer de l'hôpital, après que j'ai signé une décharge. Dans la rue, les gens me regardaient d'un air bizarre, avec mes croûtes, mes fils, je leur rappelais le monstre du docteur Frankenstein.

Je mis ma convalescence anticipée à profit pour gravir quelques parois, certes je traînais la jambe droite, mais la forme revint vite.

Vint enfin le temps de rejoindre la production cinématographique, installée au col du Géant, à la frontière franco-italienne. Ce jour-là, les bennes de la vallée Blanche ne fonctionnaient pas, aussi, en compagnie de Henri Leblanc, guide et photographe du film, nous traversâmes à pied. Nous étions à mi-chemin, quand un hélicoptère, venant du Montenvers, passe sous les bennes, l'appareil s'immobilise, oscille un peu, puis, hébétés, nous voyons ses pales se détacher, tomber d'un côté, la cabine se retourne et tombe de l'autre. Elle se fracasse sur le glacier, après une chute d'une centaine de mètres, à l'aplomb des bennes. Je me souviens que tout se déroula au ralenti, je pensai que ces engins n'étaient vraiment pas solides. Puis, la stupéfaction passée, nous nous précipitons au secours des passagers. Le pilote, le mécanicien et les deux occupants, à l'arrière de la cabine, étaient morts sur le coup.

La gaine d'acier du câble téléphonique, que nous ne pouvions apercevoir d'en bas, s'était enroulée sur l'axe du rotor et l'avait arraché, le kérosène s'écoulait sur la turbine, ça grésillait, et nous craignions qu'il ne s'enflamme, que le réservoir n'explose. Nous retirâmes les cadavres de la cabine pour les éloigner à même le glacier. Ne sachant que faire, nous restâmes plantés à côté des corps, éprouvant le sentiment de vivre un abominable cauchemar.

Quelques minutes plus tôt, le silence de la montagne était parfait, pas même le bruissement d'un vent léger ne le troublait, la vallée Blanche luisait sous un ciel idéalement bleu. Nous marchions, l'âme sereine, sur une neige légèrement souple en surface, qui effaçait le bruit de nos pas, et soudain, le bruit du rotor, le drame terrifiant. Ensuite, le silence de la montagne retomba, pesant ; ce qui venait de se dérouler, l'horrible spectacle du glacier, tout nous semblait irréel.

D'abord lointain, le claquement des pales d'un second hélicoptère nous parvient, le bruit s'intensifie, puis, remontant la vallée Blanche, l'appareil apparaît enfin. Il s'approche des bennes, prudent. Du bout du piolet, Henri trace un seul mot sur la neige : MORTS. L'appareil pivote sur place, et le mécanicien, d'un geste de la main, nous signifie qu'il a compris. L'appareil descend vers la vallée. Nous n'avions plus rien à faire ici. Le cœur lourd, nous reprîmes notre progression vers le col du Géant.

9

La directe de la Cima Grande

Tournage enfin achevé, libéré de mes engagements, j'attendais l'arrivée de Jean Couzy avec une certaine impatience. Il apparut, précédé d'une armada de nuages de pluie qui reverdiront la vallée et les forêts empoussiérées par le soleil de juin. En compagnie de Pierre Mazeaud et de René Collet, nous prîmes tous quatre la route des Dolomites dans la joie. J'avais hâte de revoir les grandes parois, leurs couleurs changeantes suivant les heures du jour. Nous savions que les Allemands Lothar Brandler, Dichter Hasse, Jory Lehn et l'Autrichien Siegfried Lone venaient de boucler la voie directe de la face nord de la Cima Grande, à gauche de la voie Comici. Entamé en 1957, cet itinéraire était le plus audacieux des Dolomites.

L'été précédent, gravissant la face nord de la Cima Ovest, nous avions imaginé un itinéraire qui franchissait la partie la plus surplombante de la paroi, à gauche de la voie Cassin. Une sorte d'escalier à l'envers, dont la dernière marche, trois cents mètres plus haut, soulignait la bordure du ciel. Au-dessus, les deux cents mètres quasi verticaux aboutissaient au sommet. Pour nous remettre dans l'ambiance de la verticale des Dolomites, nous avions escaladé le Spigolo Giallo, Pierre Mazeaud montant avec René Collet, puisqu'ils avaient projeté de gravir ensuite la voie Cassin à la Ovest. Au cours de la descente en rappel, nous avions découvert, posée délicatement sur un bloc de calcaire, une cervelle qui n'était pas celle d'un agneau. Autour, la roche était mâchurée de taches brunes. Quelques jours plus tôt, nous le savions, un grimpeur avait fait une chute fatale dans cette descente. Le piton du rappel avait cédé sous son poids. Après cette belle journée d'escalade, cette découverte macabre nous avait impressionnés au point que René Collet envisagea de partir pour les Alpes dès le lendemain. Finalement, il resta quelques jours de plus, mais il renonça à entreprendre l'ascension de la Cima Ovest en compagnie de Pierre.

Maintenant que nous étions à son pied, gravir la paroi nous sembla fou, nous n'étions pas des adeptes de l'escalade artificielle, nous considérions cette technique seulement comme un moyen, le plus rapide possible, de franchir des passages dans une paroi inaccessible.

Dos à la muraille, nous observions avancer au-dessus de nous l'énorme ventre de calcaire jaune, trois ou quatre jours seraient nécessaires pour le surmonter, mais aucune terrasse où nous pourrions passer la nuit n'était visible. Bivouaquer assis sur une escarpolette, une planchette de 40 centimètres sur 25, n'est pas d'un confort reposant après une journée physiquement éprouvante, mais il n'y avait pas d'autre solution dans cette paroi. L'idée du hamac léger adapté au bivouac en paroi n'était pas encore née dans l'esprit des alpinistes, elle était si évidente, pourtant…

Afin d'escalader les parois en surplomb, j'avais mis au point avec les Établissements Joanny, fameux fabricants de cordes et de sangles en nylon, un léger harnais d'escalade composé de deux parties. Je m'étais inspiré du matériel des parachutistes : une sangle se fixait autour des cuisses et de la taille, l'autre autour du buste et des épaules. Ces deux moyens pouvaient s'utiliser indépendamment l'un de l'autre, et je me souviens encore des regards narquois des grimpeurs quand je testai l'innovation, lors des premiers essais dans les écoles d'escalade. L'éthique d'époque voulait qu'on s'encorde autour de la taille, mais grimper à l'aide d'un harnais, aussi léger soit-il, paraissait ridicule, voire inadmissible. Reste que l'idée était lancée. Quelques années plus tard, les fabricants de matériel d'alpinisme commercialisaient leurs propres modèles qui ressemblaient étrangement au mien. J'aurais pu déposer les plans et la confection de ces baudriers expérimentaux, mais grimper, ouvrir des voies nouvelles était mes seuls buts. Je n'étais pas encore un alpiniste professionnel, mais un amateur. Aujourd'hui, pour plus de sécurité, la majorité des alpinistes utilise ces harnais, sur les glaciers et les parois surplombantes, notamment.

Le lendemain, au lever du jour, nous commençons l'ascension. Les fissures se prêtaient mal au pitonnage, et percer des trous à l'aide d'un tamponnoir de huit millimètres pour enfoncer des chevilles de fibre végétale, visser des pitons à rideau de cinq millimètres achetés chez le quincaillier du coin devint vite démoralisant. Après cinquante mètres, le plus facile à peine terminé, la journée était fort avancée. Il paraissait évident que si le deuxième de cordée retirait les pitons pour les planter plus haut, redescendre serait impossible, nous ne disposions que de deux cents pitons, ce qui nous paraissait déjà énorme, mais nous avions sous-estimé les difficultés de cette paroi. Nous n'étions pas prêts psychologiquement. La réussite des Allemands à la Cima Grande nous avait sans doute fascinés, survoltés, il nous fallait prendre du recul, reconsidérer la question, revenir avec plus de matériel. Il était trop tard pour envisager une seconde tentative cette année. Alors, pour ne pas rentrer bredouilles, pourquoi ne pas tenter la directe de la Grande ! Deux grimpeurs, le célèbre guide italien Cesar Maestri et Hans Holzer, venaient d'en réussir la seconde ascension en trois jours. À nous la troisième ! Mais avant de vendre la peau de la Grande, fallait-il encore en atteindre le sommet...

Au refuge Auronzo, nous avions appris que dans la directe, les pitons étaient presque tous en place et que Cesar Maestri avait déclaré « bestiale » la sortie des surplombs. Le palmarès de ce grimpeur étant des plus éloquents, nous aurions eu tort de ne pas tenir compte de ses affirmations. Trois sacs furent donc préparés. L'un contenait les sacs de couchage, la réserve d'eau et des vivres réduits au minimum. Il serait hissé à la corde à chaque relais. Dans les deux autres, que nous porterions au dos, le matériel d'escalade, une gourde et quelques aliments pour la journée.

« L'itinéraire Brandler est facile à trouver, nous avait-on dit ; du pied de la paroi, à peu près en son centre, on aperçoit les premiers pitons, juste au-dessus d'un feuillet calcaire décollé du mur. » Nous étions au pied de ce mur, en face du fameux feuillet calcaire, quand le jour se levait. Mais il nous fallut une bonne partie de la journée avant de découvrir que nous nous étions fourvoyés dans une précédente tentative qui n'aboutissait nulle part, sinon à un anneau de rappel fixé sur trois pitons !

René Collet observait notre progression depuis le pierrier. Il nous vit hésiter, puis entreprendre la descente en rappel, alors il partit en courant au refuge Locatelli et demanda au gardien témoin de la première ascension de lui tracer l'itinéraire sur une carte postale. Puis il nous rejoignit sur le pierrier : le départ était cinquante mètres plus loin, au pied d'un autre feuillet... La journée était trop entamée pour espérer atteindre le seul emplacement de bivouac avant la nuit, deux cents mètres plus haut.

Avant de reprendre le chemin du refuge Locatelli, où le gardien nous avait invités à déguster un plat de spaghettis, nous suivîmes le sentier qui longe les parois jusqu'au pied de la face ouest. Deux grimpeurs étaient engagés dans l'itinéraire Cassin, deux cent cinquante mètres au-dessus de nous. Impressionnant spectacle. Le premier était déjà arrivé au relais, à une trentaine de mètres, à hauteur de son compagnon, quand soudain celui-ci se détache de la paroi et décrit un pendule fantastique dans le ciel. Un piton, une prise avait dû céder sous son poids, heureusement, le relais était solide. Reste que maintenant, il pendait dans le vide, à la verticale de son compagnon, n'ayant d'autre solution que de remonter le long de sa corde, en effectuant des nœuds autobloquants avec des anneaux de cordelette. Le « jumar », une poignée de métal munie d'une griffe, qui glisse sur la corde quand on la pousse vers le haut et se bloque quand on tire dessus, n'était pas encore disponible sur le marché... Les spéléologues la mettront au point les premiers.

Le gardien du refuge nous décrivit en détail les péripéties de la première ascension, il nous montra la corde de six millimètres, longue de deux cents mètres, qu'il avait prêtée aux Allemands pour tirer leur sac de matériel depuis le premier tiers de la paroi. Il nous la confia, ce qui ne s'avéra pas une riche idée, comme nous en ferons la pénible expérience...

Après les spaghettis, après avoir chaleureusement remercié le sympathique gardien, nous reprenons le chemin du camp de base, le refuge Auronzon. Affamés, nous engloutissons encore un repas confortable avant de nous coucher. Nous n'avions guère pris le temps de nous restaurer sérieusement au cours des deux derniers jours.

La tentative à la Ovest, la journée perdue dans la Grande nous avaient un peu démotivés, bien que ce fut un excellent entraînement. Un jour de repos aurait été souhaitable, mais nous avions un autre projet à mener à bien avant la fin des vacances dans le massif du Mont-Blanc. À l'aube, le lendemain, nous nous retrouvons au pied de la paroi, où nous avions laissé nos sacs.

– Jean : pile ou face pour passer devant ?

– Comment : pile ou face ? Tu étais devant hier, aujourd'hui c'est mon tour !

D'évidence, nous préférions l'un comme l'autre grimper en tête. Sans prononcer un mot, Jean escalade la première longueur. Avant de monter à mon tour, j'attache une extrémité de la corde de deux cents mètres au sac de charge, puis, après l'avoir pliée avec précaution sur le sac, je fixe l'autre extrémité à mon harnais, espérant qu'elle ne s'emmêle pas. L'escalade devint très vite difficile. Suffisantes au départ, les prises se firent rares, ainsi que les pitons qui nous semblaient anormalement espacés sur une voie dite pourtant « équipée ». À la place du second, la tension est moins forte que pour le premier de cordée : il peut se faire bloquer sur une des cordes par son compagnon et se tirer sur l'autre... Son rôle est de gagner du temps. Nous grimpions en corde double de neuf millimètres et cinquante mètres de long. Après une centaine de mètres, Jean éprouve le besoin de détendre ses avant-bras. Je lui cède volontiers la corde du sac pour passer devant, car elle commençait à peser assez lourd sur mon harnais.

Décrire une escalade en calcaire, même difficile, deviendrait fastidieux pour l'auteur comme pour son lecteur. Il est cependant des émotions qui s'inscrivent dans la mémoire, qui resurgissent avec une étonnante précision des décennies plus tard. Lorsqu'on gravit avec quelques pitons très espacés une longueur extrêmement difficile, on se demande comment les précédents ont pu lâcher une main et planter les fameux pitons. Libérer sa main, prendre le marteau, saisir un piton et le planter me paraissaient de l'ordre de l'impossible.

Plus tard, nous constaterons que les Allemands avaient retiré la majorité des pitons dans la première partie de la paroi, pour les réutiliser plus haut.

« César est passé sans ajouter un seul piton », nous avait affirmé le gardien du Locatelli. Nous fîmes de même. Question d'honneur. Nous savions que nous étions observés à la longue-vue depuis le refuge, et planter un piton s'entendrait de loin dans ces parois où l'écho amplifiait le moindre choc, comme un rot sur l'avant-scène d'un théâtre. Depuis le bas, la scène verticale de l'ascension ne devait pas manquer d'intérêt. Planter un piton de plus aurait été une fausse note... N'empêche, si c'était à refaire, au diable l'orgueil, la fierté, je n'hésiterais pas à rajouter des pitons. Comme l'écrivit le célèbre Georges Livanos, dans son beau livre, *Au-delà de la verticale* : « Il vaut mieux un piton de plus qu'une vie en moins. »

Au cours d'une ascension, les plaisanteries sont de bon augure pour se libérer de la tension excessive parfois avant que l'on s'engage dans un passage extrême. Il faut savoir rire des petits malheurs qui surgissent, imprévus : par exemple, un coup de marteau qui dérape sur la tête du piton et s'amortit sur l'un de vos doigts. Ça fait mal ! Beaucoup moins cependant qu'un bloc de dix kilos qui choit sur votre pied. Savoir relativiser, un mot à la mode, de nos jours. Mais, quand, au terme d'une traversée démunie de piton sur une dizaine de mètres, au-dessus d'un vide impressionnant, sur l'extrême bout des chaussures, les premières phalanges des doigts crispées sur les minuscules aspérités rocheuses, vous tombez en arrêt devant un piquet de tendeur de tente légèrement recourbé vers le haut en forme crochet, vous ne souriez pas... Je dis bien un tendeur de tente ! Ma première exclamation n'avait rien d'un quelconque relativisme : « Les cons l'ont fait exprès ! »

Le piton suivant était planté un mètre cinquante plus haut au-dessus du piquet de tente fiché dans la seule fissure utilisable. D'évidence, un piton avait été retiré, puis remplacé par ce vulgaire piquet pour faire une « bonne farce » aux prochains ascensionnistes. Je la trouvai plutôt saumâtre sur le moment. D'une main, je réussis à accentuer la courbe du piquet vers le haut. Je n'avais pas d'autre solution que de placer un étrier sur ce crochet, de me redresser sur l'échelon le plus haut, afin d'atteindre le piton suivant. Je préviens Jean du risque : si le piquet cédait, le relais était solide heureusement, mais dix mètres à l'horizontale, quel beau rayon de pendule ! L'œil rivé sur le piquet qui fléchissait sous mon poids, je m'élève sur l'échelon supérieur. Je revois un instant l'acrobatie du grimpeur dans l'itinéraire Cassin, à la Ovest, quelques heures auparavant. Mais finalement, tout se passa bien, je pus saisir le bon piton enfin et installer un relais plus haut dans une anfractuosité de la paroi.

Des nuages montant de la vallée effacèrent pierrier et spectateurs. Enfin seuls ! Une deuxième longueur verticale, sans piquet de tente celle-ci, nous amène à proximité d'une terrasse confortable, située sur notre gauche, où nous pourrions dormir, allongés. Un bivouac de rêve. Jean me rejoint et monte jusqu'à la terrasse. Comme je m'apprêtais à le suivre, je m'aperçois que la corde du sac, vingt mètres plus bas, passe derrière un angle rocheux. Malgré tous mes efforts, je ne parviens pas à la libérer, il était impossible de la tirer depuis la terrasse, aussi il ne restait qu'à la prendre à deux mains et tirer, seul. À raison de cinquante centimètres par brassée, deux cents mètres ne font jamais que quatre cents brassées... Mais, comme les haltérophiles, si l'on additionne le poids de la fonte soulevée, ça fait beaucoup d'énergie ! Après une telle journée d'escalade, je me serais volontiers passé de ces efforts, je transpirais, je coulais littéralement, mes épaules se meurtrissaient, je n'en voyais pas la fin. Quarante mètres plus bas, la corde disparaissait dans le brouillard. Je marquais des temps d'arrêt afin de souffler un peu, et Jean, d'où il était, ne pouvait rien pour m'aider. Quelle stupide idée aussi d'avoir écouté le gardien et accepté d'utiliser sa corde ! Il aurait été si simple, bien moins pénible, de hisser le sac à chaque longueur. Enfin, au bout de deux heures, le sac émergea des nuages, j'étais vidé, et pour rejoindre la terrasse je dus mobiliser d'incroyables efforts dans des passages relativement faciles.

Pitons d'assurance plantés, sacs suspendus, nous enfilons nos sacs de couchage, nous grignotons quelques fruits secs et nous buvons chacun plus d'un litre d'eau. Le crépuscule envahissait la montagne, des étoiles naissaient dans l'obscurité, les masses sombres des surplombs, au-dessus du bivouac, pesaient sur mon esprit. « S'il vous arrive un accident là-haut, personne n'ira vous chercher », nous avait prévenus le gardien. Comme encouragement, on ne pouvait dire mieux. Je me demandais s'il n'escomptait pas nous démoraliser afin que nous renoncions à l'ascension. Une telle répétition, et par des Français, de l'exploit du grand César Maestri, pouvait, qui sait, démythifier ce couronnement italien. Je voulus demander son avis à Jean, mais il s'était endormi. Des chants tyroliens montèrent du refuge Locatelli jusqu'à nous dans la nuit. Ils se turent bientôt, des éclats de lumière brillèrent à notre intention. À l'aide de ma lampe frontale, je répondis par de courts signaux, puis, le regard perdu dans l'immensité étoilée, j'occultai les surplombs de mes pensées et je sombrai dans le sommeil.

La deuxième longueur de la zone surplombante fut de loin la plus impressionnante. Chaque mètre vers le haut m'écartait de la verticale de la paroi. Les pitons, tous en place, avaient un aspect peu rassurant, certains dépassaient un peu trop des fissures où ils avaient été plantés, d'autres paraissaient tout juste coincés dans de micro-fentes horizontales, et je n'osais les marteler, de crainte qu'ils ne se dessellent.

Jean me prévient que je vais bientôt être à bout de corde. Je n'avais trouvé encore aucun emplacement de relais digne ce nom, c'est-à-dire solide, mais quelques mètres plus haut, j'aperçois quatre anneaux de pitons dans une zone compacte du calcaire, aucune fissure n'étant visible autour. Je me réjouis à l'idée que nos prédécesseurs ont percé des trous assez profonds pour y enfoncer des tiges d'acier qui résisteraient à toute épreuve. Arrivant à la hauteur du relais, mon sang ne fait qu'un tour... Ces tiges d'acier que j'espérais étaient longues de quatre centimètres et de sept millimètres de diamètre, en réalité. J'en ai récupéré une en souvenir. Dans des trous d'un diamètre à peine supérieur à leur section, elles étaient calées avec des cure-dents en bois ! De ces cure-dents que l'on trouve sur les tables des restaurants chinois ! Installer un relais pour deux sur ces petits morceaux de métal me paraissait invraisemblable, mais quelle alternative ? Je reste immobile un long moment après avoir attaché la corde du sac à l'un de ces pitons. Diverses émotions se bousculaient en moi, j'avais simplement peur, une peur bleue. Le piton suivant était trop haut, et les cordes trop tendues pour que je puisse l'atteindre sans me hausser au dernier échelon de l'étrier. Jean me demande ce qu'il se passe, je l'informe que nous allons nous trouver dans une position particulièrement délicate à ce relais. En montant, il devra se faire aussi léger que possible. Nous avions réduit la corde du sac à cinquante mètres, enfoui l'autre longueur de cent cinquante mètres dans le même sac afin qu'elles ne s'emmêlent pas dans le vide. Je les aurais bien coupées et balancées sur le pierrier, mais la corde ne nous appartenait pas.

– Tu crois que ça va tenir ? me dit Jean, arrivant au relais.
– Vaudrait mieux, répondis-je. Ils ont bien tenu pour les précédents...

Je n'étais pas rassuré pour autant. Nous imaginer suspendus à ces clous médiocres, en plein vide, avec le sac qui pendait à la verticale, loin de la paroi, était délirant, nous avions hâte de nous tirer de là. Le sac est hissé avec mille précautions, sans à-coups, quand soudain un crépitement nous fait sursauter... Le ciel s'était couvert de nuages sombres, sans que nous nous en apercevions, et il pleuvait. Des trombes diluviennes formaient un immense rideau opaque dans notre dos, spectacle étonnant, agrémenté de grondements de tonnerre, au loin.

Jean prit à son tour la tête de la cordée. Il nous semblait que la paroi, au-dessus de nos têtes, était moins surplombante, mais ça n'était qu'une illusion d'optique.

En milieu d'après-midi, nous étions enfin sortis des surplombs. La pluie s'était arrêtée, le bleu s'était emparé à nouveau du ciel. Nous tirons un beau coup de chapeau aux alpinistes allemands, ils avaient fait de l'excellent travail dans ces surplombs : nous pouvions désormais atteindre le sommet avant la nuit. Un bel emplacement nous offrait le meilleur bivouac. Pourquoi le refuser ? Nous avions soif, faim, et une dernière nuit sur le vide serait des plus sympathiques. Ce soir-là, nous parlâmes tard, en grillant quelques cigarettes, et nous évoquâmes une multitude de projets qu'hélas nous ne pourrons réaliser ensemble... Comment aurais-je pu imaginer que Jean trouverait bientôt le bout de son chemin ?

Le lendemain, nous quittons le bivouac en début de matinée. Le temps était beau, rien ne pressait. Quelques belles longueurs d'escalade libre nous conduisirent au sommet. Nous étions de retour au refuge Auronzo dans l'après-midi. De nombreux amis nous attendaient : deuxième répétition de la voie des Allemands, première française… l'événement n'était pas passé inaperçu, et ce fut la fête au refuge.

10

Margherita, notre dernière cordée

J'avais pris rendez-vous avec Jean Couzy pour le mois d'août. Nous avions la ferme intention de nous lancer à l'assaut de l'éperon Margherita, dans le massif du Mont-Blanc. Le troisième éperon de la face nord des Grandes Jorasses, jamais gravi jusqu'alors… L'une des parois des plus célèbres de l'univers des alpinistes. Haute de douze cents mètres, large de deux kilomètres, cette face se dresse entre France et Italie, du col des Hirondelles, à gauche, au col des Jorasses, à droite.

Trois éperons s'élèvent du pied de la paroi à l'arête faîtière : à gauche, le Walker, point culminant de la montagne, 4 208 mètres. Une cordée italienne, conduite par Ricardo Cassin, le gravit en 1938. Au centre, l'éperon Croz, 4 100 mètres. C'est par celui-ci que la paroi fut gravie pour la première fois par les Allemands Peters et Meier, en 1935. À droite, l'éperon Margherita aboutit à la pointe du même nom, 4 066 mètres. En 1958, malgré plusieurs tentatives, celui-ci était resté vierge. Un site malsain, disait-on, où les pierres pleuvaient. Très démarqué des deux autres, le Margherita était alors l'itinéraire logique permettant d'atteindre l'arête faîtière.

Nous savions les difficultés techniques que nous devrions affronter, mais elles ne nous inquiétaient pas. Celles que venions de surmonter dans les Dolomites étaient de loin supérieures. Cependant, les chutes de pierres constituaient un danger non négligeable. Un alpiniste précédent avait été gravement blessé en essayant de franchir la rimaye du Margherita, d'autres avaient dû renoncer en parvenant au pied.

Nous étions fiers de nos réussites, mais ce n'était pas pour la gloire que nous grimpions, nous vivions une passion inassouvie, et chaque ascension en appelait une autre. C'était une époque où les médias, à part la presse locale et régionale, attachaient peu d'importance aux exploits alpins, hors les tragédies ou les expéditions nationales en Himalaya. Pour moi, l'ascension des grandes parois glaciaires ou rocheuses était l'aventure dans l'acception du mot : un engagement total. Des joies sublimes à des risques inconcevables. Recherche de la transcendance ? Peut-être. Ne devenir qu'un esprit, ne plus tenir compte du corps, son véhicule, l'instrument de ses réalisations, mais le contraindre là où il aurait voulu renoncer souvent. Jubilation ? Une inexprimable émotion m'animait quand je préparais une grande ascension, que je fermais la clé de mon chez-moi sans être certain d'en franchir le seuil à nouveau. Je me répète, mais qu'importe. Je trouverai peut-être les mots pour le dire au terme de ce livre, mais j'en doute. J'aime la glace, la roche, l'eau, parce que dans cet univers minéral que l'on prétend hostile à la vie, la matière est vivante. J'aurais pu vivre là des mois sans redescendre dans la vallée, comme Robinson sur son île, loin des contingences. Là-haut, l'esprit se libère, flotte. On est ailleurs, dans un monde différent, les pensées voguent, s'attachent aux glaciers, d'un sommet l'autre, le regard s'élève devant le spectacle fabuleux des plissements de notre planète. Mais, dès lors qu'on retrouve la vallée, au dernier détour d'une sente, les soucis, les problèmes, tapis comme des bêtes, nous assaillent, de nouveau. Alors, on ne pense qu'à remonter...

Le souffle créateur qui inspire l'alpiniste lui permet de définir les lignes d'ascension d'une paroi encore jamais gravie, la manière qu'il choisit pour saisir les prises qui l'élèveront au-dessus du grand vide est un art authentique. Christophe Profit, Catherine Destivelle, Jean-Christophe Lafaille, les alpinistes d'aujourd'hui – je ne peux les citer tous, de peur d'en oublier un – se liront dans ces lignes tout comme ils ne quittent jamais mes pensées. Pour moi, ils sont tous des artistes dans leurs réalisations, leur conception du grand alpinisme. Une fraternité. Autant que celle que je ressens à l'égard des navigateurs qui accomplissent leurs performances sur les mers du globe, aux commandes de voiliers de plus en plus rapides, si difficiles à piloter.

Nous remontions lentement le glacier de Leschaux dans la lumière faiblissante, quand, après une courbe, la paroi se révéla entièrement. Elle nous apparut sous des conditions favorables. Les orages qui avaient précédé notre arrivée à Chamonix avaient plâtré les faces nord, et nous craignions que les Jorasses le soient aussi. L'éperon Margherita était une première que nous n'étions pas seuls à convoiter.

À moitié détruit par une avalanche, le refuge de Leschaux offrait une relative protection. Le froid était vif. Incapable de trouver le sommeil, légèrement fiévreux – j'avais certainement pris froid en marchant torse nu sur le glacier –, engoncé dans ma veste de duvet, bonnet de laine aux oreilles, je restai assis devant le refuge. J'observais la masse sombre des Grandes Jorasses s'imprimant dans le ciel étoilé. Le mont Blanc, la Meije, les Écrins, le Cervin, l'Eiger… toutes les montagnes ont une histoire. À deux heures du matin, je n'avais toujours pas fermé les yeux. Un ruissellement chuchotait près du refuge, j'allume le réchaud, je fais chauffer de l'eau dans un récipient d'aluminium, et je réveille Jean.

Une lumière pâle, lunaire, éclairait le glacier. Nous marchions, silencieux, l'un près de l'autre, assaillis par nos pensées. Ce que pensait Jean, je ne saurais le dire, c'était un personnage plutôt secret. En montagne, il parlait peu de sa vie privée, de son métier dans l'aéronautique. Depuis trois ans, nous formions une cordée exceptionnelle. À part la Cima Ovest, reportée à mon retour du Jannu himalayen, nous avions tout réussi. Jean projetait d'organiser sa propre expédition au Cerro Torre, en Patagonie. Après l'Annapurna, deux expédition au Makalu, il souhaitait s'affronter aux Andes, comme je le ferai plus tard. J'aurais aimé partir avec lui au Cerro Torre, mais il me conseilla de ne pas manquer l'Himalaya. Après le Jannu, les ressources pour les prochaines expéditions seraient basses et il n'y aurait peut-être pas avant longtemps d'autres aventures nationales en Himalaya.

Sur le glacier du mont Mallet, longeant la face nord, de nombreux séracs, des crevasses nous obligent à des détours compliqués. Il est sept heures quand nous atteignons la rimaye, à l'aplomb du sommet, huit cents mètres plus haut ; les grandes plaques de glace grise qui tapissaient la paroi, où le rocher affleurait, nous permettaient d'envisager de sérieuses difficultés. Mais ce qui nous inquiétait le plus, c'était les pierrailles qui marbraient la rimaye que nous allions franchir. « Un endroit malsain, où les pierres pleuvent », ce n'était pas une légende.

Les rayons du soleil balayèrent l'arête faîtière, et une première volée de pierres dégringola dans la pente. Elles semblaient surgir du néant, la lumière n'étant pas assez haute encore pour comprendre d'où la chute provenait. Quelques degrés de température les libéraient de leur alvéole de glace, elles dévalaient les plaques, rebondissaient, déchiraient l'air, sifflantes, ronflantes, suivant leurs formats. Des points d'impact se formaient aussitôt dans la neige, autour de nous. Perplexes face à la soudaine pluie de granit, nous nous réfugions dans la rimaye. Les chutes s'espacèrent au bout de quelques minutes, que faire : attaquer sans plus attendre, ou nous éloigner au plus vite ? La fuite ? Oui, mais vers le haut ! Nous n'allions tout de même pas renoncer par ce temps parfait.

Au-dessus de la rimaye, un petit éperon rocheux émergeait de la glace, il prenait du relief, s'élevait, disparaissait aussitôt deux cents mètres plus haut, à mesure que nous progressions.

Nous y serions à l'abri des chutes de pierres peut-être, canalisées par la glace de chaque côté. Franchir la rimaye, prendre pied sur le bord supérieur, entraîna de grosses difficultés : un mur couvert de glace de vingt mètres nous en séparait. De délicates oppositions sur de fragiles feuillets de glace, quelques vigoureuses tractions sur les piolets, malgré l'onglée douloureuse, nous amènent au-delà du passage. Nous avions glissé nos gants entre le crâne et le bonnet de laine, comme c'était la coutume avant l'usage du casque. Des anneaux de rappel témoignaient d'anciennes tentatives sur les premiers rochers, mais des pierres dégringolèrent à nouveau, nous incitant à remonter rapidement la partie inférieure de la Margherita. Après les fortes chutes de neige des premiers jours du mois d'août, nous ne pensions pas que la face nord des Grandes Jorasses dégèlerait aussi vite.

Je transpirais malgré l'altitude, le sac pesait anormalement dans mon dos, ma respiration était courte, je n'avais pas fermé l'œil de la nuit. Pour moi, ce n'était vraiment pas le grand jour… Jean me propose de redescendre et de reprendre le lendemain. Je lui rappelle l'ascension hivernale de la face ouest des Drus, il était en mauvaise forme le premier jour, mais pour autant nous n'avions pas renoncé.

Jean garda la tête de la cordée, et je me traînais péniblement derrière lui. Les crampons crissaient sur le rocher verglacé, ce n'était pas le moment de faire un faux pas. Enfin, après trois cents mètres d'escalade, une épaule rocheuse nous permit un siège confortable. Jean tira du sac un flacon d'alcool de menthe, j'en pris quelques gorgées, puis je croquai quelques dragées aux amandes. Après dix minutes de repos et ce mélange détonant, je me sentis mieux.

Une traversée d'une trentaine de mètres sur des dalles raides offrait accès à un deuxième éperon rocheux aboutissant sous le ressaut sommital. Ma forme en partie revenue, j'étais passé en tête de cordée à mon tour. Jean s'inquiétant de ma condition physique, je le rassure. Après avoir accroché mes crampons sur le sac, les dalles de granit n'offrant pas de prises assez grosses pour poser les pointes d'acier, je m'engage dans la traversée. Mais quand les aspérités rocheuses disparaissent sous la glace, un problème similaire se pose avec mes semelles de caoutchouc moulé, mon équilibre est trop fragile pour chausser les crampons, la glace pas suffisamment épaisse pour façonner de bonnes marches. Je dois donc tailler de minuscules encoches afin d'y poser quelques centimètres carrés de semelle.

Au bout d'une quinzaine de mètres, un piton consent à pénétrer dans une fissure verticale, il semble pouvoir retenir une glissade éventuelle, à condition que celle-ci ne survienne pas trop loin du métal. Il valait mieux éviter de songer au pied qui glisse, à l'impact d'une pierre sur ces plaques de glace inclinées à 70°... J'achève la traversée avec méfiance et j'aborde l'éperon rocheux, où les prises ont des dimensions et des formes plus rassurantes, mais ce n'était vraiment pas mon jour...

La paroi devient verticale, deux cents mètres de dalles et de fissures verglacées nous opposent de réelles difficultés. Les pitons pénètrent mal les fentes du rocher, il ne faut leur accorder qu'une confiance relative, pour ne pas dire aucune... Très engagés dans ces passages, revenir en arrière serait plus risqué encore. Redescendre ? Mais par où ? Des deux côtés de notre axe de montée, tout paraissait plus difficile, et si nous savions qu'en août 1946 une cordée de trois alpinistes italiens s'était élevée à six cents mètres dans cette face nord, nous n'avions aucune information sur la raison de leur échec.

Après avoir contourné une zone surplombante, une rampe ascendante recouverte de neige au-dessus du vide nous amène au pied d'une fissure-cheminée haute de soixante mètres. Nous dégageons la glace qui l'encombre à coups de piolet. Le jour sombre dans les ténèbres. Quand nous atteignons le haut de la cheminée, le sommet n'est plus qu'à cinquante mètres, cinquante mètres trop difficiles pour les gravir de nuit. Et nous en avions assez pour ce premier jour, moi surtout, après ma nuit sans repos.

Notre bivouac n'était pas des plus confortables, mais tout de même nous étions assis. Jean sur une petite marche, moi sur un bloc coincé dans un dièdre, attaché sous les bras au piton fiché plus haut. Nous installons le réchaud avec d'infinies précautions pour qu'il ne chute pas vers les profondeurs. Jean appréciait volontiers la tâche primordiale de la préparation des boissons, car en montagne boire est indispensable, même quand on n'a pas soif, et nous n'avions pratiquement rien bu de tout le jour. Lors d'une ascension difficile, exposée aux chutes de pierres, déposer son sac, l'ouvrir et tirer la gourde n'est pas si simple. Blotti dans mon sac de couchage, calé sur mon bloc, je m'endormis sur-le-champ. Jean me réveilla une demi-heure plus tard, il me tendait une gamelle de bouillon chaud. Je pris quelques aliments énergétiques, jambon de Parme, nougats aux amandes, biscuits, puis je replongeai dans les bras de Morphée. La corde me serrait un peu les côtes, mais cette nuit-là, même l'orage de Noé ne m'aurait pas réveillé.

Le lendemain, un vent glacial soufflait par rafales. Enfouis dans nos duvets, nous attendons en vain que le soleil qui effleurait l'arête sommitale veuille bien descendre jusqu'à nous. Mais en altitude, en août, la montagne bascule lentement vers l'automne, la lumière solaire n'irradie plus un seul instant la face nord, comme en juin. Nous franchissons les derniers cinquante mètres sans précipitation, à la fois en escalade artificielle ou libre, le temps était beau, le sommet assuré.

Loin sous nos pieds, bientôt, le val Ferret s'étire, ensoleillé. L'Italie… Nous nous serrons la main. Le rituel peut sembler banal, mais il signifiait une nouvelle réussite, et toutes celles que nous avions réalisées déjà.

Il y a souvent des choses que l'on fait machinalement, sans savoir que ce sera la dernière fois. C'est au pied de la grande paroi que s'acheva à jamais notre belle cordée.

Jean Couzy est mort le 3 novembre 1958 dans le massif calcaire du Dévoluy. Il ouvrait avec Jean Puiseux une voie sur la face sud de la crête des Bergers. Une pierre l'atteignit mortellement. J'appris la nouvelle en rentrant à la maison. Je savais que Jean était parti quelque part dans le sud-est, mais je ne connaissais pas encore le Dévoluy. Je fus abasourdi, stupéfait. Comment aurais-je pu imaginer que Jean puisse mourir dans une paroi calcaire dont j'ignorais jusqu'à l'existence ?

Je me suis rendu avec tous ses amis au petit cimetière de Montmaur. Son épouse, Lise, avait souhaité que Jean reste là, au pied de la montagne où sa vie s'était envolée. Les versants s'étaient parés pour lui rendre hommage des somptueuses couleurs de l'automne. L'or des mélèzes jaillissait dans les forêts de sapins, et, là-haut, dominant les grandes coulées de pierres ocre, au bord du ciel intensément bleu, la crête des Bergers. Je ne pus contenir mes larmes. Cette journée qui aurait dû être un jour de paix et de bonheur était illuminée par la si belle montagne. La montagne... Elle m'apprendra à pleurer, puis à refouler mes larmes aussi, à me blinder d'indifférence ou d'un semblant de sérénité pour dissimuler mes tourments. Cette montagne avait brisé notre cordée, mais je ne pouvais la détester. Je revoyais Jean, mon compagnon de la Cima Grande, de l'éperon Margherita. Notre dernier bivouac. Le sommet, et notre poignée de main. Tout revenait, comme si tout se reproduisait ce jour-là. Je ne fuirai pas la montagne, non, j'escaladerais bien d'autres sommets, des arêtes, des pentes de glace, des couloirs, des surplombs, seul ou avec d'autres. J'appliquerais les mêmes gestes, je prononcerais les mêmes paroles, mais cette cordée ne serait jamais plus...

11

Jannu, Himalaya, 7 710 mètres

Pour moi, l'aventure himalayenne commença à la fin de février 1959.

La Fédération française de la montagne, sous l'impulsion de Lucien Devies et Jean Franco, avait envisagé l'ère de la difficulté pure dans la chaîne des montagnes les plus hautes du monde. L'Everest était gravi, ainsi que l'Annapurna et le mont Makalu, 8 481 mètres. Le Jannu, formidable forteresse, en forme de trône, défendu par des pentes de glace raides, des arêtes vertigineuses, au terme d'une longue dénivellation, d'une difficulté jamais surmontée à une telle altitude, représentait la montagne idéale pour franchir ce nouveau seuil de l'extrême.

Dirigée par Jean Franco, « patron » de l'École nationale de ski et d'alpinisme, l'expédition était composée de Lionel Terray, chef adjoint, Jean Bouvier, Pierre Leroux, Robert Paragot, Maurice Lenoir, Guido Magnone, le docteur James Lartizien et moi-même. Il y avait encore les scientifiques délégués par le CNRS, Philippe Dreux, professeur de zoologie à l'École normale supérieure, et le géologue Jean-Michel Freulon[1].

---

1. Lors d'une deuxième expédition, en 1963, Jean Rémy, professeur de géologie à l'université de Montpellier, rejoindra le groupe. Le livre de Jean Franco, chef de la première expédition de 1959, et de Lionel Terray, qui dirigea la seconde, *Bataille pour le Jannu,* paraîtra en 1965, aux éditions Gallimard.

La route entre l'aéroport et le centre de Delhi était bien encombrée. Il faut dire que les Sikhs au volant n'ont pas leur pareil pour slalomer entre les vaches et les véhicules arrivant de face. Les images se bousculent : les pales des ventilateurs brassent lentement la touffeur de la chambre d'hôtel ; les poulets à la penjab, rouges de piments, cuits dans les fours de terre, régal du premier soir ; l'air doux, où flottent les parfums d'épices... Tout m'enchantait sur cette nouvelle planète.

Le lendemain, nous sommes invités à la légation de France. L'ambassadeur était un fameux collectionneur de bustes de pierre arrachés aux temples lointains. Son salon était un musée de toute beauté. Je me remémore le maître d'hôtel indien dans sa tenue impeccable, veste et chemise blanche, nœud papillon et pantalon noir, coiffure gominée, mocassins vernis, qui s'évertue à nous apprendre à découper et déguster une mangue sans l'aide de nos doigts.

Avant de quitter Delhi nous consacrons quelques journées touristiques à Agra. L'inévitable mausolée moghol du Taj Mahal de marbre blanc, incrusté de pierres semi-précieuses, édifié sur le bord de la Yamuna, entre 1630 et 1652, par Shāh Jahān pour abriter son épouse favorite, Mumtaz-i Mahal ; les palais, les villes mogholes fortifiées. Splendeurs. À la demande de Jean Franco, Lionel Terray, James Lartizien et moi-même nous rejoindrons Bombay afin de convoyer le matériel de l'expédition stocké sur les quais du port pour les acheminer vers Dharan Bazar, Népal. Il ne faudra pas moins de dix jours pour débloquer neuf tonnes de matériel en transit.

Nous logions au « Taj Mahal », le palace de Bombay. Après avoir persuadé Lionel que nous ne lui serions d'aucune utilité lors des laborieuses et patientes démarches diplomatiques auprès des douanes indiennes, et que bien au contraire nous risquerions d'entraver par notre seule présence l'évolution favorable des pourparlers, de réduire à néant ses efforts, nous l'avions laissé à sa rude tâche. Sous le chaperon de ravissantes hôtesses indiennes de l'agence Air-France de l'hôtel, grâce à l'attention d'amis de l'Alliance française, nous consacrions notre temps à visiter Bombay. Les images affluent encore : le marché des tissus, les torrents de métrages de soies vives, pastel, brochées d'or et d'argent, évocations des palais fastueux d'une époque révolue ; les sanctuaires, avec leurs idoles de bois précieux, incrustées de pierreries, derrière des barreaux d'acier, veillées jour et nuit par de vigilants adorateurs ; la halle aux viandes, gigantesque, les odeurs épouvantables, les essaims de mouches ; les bouchers assis en tailleur à même les étals, attendant le client, découpant la viande à la demande, maintenant les quartiers entre leurs pieds.

Le soir, anéanti par d'éprouvantes démarches, Lionel s'effondrait sur son lit. Alors, je partais avec James, installés dans une petite calèche tirée par le délicieux attelage d'un couple de chevaux, vers quelque plage de l'océan Indien pour prendre un bain de minuit, en compagnie de nos charmantes hôtesses.

Le temps passait trop vite à notre gré. Lionel continuait à trimer, sans que nous ne puissions rien pour l'aider. Chaque jour, cependant, nous allions au port pour vérifier si des ponctions ne frappaient pas le matériel. Comment savoir, parmi les centaines de caisses abritées sous les bâches, s'il n'en manquait pas quelques-unes ? Il s'avéra par la suite que rien n'avait été prélevé. S'ils sont de redoutables bureaucrates, les douaniers indiens sont scrupuleusement honnêtes.

Les démarches de Lionel aboutirent, le matériel de l'expédition fut embarqué à bord de deux wagons plombés, accrochés à un train dit « rapide ». Il ne faudra pas moins d'une semaine, de Bombay à la frontière népalaise, pour traverser l'Inde. À chaque arrêt, nous descendions des compartiments pour nous assurer que les wagons ne seraient pas décrochés du convoi. Il y eut d'innombrables problèmes, réglés à coups de bakchich par Lionel au cours du long voyage.

Le Népal, enfin. L'ensemble de l'expédition se trouva réunie à Dharan Bazar, à cinquante kilomètres de la frontière indienne. Il y avait là les *sahibs*, les Blancs, les *sherpas*, les *coolies*, les porteurs, et neuf tonnes de matériel...

Après quelques jours de préparation, de répartition des charges, une colonne de trois cent vingt individus s'ébranla sur la piste qui tranche à travers le Népal, en direction du Jannu, aux frontières conjointes du Tibet et du Sikkim... Randonnée ludique s'il en fut, sans rencontrer un seul Blanc. Ce n'était pas encore le temps des trekkings, des ordures et des déchets le long de la piste, elles étaient rares les expéditions, alors...

Les sahibs allaient en short, le torse nu, sous le grand parapluie qui les protégeait de l'ardeur du soleil et de l'avant-mousson, avec pour seul bagage, dans le sac, un appareil photo et une gourde de thé.

Entre 1 000 et 3 000 mètres, le Népal est un pays vert. Le riz, le mil et le maïs s'étagent sur les versants irrigués par les torrents de l'Himalaya. Les premiers jours, la piste longeait les terrasses des rizières entretenues avec un soin émouvant, nous traversions les villages aux maisons de pisé ocre, certaines chaulées de blanc, avec leurs toitures en chaume, croulantes sous les bougainvillées feu et bleues. Au cœur des villages, parfois, un grand banian nous offrait l'ombre de son feuillage formidable. D'abord timides, les Népalais devenaient aimables, accueillants, ils nous proposaient du thé sur le seuil de leur maison. À midi, nous nous arrêtions dans des creux idylliques, où nous attendait le déjeuner préparé par les sherpas. Au milieu ou en fin d'après-midi, suivant des étapes de vingt à vingt-cinq kilomètres, avec de rudes montées parfois, nous arrivions au camp. Les plus rapides des sherpas et des coolies avaient déjà monté les tentes, dressé les lits de camp. Nos cantines personnelles étaient ouvertes, rangées, nos sacs de couchage dépliés. Nous avions chacun un sherpa à notre service, et celui-ci prenait soin de nos affaires, lavait notre linge. Nous étions comme des princes.

Je cohabitais avec Robert Paragot sous la tente. Après le repas pris en commun sous la tente mess, le soir, nous nous lancions dans de longues discussions à propos des écoles d'escalade : Fontainebleau, les falaises du Saussois, où nous aimions nous retrouver avec les amis, le dimanche. Au cours des repas, il m'arrivait aussi d'évoquer les Dolomites. La Cima Grande, en compagnie de Jean Couzy, mais à l'exception de Jean Franco et Robert Paragot, je n'avais guère d'échos, sinon des sourires en coin. Nous étions, n'est-ce pas, sur la piste du Jannu, montagne formidable, alors les Dolomites... Ils avaient raison, mais j'en étais irrité. Une fois, j'osai dépasser les bornes : « Les Dolomites sont aussi des montagnes, et à part Robert, je ne vois pas lequel d'entre vous pourrait y traîner ses bottes ! » Que n'avais-je pas dit ! Je fus bientôt enseveli sous une avalanche de quolibets. Mais tout allait dans la bonne humeur. Il reste qu'à partir de ce jour, je n'évoquai plus les Dolomites, le mur jaune surplombant de la Cima Ovest, ce mur dont l'image était gravée dans mon esprit, et qu'il me faudrait franchir au retour d'Himalaya.

Franchissant un col, un matin, nous apercevons le Jannu. Un défi. Isolé des autres sommets, il se dressait, citadelle, dans le ciel de l'Himalaya.

Tenzing, vainqueur de l'Everest, qui nous rendra visite au camp de base, que je reverrai à Darjeeling au retour de l'expédition, puis, plus tard, à Chamonix, avait répondu ceci à Jean Franco, qui lui demandait ce qu'il pensait vraiment du Jannu : « Ce n'est pas une montagne... Le Jannu est un géant féroce qui monte la garde. Il est sur son trône, il surveille les vallées népalaises, surtout le glacier Yamatari. Quand les hommes ou les yetis se montrent, Jannu souffle. Et il ne reste rien... C'est pour cela que les hommes de Khunza, le dernier village au pied du Jannu, ne s'en approchent jamais. » Le fait est que le Jannu fait songer à un trône, le sommet formant dossier, les arêtes, les accoudoirs, de chaque côté.

Au fil des jours, le relief changeait, les pentes vertes du Népal, les champs de cultures se faisaient rares. De hauts versants rocheux se dressaient maintenant de chaque côté de la piste qui se faisait de plus en plus escarpée en longeant l'impétueux torrent Tamar. Pliés sous leurs charges, les porteurs titubaient parfois, une chute en aval de la piste leur aurait été fatale. Leur travail qui consistait à trimer comme des bêtes de charge pour gagner leur vie me peinait. La plupart des porteurs allaient nu-pieds, démunis de lunettes, aussi, après deux cent quatre-vingts kilomètres de piste en quatorze jours, une nuit passée sous un col enneigé à près de 5 000 mètres, ils souffraient d'ophtalmie. Nous arrivons enfin à Khunza. Sur les toitures des maisons de ce village du bout du monde, comme en un appel ultime au divin, des drapeaux à prières flottaient à 3 400 mètres. Les sherpas montèrent le dernier campement dans une vaste clairière entourée de conifères et de rhododendrons géants. Dernière étape avant le camp de base, mille mètres plus haut, sur la rive droite du glacier Yamatari.

Camp de base installé entre la falaise, le petit lac et la moraine latérale du glacier, les portages commencèrent vers le camp I, à 4 800 mètres, sur le glacier Yamatari lui-même. Puis enfin vers le camp II, à 5 200 mètres.

Le 15 avril, tandis que d'autres membres de l'expédition exploraient le versant sud-ouest du Jannu, j'escalade en compagnie de Lionel un sommet glaciaire de 5 600 mètres, que nous baptisons « pic de la Découverte ». De ce point de vue admirable, l'ensemble du versant sud se développait devant nous, ce n'était qu'imbrications d'arêtes, de cirques glaciaires, dominés par les pentes vertigineuses. Tout paraissait difficile, mais à notre mesure. Nous relayant, nous étions assez nombreux, cordée après cordée, pour surmonter les obstacles les plus rudes.

À 6 000 mètres, au pied d'une muraille raide, constituée de roches et d'ice-flutes, le plateau glaciaire offrait un emplacement confortable pour le camp III. De notre observatoire, nous ne pouvions apercevoir le glacier du Trône qui ouvre accès à la paroi terminale, le dossier du Trône du géant Jannu.

Le camp III fut aménagé en camp de base avancé. Malgré les fréquentes chutes de neige, les passages difficiles furent surmontés, équipés de cordes fixes. De Calcutta, nous recevions quotidiennement les prévisions météorologiques par radio. Elles ne nous annonçaient jamais de beau temps durable, rien de bon, et chaque jour, nous devions refaire les traces effectuées la veille. C'était épuisant, démoralisant parfois, mais nous montions. Le camp IV fut installé sur une arête vertigineuse, à 6 400 mètres.

Le 1er mai 1959, après avoir surmonté en plusieurs jours une fine arête de glace, où Robert Paragot, lui qui était plus rochassier que glaciairiste, montra ce dont il était capable, le camp V fut installé à son tour sur le glacier du Trône, à 6 900 mètres.

C'était la première fois que des alpinistes ouvraient une voie aussi difficile en Himalaya, et ce malgré le risque des corniches de glace, les avalanches poudreuses qui pouvaient s'effondrer quand le Jannus soufflait. Les sherpas réalisèrent un travail exceptionnel en transportant matériel et vivres vers les deux camps.

Le 10 mai, Jean Bouvier, Lionel Terray, Pierre Leroux et moi-même quittons le camp V. Notre objectif : l'arête sud à 7 350 mètres, puis le sommet enfin. Le temps était grand beau. Nos sacs, chargés de bouteilles d'oxygène, de centaines de mètres de cordes fixes, de pieux à neige, de pitons, de broches à glace, plus les deux tentes de bivouac et nos sacs de couchage, étaient lourds. Coupée de bancs de roches noires et raides, la pente atteignait 70° vers le haut. Heureusement, la neige était dure, et, sans supporter les performances d'aujourd'hui, crampons et piolets tenaient bien. Du glacier du Trône, entre nos pieds, nous apercevions les cordées qui montaient vers le camp V. Les appareils à oxygène fonctionnaient mal, et je devais décrocher souvent mon masque afin de respirer mieux. J'étais aphone depuis plusieurs jours. Une occlusion de la narine gauche gênait ma respiration, j'aspirais l'air trop souvent par la bouche, ce qui avait desséché ma gorge, mais la forme physique était excellente. Et comme le dit Jean Franco : « En Himalaya, on ne parle pas, on grimpe. »

À midi, nous étions sur l'arête sud, à 7 350 mètres. Selon mon avis, nous aurions dû, au cours de l'après-midi, équiper l'arête jusqu'à la base des derniers ressauts, sous le sommet, où nous aurions bivouaqué afin de gravir le sommet du Jannu le lendemain. Jean Bouvier, dans une forme du tonnerre, avait ouvert la voie jusque sur l'arête. Il neigeait par intermittence, mais pas suffisamment pour interrompre notre progression. Robert Paragot manquait dans cette première équipe d'assaut, s'il avait été là, je pense que nous aurions convaincu nos compagnons de poursuivre l'ascension, et même de continuer seuls. Mais Lionel Terray, chef en second, en décida autrement. Il opta pour le retour au camp V : le sommet ne serait pas pour notre équipe, mais pour les deux cordées suivantes, composées de Jean Franco, Robert Paragot, Guido Magnone et Maurice Lenoir. La réussite de l'expédition était à ce prix. C'était la règle : Lionel était le chef de l'expédition, il lui appartenait donc de décider de tout. D'ailleurs, chacun des membres de l'équipée avait signé un engagement en ce sens. Mais ne pas fouler ce sommet me déçut infiniment.

Le temps était beau, le lendemain. Il reste que la deuxième équipe ne dépassa guère le point que nous avions atteint la veille. Atteint d'une ophtalmie, Jean Franco ne quitta pas le camp VI. Ordre fut donné alors d'évacuer les camps et de nous replier vers le camp de base. L'expédition avait échoué…

Grande fut ma déception quand fut prise la décision de renoncer au sommet, alors qu'il était possible de l'atteindre. Du moins était-ce mon avis, tout comme celui de Robert qui avait déjà fait des bivouacs dans des conditions extrêmes, réussissant par exemple l'ascension de la face sud de l'Aconcagua, en cordillère des Andes. Mais les anciens ne pratiquaient pas encore cette technique du bivouac, tous les deux nous étions les plus jeunes, et ce que nous pensions, ce que nous disions ne faisait pas le poids. Sagesse, sécurité, l'avis de nos « grands frères », qui avaient déjà gravi le Makalu, l'emporta... D'accord, nous n'étions pas là pour prendre des risques, mais quand on prétend escalader une montagne des plus difficiles de la chaîne de l'Himalaya, aborder des situations encore inédites, il vient un moment où il faut peut-être en prendre, des risques... Si Jean Couzy avait été des nôtres, nous aurions gravi le Jannu !

Mais ce n'était que partie remise...

12

Dolomites, la Cima Ovest

En 1959, à peine de retour à Paris, l'échec du Jannu intériorisé, je repartis sur-le-champ pour les Dolomites en compagnie de Pierre Mazeaud, Bernard Lagesse et Pierrot Kohlmann. Fin juin, notre arrivée à Cortina ne passa pas inaperçue. Les guides, les « Écureuils de Cortina », étaient au courant de notre projet.

Au refuge Auronzo, Pedro Mazzorana, notre sympathique hôtelier, nous avait réservé sa meilleure chambre, où notre matériel s'amoncelait. L'ambiance était euphorique, la Ovest déjà dans la poche. Certes, nous la gravirons, mais l'entreprise s'avérera bien plus difficile que ce que j'avais imaginé avec Jean Couzy, lors de la tentative précédente.

29 juin 1959
Il fait grand jour quand nous longeons le sentier, au pied des Tre Cime. Les premiers rayons du soleil balaient le haut de la paroi, puis descendent peu à peu jusqu'à nous. Au fond du vallon, au pied du grand pierrier, trois petits lacs aux eaux claires et fraîches. Combien de fois les observerons-nous, quand la soif nous desséchera la gorge !

Cent mètres à notre droite, des « Écureuils de Cortina », en compétition avec deux alpinistes suisses sur le même itinéraire, observent la progression de leurs camarades. Ils ont passé la nuit sur escarpolette, dans les surplombs. Lino Lacedelli, qui plus tard gravira le K2, le deuxième sommet du monde, vient nous dire, en pointant du doigt le haut de la paroi : « Si vous arrivez à surmonter les trois cents mètres de surplomb, vous ne franchirez jamais le dernier toit horizontal, et là personne n'ira vous chercher. » J'avais entendu des mots du même tonneau, dits sur le même ton, à propos de la Cima Grande... Indéniablement, notre projet embarrasse. Que nous nous desséchions là-haut, sous le dernier toit, nous balançant au gré du vent, allons donc ! Nous sommes là pour réussir. Ce jour-là, nous n'équiperons que deux longueurs de corde, juste pour nous mettre dans l'ambiance. Ce n'est pas sans une émotion intense que je retrouve les pitons plantés par Jean et, sur une petite vire, les coins de bois abandonnés en prévision d'un hypothétique retour...

30 juin
Le ciel bleu du matin devient gris, le froid vif, et bientôt des tourbillons de neige remontent sur toute la hauteur de la paroi. Ce n'est pas trop gênant encore, j'ai une certaine habitude du froid, de la neige et du vent. Sur notre droite, là-haut dans les surplombs, les réjouissances commencent pour les « Écureuils ». Ils sont déjà très engagés, mais ils doivent redescendre, leurs cris de malédiction parviennent jusqu'à nous. Nous n'étions guère inquiets pour eux, après les observations que m'avait faites Lino Lacedelli, je me réjouis un peu, je l'avoue, de leurs petites misères.

Après que nous avons équipé le premier toit de la partie surplombante, nous redescendons au refuge, laissant le matériel au pied de la paroi. Il tomba cinquante centimètres de neige dans la nuit.

1er juillet
Le pierrier a l'aspect d'une pente neigeuse où l'on s'enfonce jusqu'aux genoux. Les « Écureuils » n'étaient plus là, le ciel restait gris. C'est au tour de Pierrot et Bernard d'équiper plus haut. Le rocher est très délité et, le soir arrivant, ils n'ont guère dépassé le point atteint la veille. Deux jours de

travail pour quatre-vingt-dix mètres de gagnés depuis le pied, dans la partie la plus facile ! Ça promet...

2 juillet
Avec Pierre Mazeaud, je reprends le sentier de la Ovest. À partir du point atteint par nos deux compagnons, deux longueurs de trente mètres nous mènent sous le nez rocheux que nous avions baptisé « l'Écaille ». Au premier coup de marteau, plusieurs kilos de gravier me dégringolent sur la tête. Nous avions heureusement prévu des lunettes en plastique. Au mitan de la journée, soixante mètres nous séparent encore du haut de l'Écaille. Après un toit compact franchi avec deux pitons extra-courts, le rocher s'améliore, mais la fissure que nous suivons s'incline vers la gauche et se fait surplombante. En surplomb, pitonner à gauche n'est pas des plus confortables pour un droitier. Quarante-cinq ans plus tard, cette ascension reste l'une des plus difficiles des Dolomites.

Nous atteignons enfin l'Écaille. Nous espérions y découvrir une petite plate-forme horizontale, ce n'est qu'une dalle déversée sur le vide... Un regard vers le haut nous confirme que nous venons d'accomplir le plus facile. Après avoir aménagé un solide relais, nous redescendons comme nous étions montés, en escalade artificielle.

3 juillet
Pierrot et Bernard hissent jusqu'au relais de l'Écaille une réserve de pitons attachée au bout d'un long filin. Avec Pierre, demain, je tenterai de franchir une zone surplombante de quarante mètres au-dessus du relais, et l'utilisation d'un filin pour tirer le matériel est indispensable, nous ne pouvions transporter tout ce matériel avec nous.

4 juillet
J'arrive au relais de l'Écaille avec Pierre à sept heures et demie. Il nous reste une cinquantaine de pitons, et il est

trop tôt encore pour déséquiper les passages derrière nous, comment ferions-nous en effet pour redescendre si nous ne passons pas plus haut ?

Après le relais, la première longueur est presque facile. Si Pierre, en tête de cordée dans cette paroi, ne pitonne pas, ce n'est pas l'envie qui lui manque, mais je suis plus habitué que lui dans l'exercice de l'escalade artificielle. Cet intellectuel, destiné à l'avenir politique que l'on sait – il est aujourd'hui président du Conseil constitutionnel –, n'en est pas moins brillant en escalade libre.

Les pitons pénètrent dans de minces fissures, la corde de charge s'éloigne toujours plus dans le vide. Très impressionnant. Arrivé à bout de corde, je m'installe sur l'escarpolette, Pierre me rejoint. À nos pieds, nous apercevons, cent cinquante mètres plus bas, le pierrier et le sentier qui longe la paroi. Nous sommes à une trentaine de mètres de sa verticale, accrochés à des pitons moins solides que nous l'aurions souhaité. Gorge sèche, estomac serré, la peur existe, même pour les audacieux. Nous devons la dominer, sinon c'est l'échec.

Le rocher devient compact, les pitons pénètrent de deux centimètres à peine dans des fissures en partie bouchées. Il faut se dire que ça va tenir… Bientôt, les fissures disparaissent. Quelques petits trous me font gagner trois ou quatre mètres, puis je dois sortir le tamponnoir. Les heures s'écoulent, mais pas la fatigue, j'en ai plein les bras. Vingt mètres plus haut, un petit toit à franchir. Au-dessus, je l'espère, une bonne fissure. Par endroits, une petite fêlure de la roche me permet d'enfoncer un piton court, j'évite le plus souvent d'utiliser le tamponnoir, et, à chaque piton planté, j'espère que l'autre sera meilleur… Ça dure trop : qu'un seul piton cède, et sous le choc de la chute, je déboutonnerai toute la longueur.

Je peux enfin regarder au-dessus du toit : tout me semble compact, sans la moindre aspérité, rien qu'un autre toit, encore plus haut. S'il en est ainsi jusqu'au grand toit, nous n'en sortirons jamais. Je ressens d'un coup les fatigues accumulées des jours précédents. Pierre est dans le même état, notre tension nerveuse est trop constante, l'effort physique ininterrompu, et nous manquons de pitons. Après cinq jours d'équipement, nous avons à peine franchi la moitié des difficultés, c'est vraiment trop dur. Je décide de renoncer. Cinq jours. L'échec. Les larmes me montent aux yeux. Désillusion... Lino Lacedelli avait raison, nous ne passerons pas, j'ai surestimé nos forces.

Alors que je m'apprête à redescendre, moment d'émotion, un piton cède, un deuxième le suit, le troisième tient bon... Finalement, ils ne sont pas si mauvais, mes pitons.

Tard dans la nuit, nous sommes de retour au refuge. À nos mines déconfites, Pedro Mazzorana comprend que nous renonçons à la Ovest. Nous lui disons que nous avons manqué de pitons, que nous n'avons plus assez d'argent pour en acheter, que nous n'avons plus le moral, et, c'est vrai, que nous rentrons chez nous.

5 juillet
Nous rangeons tristement le matériel qui nous reste pour filer au plus vite, mais, nous l'apprendrons plus tard, les téléphones avaient sonné entre le refuge Auronzo et Cortina. Pedro Mazzorana et Giovanna Mariotti, une excellente amie journaliste, avaient comploté pour que nous ne renoncions pas...

Pedro vient nous trouver : « Vous devez réussir ! Vous en avez trop fait pour abandonner maintenant. Reposez-vous deux jours ! Vous êtes chez vous ici, je vais vous procurer tout ce qui vous manque. »

La gentillesse, la confiance que nous témoigna notre ami nous remontent le moral.

6 juillet
Nous descendons tous les quatre aux petits lacs, au bas du pierrier. Nous examinons la paroi à l'aide de la puissante

paire de jumelles de Pedro. Juste au-dessus du toit où j'avais renoncé la veille, il me semble apercevoir une mince fissure horizontale qui rejoint un dièdre de soixante mètres de haut. Il se termine sous un large toit et, un peu en contrebas du toit, une minuscule terrasse, je crois, dans le bon sens. La seule de la zone des surplombs… Et, cent mètres plus haut, la barrière de toit, dernière défense de la paroi.

7 juillet
Nous quittons le refuge, décidés à n'y reparaître qu'une fois l'ascension achevée. Pierrot et Bernard attaqueront dans deux jours, quand j'aurai atteint avec Pierre le bivouac « quatre étoiles », en haut du dièdre. En montant, ils devront retirer les pitons, les attacher par paquets avec les cordelettes, puis les lâcher dans le vide. Nous les récupérerons plus tard sur le pierrier. Nous n'emportons que le matériel indispensable pour la journée, Pierre accroche un filin de deux cents mètres en cinq millimètres à son harnais, les sacs seront tirés depuis le bivouac.
Le jour tombe quand nous atteignons le bas du dièdre qui s'ouvre sur le vide, sans la moindre marche où poser les pieds. Il ne reste qu'à installer les escarpolettes. Nous tirons nos sacs, brassée après brassée, quand les cordes d'attache, pendantes dans le vide, se vrillent sur le filin. Un énorme paquet de cordes nous arrive sur les genoux. Les lampes étant enfouies dans les sacs, il nous faudra deux heures pour démêler le tout dans la nuit noire. Sacs de couchage enfilés par-dessus les escarpolettes, tête appuyée contre le rocher, nous cherchons le sommeil.

8 juillet
Les trente-cinq premiers mètres du dièdre, constitués de rocher délité, sont aisés à franchir en escalade libre. Nous franchissons la partie supérieure, en surplomb, à l'aide de pitons et de coins de bois. La confortable plate-forme que nous pensions trouver en haut du dièdre n'est en fait qu'une

vire étroite, large de cinquante centimètres, longue d'un mètre cinquante, mais c'était déjà ça. Nous sommes bien aise de pouvoir nous asseoir dans la paroi autrement que sur les escarpolettes.

La journée s'achève en hissant un paquet de pitons, une gourde et notre ravitaillement, salami, fromage et chocolat... Il est impossible de saisir ce que Pierrot et Bernard nous crient du pierrier, leurs voix nous parvenant déformées, inaudibles.

En bas, au fond du vallon, les petits lacs scintillent dans le soleil couchant. Nous étions si loin...

9 juillet
Des appels du bas nous réveillent, le soleil est déjà haut, nous étirons nos membres engourdis, puis, avec nos mains abîmées, nous halons un sac accroché à l'extrémité du filin. Excellent exercice pour se remettre en forme. Dans le sac, ce mot de Pedro : « Bravo, les gars », et une gourde de café tout chaud...

Je franchis dans la journée un toit difficile au-dessus du bivouac, et je n'équipe qu'une seule longueur de trente-cinq mètres avec des pitons extra-courts, que je fixe au tampon-noir. Ce n'est pas ce qu'il y a de plus solide, mais ça tient. Puis je redescends près de Pierre, au bivouac. Demain, tout sera plus dur, nous avons besoin de repos. Entre-temps, nous adressons un message, fixé par un mousqueton glissant le long du filin, à l'intention des compagnons : « Attaquez demain, gardez avec vous sacs de couchage et gourdes d'eau. » Ils ne nous ont pas écoutés. Au dernier chargement, nous trouvâmes leurs sacs, les escarpolettes, les gourdes d'eau et ce mot : « Demain soir nous serons au bivouac. » Récupérant les pitons, je savais qu'ils n'y arriveraient pas...

10 juillet
Il est huit heures du matin. Le sommeil entrecoupé de réveils ne nous a pas permis de récupérer après des journées

si éprouvantes. Nous attachons le filin à un piton de notre bivouac, en le laissant pendre d'une quinzaine de mètres : nos compagnons pourraient l'utiliser plus tard pour atteindre la terrasse.

L'escalade reprend, aussi difficile, le rocher est toujours aussi compact. Quand le soir est de nouveau là, nous n'avons progressé que de cinquante mètres... Le toit ultime n'était pas pour ce jour-là. Quatrième bivouac à dix mètres l'un de l'autre, les pitons n'étant pas assez sûrs pour nous installer ensemble. Les sacs n'étaient plus très lourds, je tire le mien par le filin, Pierre porte le sien. Ils contiennent les sacs de couchage, nos provisions d'eau quasi vides, et une gourde de grappa, offerte par Pedro Mazzorana, au cas où l'un de nous se sentirait mal...

Comme prévu, Pierrot et Bernard n'ont pas atteint le bivouac avant la nuit, une centaine de mètres nous séparent les uns des autres. Ils nous demandent de leur envoyer de l'eau, mais nous n'en avons plus, et le devers est trop important pour leur faire parvenir quoi que ce soit.

Je crie :
– Ooooh !
– Ouais ?
– Vous avez récupéré les pitons ?
– Non !

Je me souviens leur avoir lancé des injures, je dus les traiter d'incapables, et pire encore. Je ne m'en souviens plus. Sans leurs sacs de couchage, ils allaient passer une mauvaise nuit et ne pourraient rejoindre le bivouac dans l'obscurité. Car, même équipés, les passages sont trop difficiles.

La nuit vient, les doutes avec elle. Isolés l'un de l'autre, nous ne parlons guère, Pierre, comme moi, doit penser au toit qu'il faudra franchir le lendemain. Nos bras sont lourds de fatigue, mes mains tellement abîmées, enflées, que je peux à peine les fermer. Il faudra passer demain, sortir de là, et si ça ne passe pas ? Dormir. Ne plus penser...

11 juillet

Il fait enfin jour. La gourde à sec, nous avons soif. Pierrot et Bernard quittent leur bivouac. Quelle nuit ont-ils dû passer, sans escarpolette ! Heureusement, dans une heure ou deux, ils auront de l'eau et de la nourriture.

Un tamponnoir disparaît dans le vide, je deviens maladroit. Il ne m'en reste qu'un... Ne pas le perdre, ne pas le briser ! Le temps s'étire, le toit approche. Je bute dessous : il s'avance d'une dizaine de mètres, mais plus loin à droite, il est moins large, quatre mètres peut-être. J'installe un relais, Pierre me rejoint. J'entreprends la traversée sous le toit, plantant des pitons plus que douteux dans une fissure, je n'ai pas le choix. Les gros pitons qui auraient assuré la bonne protection manquent. Jamais à cet instant nous n'avons été aussi fragiles dans cette traversée, Pierre, je crois, en est conscient, je le lis sur ses traits tendus. Les cordes viennent mal, la fissure n'est pas rectiligne, des angles rocheux les freinent entre les mousquetons. J'arrive sous le surplomb, je dois le franchir là. Je le touche, je le palpe, tentant d'occulter le vide sous mes pieds, dans mon dos. Grimpant de l'abîme, des ascendances roulent sous le toit, j'ai l'impression qu'elles me traversent, et je ne peux dire si je frissonne de froid ou de peur. Les deux, sans doute... Je cherche une belle fente dans la roche, où je pourrais planter le grand piton que je n'ai pas. Juste une petite fissure, pour deux pitons, puis plus rien, le rocher compact seulement. J'hésite. Longtemps. Mon regard plonge vers le bas, vers Pierre, et de nouveau le plafond. Il faut que j'agisse, nous sommes là pour ça ! Je dois repousser les images de la chute, franchir le surplomb d'une manière ou d'une autre, sans plus réfléchir. Facile à dire !

– Ça va, René ? me lance Pierre.

– Ouais. J'y vais...

Quand on a vécu des moments aussi intenses, l'étonnant est que chaque geste, chaque mot s'imprime dans les souvenirs. Malgré le temps, les images affluent, précises, réelles, je me revois là-haut, sous le toit, je viens tout juste de planter deux pitons courts, à un mètre l'un de l'autre dans cette mince fissure. Sur les étriers, en plein vide, mon poids me fait tourner autour du mousqueton accroché au piton que je viens de fixer, la paroi s'éloigne de moi, je vois le lointain quand je vire face au vide. Prodigieux, effrayant en même temps. Il n'y a plus que ce vide immense, accru par le dévers constant. De minuscules silhouettes nous observent du pierrier, trois cents mètres plus bas ; installés au bivouac du dièdre, Pierrot et Bernard nous regardent aussi, ils savent que tout se joue maintenant.

C'est plus tard, après le toit franchi, que nous apprécierons ces instants. Mais pour le moment, je crains que le piton planté à l'anneau, vers le bas, ne cède sous mon poids, et le vide m'impressionne d'autant plus. Pour arrêter d'osciller sur mes étriers, pour me rapprocher le plus près du toit, je fixe la ceinture au harnais avec un mousqueton, directement sur le piton, et je passe une jambe entre le toit et la corde que Pierre maintient tendue. Buste et bras face au plafond, allongé, j'entreprends de percer un trou au tamponnoir qui est relié par une cordelette à ma ceinture. Tamponner dans cette position après cinq jours d'ascension, dos et bras tendus, c'est particulièrement pénible. J'enfonce une cheville de bois, puis un piton fin, pointu dans le trou de huit millimètres de diamètre. Mais il est planté de bas en haut, la pire des positions pour un piton. Maintenant, je dois m'y suspendre, sans grande envie…

– Pierre, j'y vais, attention… Fais venir les cordes !

Pierre sait fort bien ce qu'il doit faire, mais je le lui répète tout de même, car crier dans ces moments, rabâcher fait du bien. Encore un trou, vite, deux autres plus loin. Le bord du toit, enfin, à hauteur des yeux, mes bras tendus, mes mains cherchent où s'agripper.

Au-dessus, la paroi est verticale. Après cinq jours dans les surplombs, elle semble couchée, effet d'optique. C'en est fini des surplombs… Je crie vers Pierre, pour qu'il m'entende, lui qui se trouve encore dans l'ombre du toit. Pour sortir, il ne me reste plus qu'une bonne traction à effectuer de mes deux bras, avec de grosses prises pour mes mains et un dernier rétablissement sur les pieds.

– Pierre, attention ! Je mets le paquet pour sortir ! Fais bien venir les cordes...

Les deux mains sur les bonnes prises, les pieds sur les échelons supérieurs des étriers, je sors d'un coup la moitié de mon corps du vide.

– Du mou... Du mou... Les cordes ne viennent paaas !

Je suis bloqué à la sortie du toit, Pierre ne peut rien pour m'aider, il ne peut faire venir les cordes, il est trop loin de moi. Je redescends vite sous le toit, avant de tout lâcher, surtout ne pas imprimer de secousse sur le piton, car s'il venait à céder, les autres ne tiendraient sûrement pas. Mes bras sont douloureux, nous manquons d'eau depuis trop longtemps, il nous aurait fallu trois litres par jour depuis le début de l'ascension. Je me laisse pendre sur les étriers, anéanti je regarde vers le bas. Ligoté aux cordes, rivé au piton, je me sens lourd, maladroit, vulnérable, j'ai la nausée un instant, la fatigue, je pense...

Il faut sortir de ce toit, je ne vais pas y passer la journée. Alors, je tire vers moi assez de corde, quatre ou cinq mètres, pour le franchir, mais avec tant de mou, il ne faudrait pas que le piton cède. Je ne veux pas y penser... Quelques secondes de concentration, les yeux clos, je respire profondément à quelques reprises, puis, les doigts serrés sur les prises, je me redresse, pieds aux échelons supérieurs des étriers, j'émerge du vide à hauteur des genoux. Il y a des prises pour les mains, et une bonne marche pour les pieds, en bordure du vide. Je plante trois bons pitons dans la fissure horizontale, à hauteur de mon visage et je m'attache. Il était temps. Mes mains tremblent...

Je crie, la voix éraillée :

– Sorti ! Pierre, c'est gagné ! Complètement à vache, ce toit !

Ses cris se joignent aux miens, et du vide montent ceux de Pierrot et Bernard qui m'ont vu sortir du toit. Portés par le vent, des appels nous parviennent du refuge Locatelli. Je ne vois plus de paroi ni de pierrier sous mes pieds, seulement le fond du vallon et les trois petits lacs où se reflète le ciel d'argent. Le grand ciel des Dolomites.

Pierre quitte le surplomb à son tour. Confortablement installés sur une terrasse, allongés dans nos sacs de couchage, nous écoutons le friselis de la bise du soir sur l'angle du toit. Malgré la soif, la fatigue, grisés par la réussite, nous parlons tard dans la nuit.

Après deux cents mètres d'escalade libre, qui nous paraissent faciles malgré la verticalité, nous atteignons le sommet, le 12 juillet.

Le soir même, Pierrot franchissait le toit à son tour, mais pour Bernard les ennuis commençaient, car il n'avait pas largué le filin que nous aurions récupéré sur le pierrier, par la suite. Sous le toit, le vent l'avait emmêlé dans ses cordes. S'ensuivit alors un innommable paquet de nouilles. Sans lampe frontale – elle était restée dans le sac hissé par Pierrot – il passa la nuit sur ses étriers accrochés aux pitons plantés dans les chevilles de bois, et Pierrot ne pouvait rien faire pour l'aider, les cordes étaient bloquées dans les deux sens. Quelle peur !

Le lendemain, nous étions tous réunis au refuge Auronzo pour un banquet fastueux, organisé par Pedro Mazzorana : l'Italienne Giovanna Mariotti, les guides Armando Vicelio, Valerio Quinze, les Suisses et les Français, guides et amateurs, unis par la même passion, dans la même joie fraternelle, nous avaient rejoints par la route, plus haut. Notre passion, la montagne, les festivités se poursuivirent plusieurs jours à Cortina, le Chamonix des Dolomites. Les Italiens étaient conscients que nous venions de franchir un nouveau seuil dans la conquête des grandes parois des Dolomites, il fallut encore trinquer, arroser, puis s'asseoir à de nouvelles tables de banquet, sous les flashes des photographes, répondre à tant de questions...

Avant notre départ, je descendis avec Pierre au fond du vallon, près des petits lacs, afin de contempler encore la face nord de la Ovest. Une douce lumière de fin de journée parait les montagnes, les grands surplombs jaunes, de couleurs irréelles. Une impression de transparence. Nous étions seuls face à notre paroi. Silencieux, nous nous laissâmes envahir par une forte émotion, et durant quelques minutes, j'éprouvai ce qu'est le bonheur parfait. J'étais comblé. La montagne semble être là pour nous uniquement, mon Dieu, quel cadeau ! Bientôt, le soleil s'effaça derrière les crêtes, l'ombre progressa lentement, et l'enchantement se fondit dans les brumes précédant la nuit.

13

Aux origines du grand alpinisme hivernal

Au retour de ma course dans les Dolomites, je décide d'entrer à l'École nationale de ski et d'alpinisme (ENSA) pour suivre un premier stage d'aspirant guide qui me conduira, en 1961, au métier de guide de haute montagne, promotion A. Jean Franco m'avait suggéré cette filière avant notre expédition au Jannu, en 1959, il savait que, d'une façon ou d'une autre, ma vie serait la montagne. Pour accéder à ce stage, il fallait être bon alpiniste, avoir accompli une belle liste d'ascensions en glace, neige, rocher et « terrain mixte ». Mon pedigree était éloquent, mais je savais que mes évolutions sur glace et rocher seraient d'autant plus observées...

Avant d'aborder les courses en altitude, lors de ce stage, il fallait passer d'abord par l'École de glace, exercice qui se déroulait au glacier des Bossons, beaucoup plus bas dans la vallée. Équipé de crampons dix pointes, des piolets à lame droite de l'époque, franchir les murs de glace verticaux relevait plus de l'acrobatie que de l'alpinisme[1].

L'école comptait de véritables artistes, comme les profs André Contamine, Pierre Julien, Armand Charlet. Ceux-là nous faisaient de magnifiques démonstrations, à nous d'en faire autant. Sauter et tomber sur la glace de plusieurs

1. Les crampons à pointes frontales, les piolets à lame courbe n'apparaîtront sur le marché qu'au début des années 1970.

mètres pouvait, quand la réception était mauvaise, se terminer par une belle entorse, et maints de mes camarades durent remettre la poursuite de leur stage à l'année suivante. Il fallait aussi tailler des marches, de bonnes marches pour poser toute la surface des pieds, non pas en vingt coups de piolet, mais quatre ou cinq au plus... Cramponner, tailler, je savais faire, mais mes connaissances ne me dispensaient pas de me soumettre à l'apprentissage, à l'instar des autres stagiaires. C'est en tout cas ce que ne manquera pas de me rappeler, dès les premiers jours, le professeur Jean-Louis Jond, qui deviendra un excellent ami par la suite. Après l'ascension de la Cima Ovest, mes bras durcissaient rapidement, aussi, après avoir façonné quelques douzaines de marches, je m'assois sur mon sac et allume une cigarette. Jean-Louis Jond s'approche alors de moi, examine les marches taillées, et me fait :

– Elles sont pas mal, mais il faut en faire d'autres...
– Pourquoi, puisque celles-ci sont bonnes ?

Sur un ton calme, souriant, il me répond :

– Pour trois raisons. Premièrement, vos exploits ne vous dispensent pas de travailler comme vos camarades. Deuxièmement, pendant les cours, on ne s'assoit pas sur son sac pour fumer une cigarette. Troisièmement, on ne répond pas à un professeur de l'École nationale d'alpinisme.

– Ouais, c'est ça, fis-je, glissant ma clope éteinte dans la poche du sac. Je n'en taillerai pas une de plus, et pour une seule raison : j'ai mal aux bras !

– Vous allez en tailler trente encore...

– Non !

– Non ? Bien, dit-il, et il s'éloigne, en inscrivant des notes dans son calepin.

Ça commençait bien, je venais de me mettre un prof à dos. C'est ce que je pensais, du moins.

Jean-Louis Jond était un parfait gentleman, toujours aimable, aussi bien avec ses collègues qu'avec les stagiaires. Impeccablement habillé en montagne comme dans la vallée, où il portait cravate, fort, précis en tout terrain, c'était un grand professionnel. Le soir même, il m'invite à boire un verre, et il me dit : « Je ne pouvais pas faire autrement devant les stagiaires qui avaient les yeux braqués sur nous. Ils savent que tu rentres de l'Himalaya avec le patron de l'école, que tu viens de réussir une première retentissante dans les Dolomites. »

Je retins le tutoiement qui était chez lui, je m'en rendis compte par la suite, une marque d'amitié. Mais, pendant les cours, en montagne, il maintint le voussoiement jusqu'au terme d'un stage dont je sortis premier. Il y avait de très bons glaciairistes, d'excellents rochassiers parmi nous, mais ma liste d'ascensions avait sans doute fait la différence.

Je fis ma première course en professionnel avec Jean-Jacques Lageon, un ami, qui tenait à être mon premier client. Puis Lionel Terray m'engagea en sa compagnie pour conduire ses clients hollandais, des gars sympathiques, solides et passionnés, dans le massif du Mont-Blanc. Nous ferons une belle série d'ascensions, dont l'aiguille Verte par l'arête Sans-Nom. Devant s'absenter quelques jours, Lionel me confia ses clients. Sa confiance m'honora, elle était pour moi un magnifique début dans ma nouvelle profession de guide.

Avant de quitter Chamonix, Pierre Mazeaud et moi ouvrîmes une voie nouvelle aux Grands Charmoz.

Mars 1960 : hivernale de la face nord de l'Olan

Après mon ascension hivernale de la face ouest des Drus, en 1957, j'avais pensé que les alpinistes se lanceraient dans le grand jeu de l'alpinisme hivernal. Pourtant, trois ans plus tard, il n'en était rien, aucun événement susceptible de faire date dans l'évolution des nouveaux seuils de difficulté ne s'était produit encore. Pour ma part, je ne rêvais que de m'affronter à une nouvelle paroi nord, une paroi rendue plus difficile encore par la conjonction du froid et l'enneigement.

Oser davantage... Gravir la face nord des Grandes Jorasses par l'éperon Walker, la voie Cassin, tel était mon projet. J'avais décidé de tenter l'aventure à quatre, ainsi pourrions-nous emporter l'équipement pour vivre en paroi et envisager une retraite en cas de mauvais temps, ou bien forcer la route vers le sommet, au cas où nous aurions dépassé le point de non-retour.

Jean Puiseux, excellent alpiniste en glace et rocher, me demande d'être de l'ascension. Il avait à son actif des parois très difficiles. Georges Payot et Fernand Audibert, aspirants guides à la Compagnie des guides de Chamonix, acceptent de se joindre à nous. Ils étaient nés dans la Vallée et ils étaient aussi solides que le roc de leurs montagnes.

Je revins plusieurs fois à Chamonix au cours de l'hiver, afin d'observer les parois de plus près. Le temps restait détestable, et, non sans inquiétude, je voyais les jours passer, la fin de l'hiver arriver. Aussi, en désespoir de cause, nous renonçons finalement au projet initial et prenons la décision de partir vers le massif de l'Oisans, où le temps serait peut-être plus clément.

L'ascension hivernale de la face nord-ouest de l'Olan et de la face ouest des Drus allait marquer le début du grand alpinisme hivernal !

Le 15 mars, un mercredi soir, nous sommes au Désert-en-Valjouffrey. Il pleuvait. La tempête soufflait sur les sommets, mais le ciel n'est pas toujours contraire aux désirs des hommes : dans la nuit, le vent du nord se leva, à sept heures du matin, les cieux étaient complètement dégagés.

Les grandes pentes de neige fraîche qui dominent le vallon de la Bonne et de récentes coulées d'avalanches nous incitent à accélérer le pas, mais le poids des sacs nous ramène vite à une allure plus modérée. Résignés, nous ouvrons la trace, enfonçant jusqu'aux genoux, malgré nos skis. Confiance, inconscience ? Au diable les définitions subjectives, nous étions là pour en découdre ! Dieu était avec nous, Belzébuth aurait craint de nous suivre, tant il faisait froid. Le soleil n'apparaîtra pas dans le vallon avant cette fin de matinée.

Nous découvrons la paroi au détour du vallon, et là nous sommes saisis, interloqués. Nous pensions la trouver enneigée, mais pas à ce point ! Les reliefs de la muraille sont recouverts de neige, pas un seul mètre carré de rocher sec n'est apparent.

Un monticule de neige indique l'emplacement du refuge ; nous servant de nos skis comme de pelles, nous creusons pour dégager l'entrée.

Avant que la montagne ne disparaisse dans les ténèbres, debout sur le toit du refuge, nous examinons la muraille. J'avais pensé attaquer par le couloir central, gagner cinq cents mètres rapidement, mais, dans la partie inférieure, un ressaut de glace d'une centaine de mètres, formé par l'accumulation des coulées, nous en interdit l'accès. Il nous faudrait suivre intégralement l'itinéraire Devies-Gervasutti.

Quand le rocher est sec, l'été, l'escalade est délicate, tant les prises sont arrondies. Le gneiss, cette roche métamorphique souvent compacte, rend le pitonnage problématique, compte tenu du matériel dont nous disposions à l'époque. Mais l'escalade, l'hiver, avec la neige et la glace, est infiniment plus périlleuse. Je n'avais guère d'espoir de réussir, mais comme nous étions là, nous ferions une tentative pour l'honneur. « À l'impossible, nul n'est tenu », dit la rengaine. À voir ! C'était dans ma nature. Avec trois compagnons, solides gaillards habitués aux rigueurs de l'hiver, tout était possible.

Le couchant colora les arêtes de dentelles orangées, le froid se fit plus vif. Demain, ce serait le grand beau temps, et s'il tenait, nous aurions une chance de réussir peut-être. S'il ne tenait pas ? Je crois en ma bonne étoile, et ce soir-là, les cieux en étaient parsemés, la voûte féerique brillait de milliards de diamants.

Enfonçant dans la neige jusqu'au ventre, le lendemain, nous remontons le cône de neige sous le couloir central. Nous avions fait glisser nos skis vers le bas du glacier de la Maye, mauvaise idée, la neige risquant de les recouvrir. La rimaye à peine franchie, une coulée de neige provenant de la partie supérieure du couloir fond sur nous. Nous avons juste le temps de planter nos piolets, le nuage pulvérulent nous recouvre et nous glace les os. Quelques rafales du nord balayent la muraille. Redoutant d'autres coulées, nous traversons au plus vite la base du couloir vers la droite, puis nous remontons une pente de neige raide sur une centaine de mètres. Nous nous accordons quelques instants de repos à l'abri d'une cavité rocheuse pour secouer la neige de nos vêtements. Il est midi. Deux cents mètres plus haut, une épaule neigeuse marquait la fin d'un difficile ressaut, l'emplacement idéal du bivouac que nous avions repéré depuis le refuge. Encore fallait-il le rejoindre avant la nuit !

Le rocher se redressa. Il était un peu moins enneigé, mais couvert de verglas. Sur les pointes des crampons, lentement, j'attaque la première longueur, les prises à la surface du verglas sont si ténues que je dois bientôt retirer mes gants. Je masse mes doigts quand ils deviennent insensibles. J'avais l'habitude des onglées, mais elles me faisaient tout de même très mal. Cependant, lors des hivernales, je ne me suis jamais gelé les mains, pas plus que les pieds, à part l'extrémité d'un petit orteil aux Jorasses.

Malgré les difficultés, je renonçais souvent à pitonner, car les pitons tenaient mal, ou bien je ne trouvais aucune fissure sous la neige et le verglas pour planter. Je faisais des longueurs de quarante mètres sans assurance, les relais étaient relativement solides. Tombant du haut de la paroi, des coulées de neige nous arrosaient copieusement. Après une semaine de mauvais temps, la montagne se dégorgeait de son trop-plein. Pourtant, aucun de nous ne manifesta une seule fois le souhait de redescendre. Pour éviter à la deuxième cordée de courir les mêmes risques, nous n'en avions formé qu'une. Jean et Fernand tiraient mon sac, où ils s'étaient délestés d'une partie de leurs matériels.

Quand la nuit arrive, je suis encore à une trentaine de mètres sous l'épaule neigeuse. Le relais étant trop étroit pour quatre, seul Georges me rejoint. Quand Jean et Fernand manifestent le désir de monter à leur tour, leur position risquant d'être inconfortable, nous leur répondons par un « Non ! » catégorique qui a le don de les mettre hors d'eux. Reproches, puis injures tombent dru :

– Il fallait bivouaquer cinquante mètres plus bas, une terrasse nous aurait permis de monter les tentes !

– Oui, mais plus haut, c'est mieux pour bivouaquer, comme ça nous gagnons du temps pour demain !

– Et si on reste là toute la nuit ! Et si plus haut il n'y a rien !

– Si vous n'êtes pas contents, vous pouvez redescendre...

Cette première journée avait été éprouvante. Il était vingt-deux heures, et la nuit d'encre. Nous avions chacun nos petits ennuis : attendre dans les ténèbres en claquant des dents, tirer un sac trop lourd qui ne cessait de se coincer, assurer, grimper, sans parler des doutes du lendemain qui nous assaillaient, la paroi ne risquait-elle pas d'être trop enneigée... Dans la nuit glaciale, cette montagne ne nous accordait aucun répit. Elle ne semblait pas nous aimer. Vous pouvez rire, mais j'ai toujours prêté une âme à nos sœurs nées des plissements de la planète. C'était l'éternel défi entre les montagnes et nous-mêmes. Un jeu formidable que nous avions bien l'intention de gagner.

Vingt mètres au-dessus de Georges, je prends pied sur une petite vire, où, faute de mieux, nous pourrons passer la nuit, assis. Pendant ce temps, Georges Payot assure Jean Puiseux, qui monte. Il doit me rejoindre ensuite, pour laisser la place à Fernand. Immobile, isolé dans le halo de ma lampe, je comprends l'impatience de mes compagnons quand le froid me glace le visage, pénètre dans l'intérieur de mes vêtements.

Au bout d'un certain laps de temps, je ne sais combien, la vire, qui me paraissait d'abord relativement confortable, semble devenir excessivement étroite pour y attendre le jour, dos appuyé contre le mur, les pieds dans le vide. L'idée de passer une telle nuit me fait lever la tête vers l'épaule neigeuse. Apparemment, nous pourrions y creuser une tranchée et, si par bonheur elle était assez large, y monter les tentes de notre bivouac. Un mur vertical de cinq mètres me sépare du début de l'arête neigeuse qui se poursuit jusqu'à l'épaule. Franchir ce mur ne devrait pas être très difficile, mais réaliser ce parcours de nuit, en crampons... Georges, occupé à faire monter Jean, ne pourra m'assurer. La prudence impose d'attendre qu'il m'ait rejoint avant de poursuivre. Mais le temps s'enfuit, et il ne se passe rien. Ou plutôt si...

En fait, des tas de choses handicapaient la progression de mes amis. Le sac s'étant à nouveau coincé, Fernand avait dû redescendre pour le libérer, les sangles d'un de ses crampons s'étaient détendues, une lampe s'était éteinte... Il était vingt-trois heures, et l'horloge ne nous portait guère à la bonne humeur. Des jurons troublèrent cette belle nuit hivernale, jamais je n'avais entendu un sac se faire engueuler de la sorte, jusque-là.

Mon impatience grandissait sous les morsures du froid, j'ose lancer à mes amis, vers le bas, qu'il faudrait qu'ils se grouillent un peu, on devine les reproches qu'ils me renvoient. Quant à moi, je me lassais de cette immobilité s'éternisant. Le passage du mur était-il aussi risqué que je l'imaginais ? Pourquoi ne pas tenter un essai ? Je plante le dernier piton disponible à mon harnais, il semble solide. Un mousqueton, la corde... Le premier essai me fait gagner deux mètres. La suite du passage paraît évidente : il suffit d'un mouvement d'opposition, puis d'un rétablissement sur la jambe droite... mais ce mouvement accompli, il ne sera plus question de revenir en arrière. Sans être assuré, je n'ose... Je rejoins donc la vire. Un long moment passe, au-dessous, les camarades se bagarrent toujours aussi dur. Obstiné, je refais une tentative qui ne m'amène pas plus haut, j'en avais assez de ce mur ! Je pestais contre moi-même, je me traitais de tous les noms, y compris de trouillard… Si je n'étais plus capable de faire du quatre sans assurance, il ne me restait plus qu'à raccrocher ou à solder mon matériel !

Pour la énième fois, je me retourne face au mur, et je mets le « paquet ». Ma lampe frontale heurte le rocher au milieu du mur, se déplace pour éclairer les étoiles. Impossible dans l'obscurité de lâcher l'une de mes mains pour la remettre en place. Soupçon de panique. Je ne peux rester plus longtemps sur un pied droit qui tient je ne sais sur quoi… Le crampon gauche accroche une prise que je ne pouvais apercevoir évidemment, je lui fais confiance, je n'ai pas le choix de toute façon. Ouf ! Je suis enfin en haut du mur, je saisis le piolet à mon harnais, j'enfonce le manche dans la neige dure, et je commence à remonter l'arête vers l'épaule neigeuse. Mais je dois très vite m'arrêter. La corde, emmêlée quelque part, ne vient plus. À califourchon, un pied de chaque côté de l'arête sur sa partie la plus courbe, qui plonge vers le vide, je songe au comique de ma position dans cette paroi, un hiver, à minuit ! Je creuse un trou sur l'arête à coups de piolet, et je m'assois dans ce fauteuil.

Georges monte. En tirant sa corde, je me demande comment il peut grimper avec un sac aussi lourd sur le dos et sa lampe en panne. Je lui cède mon fauteuil de neige, il s'y laisse choir sans poser son sac. Soufflant un bon coup, il me désigne la corde de mon sac accrochée à son harnais.

– T'en fais pas, je le tire, lui dis-je en saisissant la corde à deux mains.

Il acquiesce en un lent hochement de tête. Il est clair que nous en avons tous plein les bras de cette première journée. Depuis un frugal petit-déjeuner, à cinq heures du matin, nous n'avons rien mangé, rien bu. Nous n'avions guère eu le temps d'y songer.

Je continue à remonter l'arête, traînant le sac d'une main, enfonçant le piolet de l'autre. Sur la partie horizontale, je creuse un trou avec mes pieds, j'y pose mon sac, je m'assois dessus pour souffler quelques minutes. Je sors un paquet de cigarettes de ma poche anorak, je fume. La première de la journée. Je ne suis pas un accroc du tabac, mais de temps à autre, j'aime en griller une...

Attendant mes compagnons, mon regard se porte vers le sommet nord de la paroi ; dans les ténèbres, je ne distingue que des plaques de neige collées. Instant riche d'évocations et d'émotions. Quatre ans déjà, ici, avec Jean Couzy... Une pichenette, la braise de mon mégot disparaît dans la nuit. Alors, je me mets à tailler une tranchée pour installer notre bivouac, qui sera confortable, je crois bien.

Mes compagnons arrivent, la tranchée est rapidement élargie, les tentes montées, les réchauds allumés. Jean Puiseux sort une bouteille de cognac de son sac, l'effet de l'alcool se manifeste quasi instantanément au terme d'une si longue journée. Il est deux heures du matin, et dans ces lieux éthérés, nous sommes ronds, braillards. Nous n'avons gravi que trois cent cinquante mètres, ce qui n'est pas mal dans cette paroi enneigée.

18 mars
Nous quittons le bivouac à dix heures du matin, le cognac de Jean a été un excellent somnifère. Nous sommes dans une forme du tonnerre.

Cent cinquante mètres au-dessus de nous se dresse une tour jaune ; pour atteindre sa base, la pente est un peu moins raide. Sur les premiers cinquante mètres, la neige est dure, les pointes des crampons tiennent, puis la paroi se redresse. Le rocher devient verglacé, l'assurance aléatoire. Nous sommes au pied de la tour à quatorze heures, une traversée difficile à droite nous a permis de la contourner. Nous voilà au point de « non-retour », vu les conditions d'enneigement de la paroi. Nous installons le deuxième bivouac, bien moins confortable que le précédent, au pied de la tour. Cinq cent cinquante mètres de gagnés depuis le bas. Le temps est beau, pourvu qu'il tienne, nous sommes à mi-chemin, le sommet est encore à cinq cents mètres.

19 mars

Réveil comateux, je dormirais bien encore ! Mes mains gonflées par la neige sont douloureuses. Fernand, en pleine forme, prépare le thé. Mon visage est un peu brûlé par le froid, l'intérieur de la tente est couvert de givre. Mais dehors il fait grand beau.

Jean et Georges s'agitent dans la tente voisine, une fumée bleue s'échappe par l'étroite ouverture, Jean fume ses Boyard papier maïs l'une après l'autre. Soudain, le visage de Georges apparaît par les plis de la toile, bouche grande ouverte, aspirant l'air pur…

Huit heures. Nous attaquons le flanc ouest de la tour jaune. Nous n'avons pas mis nos crampons. Une fissure, verticale d'abord, surplombante plus haut, obstruée de glace par endroits, va nous poser de sérieux problèmes.

Le bruit d'un petit avion nous parvient du fond de la vallée, le ronronnement va s'amplifiant, l'appareil frôle plusieurs fois la paroi à des hauteurs différentes. Au dernier passage, il est à trente mètres de nous, puis il s'éloigne, et le silence retombe. Au Désert-en-Valjouffrey, quelqu'un a dû signaler que des bonshommes sont partis avec de gros sacs et ne sont pas revenus. Camper en hiver n'est guère habituel dans ce coin un peu perdu…

Je suis toujours coincé dans ma fissure, un premier piton, pas très solide, cinq mètres sous mes pieds. Les coins de bois dont j'ai besoin sont dans le sac de Fernand, cinquante mètres plus bas. J'y renonce : un long moment passerait avant qu'ils ne me parviennent. L'après-midi est bien entamé déjà, bras et jambes engagés dans la fissure, je gagne péniblement quelques mètres encore. La fissure est à nouveau bouchée par la glace, je ne peux rester plus longtemps dans cette position. À droite, une petite écaille. Un piton consent à pénétrer de deux centimètres. Je ne sens plus ma main gauche, insensibilisée par le froid, alors je quitte progressivement la fissure, en me tirant à l'aide du mousqueton engagé dans l'anneau du piton. L'écaille s'effrite, le piton s'arrache. Je me coince à nouveau dans la fissure : un piton court semble mieux adapté. Deuxième essai. Le piton se tord, ne bouge plus. Me tenant d'une main au mousqueton, de l'autre à une mince prise, je finis par quitter la fissure et à poser un pied sur le piton, l'autre sur le rocher, puis je me redresse en un équilibre douteux, et je plante un long piton dans la fissure, vite, entre glace et rocher. Deuxième rétablissement, quelques mètres de rocher sec, je suis en haut de la fissure.

Soixante mètres moins difficiles, la nuit tombe, cent cinquante mètres de gagnés depuis le matin, le plus dur est derrière nous, maintenant.

Nous aménageons un replat dans la pente, la neige s'effondre sous nos pieds. Le bivouac est fragile, aussi nous attachons-nous à des pitons avant de nous allonger. Malgré les précautions, la neige et la condensation des tentes ont humidifié nos sacs de couchage, nous n'avons d'autre choix que de nous asseoir sur les toiles que nous n'avons pu monter. La nuit est glaciale, le bouillon Kub préparé par Jean bienvenu. Quelques morceaux de fromage, de saucisson gelés, des dragées aux amandes complètent ce repas.

20 mars

Nous partons au lever du jour. L'escalade devient moins difficile, le temps est grand beau, et, dans la hâte d'arriver au sommet, nous négligeons la sécurité… Les pitons sont restés dans les sacs, à bout de corde, un bloc oscille et manque de m'entraîner dans le vide, je me rattrape de justesse, les pitons sortent du sac…

Dix-sept heures. Nous gravissons les derniers mètres sous le sommet nord, le point culminant de l'Olan, et nous émergeons dans la lumière dorée du couchant. La montagne est sous nous pieds, nous avons gagné. Une immense joie nous submerge, loin, tout en bas, entre les hauts versants, la vallée du Valgaudemar serpente. Des lumières scintillent alors que nous sommes encore dans le flamboiement de l'astre. Instants magiques.

Nous sommes tous les quatre sur ce sommet que nous avons vaincu, prenant des risques considérables, mètre après mètre. Le beau temps s'était maintenu comme il fallait.

Le lendemain, alors que nous descendons par l'arête nord vers le refuge de Fond Turbat, le ciel se couvre, il neige avant la nuit…

14

Grandeur et honneur des missions du guide

Après l'ascension hivernale de l'Olan, Jean Franco me propose de signer un contrat de professeur d'alpinisme pour la saison d'été 1960 à l'ENSA. Pour moi, c'était une consécration et l'assurance de gagner ma vie en vivant ma passion chaque jour. L'école, à l'époque, se trouvait rue du Lyret, près du téléphérique de l'aiguille du Midi, c'est aujourd'hui le Centre Jean-Franco.

L'École nationale d'alpinisme m'apporta beaucoup, et c'est une fierté d'appartenir au club des anciens et des jeunes professeurs de cette merveilleuse institution.

Je logeais dans la maison, et je prenais mes repas en compagnie des professeurs, maintenant mes collègues, et du guide-chef, Armand Charlet, une figure ! Peu souriant, avare de ses mots, il connaissait sa montagne mieux que quiconque. En ville comme sur les cimes, il portait toujours la même tenue : bas de laine blancs, pantalon de montagne en drap suisse beige, et le légendaire béret noir, incliné sur le côté gauche. Son autorité sur l'enseignement de l'école était nette, précise. Il exigeait beaucoup d'un futur guide, et sa conception professionnelle de la conduite des courses est restée la base du métier. Ma vie durant, j'aurai grande considération pour cet homme, toujours. L'aiguille Verte était sa montagne de prédilection. Quand il la gravira pour la centième fois, il m'invitera à l'accompagner avec d'autres guides.

Armand Charlet était un prince. Il n'enfonçait jamais sur une neige à peine croûtée en surface, sec comme un sarment de vigne, léger comme une plume de duvet d'oie, il l'effleurait à peine. Il faut dire qu'il chaussait grand… Quand nous allions derrière lui, nos kilos en plus, nos pointures bien inférieures aux siennes, enfonçant dans la neige malgré tous nos efforts, faisant glisser au mieux nos chaussures, répartissant notre poids sur toute la surface de nos semelles, sans jamais attaquer par les talons, Armand se retournait et, d'un ton peu amène, la sentence tombait, que l'on soit prof ou stagiaire : « Vous ne savez pas marcher sur la neige. » Ça ne se discutait pas, et mieux valait ne pas évoquer ses si longs pieds qui lui servaient pratiquement de raquettes… Si j'étais en accord dans les grandes lignes avec lui, nous nous heurtions parfois sur des détails. Alors, Armand Charlet, professeur et maître, laissait tomber : « Desmaison, vous n'êtes pas encore un vrai professionnel. »

Au cours du repas, parfois, je saisissais la bouteille de vin et j'en proposais un verre au maître, connaissant la réponse. Il me disait immanquablement : « Desmaison, vous savez bien que je ne bois jamais de vin. » Ce qui ne m'empêchait pas de revenir à l'assaut quelques jours plus tard. Le regard froid était sans équivoque. Pourtant, un soir, il me fait :

– Desmaison, si vous m'offriez un génépi au Choucas…

Ébahissement : d'après les confrères, c'était la première fois qu'Armand Charlet proposait à un professeur de prendre un verre avec lui au Choucas, cette brasserie où se retrouvaient les alpinistes amateurs. Il y avait là des photographes de presse à l'affût d'un scoop mondain, des garçons et des filles, un lieu bruyant que jusque-là Charlet considérait comme mal fréquenté. J'invitai quelques professeurs et nous partîmes en groupe vers ce lieu de perdition. La guérilla était finie entre nous, jamais je ne proposerai plus de vin au maître Charlet pendant les repas.

J'aimais cette brasserie animée, où les alpinistes de tous les horizons évoquaient les derniers événements de la vallée, ce qui se passait là-haut, les menus échos des autres massifs.

Les premiers jours de mon séjour à l'école, je me retrouve de permanence au secours en montagne en compagnie des gendarmes-guides. Un après-midi, nous sommes prévenus que deux alpinistes sont tombés dans le couloir de l'Isolée, une des aiguilles du Diable. Une chute dans ce couloir rocheux de quatre cents mètres ne pardonnait pas. Une cordée engagée dans le même itinéraire avait été témoin de l'accident : les deux alpinistes s'étaient déviés de l'itinéraire de l'ascension pour remplir une gourde d'eau à un ruissellement qui coulait au milieu de blocs instables, en bordure du couloir. Je connaissais cet endroit dangereux, car j'avais déjà fait la traversée des Aiguilles en compagnie et en solitaire. Quand la gourde est vide à 4 000 mètres, que l'on a soif, grande est la tentation. J'avais bu l'eau claire à cette fontaine, et je m'étais fait une frayeur quand des blocs avaient oscillé sous mes pieds. Seul, j'avais eu le temps, sautant d'un bloc à l'autre, d'échapper à l'éboulement qui s'était effondré dans le couloir. Liés à leur corde, les deux n'avaient pas eu cette chance. Le temps était beau, ils avaient presque achevé l'ascension.

Un hélicoptère me déposa à dix-sept heures avec deux gendarmes sur le glacier du Géant, à une centaine de mètres du cône de neige du couloir. Puis il plongea vers Chamonix. Il reviendrait nous chercher plus tard, avec les corps. Nous avions emporté avec nous deux sacs de toile et des gants de caoutchouc.

Nous n'osions nous approcher des cadavres, mais il le fallait bien. Deux corps tombés de cinq cents mètres, dans un éboulement ! L'horreur. Il fallait regarder la mort en face, éprouver l'odeur fade du sang. À frémir, et je frémissais déjà. Il n'y avait plus que le masque de deux visages plats à la place des têtes, bras et jambes étaient broyés, torses et ventres éclatés, les intestins emmêlés dans la corde. J'en avais la nausée. Les gendarmes, mes compagnons, s'y prenaient mieux que moi. Pour retirer la corde, séparer les corps, nous dûmes la trancher. Je décris cet effroyable spectacle sans complaisance, mais dans l'espoir que les jeunes alpinistes qui me liront n'en seront que plus prudents. Chaque été nous rappelle que les plus forts restent vulnérables dans ces fantastiques édifices de roc et de glace.

Dans l'un des sacs à dos, je trouvai une carte d'aspirant guide. Je connaissais cet homme, mais je n'aurais pu dire à laquelle des deux dépouilles ce nom appartenait. Après avoir transporté les cadavres au point où l'hélicoptère nous avait déposés, près de la piste du col du Géant, l'un des gendarmes sauveteurs prévint par radio que nous étions prêts pour le retour. Mais l'hélicoptère ne pouvait remonter nous chercher, car il était engagé dans une autre mission : une cordée était tombée aux « Courtes ». Il ne viendrait que le lendemain… La journée était trop avancée pour escompter prendre le dernier téléphérique de l'aiguille du Midi. Il ne nous restait donc qu'à descendre passer cette nuit au refuge du Requin.

Le lendemain matin, des randonneurs traversant la vallée Blanche, de l'Aiguille au col du Géant, se plaignirent d'avoir rencontré deux sacs contenant vraisemblablement des cadavres. L'hélicoptère n'avait pu revenir au lever du jour, comme prévu, il était en vol pour une autre mission : des alpinistes blessés attendaient d'être évacués au glacier des Nantillons et à l'aiguille du Goûter.

Les corps firent leur dernier voyage en milieu de matinée.

Les équipages des hélicos du secours en montagne ont toujours accompli leurs missions avec honneur, prenant souvent des risques extrêmes. Ils avaient eu raison de n'en prendre aucun cette fois en effectuant un vol au crépuscule, tout près des câbles de la télécabine qui traverse la vallée Blanche. Peut-être, avant de descendre nous-mêmes, aurions-nous dû transporter les corps là où nous les avions trouvés. J'avais pensé moi que les dépouilles auraient été moins isolées près des traces pour cette dernière nuit en montagne. C'était idiot, j'en conviens. J'avais de la compassion pour ces deux hommes tombés dans leur passion de la montagne. Les abandonner seuls me gênait. Je n'étais pas assez endurci encore pour ce genre d'opération, et je ne le serai jamais. On n'oublie rien.

Une deuxième expédition tragique m'appela.

Depuis plusieurs jours, les orages se succédaient, il neigeait en altitude. Dans la vallée, les alpinistes tournaient en rond, impatients, dans l'attente d'une éclaircie. Ils flânaient d'une terrasse de café à l'autre, consultant le baromètre du syndicat d'initiative qu'ils tapotaient du doigt… Le temps des congés fondait, accélérant, pour certains, le retour au bureau ou à l'usine.

Un matin enfin, le ciel éclate de lumière. La face nord de l'aiguille d'Argentière, 3 902 mètres, relativement facile, pas trop raide, était une belle course à accomplir *in extremis*.

Ils étaient six, un solitaire, une cordée de trois, une autre de deux. Le destin allait s'interrompre là pour quatre d'entre eux.

Le solitaire, plus rapide, grimpait le premier, en bordure de la face nord, à droite. Dans la partie supérieure de la pente glaciaire, il entreprit la longue traversée à gauche pour rejoindre le centre, avant de monter directement vers le sommet. Les deux cordées attaquèrent la pente dans un axe plus direct. Au milieu de la paroi, elles se trouvèrent à l'aplomb de l'alpiniste solitaire. La neige était profonde, jusqu'aux cuisses, par endroits au ventre. Tout à coup, dans la trace du grimpeur solitaire, une coulée s'amorça. Très fine d'abord, elle glissa doucement, puis s'élargit rapidement, se transformant en avalanche. La pente s'effondrait. On ne résiste pas à la puissance de la neige. Les deux cordées, emportées dans l'avalanche, sautèrent une barre de séracs. Dans la rimaye, plusieurs centaines de mètres plus bas sur le glacier, tout s'immobilisa.

Sur une arête proche, une cordée avait assisté au drame. Témoins de l'accident, ceux-là avaient pu rejoindre la base de la face nord, où un homme se débattait dans la neige. Choqué, il ne comprenait plus... Un bras cassé seulement. Miracle. Sans le secours de ces alpinistes de hasard, il serait mort d'épuisement et de froid.

L'alerte fut donnée. Une première équipe transportée sur place en hélico sortit les quatre corps de la rimaye. Mais le mauvais temps revint, et les sauveteurs regagnèrent la vallée à pied, sans les corps. Jean Franco me demanda alors de monter avec huit élèves du stage de guide.

Nous quittons le refuge Albert-Ier tôt le matin, et nous prenons la barquette de sauvetage posée près des poubelles par le gardien prévenu de notre arrivée. Celle-ci servait à transporter les blessés et les morts quand l'hélicoptère ne le pouvait à cause du mauvais temps, comme ce jour-là. Nous avions laissé les quatre perches deux cents mètres plus loin, à l'amont du refuge, sur la moraine en bordure du glacier. La barquette profilée, de bois léger, glissait bien sur la neige.

Quand nous atteignons la rimaye de la face nord, les sacs enveloppant les corps étaient déjà recouverts de neige. Aucune trace de chute n'était apparente sur la pente neigeuse inclinée à 50°. Il avait neigé dans la nuit, et notre crainte était qu'une avalanche fonde sur nous. Tirant les sacs avec des cordes, nous les hissons jusqu'à la brèche de l'arête du glacier de Saleinaz et nous chargeons la barquette. Opération rondement menée, sans qu'un seul mot soit prononcé. Chacun connaissait sa tâche. Puis nous restons un long moment figés autour de la barquette, silencieux. Ceux-là étaient des nôtres. Des alpinistes. La face nord s'était effacée dans la brume, il neigeait. Il était temps de descendre.

La lumière glauque s'épaississait dans le brouillard, la neige donnait une apparence fantomatique à nos silhouettes, puis elle se transforma en pluie... Les stagiaires guides découvraient le métier sous un aspect qu'ils n'avaient jamais envisagé, sans doute. Tout comme moi-même, quelque temps plus tôt.

Malgré son poids, la barquette ne fut pas longue à redescendre le glacier, tirée par les cordes, poussée à l'arrière, maintenue de chaque côté par quatre paires de bras vigoureux. Sur la moraine, les corps furent attachés sous les perches et la barquette retournée, le gardien viendrait la chercher plus tard.

Le ramdam d'une grosse averse crépitait sur la toiture du refuge, et nous avions besoin de repos. En attendant que la pluie cesse, nous prendrons une boisson chaude… L'idée ne me vint pas une seconde de laisser les corps dehors tandis que nous serions à l'abri. Je les fis donc installer dans le sas du refuge, en prenant garde qu'ils n'entravent le passage. Erreur… Le gardien surgit, furieux :

– Mettez ça derrière le refuge !

– Ça ! Ce sont des êtres humains… dis-je, et nous ne les déposerons pas derrière le refuge, au milieu des poubelles.

Le gardien n'insista pas. Il nous servit des cafés aussi vite qu'il le put, tant il avait hâte de nous voir partir. Les premiers arrivants s'inquiétèrent de ces formes oblongues, dans le sas d'entrée. Je leur dis qu'il s'agissait de mannequins destinés à un entraînement de portage par mauvais temps. Ils me crurent, peut-être…

La pluie s'étant un peu calmée, nous reprîmes notre travail funèbre sans plus attendre, et bientôt nous trouvâmes le sentier du village du Tour, où l'ambulance attendait pour transporter les dépouilles à la morgue de Chamonix.

En arrivant à l'ENSA, Jean Franco m'appela dans son bureau. Il me demanda ce qui s'était passé au refuge Albert-Ier. Le gardien lui avait téléphoné pour se plaindre. Ça me rappelait, dix ans plus tôt, le capitaine Deslande : « Qu'est-ce que tu as encore fait, Desmaison ? »

– La prochaine fois, me dit Jean, laisse les morts dehors, fait en sorte que personne ne puisse les voir.

Être solidaire d'alpinistes en difficulté, les sauver, secourir des blessés, est humainement et psychologiquement payant. Mais des morts… Il le fallait, pourtant.

Chamonix Western

L'Hôtel de Paris et son bar, Le Bivouac, étaient le rendez-vous des alpinistes parisiens, lyonnais et marseillais. Une sélection s'était faite parmi les grimpeurs du moment. Elle était simple : d'un côté, les « argentés », de l'autre, les « fauchés ». Les « argentés » logeaient au premier et au deuxième étage comme la clientèle de passage, où les chambres, quoique modestes, étaient confortables. Les « fauchés », bons grimpeurs, habitaient dans les pièces mansardées, sous les toits. Logique. De là-haut, ils dominaient la rue, même s'ils n'apercevaient le ciel qu'au travers du vasistas. S'ils étaient bons mais avec des porte-monnaie plats, c'est parce qu'ils grimpaient plus qu'ils ne travaillaient…

Le patron de l'hôtel, Louis Janin, était un homme merveilleux, d'une gentillesse incomparable. On ne pouvait trouver mieux pour l'accueil. Ses clients étaient tous ses amis, des amis qui partaient parfois en lui laissant de somptueuses ardoises. Soit qu'ils disparaissent pour ne plus revenir à Chamonix avant longtemps, soit qu'ils montent perdre la vie sur un sommet. Louis était refait dans les deux cas. Mais jamais il n'aurait osé réclamer un impayé de bar ou une facture de chambre aux familles des disparus en montagne.

Il se passait toujours quelque chose d'inhabituel à l'Hôtel de Paris, parfois des événements hilarants. Un jour, F. B., alpiniste belge, beau garçon et bon grimpeur, laissa son amie toute seule à l'hôtel. Une charmante personne, mannequin de profession. Pendant qu'il était en course avec son compagnon de cordée, T. H., photographe d'un grand hebdomadaire, lui ravit la belle. De retour à l'hôtel, apprenant la nouvelle, F. B. fila vers la cuisine, s'empara d'un long couteau et se lança à la poursuite de T. H., qui logeait lui aussi à l'Hôtel de Paris. Guère courageux, tremblant de peur, le photographe gravit l'escalier quatre à quatre et se boucla à double tour dans sa chambre. L'aventure en resta là. Le mannequin regagna sa Belgique et le photographe s'éclipsa discrètement de l'hôtel. Un mois plus tard, emporté par une avalanche au Groenland, l'alpiniste belge disparut à jamais avec ses compagnons. T. H, lui, périt dans l'avion qui s'écrasa en revenant des Amériques. Ainsi va la vie…

Le fief des alpinistes britanniques était alors la brasserie Le National. Là, on buvait énormément de bière et on parlait très fort. Les autres grimpeurs n'allaient jamais au National, pas plus que les Anglais ne venaient au Bivouac. Accord implicite entre deux groupes de grimpeurs. Personne ne parlait la langue de l'autre. Bien sûr, quelques mots d'anglais auraient pu créer des relations entre alpinistes, mais aucun des membres des deux groupes n'éprouvait le besoin de se lier à des gens qui pensaient et vivaient différemment. Les montagnes qu'ils venaient gravir là se dressaient entre eux au lieu de les rapprocher.

Un soir, des Gallois – avaient-ils bu plus que de coutume ? – s'aventurèrent au Bivouac. Hilares, cheveux hirsutes, vêtus de jeans, pulls avec des accrocs aux coudes – c'était la mode alors –, ils s'approchèrent du bar et commandèrent des bocks de bière à la barmaid. Puis, logique, ils lorgnèrent les filles assises avec leurs copains aux tables. À la gauche du bar s'ouvrait une petite salle qui servait de piste de danse. Dans la demi-obscurité, des couples enlacés faisaient du surplace, au rythme des slows.

Un Gallois conquérant s'approcha d'une belle assise sur la banquette et l'invita à danser. Devant son refus, il la prend par le bras et l'oblige à se lever. La soirée s'arrêta là pour lui. L'ami de la belle, aussi carré que le Gallois, si ce n'est plus, se redressa et sans un mot lui balança un coup, suivi d'un deuxième, en pleine figure. Le Gallois s'effondra sur le sol, inerte. Soudain, silence sidéral. Le temps sembla suspendu trois secondes... Et ce fut la ruée, l'affrontement ! Les coups se mirent à pleuvoir, les tabourets à valser. Une femme, se trouvant au mauvais endroit, au mauvais moment, traversa la vitrine et atterrit sur le trottoir au milieu des débris de glace, heureusement sans dommage. Il y eut des cuirs chevelus fendus, des bouteilles brisées. De mémoire d'homme on n'avait jamais vu une bagarre si explosive à Chamonix.

Quand les pandores arrivèrent pour dresser constat de tapage nocturne, il n'y avait plus un seul témoin au bar...

Une autre fois, un alpiniste parisien découvrit sous l'arête des Flammes de Pierre, versant Chamonix, des ossements humains, une omoplate, un tibia, un péroné. Il les enfourna dans son sac, puis, de retour dans la vallée, il les rangea soigneusement dans sa pièce mansardée. Pas un instant il ne songea à prévenir les gendarmes. Ce n'était pour lui que des restes de squelette blanchi par des décennies de soleil et de tempête. Il envisagea même de s'en défaire en les déposant dans un angle du cimetière. Les langues allèrent bon train, chacun voulait voir les os, et la gendarmerie finit, comme souvent, par être au courant de la découverte macabre. L'alpiniste fut convoqué à la gendarmerie, accusé de recel de cadavre, il subit quelques interrogatoires, avant que l'affaire ne soit classée. Après expertise, ces ossements datant d'une vingtaine d'années auraient été ceux d'un homme de cinquante ans. Aucune disparition n'avait alors été enregistrée dans cette partie du massif. À cette époque où les troupes allemandes déferlaient sur l'Europe, rares étaient les randonneurs en montagne, à part ceux qui, fuyant la Gestapo, franchissaient la frontière suisse au col d'Orny, sous la conduite de pseudo-guides venus on ne sait d'où. Les malheureux fuyards, juifs pour la plupart, transportaient leurs biens les plus précieux dans des sacs à dos et des valises. Traverser les glaciers du Tour et du Trient pour atteindre le col sans équipement adapté, sans entraînement préalable, devait être une épreuve limite. Les bagages, trop lourds, étaient parfois abandonnés sur le glacier, et bien sûr, ils n'étaient pas perdus pour tout le monde. Dans ces cas extrêmes, on comprend que la vie fut souvent le dernier bien à sauver. De toute manière, bien peu ont dû arriver à destination, car dans ces contrées, les crevasses sont pareilles à des ogres. Ce fut sans doute le triste destin de « l'homme » des Flammes de Pierre.

Bientôt, la réputation de l'Hôtel de Paris dépassa la vallée. Les racontars exagérés allaient même bon train. Le Bivouac devint le centre de renseignements des alpinistes qui fréquentaient Chamonix. Des journalistes y séjournaient en attente d'informations, et chacun, suivant son humeur, racontait son histoire d'ascension à sa manière. Et les articles paraissaient sans avoir été vérifiés suffisamment.

Le Bivouac, le saloon de Chamonix, était le plus souvent plein. Attirés par ces multiples événements, Vadim, Jane Fonda, Brigitte Bardot et bien d'autres encore y passaient leur temps.

L'Hôtel de Paris n'existe plus aujourd'hui, il a été vendu, transformé en appartements. Le Bivouac est devenu magasin de vêtements. Triste fin pour un lieu où se jouèrent des événements comme nulle part ailleurs.

15

Équipée tragique
au pilier Central du Freney

L'orage traînait sur le massif depuis quelques jours. Pierre Mazeaud, Robert Guillaume, Antoine Vieille, Pierre Kohlmann, le guide Andrea Oggioni, Walter Bonatti et son client, Roberto Gallieni, avaient décidé de gravir le pilier Central du Freney, sur le versant sud du mont Blanc, côté Italie. Ils étaient partis ensemble du refuge-bivouac de la Fourche. Ces hommes entraînés, résistants, formaient un groupe doté d'une expérience rare. Aussi, les premières vingt-quatre heures, personne ne s'étonna d'être sans nouvelles. Sans doute étaient-ils immobilisés momentanément au refuge Vallot, sur le versant français, après avoir gravi le pilier, ou bien alors à l'abri d'un igloo au col du Peuterey. S'ils étaient à Vallot, le dôme du Goûter, libéré des orages, leur permettrait de le traverser.

Las, les nuages, de nouveau, s'étaient accumulés jusqu'à l'effacer. Et les vingt-quatre heures étaient passées à cinq jours…

Ma permanence de sauvetage s'étant achevée à la fin juin 1961, j'étais alors en train d'effectuer un stage de perfectionnement en glace aux Bossons et à l'école de rocher aux Plaques du Brévent. L'inquiétude grandissant, je demande à Jean Franco l'autorisation de monter à la rencontre de mes amis. Mais Jean me rappelle que, sous contrat avec l'Éducation nationale, je ne peux intervenir de moi-même, *a fortiori* sur le versant italien qui relevait de la juridiction des guides de Courmayeur. Ceux-là, d'ailleurs, avaient déjà posé une corde au col de l'Innominata qui donne accès au glacier du Freney, afin de faciliter le retour de l'équipe.

Que se passait-il ? Quels problèmes mes chers amis rencontraient-ils dans leur ascension ? Je comprenais mal ce qui se déroulait. En 1957, lors du rassemblement international du Groupe de haute montagne, à Courmayeur, j'avais moi-même projeté avec Jean Couzy de gravir ce pilier du Freney, très en relief sur le versant sud du mont Blanc. Avec Pierre Mazeaud, j'avais déjà descendu le col de Peuterey par les rochers Gruber, nous avions traversé le glacier, puis remonté le col de l'Innominata. Je savais que l'énorme barre de séracs du plateau supérieur du Freney s'effondrait fréquemment. À plusieurs reprises, des cordées avaient été emportées par l'avalanche meurtrière, mais je chassais ces pensées, ne pouvant imaginer le pire.

Au septième jour, en fin de matinée, je prends ma décision. Je préviens le directeur de l'ENSA que, autorisation ou non, je pars en Italie rejoindre le refuge Gamba, qui s'appelle aujourd'hui Monzino. J'ignorais si mon intervention serait utile ou non : je n'avais que trop attendu… C'est alors que Jean Franco m'annonce que seuls le guide Bonatti et son client, Gallieni, sont redescendus. Mazeaud n'était pas avec eux, ni Pierre Kohlmann… Quant aux autres, pour ce que nous en savions, Antoine Vieille était mort au cours de la retraite, au col de Peuterey, dans la crevasse où l'équipe avait passé une sixième nuit pour se protéger du vent. Robert Guillaume avait perdu la vie en traversant le glacier du Freney, tout comme Andrea Oggioni, au pied du col de l'Innominata. Pierre Mazeaud était resté aux côtés de ce dernier toute la nuit dans la tempête, afin que son ami ne meure pas seul.

Plus tard, nous apprendrons que Bonatti, Gallieni et Pierre Kohlmann avaient franchi le col en s'aidant de la corde posée par les guides italiens qui avaient ouvert la trace sur le glacier du Freney. Mais au cours de la septième nuit, Pierrot Kohlmann, mon ami Pierrot d'Antony, ce garçon merveilleux qui faisait grimper de jeunes aveugles sur les rochers de Fontainebleau, mon copain du refuge de l'aiguille du Goûter, était mort, seul, sur le glacier, au bas du col. À moins d'une heure du refuge Gamba... Frappé par les décharges de foudre sur le pilier, il avait perdu la raison. Walter Bonatti, lui, avait sauvé la vie de son client en atteignant le refuge à temps.

Et pendant tout ce temps, guides et alpinistes amateurs attendaient dans la cabane Gamba que le vent se calme pour se porter au secours des survivants... Comme si affronter la tempête sur un glacier sans crevasse, pour se porter à la rencontre de Pierrot, si près de refuge, eût été un danger mortel ! Je connais bien l'endroit pour y être passé plusieurs fois, ne serait-ce que pour gravir l'aiguille Croux en famille.

Le lendemain, quand les guides interviendront, ils trouveront le corps de Pierrot sur le glacier. Ils aideront Pierre Mazeaud à franchir le col. Sans son courage, son exceptionnelle résistance, Pierre serait mort au cours de cette ultime et terrible nuit.

Je m'en voudrais jusqu'à la fin de ne pas avoir agi plus tôt, quand il en était encore temps, pour sauver Pierrot. Ma faute se confond avec mon amertume.

La tragique histoire du pilier du Freney ameuta l'Europe entière. Le drame n'avait pas attiré la seule attention du grand public, les alpinistes allemands annoncèrent leur intention d'aller à son assaut, les Anglais arrivèrent aussi vite à Chamonix, et même les Américains. Le pilier était devenu un véritable défi.

À part les alpinistes qui avaient gravi le mont Blanc par les arêtes de Peuterey et de l'Innominata, le pilier Central du Freney restait inconnu pour la majorité des grimpeurs. Il était sans doute trop lointain pour oser s'y aventurer, et monter au seul col du Peuterey, à 4 000 mètres, au pied du pilier, était en soi déjà une véritable ascension.

Avec Yves Pollet-Villard, j'avais moi-même programmé l'ascension du pilier dans la seconde quinzaine du mois de septembre, après la fermeture de l'école. En juin, j'avais même fait une première tentative en compagnie de Pierre Mazeaud, de Georges Payot et de Fernand Audibert. Les tristes événements qui venaient de se dérouler ne changèrent rien à mes intentions, au contraire : le vaincre était une question d'honneur, en mémoire aux défunts, à mon malheureux Pierrot. Et pas question pour moi d'attendre le mois de septembre. J'en fis part à Jean Franco :

– Que dira-t-on de nous si nous attendons que des alpinistes venus de l'extérieur ouvrent la voie pour que nous grimpions à notre tour ?

Jean reçut le message. Il donna son accord, tout en exigeant que nous soyons quatre, pour d'évidentes raisons de sécurité. Pierre Julien, prof à l'école comme Yves Pollet-Villard, et l'alpiniste italien Ignazio Piussi nous permirent de former la quadrette. Constituer une équipe franco-italienne me semblait un bel hommage des gens de montagne après la tragédie qui venait de se dérouler au pilier.

Le beau temps se stabilisant, nous prenons le téléphérique de l'aiguille du Midi le 26 août, pour traverser la vallée Blanche et passer une nuit au refuge du col du Géant. Piussi, qui devait nous rejoindre du nord de l'Italie, arriverait le lendemain matin. Dans la benne du téléphérique, nous rencontrons quatre alpinistes anglais, Bonington, Whillans, Clough et le Polonais Duglosz. Ils partaient comme nous à l'assaut du Pilier, mais eux passeraient leur nuit au refuge-bivouac de la Fourche. Ils auraient donc un jour d'avance sur notre équipe.

Le lendemain, je pars avec Yves pour le col de Peuterey. Piussi nous ayant téléphoné pour nous prévenir qu'il serait en retard, Pierre Julien l'attendra au col du Géant. Les deux nous rejoindraient avant la nuit.

Au col, la pente de glace était recouverte d'une poussière grise et de blocs de rocher provenant de la muraille du pilier d'angle, à droite. Tout aussi menaçants à gauche, les séracs de la Blanche dominaient le versant. Il n'avait guère gelé au cours de la nuit, des pierres, décrochées par les premiers rayons du soleil, tombaient en ronflant et s'enfonçaient dans un bruit mat dans la neige, autour de nous.

Quand nous atteignons le col, deux Américains, qui avaient bivouaqué dans la Combe Maudite, arrivaient tout juste. L'un d'eux avait reçu une pierre sur la tête, heureusement sans gravité. Le choc l'avait tout de même un peu sonné, aussi avaient-ils décidé d'arrêter là leur tentative.

Entre-temps, les Anglais avaient gravi le premier tiers du pilier, soit deux cents mètres. Tout laissait prévoir qu'ils atteindraient le pied de la chandelle au soir, à cent cinquante mètres sous l'ultime pointe.

Yves plaça une corde de quatre-vingts mètres à la sortie du col, afin de faciliter l'arrivée de Pierre Julien et Piussi, tandis que je montais la tente de bivouac. À dix-sept heures, nous apercevons nos compagnons sur le plateau supérieur du glacier de la Brenva ; à vingt heures, ils étaient au col. À ce moment-là, les Anglais avaient installé leur bivouac au pied de la chandelle, dissimulée maintenant par les nuages.

Nous répartissons notre matériel technique dans les sacs. Le froid vif a chassé les nuages. Nous décidons que nous repartirons avant le jour.

Trois heures du matin. Le temps est toujours au grand beau, Yves allume les deux réchauds, pendant que nous démontons le camp. Les deux Américains semblent dormir profondément sous leur tente.

Nous remontons au clair de lune les pentes de neige dure, en direction du pilier. La rimaye n'oppose aucune difficulté, et dans les pâles lueurs de l'aube, nous atteignons les premiers rochers, encore dans l'ombre du pilier.

Nous l'attaquons par son flanc droit, crampons aux pieds, sur une centaine de mètres. Les reliefs de la roche nous obligent à obliquer vers son centre, où l'escalade devient plus verticale, plus athlétique. Il fait jour, maintenant. Loin, en bas, au-delà des rochers Gruber, deux minuscules silhouettes se déplacent sur le glacier du Freney, les Américains descendent vers le refuge Gamba.

À quatorze heures, nous sommes sous la chandelle. Nous y retrouvons Duglosz, l'alpiniste polonais, et l'Anglais Clough qui, depuis la veille au soir, n'ont pas quitté leur bivouac. À cet instant précis, Whillans, qui tentait, quarante mètres plus haut, de franchir une fissure en escalade libre, fait une chute d'une quinzaine de mètres. Impressionnant. Sans dégât pour lui, heureusement. Bonington, assis sur ses étriers, plus bas, l'assurait parfaitement. Des billets de banque s'envolent dans le ciel, Whillans avait toute la fortune de l'équipe dans la poche arrière de son pantalon...

Piussi me rejoint. À deux nous hissons sur une corde les sacs attachés par Yves et Pierre, trente mètres plus bas. Ils montent à leur tour. Notre intention était de gravir une fissure s'élevant au-dessus de la terrasse, dans l'axe de la chandelle. Cette ascension nous éviterait la traversée à droite et la difficile longueur où s'étaient engagés Whillans et Bonington, avant nous.

Le Polonais Duglosz, qui s'exprimait assez bien en français, me dit que leur équipe manque de pitons. Je lui réponds que nous en avons peu et qu'ils nous sont indispensables pour surmonter la fissure. Ignazio Piussi s'impatiente. « Il faut monter tout droit », affirme-t-il. J'imagine alors les cordées grimpant chacune de leur côté, une course en somme, qui arriverait les premiers ? Je fais part de mes sentiments à mes compagnons et propose que nous restions derrière et que nous récupérions les pitons. Pierre et Yves sont d'accord, Ignazio ronchonne, mais il finit par se rallier à cette solution. Je passe donc des pitons à Duglosz ; en contrepartie, il laissera une corde en place dans cette longueur, afin que nous gagnions du temps. Nous achèverons l'ascension ensemble, c'est tout du moins ce que je comprends.

Whillans sort de sa longueur difficile, Bonington et Clough le rejoignent. La journée tirait à sa fin. Les trois installent leur bivouac, quant à Duglosz, il passe une deuxième nuit avec nous, au pied de la chandelle.

Le jour suivant, dans l'après-midi, nous franchissons l'extrême pointe du pilier et le mont Blanc. Je fais une série de photos, nous n'avions aucune raison de nous presser...

Quelle ne fut pas notre surprise, le lendemain de notre retour à Chamonix, de lire, à la « une » de la presse régionale, que les Anglais avaient réussi la première ascension du pilier Central du Freney et que les Français étaient arrivés seconds ! Par la suite, j'appris que le journaliste local, pour des raisons que j'ignorais, était brouillé avec Jean Franco. Bientôt, des alpinistes, de fameux bons copains, n'hésitèrent pas à répandre l'idée que sans les Anglais, nous n'aurions pas réalisé la deuxième ascension... Il y avait de quoi plonger dans un abîme de perplexité.

Ignazio me dira plus tard : « Vois-tu, René, tu aurais dû m'écouter... » Il avait raison. Mais après la tragédie qui s'était déroulée au pilier, je ne regrette en rien le choix que nous avions fait. Certes, si nous avions escaladé la fissure, comme nous l'avions prévu initialement, nous aurions pu atteindre le sommet du pilier le soir même Mais aujourd'hui encore, je considère que nous avons participé à cette première ascension, et que nous l'avons réussie comme je le souhaitais pour moi-même, mais surtout en mémoire de mes amis disparus.

16

Heurts et malheurs d'apprentissage

En 1961, je renouvelle mon contrat de professeur à l'École nationale d'alpinisme pour la saison d'été. Au début de la saison, je redevins stagiaire aspirant guide, car même un enseignant devait en passer par là pour obtenir le brevet de guide. Logique. Le comportement de Pierre Julien, le chef de stage, allait m'étonner. Celui-ci me fit nettement sentir que j'étais redevenu « le » stagiaire. C'eût été parfait si la suite s'était déroulée sous le signe de l'impartialité, mais je compris très vite qu'il n'en était rien. Un climat de rivalité, d'animosité, s'instaura momentanément à cause de ma désapprobation quant à certaines des méthodes d'enseignement de celui-ci. Je reconnais tout de même que lors de la saison précédente, je n'avais pas pris Pierre Julien très au sérieux. Cet homme de tempérament ombrageux m'en avait gardé rigueur.

Le stage de guide débuta donc dans une certaine tension. Il faut dire que parmi les stagiaires, des hommes comme Georges Payot et Fernand Audibert connaissaient bien le métier. Très forts en tout terrain, ils pouvaient rivaliser avec les meilleurs profs de l'école. Mais quand on est stagiaire, on doit écouter le chef, ne pas évoquer la possibilité d'agir autrement sous prétexte que cela serait plus facile... Oui, chef ! Non, chef !

Le vrai problème entre Pierre Julien et moi n'était pas là : il savait que l'année suivante, j'allais repartir au Jannu, en Himalaya ! Hélas pour lui, il n'avait jamais été sélectionné pour une quelconque expédition. Je le regrette car il aurait été un Himalayen remarquable, il en avait toutes les qualités physiques et techniques. Mais son caractère l'avait toujours desservi auprès des organisateurs : la bonne entente, la bonne humeur sont des qualités de rigueur en expédition.

Pour l'ultime ascension, le stage au complet monta au refuge du Couvercle, où des cordées partirent pour l'arête sud du Moine, et d'autres pour la traversée Nonne-Evêque. Pierre Julien sélectionna les trois premiers du stage, Georges Payot, Fernand Audibert et moi-même, pour gravir l'aiguille Verte par le couloir Whymper et redescendre par le couloir de la Grande Rocheuse. Une ascension qui ne s'effectuait pas dans les meilleures conditions, puisqu'il n'avait pas gelé au cours de la nuit. L'isotherme zéro était à 4 500 mètres. Charles Bozon, champion du monde de slalom, un des profs de l'école, guide étonnant d'adresse et de rapidité, s'encorda avec Fernand. Pierre Julien partit avec Georges. Quant à moi, on me confia un stagiaire, très bon alpiniste, mais qui n'avait rien d'un marathonien. Or, la sélection du premier, je l'avais compris, devrait se faire au cours de l'ascension. Mais la valeur des trois cordées n'était pas identique…

Mon compagnon était inquiet, il craignait que je ne me prenne au jeu. Je le rassurai en lui disant qu'il n'était pas question que nous fassions la course dans ce couloir, mais que nous grimperions en sécurité comme des guides doivent le faire. Au sommet, notre chef de stage nous observait en ricanant. Arrivé à sa hauteur, je lui dis que s'il ne voulait pas recevoir le manche de mon piolet sur la figure, il avait intérêt à déguerpir au plus tôt. Ce qu'il s'empressa de faire. Armand Charlet vint à notre rencontre et me dit qu'il désapprouvait cette méthode sélective. Je lui répliquai poliment qu'il aurait dû y penser plus tôt. Il grimaça sans un mot de plus.

Résultat : Georges Payot fut le major du stage, je fus le deuxième et Fernand Audibert le troisième. Mais après tout, je me sentais en bonne situation entre mes deux compagnons de l'Olan, ascension que j'avais conduit en tête de cordée, de l'attaque au sommet.

Stage terminé, je repris ma place à la table des professeurs-guides. J'eus quelques explications avec Pierre Julien
– Rigolo ! lui dis-je entre autres noms d'oiseaux.
– Parisien ! répondit-il, ce qui signifiait : tu n'es pas de la montagne, toi.

Nous en restâmes là quelque temps. Sans haine ni mépris, puisqu'en montagne, il ne devrait pas y avoir de place pour des sentiments de ce genre...

De l'utilité de mon premier métier...

Mon stage d'aspirant guide se terminait avec la clôture de l'école.

Ayant déjà acquis une certaine notoriété dans le milieu de l'alpinisme, la marque Galibier, au début de l'automne, me propose de mettre au point une collection de chaussures adaptées à l'alpinisme. Le modéliste Raoul Girardi était un artiste véritable. Il ne nous fallut pas longtemps pour créer une collection qui allait tenir la route. Ensuite, je mis au point, avec d'autres fabricants, des vêtements duvet, des sacs de couchage, et bien d'autres éléments de design. Avec l'entreprise Millet, par exemple, des sacs de montagne ; les harnais d'escalade, des cordes qui ne vrillaient pas pour la maison Rivory-Joanny. J'avais suggéré aux fabricants de m'occuper moi-même de la présentation des nouveaux équipements aux distributeurs spécialisés en région parisienne, sur les Savoies et les Hautes-Alpes. À l'exclusion de Millet qui avait son équipe de représentants, les fabricants acceptèrent d'emblée. C'est ainsi que je renouai avec mon premier métier de représentant, mais cette fois avec un plaisir bien différent que de vendre des perceuses ou des réfrigérateurs...

Raymond Millet et son frère René étaient des êtres exceptionnels, doués d'humanité, des amis véritables. Raymond était directeur commercial, René gérait la chaîne de fabrication. Ces deux-là savaient ce que travailler voulait dire. Ils avaient monté leur affaire eux-mêmes, avec leur famille, et sous leur impulsion, la société devint un leader du secteur. Leurs produits sont connus dans le monde entier. Quand je passais à Annecy, je ne manquais jamais d'aller leur dire bonjour. Nous déjeunions souvent ensemble, Mme Millet, leur mère, qui avait passé depuis longtemps l'âge de travailler, était toujours présente au bureau, avec les secrétaires. Bien sûr, elle ne faisait pas grand-chose, mais elle était près de ses fils, son bonheur. Quand j'arrivais, elle était prévenue et venait me voir à l'usine.

Moniteur de ski

Au cours de l'hiver 1961, non content de mon statut de guide, j'envisage de devenir moniteur de ski. Sur les conseils de Jean Franco et de Guido Magnone, devenu le directeur de l'UNCM (aujourd'hui UCPA), je m'engage donc comme moniteur bénévole au Centre de Moulin-Baron, dans la vallée de la Guisane. Il fallait que je m'entraîne pour l'examen de capacité – aujourd'hui, il n'existe plus –, afin d'accéder au stage de moniteur auxiliaire, puis, plus tard, de moniteur national

Le chef du centre n'était autre que Jean Bouvier, un compagnon du Jannu, en Himalaya, quant à Émile Gautier, avec qui j'avais rempli mes obligations militaires, il en était l'un des moniteurs. Cet hiver fut exceptionnellement beau. Les alpinistes allemands entraient dans le jeu de l'alpinisme hivernal à l'initiative de Toni Hiebeler, et ils réussirent l'ascension de la face nord de l'Eiger, ce qui sera mon projet, l'année suivante. Je l'avoue, cette première de l'Eiger fut l'un des regrets de ma vie. Par la suite, Toni Hiebeler m'écrira que c'était grâce à notre réussite à l'Olan qu'ils avaient entrepris cette ascension. Pour me consoler un peu, j'ouvris avec Émile Gautier une voie à l'aiguillette du

Lauzet. Évidemment, entre l'aiguillette et l'Eiger, il y a une légère différence... Enfin, nous avions passé une fastueuse journée ensoleillée.

À Chamrousse, deux jours avant l'examen de capacité, l'idée me vient de descendre depuis le haut de la station de Serre-Chevalier à travers bois. Tout se passe magnifiquement bien, je tenais la grande forme. Jusqu'au moment où je commets l'exploit remarquable de m'entortiller à un mélèze. Entorse au genou gauche... Le médecin me conseilla quinze jours de repos, mais quand je lui dis que, deux jours plus tard, je devais passer un examen de ski, sa réaction fut immédiate :

– Vous n'y pensez pas !

– Mais si, docteur, je ne pense même qu'à ça !

Je me souviens de son regard étonné, demi-souriant :

– Vous ne pourrez jamais ! Regardez votre genou, regardez comme il est enflé !

J'espérais des paroles réconfortantes : je vais vous arranger ça, votre genou tiendra le temps qu'il faudra... Son discours m'enfonça davantage dans le désespoir : j'avais passé tout l'hiver sur des skis pour en arriver là... Il me fit une injection dans le genou, la douleur se calma momentanément, et en quelques minutes, je marchais presque normalement, la jambe un peu raide, tout de même.

Le docteur comprit que je ne m'en tiendrais pas là. Il rédigea une ordonnance, me recommandant, grâce à l'aide d'une infirmière, une injection une heure avant de chausser mes skis. Mais où trouver une infirmière sur une piste ? J'opérai moi-même, mais au lieu d'une demi-ampoule, je l'injectai entière. Il me semble qu'il s'agissait de scopolamine. Je n'avais plus mal, j'avais même l'impression de ne plus avoir de genou. Malgré tout, je réussis l'examen. Je fis bien des raids à skis par la suite, mais je n'exercerai pas la profession de moniteur. J'avais d'autres projets pour les hivers à venir...

17

Deuxième expédition au Jannu

La première expédition de 1959 au Jannu en réclamait une autre. Ce sera chose faite en avril 1962. Jean Franco, Guido Magnone et le docteur James Lartizien s'étaient désistés au profit de nouveaux venus. Dirigée par Lionel Terray, cette deuxième ascension rassemblait les guides Paul Keller, André Bertrand, Yves Pollet-Villard, le pyrénéiste Jean Ravier et l'auteur de ces lignes. Nous repartons donc pour le Jannu avec le renfort du docteur de Haynin et du cinéaste René Vernadet.

27 avril. Nous quittons le camp VI à cinq heures et demie du matin. Il y a là Robert Paragot, Paul Keller et le sherpa Gyalzène Mitchung, encordé avec moi. Nos sacs sont chargés de deux bouteilles d'oxygène, de pieux à neige, de pitons, de broches à glace et de cordes, afin d'équiper la voie que nous escomptions bien ouvrir jusqu'au sommet cette fois. J'avais emporté avec moi un appareil photo et une caméra 16 mm pour filmer l'arrivée sur la pointe ultime du Jannu. À huit heures, nous avions atteint le point limite équipé les jours précédents par nos compagnons, car les cordes posées trois ans plus tôt avaient été emportées par les chutes de neige.

Une centaine de mètres nous séparait de la calotte glaciaire sommitale, Robert et Paul montaient en tête. Ils posaient une corde à chaque longueur, et je filmais mes compagnons en action. Moins 25°, le froid n'était pas excessif d'après les températures relevées au camp VI. Quelques passages difficiles, exposés, mobilisèrent des efforts considérables. À midi, la partie rocheuse fut enfin surmontée, le sommet n'était plus qu'à trois cent cinquante mètres. Nous avions abandonné chacun à notre tour l'une de nos deux bouteilles d'oxygène vides. Je passai en tête avec Gyalzène, la pente ne dépassait pas 50°, la neige était dure. Nous montions sans tailler, mais il fallait penser à la descente, quand nous n'aurions plus d'oxygène. Je façonnais donc à chaque pas une marche à coups de piolet, et chaque longueur je plantais un pieu à neige auquel je fixais une corde.

Bientôt, le vent se leva et souffla en rafales, des tourbillons de neige couraient sur la pente. Les assauts du vent étaient tels que nous devions nous arrêter et nous accrocher à nos piolets pour conserver notre équilibre. J'éprouvais parfois une impression d'étouffement. Comme les soupapes de mon masque étaient obstruées par la glace, je devais le retirer régulièrement afin de les dégager. Il me semblait que l'incident m'arrivait plus souvent qu'à mes compagnons. Le travail de la taille des marches au piolet accroissait mon rythme respiratoire, et je me demandais si nous n'aurions pas été plus efficaces sans masque et délestés du poids des bouteilles, onze kilos, dans nos sacs. Gyalzène n'avait pas notre problème, il portait directement le tuyau d'oxygène serré entre ses lèvres.

Une fine arête de neige succéda à la pente que nous venions de gravir, elle n'était pas très raide, mais vertigineuse de part et d'autre. Elle aboutissait à une autre arête horizontale, fine, à peine moins haute que la pointe ultime du Jannu. Aller jusqu'au bout ne fut qu'une formalité. Robert manifesta le désir de passer devant, je lui laissai volontiers cette joie d'être le premier. Je savais que là-haut, il voulait laisser au vent des cimes une photo de son père décédé quelques jours avant le départ de l'expédition… Cette dernière section d'arête était si fine que nous dûmes la chevaucher à califourchon, un pied à droite, côté Tibet, l'autre à gauche, côté Népal… Chacun à notre tour, nous nous redressâmes sur le dossier du fauteuil de Jannu, il y avait juste la place pour poser nos pieds. J'ai filmé ces images ultimes. Il était seize heures trente.

À perte de vue autour de nous, l'immensité himalayenne. Le Tibet, le Népal, les géants de la terre, l'Everest, le Makalu ! Je contemplais ce spectacle avec intensité, tentant de graver dans ma mémoire ces images que je n'oublierais jamais. Instant radieux. Aboutissement de nos deux expéditions. Physiquement et moralement, nous avions donné le meilleur de nous-mêmes pour atteindre cette fine lame de neige où les vents de l'Himalaya se déchiraient. Récompense suprême d'une incompréhensible passion.

Ma bouteille d'oxygène vide, je la lançai loin dans la face nord, afin de ne pas souiller ce sommet merveilleux. Qui sait, le géant Jannu aurait pu s'irriter de ce cylindre inutile. Il était tard déjà, je m'empressai de tourner mes derniers mètres de pellicules, puis je rangeai la caméra dans le sac. Il était temps de redescendre.

Liés à nos cordes, nous suivîmes nos traces de montée. La nuit tomba très vite. Gyalzène descendait devant moi, Robert et Paul nous suivaient de près. J'assurais Gyalzène à chaque longueur, m'efforçant, malgré la fatigue dans cet air raréfié, de ne commettre aucune erreur qui aurait pu être fatale : si un seul d'entre nous tombait, ce serait la chute fantastique pour notre cordée, sept cents mètres plus bas sur le glacier du Trône. La lampe de mon compagnon s'était éteinte, il se laissait glisser le long des cordes tendues à l'extrême. Quand il arrivait à bout de corde, assis sur les talons, pointes des crampons enfoncées dans la pente, il attendait, prostré, se tenant d'une main à la corde fixe. Il était pris de vomissements par instants. Au départ du camp, le matin, il n'allait pas très fort. Par la suite, j'apprendrai qu'il souffrait d'un ulcère à l'estomac. Ma lampe s'éteignit à son tour. Nous étions tous deux dans le noir complet, et je n'apercevais même pas les lumières de Paul et Robert, au-dessus de nous. Je suivais Gyalzène sans plus me préoccuper de la corde qui nous reliait, la fixe seule me guidait. J'avais la gorge sèche, j'étais exténué. Nous arrivâmes enfin à la neige dure de la traversée horizontale, les pointes des crampons s'enfonçaient bien. Une centaine de mètres nous séparaient du camp VI, aussi n'avions-nous pas pris la peine de tailler des marches lors de notre ascension. Je m'en voulais tellement à présent qu'il me semblait les voir ces marches, malgré l'obscurité. À croire que j'étais *shooté* par le manque d'oxygène.

Nous arrivâmes enfin, rompus, au camp VI. Sous la tente, Gyalzen se tenait le ventre à deux mains, il gémissait sans cesse. Robert se massait les pieds, Paul Keller, l'immense Paul, blanc comme un linge, exigea que je lui flanque des gifles, mais elles furent sans grand effet sur ce roc tellement j'étais flapi moi-même. Je m'obligeai à avaler une boisson chaude préparée par le sherpa Wongdi, mais je vomis le tout.

Le lendemain, nos compagnons atteignirent le sommet, nous avions fait un bon travail. Le chef de l'expédition fut filmé au sommet du Jannu avec le drapeau tricolore ; au nom de l'expédition, le sherpa Wongdi, assis entre les jambes de Lionel tant le sommet était exigu, portait dans ses mains le drapeau népalais.

La victoire obtenue, nous avions hâte de quitter l'altitude, les solitudes glacées. Nous avions le désir forcené de retrouver les arbres, les fleurs, l'eau claire du torrent, de changer nos vêtements, d'exposer nos peaux nues au soleil.

Les campements furent démontés en quelques jours, puis les sherpas les évacuèrent vers le camp de base. Nous retrouvâmes enfin Khunza, où nous attendaient des festivités organisées par les habitants en l'honneur de la victoire.

C'était le printemps. Les forêts étaient parsemées de fleurs. Il existe en Himalaya une impressionnante variété de rhododendrons, du plus petit arbuste à l'arbre haut de plusieurs mètres. Des grappes, des masses de fleurs rouges, jaunes et blanches pendaient des branches. Nous éprouvions l'impression de pénétrer dans un paradis au climat merveilleusement doux.

18

Tempête sur les Grandes Jorasses

On me demande souvent : « Quel est votre plus beau souvenir de montagne ? Votre plus belle ascension ? » Que répondre, il y en a tant... Mais l'éperon Walker des Grandes Jorasses, que j'effectuai avec Jack Batkin du 5 au 8 février 1963, me vient aux lèvres la plupart du temps.

Nous avons entrepris cette aventure dans des conditions extrêmes, affrontant froid et tempête avec un équipement réduit, sans utiliser plus de pitons qu'il n'en est nécessaire l'été. À ce titre je crois pouvoir écrire sans trop d'orgueil que cette ascension demeure un exemple d'alpinisme hivernal de haut niveau.

Quand nous prîmes la décision de poursuivre vers le sommet alors que le gros temps allait s'abattre, je savais, en dépit des propos rassurants que nous nous tenions à l'égard de notre forme physique, que le moment viendrait où il faudrait nous engager dans un combat dont l'unique enjeu serait notre vie. Serions-nous les plus forts ?

J'ai toujours eu grande crainte des tourmentes de haute montagne. Elles soufflent jour et nuit, effacent tout relief, rendent la roche glissante, les couloirs avalancheux. Alors, le froid, le vent, inlassable, effritent votre énergie disponible. Et pourtant, au moment où nous décidons de poursuivre coûte que coûte, un sentiment de libération, une joie sauvage déferle en moi : c'est enfin l'épreuve, le défi ! Nous pensons être forts, et nous le sommes, mais le doute, puis très vite la crainte, sa jumelle, viennent balayer cette assurance, jusqu'à l'instant où, dépassant les frontières de la peur, nous pénétrons dans un univers qui n'est plus tout à fait de l'ordre de la vie.

Jack Batkin, mon compagnon

Quand je fis la connaissance de Jack, il portait des sacs de farine pour une minoterie parisienne. Chez les *bleausards*, les grimpeurs de Fontainebleau, nous l'avions prénommé « Farine ».

C'était un étonnant personnage. Large d'épaules, regard clair, cheveux taillés en brosse, il était doué d'une force et d'une agilité exceptionnelles. Il était serrurier, mais ne voulait pas exercer ce métier. Il préférait travailler comme manœuvre, six mois par an, et disposer du reste à sa guise. Il ne s'inscrivait jamais au chômage, ce n'était pas sa façon de concevoir l'existence, il était trop fier. Il vivait simplement, et restait parfois des semaines entières en forêt de Fontainebleau, où il bivouaquait, sous un auvent rocheux. Une boule de pain, un morceau de lard, une bouteille de rouge lui suffisaient. Jack n'en demandait pas plus à la vie, il était en règle avec lui-même, il se considérait comme un homme libre. Il prenait soin de son corps, son unique véhicule, disait-il. Plus tard, dans une voie que j'avais ouverte aux Grands Charmoz, en compagnie de Pierre Mazeaud, il devait faire une chute et se briser une jambe. Après cet accident, il n'avait jamais pu se résoudre à l'idée que son squelette n'était plus intact désormais.

En 1964, Jack participa à une expédition française au mont Huntington, en Alaska. Fasciné par ces contrées, il m'apprit un jour qu'il y retournerait, pour mener la vie des trappeurs. Je ne devais plus le revoir. Quelques années plus tard, il participa à une expédition américaine au McKinley. Il écrivit à sa mère : « Je suis pleinement heureux... » Quelques jours après cette phrase, le 30 juin 1967, un pont de neige s'effondra sous lui alors qu'il transportait une charge lourde entre deux camps. Jack Batkin entrait dans notre légende.

Première tentative

Avec Jack, nous avions passé tout l'automne en préparatifs, nous entraînant sur les parcours d'escalade de Fontainebleau. Janvier se consumait dans l'impatience, le mauvais temps sévissait sur le massif du Mont-Blanc. Envisager une hivernale depuis Paris présentait maints inconvénients ; la paroi serait-elle en conditions acceptables ? L'hiver, la neige sur la face nord était dans l'ordre des choses, mais il ne faudrait pas qu'elle recouvre la paroi de l'attaque au sommet. Grimper sur une telle paroi avec de la neige collée sur les grandes dalles lisses serait impossible. Mais cela, nous ne le saurions que rendus sur place, en examinant nous-mêmes la paroi.

Quand nous prîmes enfin la route pour Chamonix, la radio annonçait que la cordée Bonatti-Zappelli était engagée sur l'éperon Walker depuis la veille. Grande déception pour nous. Certes, je me doutais bien que nous n'étions pas les seuls à envisager une telle hivernale, mais qu'importe, nous ferions la deuxième. Je ne songeai pas un instant à me rabattre sur l'éperon central, car c'était la Walker que je voulais.

À Chamonix, je retrouvai Georges Payot, mon compagnon de l'Olan. Il voulait faire la Walker, mais une cordée de trois aurait été trop lente. Fernand Audibert n'était pas libre, alors Georges proposa à Gérard Devouassoux de se joindre à nous. Décision fut prise de monter en deux cordées.

En attendant que les Italiens sortent du sommet, nous fîmes du ski à la Flégère. Jack chaussait les planches pour la première fois, et il faisait des progrès rapides, en traces directes surtout…

30 janvier

Les Italiens émergent enfin du sommet des Grandes Jorasses. À nous de jouer ! Le temps était beau depuis une bonne semaine, et nous espérions qu'il tienne assez longtemps.

À treize heures, nous sommes tous les quatre à l'aiguille du Midi, au départ de la vallée Blanche. J'avais proposé à Jack d'utiliser des raquettes à neige et de suivre dans nos traces. Mais, têtu comme une mule, il nous assura qu'il était capable de nous suivre à ski, à sa façon : une ligne droite, un arrêt, une ligne droite, un arrêt…

Lentement, en longs virages, nous descendons la première pente. Puis nous marquons un arrêt « pour voir »… En haut de la pente, immobile, Jack semblait calculer sa trajectoire. Il se lance, tout droit.

– Non ! Pas comme ça, en traversée !

Nos abjurations sont inutiles. Campé sur ses deux jambes, buste fléchi vers l'avant, Jack fonce tel un bolide, soulevant derrière lui un long panache de poudreuse. Il nous dépasse, poursuit sa trajectoire, on aurait pu croire qu'il s'entraînait pour le kilomètre lancé. Je fais le compte mentalement : avec la vitesse acquise, c'était au moins une jambe cassée, les deux peut-être… Soudain, nous n'apercevons plus qu'une éruption de neige fraîche, où tourbillonne une masse sombre, puis tout s'effondre, le nuage de poudreuse retombe. Immobilité, silence. Nous glissons au plus vite vers la forme inerte, à peine visible dans tout ce blanc.

– Jack, ça va ? Oh ! Jack…

Alors, comme naissant de la neige, notre « Farine », qui n'avait jamais aussi bien porté son nom, se relève. Après une telle démonstration, il s'essaya au chasse-neige, mais il semblait plus doué pour la trace directe. Il ne nous restait qu'à espérer en la solidité de ses jambes…

2 février

À trois heures du matin, nous abandonnons le bivouac installé sur le glacier de Leschaux. Le ciel est étoilé, la neige dure. Jack s'en sort à merveille avec les peaux sous les skis. J'avais hâte d'atteindre le point du glacier, d'où on aperçoit la face nord dans son entier.

Le jour se lève. La paroi se dresse, pratiquement sèche. Peu de neige sur les terrasses, autant que nous puissions le constater depuis le glacier.

À quinze heures, nous dépassons le premier bivouac Bonatti-Zappelli. Ils ont laissé un sac de matériel accroché à un piton. J'escalade le dièdre de trente mètres, un passage de cinquième degré, avec le pitonnage du moment, c'est-à-dire peu de pitons… Le froid insensibilise mes doigts. Puis l'onglée me fait monter les larmes aux yeux. Jack me rejoint, nous dégageons la neige qui encombre la minuscule terrasse, et nous montons la tente de bivouac. Georges et Gérard s'installent au pied du dièdre, je ne ressens aucune fatigue, Jack non plus. Notre optimisme est sans limite.

3 février
C'était trop beau… Le temps changea brusquement dans la nuit. Des petits glissements feutrés sur la toile de nylon me réveillent. J'ouvre la tente précipitamment : la neige tombe régulièrement, inexorablement, sans un souffle. Il est deux heures.

Le temps redevient beau au matin. La paroi, hélas, est blanche. La poudreuse, froide, ne colle pas au rocher. Un vent fort pourrait dégager la face nord, mais si le temps reste beau, une semaine entière peut s'écouler sans le moindre souffle.

Il ne nous reste qu'à redescendre à Chamonix…

4 février
Ce matin, de longs panaches de neige s'élèvent dans le ciel, sur le dôme du Goûter. Le vent est là ! Le vent, oui, mais il souffle plein sud. Du haut de la station de la Flégère, nous observons la face nord à la longue-vue. Le vent semble souffler très fort, il nous reste peut-être une chance de réussir,

mais il nous faudra gagner le mauvais temps de vitesse. Malgré son courage et sa résistance, Jack mettrait trop de temps pour descendre la vallée Blanche, et nous ne pouvons perdre une journée entière pour rejoindre la face nord. Notre délicat ami, Edgar Couttaz – nous logions dans son hôtel – nous fait :

– Un seul moyen pour gagner un jour : l'hélico. Je m'en occupe, si vous voulez.

Mais je rencontre un problème : Georges Payot a repris ses cours de ski pour ses clients qui l'attendaient impatiemment, quant à Gérard Devouassoux, il est introuvable dans la vallée. Or, ce même jour, la météo annonce un changement de temps dans les quarante-huit ou soixante-douze heures.

Jack et moi restons silencieux dans notre chambre. Après tout, rien ne nous oblige à nous lancer dans l'aventure.

5 février
À neuf heures, l'hélicoptère s'élève au-dessus de la vallée. Il effectue un large cercle au-dessus du village des Praz, puis il monte le long des versants boisés en direction de la mer de Glace. Le temps est beau, le vent nul. Quelques formes nuageuses semblent immobiles au sud-ouest. Le pilote nous dépose sur le glacier de Leschaux en nous prévenant que le beau temps ne tiendra pas… Un dernier signe de la main, l'appareil s'éloigne.

Le silence revient, pesant. Nous chaussons nos skis sans dire un mot, une gravité inhabituelle nous sépare l'un de l'autre.

La marche d'approche nous détend. L'aspect de la paroi a bien changé, le vent a balayé une grosse partie de la neige. Des marbrures blanches soulignent les reliefs et les anfractuosités du rocher. Nous retrouvons notre matériel à la rimaye, où nous décidons de prendre quelques minutes de repos.

Sur la pente de glace, la poudreuse ne nous gêne pas trop, nous progressons sur les marches taillées. Mais tout devient différent pour gravir le ressaut sous le dièdre de trente mètres. Les prises sont recouvertes de neige qu'il faut dégager à mains nues, l'escalade est bien trop délicate pour grimper avec des gants, et les onglées douloureuses se succèdent. Je recommande à mon compagnon de garder ses gants pour se protéger, car plus haut, il lui faudra peut-être prendre la tête de la cordée si mes doigts sont trop abîmés.

Il fait nuit quand nous atteignons le haut du dièdre. Les jours sont encore courts en février, le froid laisse des sensations de brûlure sur nos visages.

Nous dormons quelques heures, la toile de tente alourdie de givre nous glace dès que nous bougeons. En paroi, ces tentes ne sont utiles que quand il fait mauvais temps, mais faut-il pouvoir encore les monter. Il est deux heures, la lune est haute. Nous contemplons le spectacle féerique des montagnes dans la nuit. Au loin, sous les Aiguilles-Rouges, les éclairages au néon de la Flégère dénotent dans ce décor glacé. Mon compagnon reste silencieux, plongé dans ses pensées.

6 février

L'aube se déploie doucement. Pas un nuage jusqu'à l'horizon proche, limité par le mont Blanc. Un premier rayon effleure le sommet, puis l'aiguille Verte. C'est rassurant. Mais on aimerait voir plus loin, vers le sud-ouest, au-delà des montagnes.

Nous quittons le bivouac à huit heures. Une longue traversée à droite, sur des bandes de glace fortement inclinées et couvertes de neige, m'oblige à une taille pénible. Les crampons ne mordent pas sur cette glace d'hiver si dure. Nous atteignons assez vite le dièdre de soixante-quinze mètres équipé de quelques vieux pitons rouillés. Passage difficile avec ce froid. Nous avions posé nos crampons, gardé nos sacs à dos pour ne pas perdre de temps. Avec la glace, la sortie du dièdre est très exposée. Une dizaine de mètres plus haut, une pente de glace vive, raide, nous sépare d'un autre dièdre conduisant au « rappel pendulaire », considéré alors comme le passage de non-retour. Pour gagner du temps et nous éviter de chausser les crampons dans une position dangereuse, je taille de petites encoches dans la glace qui nous permettront de poser juste la pointe des chaussures.

La traversée qui doit nous mener au départ du rappel pendulaire, sur une dalle raide dont la neige recouvre les aspérités minuscules, me demande un temps de réflexion. L'unique piton qui protège cette traversée me paraît peu solide. J'aurais aimé en planter un deuxième, mais, sous la neige, je ne trouve aucune autre fissure. Je dégage les premières aspérités pour poser les pieds, et je tente un essai timide. La neige a rendu les prises terriblement glissantes, je reviens à mon point de départ. Attendre ne changerait rien, dans une heure, rien ne sera différent. Avec mes doigts insensibles, je ne peux me fier qu'à mes pieds.

Enfin, j'atteins le départ du rappel avec deux pitons apparemment solides. Dix mètres plus bas, après un léger pendule, nous prenons pied sur un balcon étroit. Remonter ces dix mètres dans ce mauvais temps serait extrêmement problématique sans une corde en place. Avec nos cordes de quarante mètres, nous pourrions descendre tout droit et, par l'effet de grands pendules, rejoindre peut-être les bandes de glace. Personne ne l'avait encore fait à l'époque.

Il est seize heures. Au-dessus de nous, les fissures et les prises des Dalles Noires, recouvertes de neige, sont peu engageantes, et nous ne disposons que de deux heures de clarté. Si nous voulons être au sommet demain, il faut les franchir avant la nuit. Il fait très froid, 20° au-dessous de zéro d'après le thermomètre que j'emporte toujours dans mon sac.

Quatre-vingt-dix mètres en cinquième ou sixième degré, avec nos grosses chaussures hivernales, la neige, le froid, ce sera au moins du sept... Quitter les dalles avant la nuit me paraît utopique. En montagne, les instants de réflexion, les hésitations font perdre un temps considérable, ainsi en ce moment. Fort de ce raisonnement, j'attaque la première longueur sans plus attendre, il est clair que je prends un peu trop de risques. Elle est vite surmontée. Avant de faire monter Jack, j'essaie de rétablir la circulation du sang dans mes doigts. Je les frappe contre mes cuisses, mais ils restent insensibles. J'enfile mes gants, et je tire la corde de mon compagnon, qui est bientôt près de moi. Lui aussi a très froid aux mains, il enfile ses gants à chaque relais, ce que je ne fais pas. Je dois faire plus attention, car le sommet est encore loin.

La longueur suivante est plus difficile, et le jour décline vite. Jack a déjà gravi la Walker, l'été, mais il ne se souvient plus de la voie. Ses explications sont confuses. Dans ces dalles proches de la verticalité, rien n'est évident, je ne vois pratiquement plus rien, mais j'ai laissé ma lampe frontale dans le sac. Impossible de lâcher une main pour la saisir.

Plus tard, je ferai cette ascension l'été, en compagnie d'une amie et cliente, Janine Bocquentin, et, ultérieurement, avec Maurice Millet. Je me demanderai comment j'avais pu franchir ces mêmes passages l'hiver, dans le froid et la neige, à la nuit tombante...

Il fait nuit quand je sors des Dalles Noires. Je dépose mon sac, non sans soulagement, sur l'étroite vire encombrée de neige, et je tire ma lampe frontale. Un piton est en place pour le relais, j'accroche un mousqueton, puis je fais monter mon compagnon. Il grimpe, je ne sais comment, dans l'obscurité totale. Il prend pied sur la vire, où nous installons le bivouac.

Dans nos sacs de couchage, dos appuyé à la paroi, nous commençons notre deuxième nuit. Jack s'efforce d'allumer le réchaud, mais le gaz gelé ne sort pas du gicleur. Il doit l'enfouir dans son sac de couchage pour le dégeler. Nous massons nos doigts insensibles, la circulation redevient normale peu à peu, puis c'est l'onglée, qui nous fait grimacer de douleur.

Le réchaud consent à fonctionner, Jack prépare un bouillon brûlant, un peu trop pour nos lèvres gercées. Nous absorbons quelques berlingots de miel, nous mastiquons une tablette de beurre gelée comme du nougat Nous ne disposions pas, comme aujourd'hui, d'un choix d'aliments énergétiques aux goûts variés.

Il est vingt heures. Depuis notre départ du premier bivouac, si l'on tient compte des conditions hivernales, notre progression a été relativement rapide : nous sommes à mi-hauteur de la Walker, et nous avons accompli le plus difficile. Nous serons au sommet demain soir. Nous nous endormons dans de bonnes dispositions.

Des élancements douloureux aux bouts des doigts me réveillent, Jack me montre ses doigts enflés, par endroits la peau éclatée le fait souffrir cruellement. Demain, le froid insensibilisera nos doigts, mais il ne faudrait pas que ça dure trop longtemps... Je tente en vain de retrouver le sommeil. Quelques notes de musique troublent le silence de la nuit : enfoui dans son sac de couchage, Jack a mis en marche la petite radio à transistor que nous avions emportée avec nous afin d'être informé des évolutions météo. La lune monte, lente, le froid gèle mon visage, je m'enfonce un peu plus dans le sac de couchage. « Mauvais temps persistant sur l'ensemble du pays. Neige sur les Alpes pour la journée de demain... » Je sors la tête, la nuit est limpide, le ciel étoilé. En montagne, la météo se trompe souvent : il fera beau demain. Mais peu importe, après tout : nous serons sortis des Grandes Jorasses. Il fera beau demain, c'est sûr... Mais, inlassable, la voix, « Neige sur les Alpes », me revient dans la tête.

Deux heures. Un nuage se forme sur le sommet des Jorasses, il disparaît, il revient de nouveau. Je tente de me rassurer : au pire, le temps sera nuageux, mais je sais bien que la neige peut tomber, comme ça, tout d'un coup. En février, elle peut atteindre une couche d'un mètre... Un autre nuage se forme sur l'arête des Périades, devant nous.

Minuscule d'abord, il devient énorme, puis il se sublime et quitte l'horizon aussi vite qu'il était apparu.

Jack me dit :

– Le temps sera moins beau, il tiendra la journée, je crois...

Je serre le cordon de mon sac de couchage, je cherche un moment de repos, le demi-sommeil.

Il est quatre heures. J'ai dormi plus d'une heure. La condensation de ma respiration a formé une couronne de glace autour de la cagoule du sac, je risque un œil. Aussi loin que porte mon regard, le ciel est couvert, la lune diffuse une pâle lumière encore, tamisée par l'amas des nuages. Un deuxième plafond s'étire sur la vallée de l'Arve. Je réveille mon compagnon :

– C'est le mauvais temps, Jack, regarde. On n'a pas de chance.

Je sais que nous pouvons encore redescendre, je revois parfaitement notre itinéraire de montée. Quoique problématique, la descente n'est pas impensable : trois rappels dans les Dalles Noires, les pitons de relais sont en place, on laisserait le passage du « rappel pendulaire » à droite, et on continuerait tout droit. Après, ce serait l'inconnu. On trouverait bien quelques fissures dans les grands murs, pour poser les rappels et rejoindre le dièdre de trente mètres. Ce serait possible en faisant de grands pendules sur les cordes. Sinon, on tenterait de descendre tout droit. Redescendre... Je ne peux m'y résoudre. Être monté, l'hiver, jusqu'en haut des Dalles Noires, et abandonner ! Oui, continuer. Mais avec des sacs légers, aller vite, surmonter les difficultés, avant que la neige ne tombe. Le risque était grand, il fallait nous décider sans plus attendre : vers le bas, la sécurité, vers le haut, l'inconnu ! Nos chances de survie dépendraient de la hauteur où nous serions quand se ferait la jonction avec la tempête. Je ne peux engager nos deux vie dans une aventure qui risque d'être tragique sans l'accord de mon compagnon. Il doit choisir, librement. Je lui confie mes hésitations.

– Jack, on a peut-être une chance de s'en sortir vers le haut. Par le bas, on sera demain soir à Chamonix. On fait comme tu veux.

– À toi de décider, René. Je suis d'accord dans les deux cas.

Jack a déjà allumé le réchaud, il sait que nous allons poursuivre l'ascension. La confiance dont il me témoigne emporte ma décision, tout devient plus facile.

Une émotion que je ne saurais définir m'envahit. C'est une sorte de joie féroce, mais, sous-jacente, une houle de crainte m'assaille : la tempête est inévitable, elle fondra sur nous bien avant le sommet. Nous allons vivre des instants terribles.

Nous allégeons nos sacs, nous gardons une boîte de Tonimalt, un paquet de biscuits, douze pitons, le réchaud et les équipements de bivouac. Le jambon, le fromage gelé, le paquet de pitons restants, la corde de secours resteront sur la vire du bivouac.

Sept heures trente. Après avoir escaladé un surplomb verglacé, nous remontons la rampe qui nous sépare des Dalles Grises. Elles sont plus faciles que les Dalles Noires, mais recouvertes tout de même d'une fine couche de givre. J'attaque les premiers mètres un peu trop vite, mes pieds dérapent en même temps et me ramènent à un minimum de prudence. De la paume d'une main, je fais fondre le givre de chaque prise, afin d'y poser un pied avant qu'il ne se reforme.

Huit heures trente. L'arête qui nous sépare du névé triangulaire est devant nous, couverte de givre. Les pitons sont rares dans ces longueurs glissantes, mais je sais que nos chances de réussite dépendent aussi des risques que nous prendrons maintenant. L'idée de planter un piton pour assurer notre sécurité signifierait perdre un temps précieux. Nous ne pouvons nous le permettre.

Onze heures. Nous arrivons au névé triangulaire, sous les cheminées rouges. Le ciel est de plus en plus sombre, soudain, le mont Blanc disparaît derrière un rideau opaque. Très vite, c'est le tour du Maudit, du Tacul, de l'aiguille du Midi. Stupéfaits, nous voyons arriver vers nous un immense mur nacré, les aiguilles de Chamonix sont englouties, les Périades effacées. La neige se précipite horizontalement sur la paroi.

Nous sommes cernés par la tourmente, la neige nous cingle. Serrés l'un contre l'autre, nous essayons de tourner le dos à la tempête. Le vent vient de partout, on dirait qu'il sort même de la paroi. Il s'apaise au bout d'un long moment, alors la neige tombe à gros flocons, la paroi blanchit. Dans les cheminées rouges, hautes de quatre-vingts mètres, elle coule en longues cascades. C'est là que nous devons monter, sans plus attendre. Nous fixons les crampons, nous escaladons le névé triangulaire jusqu'à la base des cheminées. Malgré nos lunettes, nous sommes aveuglés, la neige s'accumule sur nos épaules, sur nos sacs. Mes doigts maladroits cherchent une prise, une fissure sous le manteau de neige, il doit y avoir d'anciens pitons, mais je ne les trouve pas. J'en plante un sous un surplomb qui me repousse sur le vide. Un autre, plus haut. Je monte sans savoir ce que je vais trouver au mètre suivant. Et la neige qui déferle sur moi. Mes vêtements sont couverts de glace, mes cils collent aux sourcils, je dois retirer mes lunettes, masser mes yeux, arracher la glace afin de pouvoir fermer les paupières. Quatre-vingts mètres de remonte dans ces conditions…

Seize heures. Nous avons mis plus de quatre heures pour surmonter les cheminées rouges sous les coulées de neige. Une traversée à droite sur une vire « facile » doit nous conduire au bas d'un dièdre de quinze mètres. Dernier passage difficile de notre ascension. Il faut le franchir avant la nuit, car demain, ce sera peut-être impossible avec la neige qui colle au rocher vertical, elle s'épaissit minute après minute. Je n'ose plus regarder l'état de mes mains. Sans un mot, Jack supporte l'agression de la tempête, je lui recommande de garder ses gants, afin qu'il économise ses doigts. Quand il monte, je tiens la corde tendue.

Ces dernières heures nous ont rudement éprouvés. Je comprends que les deux cents derniers mètres ''faciles '', sous le sommet, ne le seront pas. Notre seule chance, s'il nous en reste, c'est de lutter avec la montagne, contre nous-mêmes. Je l'avais voulu, nous n'avons plus le choix. Nous n'attendrons pas que le froid ronge nos vies sur une vague terrasse. Si nous devons perdre notre peau, ce sera dans l'action, le combat jusqu'à l'impossible. Je fais part de mes sombres pensées à mon compagnon.

– On est arrivé jusque-là... Pourquoi pas jusqu'au sommet ? me répond Jack.

Sa confiance, son calme me stimulent, une fois encore.

Il nous reste quatre pitons et une broche à glace. Pour ne pas perdre de temps, j'avais demandé à Jack de ne pas retirer ceux que j'avais plantés dans les cheminées. Après avoir effectué une traversée à droite pour contourner le grand ressaut monolithique de la Tour Rousse, il nous en reste deux. Nous sommes sortis des difficultés normalement, il ne subsiste que quelques passages de quatrième degré pour rejoindre l'arête sommitale. Mais la neige, le vent unifiaient tout... Moi qui avais rêvé d'affronter une tempête, j'étais servi dans cette paroi !

J'entreprends l'escalade d'un dièdre qui doit me conduire vers une zone plus facile, à droite, où déferlent les coulées de neige. Au bout de quelques mètres, je plante la broche à glace dans une fissure. Mal enfoncée, elle sort du rocher de quinze centimètres. Il ne me reste qu'un piton, à la lame brisée à moitié. Cinq mètres plus haut, je dois me résoudre à le planter derrière une petite écaille de la roche pour m'en servir de poignée et sortir du dièdre. Je sais qu'il ne résistera pas à une traction un peu violente. Je n'aurais jamais osé me tirer sur un piton aussi fragile dans des conditions normales d'ascension. Mais je n'ai rien trouvé de mieux, et le temps presse. La tempête précipite la fin du jour, je passe un mousqueton dans l'anneau du piton, je le saisis avec ma main gauche, et je me hisse, lentement. Le piton s'arrache d'un coup. En tombant, je serre instinctivement les bras pour ne pas perdre mon sac, Jack, qui ne m'a pas quitté des yeux, enraye la chute. Je me retrouve debout contre la paroi, quelques mètres sous le relais. La broche a pivoté et s'est verrouillée dans la fissure. Si par malheur elle s'était arrachée...

Je remonte à la hauteur de mon compagnon et, sans un mot, sans même un signe d'émotion, j'attaque le dièdre à nouveau. Je replante le piton derrière la même écaille. Il tient, cette fois. Je quitte le dièdre, je m'élève dans un couloir raide de dalles bosselées, où les coulées de neige ruissellent.

Délicate, l'escalade devient terriblement dangereuse. Je ne trouve rien de bon pour me tenir à l'aide des mains, seules les pointes des crampons, qui raclent la roche, s'accrochent sur des reliefs que je ne peux voir, car ils sont dissimulés sous la neige. J'arrive ainsi au pied d'un petit ressaut vertical.

Je n'ai plus de piton. Je coince le manche du marteau-piolet dans une fissure entre la glace et le rocher. Dangereuse acrobatie : debout sur le manche du piolet, m'attendant à ce qu'il se décroche sous mon poids, je cherche une prise, en vain. La position devient vite intolérable, je ne peux plus redescendre, je dois très vite trouver une solution. Le dernier piton est vingt mètres plus bas... Si je tombe, la broche ne résistera pas à un tel choc, et si elle tient, je me briserai les os quarante mètres plus bas. La peur me prend au ventre. Je ne peux rester plus longtemps sur mon perchoir, je concentre mes forces sur ma main gauche crispée à un relief arrondi. Mes pieds quittent le piolet, les crampons raclent le rocher, je me retrouve en appui sur la partie haute du ressaut. Ma main droite fouille la neige, fébrile, mes doigts trouvent une écaille, ils s'y incrustent. Je peux enfin monter mon pied droit à la place de ma main.

Je grimpe encore une quinzaine de mètres. Jack, qui ne me voit plus, crie : « Bout de corde ! » Elle est tendue entre nous deux. Impossible de grimper plus haut et de trouver un emplacement pour installer le relais. Derrière moi, la neige a effacé mes traces, je ne peux plus redescendre. Et descendre pour où ?

À gauche, un mur vertical, à droite, en léger contrebas, un bloc enchâssé dans la glace, ma dernière chance. Je m'apprête à traverser vers le bloc, quand une coulée de neige, dégringolant des hauteurs, arrive droit sur moi. Un instant de panique paralysant. Je ne pourrai jamais, dans ma position, résister à la pression de la neige, je me sens perdu. Je crispe désespérément mes doigts sur la roche gelée, je bande les muscles de mes jambes pour que les pointes de mes crampons s'incrustent dans le granit. Un souffle glacé me pénètre, une force invisible appuie sur mes épaules… Puis le calme revient. Je me ressaisis, étonné d'être encore là.

Je dois traverser, atteindre le bloc au plus vite, car là-haut, la neige s'accumule, d'autres coulées se préparent. En équilibre sur les pointes avant des crampons, je me déplace lentement vers la droite. Mon pied droit dérape soudain, je me bloque sur la jambe gauche, je n'ose plus faire un seul mouvement. Je comprends que jamais je ne parviendrai à passer les deux mètres verglacés qui me séparent du bloc. Une crampe me tord le mollet, je n'ai qu'une seule solution : plonger sur le bloc de granit. Mais si je manque mon coup, ce sera pour nous deux le grand saut à la rencontre du glacier, mille mètres plus bas… Ma jambe commence à trembler, j'hésite, puis, prenant appui sur la jambe gauche, je m'élance à l'avant, les deux bras tendus, et je les referme autour du bloc. Je viens de faire la longueur de corde la plus dangereuse de ma vie.

Quand Jack me rejoint, il fait nuit depuis un long moment. En montant à son tour, il a récupéré les deux pitons et mon marteau-piolet. Nous attachons la corde autour du bloc de granit et nous taillons dans la glace deux petites terrasses pour nous asseoir.

Il neige. Les coulées dévalent le couloir, régulières, nous n'avons pas la place de monter la tente de paroi. Notre position devient vite pénible. Le réchaud est inutilisable, de toute manière nous ne pouvons pas nous en servir tant la neige nous arrose. Nous n'avons rien bu ni absorbé depuis le dernier bivouac. Ce soir-là, nous ne boirons pas non plus, les boîtes de biscuits et le Tonimalt resteront au fond des sacs.

Assis dans le sac de couchage, Jack, buste fléchi sur ses jambes, semble dormir. La neige le recouvre peu à peu, et son immobilité devient un cauchemar pour moi. Des scènes morbides défilent sous mon front, combien d'alpinistes étaient morts d'épuisement, de froid, dans leurs bivouacs, ainsi ? Ceux de l'Eiger, ceux du mont Blanc, tous ceux que l'on n'a jamais retrouvés. Je chasse ces noires pensées. Ne sommes-nous pas sortis des grandes difficultés, deux cents mètres encore et nous serons au sommet ! Mais la neige ne cesse de tomber. Quand s'arrêtera-t-elle ? De toute façon, la paroi ne peut se charger davantage, tout ce qui tombe du ciel se déverse dans le vide. J'éprouve le besoin de parler à mon compagnon, à quoi pense-t-il, dort-il vraiment ? Je n'ose le réveiller.

J'ai appliqué mes deux mains sur mon ventre, des ampoules de sang se sont formées au bout de mes doigts enflés. Je ne suis pas vraiment inquiet : ils ne sont pas gelés, puisqu'ils me sont douloureux. Il faut les réchauffer. Quand j'ai trop mal, je les plonge dans la neige, et ça va mieux. Jack aussi a les mains très abîmées, mais il ne se plaint pas. C'est un silencieux.

Sept heures. Une lumière glauque absorbe la nuit. Il neige. La visibilité est limitée à trente mètres. Crampons aux pieds, nous remontons l'arête terminale. Tout est uniformément blanc. Nous approchons du sommet, longueur après longueur. De nouveau, le froid anesthésie mes mains. À chaque relais, Jack se place d'un côté ou l'autre de l'arête, pour faire contrepoids en cas de chute. L'arête s'élargit bientôt, elle disparaît dans un dernier ressaut sans relief, unifié par la couche de neige. Ne sachant où passer, je monte tout droit sous les rafales de vent. Mes mains fouillent dans la neige, à la recherche d'aspérités où elles pourront s'accrocher. Chaque fois que je déplace un pied, la neige efface le relief abandonné, interdisant tout retour en arrière. Qu'une seule prise me fasse défaut, qu'un seul pied glisse, ce serait une chute fantastique. J'en suis conscient. Mais nous avions atteint cette dangereuse limite psychologique, au-delà de laquelle ni la peur ni l'appréhension ne se manifeste. Nous évoluions, étrangers à notre destin, dans cet univers sans horizon. Je ne ressens aucune fatigue, aucune souffrance. Quand je me retourne vers mon compagnon, son visage n'exprime aucune inquiétude, il sourit, silencieux. Il semble être le témoin et l'acteur d'événements qui ne le concernent plus.

Nous nous glissons dans une faille de glace sous la corniche sommitale, et, à l'abri du vide, du vent, nous réalisons, comme sortant d'un rêve, que le sommet n'est plus qu'à quelques mètres sur nos têtes. Nous prenons conscience de la fragilité de nos vies. Dernier obstacle, la corniche de neige devient une difficulté majeure dont nous analysons les risques, la peur revient. Nous prenons d'infinies précautions pour nous assurer dans ce dernier passage.

Calé au fond de la faille, crampons perçant la glace, Jack laisse filer la corde. Le mur de neige, haut de trois mètres, est à peine vertical, je le remonte jusque sous la corniche, un piolet dans chaque main. J'en laisse un, je plante l'autre au-dessus, et je bascule. Puis, à longues brassées, je tire la corde. Jack Batkin, mon ami « Farine », sort de la face nord à son tour.

Nous restons immobiles, silencieux, étonnés d'être enfin là, sur le sommet de la Walker, ce sommet que je n'avais jamais gravi encore. Jamais je n'oublierai ces instants. Je nous revois, nous précipitant l'un vers l'autre, nous embrassant, rires et pleurs mêlés. La tempête souffle avec violence sur le sommet, mais cette fois, nous lui tendons nos visages tuméfiés, nos lèvres fendues par le gel. Une houle de fierté, d'orgueil même, nous submerge. Nous avons gravi la face nord des Grandes Jorasses par la voie la plus difficile, nous avons mis deux jours de moins que nos prédécesseurs, malgré un temps épouvantable. Nous avons franchi un nouveau seuil dans la difficulté. Nous avons surmonté de redoutables pièges dans une tempête hivernale, mais où était notre victoire ? À l'instant même où nous franchissons la corniche, nous étions heureux d'avoir simplement sauvé nos vies. Nous n'avions pas conquis la montagne, mais nos existences.

Dernière épreuve

Il est midi. La descente sur le versant italien fut redoutable, d'autant que Jack ne se souvenait plus par où il était passé, l'été. Sans visibilité, nous descendons dans une pente raide entre des séracs, tout droit dans l'axe du sommet. Nous enfonçons dans la neige fraîche, instable, jusqu'au ventre, aux épaules parfois. Très lentement, nous repoussons la neige du torse, l'avalanche peut se déclencher à tout moment, rien n'est gagné encore.

Quand la nuit tombe, nous sommes encore loin du refuge Boccalate, à 2 800 mètres d'altitude, il doit être enfoui sous la neige. Nous ne le trouverons pas dans l'obscurité, à quoi bon continuer alors ? Nous installons la tente de bivouac en bordure d'un couloir.

Nos vêtements, nos sacs de couchage sont mouillés, une nuit interminable commence. Un peu de chaleur revient dans nos mains douloureuses. Mes doigts sont dans un étau, je ne peux plus mettre mes mains dans la neige pour les insensibiliser, au risque des gelures. Le réchaud ne fonctionne plus.

Le jour se lève, maussade, il neige moins, nous sommes à la limite du plafond nuageux, vers les trois mille mètres.

Patient, Jack lace mes chaussures et fait mon sac. Je ne peux le faire moi-même avec mes mains en feu. La descente reprend, interminable.

– Jack, tu crois que la route est ouverte en hiver dans le val Ferret ?

– Certainement. Les chalets de Planpincieux doivent être occupés.

– Alors, au premier chalet, on téléphonera au taxi.

Quinze heures. Les premiers chalets. Ils sont tous fermés, et la route n'est pas ouverte… Nous posons nos sacs. Allongés au bord du torrent, nous buvons l'eau glacée. Elle nous semble tiède, compte tenu de la température extérieure.

– René, tu crois qu'il marche le téléphérique d'Entrèves ? On pourrait rentrer en France, s'il est ouvert.

– Par ce temps, ça m'étonnerait ! De toute manière, ce soir on dort au sec.

– T'as faim, toi ?

– Non. Ça fait tout de même trois jours qu'on n'a rien mangé.

La marche sur la neige croûtée en surface est pénible, elle casse à chaque pas. Nous enfonçons jusqu'aux cuisses.

Après tout ce que nous avons subi, cette marche harassante est une épreuve de plus. La neige devient moins épaisse plus loin. À dix-sept heures, nous pénétrons dans le hall du téléphérique d'Entrèves. Comme je l'avais prévu, il ne fonctionne pas. Pourtant, beaucoup de gens s'y agitent en ce jour de fermeture. Ils nous observent, curieux. Quelqu'un s'approche :

– Vous n'auriez pas vu des alpinistes dans le val Ferret ?

– Non. Pas trace.

– Mais vous, d'où venez-vous ?

– Des Grandes Jorasses…

– Mais c'est vous qu'on attend depuis hier !

Des appareils photo surgissent, des flashs explosent. On veut prendre nos mains, nous les escamotons dans notre dos de crainte qu'on nous les serre trop fort. On nous débarrasse de nos sacs, des guêtres, des chaussures, des survêtements d'altitude trempés. Nous sommes vivement embarqués dans une voiture qui nous transporte à Courmayeur, à l'Hôtel Royal. Nous quittons l'auto en chaussettes.

– Désirez-vous boire, manger ?

– Une citerne de thé, un bain brûlant, et ensuite un steak énorme, bien saignant, et une bouteille de bon bordeaux.

Nous sommes invités aux frais de l'hôtel et des guides de Courmayeur.

– Nous prévenons les guides de Chamonix que vous êtes rentrés, nous dit-on.

Tout le monde sait que depuis un an j'appartiens à la célèbre compagnie.

– Nous avons eu très peur pour vous.

De bonnes gens nous congratulent. Les guides italiens sont là, représentés par Tony Gobbi et d'autres encore. Cette sympathie agissante me rappelle la Cima Ovest et les « Écureuils de Cortina ».

La fête se poursuivit le lendemain. Walter Bonatti nous invita à boire un verre chez lui, en compagnie de la presse. Je savais que notre ascension dans la tempête démythifiait un peu la sienne, mais c'était dans l'ordre des choses. Je le rencontrais pour la première fois. Il avait le visage du conquérant, il me plut.

Le soir, nos amis nous accompagnèrent au tunnel du mont Blanc, en voie d'achèvement. Un camion italien nous transporta jusqu'au milieu du tunnel. Là, le petit train électrique des ouvriers français nous prit en charge. Les ouvriers sortirent les bouteilles des musettes. Nous trinquâmes ensemble.

Il faisait nuit noire quand nous arrivâmes en France, quelques lampadaires diffusaient une lumière pâle au travers du voile de pluie, à la sortie du tunnel.

– Jack, cette fois, on ne se refuse rien.

– Que veux-tu d'autre ? Je n'ai plus faim, ni soif.

– Moi non plus. Mais ça ne me dit rien de rentrer sous la pluie, à pied, à Chamonix. On va se payer un taxi.

Je téléphonai à un taxi du bureau du chef des chantiers. Il arriva quelques minutes plus tard. Quand il apprit qui nous étions, le chauffeur refusa que nous lui réglions la course. « Farine » laissa tomber :

– Il y a des types sympas des deux côtés de la frontière…

175

À l'hôtel, Edgar Couttaz ouvrit une bouteille de champagne. Il était vraiment temps qu'on se couche...

Jack Batkin ne grimpa pas l'été suivant. Il restait assis à la terrasse d'une brasserie, buvant des verres de menthe à l'eau, contemplant les montagnes. Patrick Cordier, fameux alpiniste – il était enseignant à l'École nationale –, lui dit un jour :
– Tu ne grimpes plus, Jack ?
– Non, répondit-il. J'ai fait un si grand voyage aux Grandes Jorasses avec René, cet hiver. Maintenant, je le revis...

Quand Patrick réalisera son film dans la face sud du Fou, il lui donnera le titre : « Voyage en face sud. »

Un jour, Patrick Cordier quitta l'École nationale. Il s'installa en Provence. Il acquit une moto, trop puissante peut-être. C'est en souriant qu'il disait aux amis : « Je me tuerai avec cet engin. »

Il avait prédit sa mort. Un jour, l'accident le surprit.

19

Marathon d'altitude

Après la conquête du Jannu, je repris mes fonctions à l'École nationale. Mes relations avec la majorité des professeurs de l'école étaient devenues excellentes. Pierre Julien me faisait la gueule de temps à autre, mais sans agressivité particulière. Il savait que j'avais du répondant, et nous finîmes par devenir copains. J'étais en très bons termes avec le personnel de l'école, les cuisiniers, les gens d'entretien, tous ces travailleurs qui m'avaient, je ne sais pourquoi, surnommé « le Blouson noir ». Ainsi, quand je rentrais un peu tard le soir, il m'arrivait de trouver mon lit plié en portefeuille, ou bien mon vélo de course suspendu au balcon de ma chambre.

Rester dans le jeu de l'alpinisme de haut niveau demande de la volonté. Il faut toujours être en bonne condition physique, fréquenter les écoles d'escalade, se livrer à des entraînements entre guides dans les courses difficiles. Un guide n'est pas un champion de course à pied, mais pendant des heures, des jours entiers, il doit être capable d'affronter les pires éléments. Il s'agit là de véritables efforts physiques et moraux, plus rudes souvent qu'une compétition sportive. Cette forme, c'est aussi une joie d'exister, et je pense que ce sentiment de bonheur doit étayer la profession.

Je l'ai dit, Charles Bozon était un garçon remarquable, plein d'entrain. J'aimais travailler avec lui. En montagne, il était rapide, toujours en grande forme, et plus d'une fois, ensemble, nous avons conduit des stagiaires guides dans les grandes voies glaciaires du mont Blanc.

Je me souviens d'une ascension rondement menée. Nous étions partis à une heure du matin du refuge du col du Géant, nous atteignîmes le sommet du mont Blanc à huit heures, après avoir emprunté l'itinéraire de la voie diagonale, dans le versant est du mont Blanc. Un itinéraire exposé entièrement aux chutes de séracs. Mais heureusement le temps beau et froid et la rapidité de notre progression avaient diminué en partie les risques.

Sous le sommet, alors que nous montions dans un axe direct, l'un des stagiaires veut nous faire une démonstration avec ses crampons équipés de deux pointes frontales. À cette époque, on pouvait trouver ces sortes de crampons avec deux pointes à l'avant. Mais la tenue, le bon équilibre sur la glace étaient délicats et contraires à la technique du moment, enseignée par l'école. Après quelques mètres incertains, la glace s'écaille autour des pointes frontales, le futur guide tombe à genoux dans la pente, amorce une glissade redoutable, que nous parvenons heureusement à enrayer en le bloquant quand il arrive sur nous. Si l'incident s'était produit dix mètres plus haut, sa vitesse aurait été trop grande pour que nous puissions l'arrêter. Immanquablement, plusieurs cordées auraient été précipitées dans le vide. Effroyable chute de huit cents mètres... Après cette démonstration, le futur guide n'en menait pas large. Bonne leçon pour nous autres, instructeurs. Jamais nous n'aurions dû le laisser faire. Trop de confiance peut être mortelle.

Orages

L'orage est sans doute l'élément naturel le plus dangereux qui soit en montagne. Selon les circonstances, le site où l'on se trouve, la fuite devant les colères du ciel est souvent problématique, voire impossible. Pour le comprendre, il faut l'avoir vécu au moins une fois. Et s'en être tiré, évidemment. J'ai connu des événements de cette nature. Ces moments où le cœur palpite d'une folle cadence, où l'on peut commettre des actes irraisonnés, quand la panique vient. Il faut alors la maîtriser, mais en priant les dieux les plus anciens de ne pas nous laisser griller...

La compréhension de ces phénomènes, l'enseignement et la formation des professionnels de l'alpinisme doivent être imprégnés de ces dangers terrifiants.

Une des plus belles courses de glace du massif du Mont-Blanc commence au fond du cirque glaciaire d'Argentière, où se dresse la face nord du Triolet, haute de huit cents mètres. À gauche de la paroi glaciaire, un couloir étroit, raide, aboutit à la brèche du Triolet. Personne ne l'avait encore gravi en 1960. Cette année-là, en juin, j'avais projeté de gravir la première de ce couloir avec Yves Pollet-Villard. Les conditions de neige d'altitude semblaient excellentes. Le temps était beau, mais à tendance orageuse. Mais enfin, il ne s'agissait que d'une course d'une journée. En ce début de saison, le téléphérique n'était pas encore ouvert, et nous montâmes d'un pas allègre le sentier qui serpente à travers l'alpage, sur la rive gauche du glacier d'Argentière.

Le soir, seuls au refuge, dans le calme de la solitude, privilège d'une époque, nous contemplons les faces nord du cirque d'Argentière et le fameux couloir que nous allons gravir. Le beau temps paraît stable. La soirée est magnifique, le couchant splendide.

À une heure du matin nous marchons sans enfoncer sur la neige gelée. Nos sacs sont légers. Nous franchissons la rimaye au lever du jour. Sur la pente, sous le couloir, la neige est dure, les crampons tiennent. Nous gravissons rapidement les premiers cent cinquante mètres jusqu'à un îlot rocheux. La pente se redresse alors à 60°. À droite, une paroi rocheuse délitée domine le couloir. Libérées par les rayons solaires, quelques pierres dégringolent. L'une d'elles rebondit sur la glace, zigzague d'une rive à l'autre, puis se dirige sur moi. Yves, prévoyant le danger, se prépare au pire. Il sait que si la pierre m'atteint, « on est bons tous les deux », d'autant que nous n'avons planté encore aucune broche d'assurance.

Je me colle à la pente. Un mètre au-dessus de moi, un vague arrondi de glace dévie sa trajectoire, et la pierre passe, stridente, à quelques centimètres de mon crâne.

Le réchauffement libère d'autres pierres. Le danger se fait pressant. En ce début de matinée, à cette altitude, la chaleur est anormalement élevée. Un alto-cumulus se forme sur le mont Blanc, mais de la face nord, nous ne pouvons l'apercevoir.

Nous sommes au débouché du couloir avec les premiers nuages. De longs grondements dans le lointain annoncent l'arrivée de l'orage. Descendre sur l'Italie serait le plus court, mais nous devons rentrer à Chamonix. Le tunnel n'était pas encore en fonctionnement. Si nous franchissons au plus vite les arêtes du Triolet, il nous sera possible de descendre le glacier de Talèfre. C'est ce que nous pensons du moins. Mais à peine arrivés à quelques mètres du sommet, l'orage fond sur nous. Un petit enfer s'ouvre…

Ce ne sont plus les roulements, les détonations perçues dans la vallée ou dans un refuge, mais de longs grésillements, des claquements de fouet. Des boules de feu, des lumières jaunes aveuglantes bondissent sur les arêtes, effleurent nos pieds au ras. Parcourus d'ondes électriques, nous sursautons à chaque décharge, nous savons que toute précipitation pour fuir nous exposerait à être précipité dans le vide. Nous enfonçons chacun un piton et nous nous y attachons, le matériel métallique, fixé à une corde, éloigné de nous. Nous crions malgré nous sous les décharges électriques. Une puissante odeur d'ozone flotte autour du sommet, nous risquons d'être foudroyés, nous avons peur. Les coups s'espacent, s'éloignent, puis reviennent.

Nous réussissons un rappel pour descendre vers le plateau du Triolet. Dans le brouillard dense, il est difficile de voir où la corde aboutit. Nous sommes enfin sur le plateau glaciaire. Ça recommence là-haut : rafales, neige, explosions, tonnerre. Avec nos crampons qui bottent, trouver le passage pour descendre sur le glacier des Courtes est trop risqué dans la neige molle, fuyante. Il n'y a plus qu'à attendre que l'orage s'éloigne. Mais il s'éternise, la nuit approche. Nous creusons alors une alcôve dans la pente de neige, où nous nous asseyons. Dos appuyé à la glace, nous attendons le lever du jour. Il pleut ou il neige par intermittence. L'orage tourne autour du massif, il s'enfuit, revient, et transperce la nuit de ses lumières bleues, blanches parfois. Nous nous endormons pour nous réveiller en sursaut, secoués par une décharge. L'eau coule sur notre peau, glisse au fond de nos chaussures.

Au matin, ciel grand bleu. Nous sommes verts de froid ! Réussir une belle première, affronter l'orage, en réchapper, bivouaquer au milieu d'un tel feu d'artifice, et revenir sous le soleil. Il faut quand même le faire ! Un exploit à ne pas renouveler.

Les vingt-quatre heures des Drus

Marcher, grimper vingt-quatre heures est une rude épreuve. Mais entreprendre un marathon d'altitude n'est pas moins éprouvant, *a fortiori* après quelques heures de repos seulement… L'ascension et les joies de l'alpinisme se diluent en gémissements retenus, provoqués par les articulations douloureuses, les épaules martyrisées par le poids du sac. Les motivations ne sont plus du même ordre, rien à voir avec les douleurs physiques portées par l'exaltation de l'altitude. Où es-tu, transcendance ? Mais il faut faire son métier. Et avec le sourire de surcroît, car les stagiaires, les clients n'ont pas à savoir si nous en avons plein les bottes ou non.

J'ai commis un certain nombre de ces marathons dans les Alpes comme dans la cordillère des Andes. J'en ai conservé de bons souvenirs, bien que je ne sois pas masochiste.

Du samedi midi au lundi matin à six heures, nous disposions de la jouissance de notre temps à l'École des guides. Ainsi, au cours des week-ends, je pouvais réussir de belles ascensions.

Ce jour-là, Édouard Martin, grand ami et client, était en excellente forme. Nous avions prévu de boucler l'un de ses plus chers projets : la face nord des Drus par l'itinéraire Pierre Allain. En bivouaquant le samedi soir au pied des Drus, nous serions de retour dans la vallée le dimanche.

Quand nous arrivons au « Rognon », trois cordées occupent déjà les meilleurs emplacements de bivouac. L'une d'elles prévoit la face ouest, les deux autres, la nord. Deux autres équipages, engagés dans la face nord, se manifestent par les cris que nous entendons. Des pierres rebondissent sur les grandes dalles, elles s'enfoncent dans le glacier à moins d'une centaine de mètres de nous. À croire que ces cordées font le ménage dans la montagne.

Il est deux heures du matin. Des lumières se déplacent entre les blocs épars du bivouac. Bruits métalliques de mousquetons, de ferraillages glissés dans les sacs. Les réchauds ronronnent, on s'empresse de préparer le petit-déjeuner pour être les premiers à partir, les premiers à se placer au pied de la face nord.

Nuit noire. Pas la moindre brise. La neige du glacier n'est ni trop dure ni trop molle. Nous avançons sans crampons. Après avoir franchi la rimaye, nous attaquons à la lueur de nos lampes. C'est la première fois que je gravis cette face nord. Un dièdre, une cheminée, des dalles raides, nous sommes sur la bonne voie. Quand l'aube se lève, nous escaladons déjà les terrasses inférieures, à deux cents mètres au-dessus du glacier. L'escalade se fait plus difficile. Le « Râteau de chèvre », étroite cheminée rocheuse tapissée de glace, nous oppose quelques difficultés. Nos doigts sont gourds.

Il fait grand jour, maintenant. Les deux autres cordées nous suivent d'assez près. Les premières heures réchauffent un peu l'air, la lumière bleutée de la face nord nous plonge dans une ambiance délicieuse. La moraine des Drus s'étire jusqu'à la mer de Glace, dont les anneaux s'allongent en courbes gracieuses. La vallée de Chamonix, plus lointaine, verte, vivante, n'est pas encore gangrenée par le béton. L'horizon s'interrompt aux Aiguilles-Rouges. À l'extrémité d'une étroite corniche, la fissure Lambert. Elle est exposée, mais constituée de bon rocher, muni de bonnes prises. Édouard exulte. Tout lui semble facile, il éprouve le bonheur de grimper, de se sentir à sa place. Telles sont les joies de l'escalade.

Édouard Martin était psychiatre. Solidement charpenté, large d'épaules, les cheveux argentés légèrement bouclés, un visage ouvert, teinté d'une pointe d'ironie, voire de cynisme parfois, mais ça n'était qu'une apparence : l'homme était profondément bon. Une personnalité attachante. Quand on le rencontrait pour la première fois, si l'on ignorait sa profession, on aurait pu l'imaginer artiste, compositeur de musique, voire pianiste de concert, interprète. Édouard était en conflit permanent avec lui-même. L'immobilité, la concentration indispensable à l'exercice de sa profession s'opposaient à un besoin impératif d'activité physique. Il avait une confiance totale en moi. Plus tard, je le conduirai dans une ascension qu'il n'avait osé imaginer : la face ouest des Drus.

Nous sommes à mi-hauteur de la face nord, sur la niche de glace, « l'Œil du Cyclope ». Pour changer un peu du rocher, nous traversons en diagonale ascendante, crampons aux pieds, jusqu'à l'arête nord-ouest, là où les passages deviennent plus vertigineux, alors qu'ils sont presque faciles.

La fissure Martinetti est l'un des plus beaux passages de l'ascension. En montagne, chacun porte le nom de celui qui l'a franchi pour la première fois. Dans cette face nord, il y eut de nombreuses tentatives, avant que Pierre Allain en réalise la première ascension. Une des cordées, si bruyantes hier soir, est engagée. Plus à gauche, la fissure Allain est plus difficile. Nous contournons un angle rocheux pour la gravir. Une autre cordée s'y trouve. Il faut attendre.

Une heure passe. C'est ainsi que les horaires les plus élaborés, selon des calculs en général trop optimistes, sont complètement faussés. Légère collation, prises de vues, appareils photo, cigarettes grillées. La Martinetti est enfin libre. Dans la fissure Allain, ça ferraille dur ! Coups de marteau sur les pitons… Étonnant pour une fissure qui habituellement se franchit en escalade libre !

Au mitan de la matinée, nous atteignons une terrasse exiguë, en bordure de la face ouest. Vue impressionnante, plongée vertigineuse sur les lignes fuyantes, les grandes dalles de protogine ocre. De glaciales et rapides ascendances montent du vide, elles nous fouettent le visage. Instants de vertige, griseries des altitudes. Quelque temps plus tard, je grimperai en solitaire ce vide étonnant dans une lumière dorée.

Sous le sommet, les dernières longueurs sont verglacées, l'horaire s'en ressent. Là-haut, près de la cime, un petit tunnel naturel traverse la face nord vers la face sud. Si on l'emprunte, on gagnera une heure. Édouard n'est pas contre, il se sent fatigué par cette ascension qui, sans être de grande difficulté, reste athlétique tout de même. Huit cents mètres, c'est déjà un beau morceau… Certes, mon compagnon regrette de manquer la Vierge de métal, au sommet. La mère du Christ, divinité des guides… Que Dieu me pardonne, mais quel moment d'émotion quand on s'assoit à son côté, pieds dans le vide, le bras serré contre elle !

Nous traversons l'étroit tunnel. Changement brutal de climat, nous abandonnons l'ombre pour le grand soleil. Douceur des ascendances tièdes, lumières brillantes, spectacle totalement différent. Le glacier de la Charpoua est tourmenté, c'est l'arête ecclésiastique de l'aiguille Verte, avec le Moine, la Nonne, l'Évêque, le Cardinal, sans oublier l'Enfant de chœur … Une demi-heure de repos. Allongés sur une large terrasse en plein soleil, nous écoutons les pulsations de notre sang. Nous les sentons au bout des doigts. Moments de rêverie.

Rappel après rappel, nous plongeons dans la face sud, dans les méandres des couloirs rocheux conduisant au glacier de la Charpoua. La progression s'est ralentie, si bien que la fin de la journée est fort avancée quand nous traversons le glacier. Crevassé, il nous oblige à de nombreux détours. Quand enfin nous atteignons le refuge, planté sur un large promontoire rocheux, l'appel du dernier train du Montenvers nous parvient. Atteindre Chamonix ce soir est encore possible, mais à pied. Édouard préfère attendre le lendemain et redescendre paisiblement vers la vallée. Je poursuis donc, seul, car il faut que je sois à l'école pour reprendre les cours, le lundi matin.

Je dévale en courant les pentes d'éboulis, les moraines. Un des alpinistes qui nous suivait dans la face nord me talonne de près, lui aussi est pressé de rentrer : sa femme l'attend à Chamonix, et il souhaite la retrouver au plus vite.

En arrivant sur la mer de Glace, il fait nuit. Nous avons allumé nos lampes frontales, un peu affaiblies par l'usage que nous en avons fait, la nuit précédente. Sous l'influence d'un vent tiède, le glacier est extrêmement glissant.

Perdus dans les dédales d'une zone crevassée, nous avançons à pas lents, cherchant les reliefs, les failles du glacier dans l'obscurité. Comme nous dérapons dangereusement sur la surface suintante, je chausse les crampons. Démuni de ces précieux instruments, mon compagnon ne peut faire un pas de plus sans risquer de tomber dans une crevasse. Je lui conseille de rester sur place et d'attendre le retour du jour. Muni de son équipement de bivouac, il passera une nuit relativement confortable. Je continue seul une marche de plus en plus lente dans le sombre labyrinthe.

J'oriente ma progression dans la direction présumée de la grotte de la mer de Glace, à l'aplomb de la gare du Montenvers. La prudence mériterait d'attendre la clarté du jour, mais j'entends d'ici les plaisanteries saugrenues : « Desmaison a bivouaqué sur la mer de Glace ! » Entêté, je finis par trouver la grotte et le sentier pour Chamonix. Je m'affale tout habillé sur mon lit à deux heures du matin.

– René ! Oh, René ! Dépêche-toi, tu vas être en retard...
– Quoi ? Quelle heure est-il ?

– Six heures. On part avec le stage à Tête-Rousse. Aujourd'hui, école de sauvetage sur le glacier de Bionnassay. Demain, face nord de l'aiguille de Bionnassay et traversée du mont Blanc jusqu'à l'aiguille du Midi.

Une douche froide, un rasage rapide, un bol de café au réfectoire. Je saute à bord du car qui nous transporte au téléphérique des Houches.

Rien de tel qu'une montée sur le sentier du refuge pour se réveiller. Le même soir, à vingt heures, je m'allonge avec délices sur un bat-flanc. Lever : vingt-trois heures, départ : minuit. Conditions de neige extra dans la face nord. Lever du jour au dôme du Goûter, soleil au sommet du mont Blanc : spectacle inoubliable. Onze heures, aiguille du Midi. Bon horaire. Tout a bien marché. Quelques stagiaires ont traîné un peu les jambes, mais dans l'ensemble, ils sont tous bons. L'après-midi, repos à l'école. Chose inhabituelle pour moi, je fais la sieste après le repas, et comme personne ne vient l'interrompre, je dors jusqu'au lendemain matin.

Le souci majeur d'un guide n'est pas de faire courir son client en montagne, mais de ne pas perdre de temps. C'est là, dans bien des cas, que réside la sécurité de la cordée. Savoir choisir la corde la mieux adaptée à une ascension précise, bon diamètre, longueur, double ou simple, c'est s'assurer un gain de temps appréciable. Une foule de petits détails font le sac lourd ou bien léger, la cordée plus ou moins mobile. C'est l'ABC de la profession. Je le connaissais sur le bout du doigt, cet ABC. L'école m'avait beaucoup apporté, mais les ascensions en caravanes, en groupes, avec la constante préoccupation de la note à donner, des réflexions à inscrire sur le carnet ne correspondaient pas à ce que j'attendais, moi, de la montagne. Je n'étais pas fait pour ça. Liberté, solitude, poésie, l'esprit même de la cordée était mis en question. J'aspirais à partir seul, avec mon client, comme je le faisais les dimanches.

Cette philosophie, disons libertaire, ce goût de l'indépendance si peu dans la « ligne » de l'école ne tardèrent pas à me valoir quelques inimitiés auprès de certains professeurs. Le comportement inattendu, bien peu élégant de l'un d'entre eux, un chef de stage de guide auquel j'étais attaché pour un mois, allait décider de ma rupture, en 1963. Le clash se produisit en pleine saison, au lendemain même de mon ascension en solitaire de la face ouest des Drus, la première du genre.

20

La face ouest des Drus en solitaire

On associe souvent ascension en solitaire et performance. C'est vrai dans certains cas. Mais les alpinistes qui grimpent seuls sur des montagnes faciles, ou même difficiles, dans le plus parfait anonymat, sont bien plus nombreux qu'on ne le pense généralement.

Un beau jour d'automne, au sommet du mont Blanc, j'ai rencontré un jeune alpiniste solitaire qui venait de gravir une voie du versant est. Il n'avait ni sac ni corde, seulement un piolet court. Il m'a dit bonjour et demandé le chemin qu'il devait suivre pour rejoindre l'aiguille du Midi. Je lui ai indiqué son itinéraire, sans oser lui recommander d'être prudent, afin de ne pas le formaliser. La rimaye du mont Maudit n'est pas si facile en cette arrière-saison. De toute évidence, il savait ce qu'il faisait. Au cours de son ascension, il avait surmonté des difficultés bien supérieures à celles qu'il trouverait maintenant. Fort courtois, il me remercia et, après m'avoir dit au revoir, il s'en est allé. J'ai lu dans ses yeux l'éclat d'une joie ardente, celle d'une victoire solitaire dont nul ne serait informé, à part ses proches amis. Il avait fait cette ascension pour lui seul. Je ne connaissais pas son nom, je ne l'ai jamais revu. Les vrais alpinistes parlent peu en montagne, les discours y sont exclus.

Grimper seul, être solitaire sur une montagne, face à soi-même, c'est peut-être ça l'alpinisme absolu. La solitude inspire la transcendance, l'ascension vers un sommet est une élévation non seulement physique, mais aussi une aventure de l'esprit à la recherche de sa vérité. L'ascension en solitaire, c'est la confrontation avec soi-même. La révélation a lieu au sommet, quand l'émotion intense se libère dans le ciel de l'altitude. C'est un processus de purification, quand la qualité de l'engagement balaie momentanément de l'esprit les préoccupations ordinaires, les petites choses fastidieuses que l'on retrouvera dans la vie quotidienne, mais cette fois avec un recul certain, bénéfique.

Il m'est arrivé de gravir des arêtes faciles, des parois comme celle de Roc-Grépon, sans difficulté extrême, pour le plaisir d'être seul avec moi-même. En dominant le danger, moins absorbé par l'escalade, je pouvais mieux communiquer avec la nature, mon temple. Quel plus grand bonheur que de s'allonger sur un sommet, de regarder les nuages dériver dans le ciel, simplement, sans plus penser à rien ! J'ai souvent gravi le mont Blanc seul, par l'aiguille du Goûter ; en traversée par le col du Midi ; ou, pour m'entraîner, en début de saison, par la Major, la Brenva. Enfin, par l'arête intégrale de Peuterey, dans le but de vérifier si, physiquement ou psychologiquement, je pourrais gravir encore de grandes parois après ma tragique ascension aux Jorasses.

La première ascension en solitaire de la face ouest des Drus fut une aventure extraordinaire pour moi. Des décennies plus tard, en écrivant ces lignes, je revis à nouveau ces belles heures passées là-haut, dans une intensité étonnante. C'est le privilège de l'alpiniste, la magie d'un grand voyage, comme disait Jack Batkin. Jamais on n'oublie ces moments forts, bons comme mauvais.

Chaque week-end, depuis le début de la saison 1963, je m'entraînais à l'alpinisme solitaire. Escalade en calcaire au mont Aiguille, arête nord du Peigne à Chamonix, et tant d'autres. Mon projet initial était d'entreprendre la face nord des Grandes Jorasses par la voie Cassin, mais au mois de juillet, l'enneigement de la paroi ne me permettait pas de réussir cette ascension en un seul jour. La face ouest des Drus, plus verticale, plus difficile, était de parfaite condition.

Connaissant bien cette paroi, je pouvais la gravir dans la journée, en étant de retour à Chamonix pour la reprise des cours, le lundi matin. Avant de monter au bivouac des Drus, le samedi après-midi, je m'étais, bien entendu, informé du programme de la semaine suivante : rien n'était prévu, rien n'était affiché au tableau des programmes. Le professeur-maître et plusieurs de mes confrères étaient au courant de mes projets, qui ne gênaient en rien les activités de l'école.

Au pied de la face ouest, en bivouac, je dormis d'un sommeil léger. J'étais bien dans mon sac de couchage, il ne faisait pas vraiment froid, mais les pierres qui dévalaient dans le couloir que j'allais gravir aux premières heures du jour m'inquiétaient. Je les entendais rebondir d'un flanc l'autre et se ficher dans le cône de neige, sous la rimaye. Sous l'effet d'un gel tardif, la canonnade s'interrompit quelques heures avant le jour. La brise aigrelette du petit matin me tira de mon court sommeil.

Sur des plaquettes d'alcool solidifié, je me prépare un petit-déjeuner frugal, je n'ai pas faim, mais soif. Mon estomac est noué, mais je sais que l'action me libérera de la tension. C'est toujours ainsi avant une ascension solitaire comportant des risques. Laçant mes chaussures de montagne à semelles semi-rigides, je regarde les Drus, masse sombre, menaçante, sous le ciel encore noir. Je glisse mon sac de couchage, roulé serré, dans le sac à dos, ainsi que le piolet court et les crampons qui me seront utiles pour la sortie en face nord et la traversée du glacier de la Charpoua, après la descente de la face sud. Une gourde d'un litre, dix mousquetons, autant de pitons, quelques coins de bois de ma fabrication, un marteau d'escalade, un paquet d'anneaux de cordelette pour l'auto-assurage, une corde de neuf millimètres en quarante mètres, une autre de sept millimètres de même longueur pour tirer le sac dans les passages difficiles et un anorak léger de nylon imperméable. Je grimperai en chemise et pull-over.

Il est cinq heures du matin quand, après avoir franchi la difficile rimaye, je m'engage dans le couloir. Une première volée de pierres me frôle en sifflant. J'hésite, il est temps encore de renoncer. Mais je suis seul, je ne risque que ma vie. Jusqu'à présent, jamais une pierre ne m'a touché...

Il faut croire en sa chance. Par je ne sais quel prodige, j'ai toujours échappé à la mort, la finalité. Elle nous guette, que l'on soit en montagne ou ailleurs. Quand on me pose des questions à ce propos, je réponds invariablement qu'il vaut mieux vivre cent ans en alpiniste que deux cents en s'ennuyant. Cette philosophie est simpliste, mais c'est la mienne.

J'entreprends l'escalade du couloir. De temps à autre, des pierres dévalent au centre du couloir où quelques tristes précédents se sont déjà produits. J'emprunte la rive gauche, en partie à l'abri des caillasses. J'atteins les terrasses supérieures de la face ouest à six heures. Trois cents mètres en une heure, la rapidité de ma progression me laisse penser que j'atteindrai le sommet le soir même.

Au pied du couloir, une cordée de deux alpinistes franchit la rimaye. Ils ont dû arriver dans la nuit et bivouaquer sous le Rognon. Traverser une zone de rochers instables qui peuvent rouler dans le couloir et mettre leur vie en danger me contrarie. J'attends qu'ils soient à ma hauteur pour continuer l'ascension. Il est sept heures trente quand je peux enfin changer de place. La cordée continue sa progression vers le pilier sud-ouest, le Bonatti, cent mètres plus haut.

Je suis inquiet pour eux : il est tard, et ils se trouvent dans le haut du couloir, à l'endroit le plus étroit, le plus exposé aux chutes pierreuses. En effet, la voie normale des Drus, celle qui vient de l'autre versant, passe deux cents mètres au-dessus de leurs têtes ; les alpinistes qui gravissent cet itinéraire, à la montée comme à la descente, franchissent habituellement les passages qui dominent ce couloir. Mieux vaut donc monter de nuit. Je pense que j'aurais dû attaquer deux heures plus tôt.

Je prends les plus grandes précautions pour franchir la zone délitée.

Soudain, je perçois des voix quelque part au-dessus de moi. Je m'arrête, je lève les yeux. De grandes dalles surplombantes me masquent les premiers cinquante mètres, j'achève vite la traversée jusqu'au grand dièdre, où les vraies difficultés commencent. J'aperçois alors sous un surplomb, soixante mètres plus haut, une cordée de deux alpinistes. Au premier coup d'œil, je devine qu'ils ne sont pas des « rapides ». Ils ont dû bivouaquer sur les terrasses supérieures. Impossible de les doubler dans ces passages. Plus haut, le dièdre se transforme en fissure, la « Vigne », du nom de l'alpiniste lyonnais qui l'a franchie le premier. À nouveau, je dois attendre qu'ils s'en extirpent. Une heure perdue encore. Je pénètre dans le dièdre, je gravis les premiers soixante mètres et je suspends mon sac à un piton, avec un système de décrochage que je déclencherai en tirant sur la corde de sept millimètres. Puis je franchis la fissure "Vigne" et je m'installe à un bon relais, sur une dalle inclinée, d'où je peux tirer mon sac. La cordée qui me précède arrive sous le « mur de quarante mètres ». Il est fendu en son milieu par une mince fissure sur toute sa hauteur. Les deux alpinistes, ce sont des Allemands, me parlent en désignant le mur, mais je ne les comprends pas. Je suppose qu'ils me font la proposition de passer devant eux. C'est alors que les ennuis commencent.

Je tire la corde du sac, il se décroche du premier coup, je le hisse de quelques mètres, quand il se coince... Dans ce cas, il ne faut pas s'énerver, mais rester calme... très calme. Alors, je pose la seconde corde en rappel, et je descends jusqu'à hauteur du sac. Je le décoince, je vérifie la position de la corde, je remonte au relais en me tirant sur le rappel. Je hisse le sac à nouveau. Il progresse de cinq à six mètres, pendule à droite, quand la corde s'engage derrière une lame de granit. Je le laisse descendre un peu et je retire. Je répète la manœuvre plusieurs fois, en vain. À la quatrième reprise, il consent enfin à monter.

Pendant ce temps, les Allemands sont sortis du mur de quarante mètres, j'espère les doubler avant le dièdre de quatre-vingt-dix mètres. Ce magnifique mur de protogine

À dix ans avec ma mère.

En haut à gauche : Toute la famille posant devant la « Villa René », à Marsac dans le Périgord.

Mes premiers contacts avec l'escalade, à dix-neuf ans, sur les rochers de Fontainebleau.

Service militaire au bataillon d'infanterie alpine dans le Briançonnais.

Face ouest des Drus, première hivernale avec mon ami Jean Couzy.

Page de droite :
Rimaye de la Margherita.
Avec Jean Couzy, nous formons une cordée exceptionnelle.

Ascension de la Cima Ovest avec Pierre Mazeaud.

Au sommet de la Cima Ovest, en 1959, avec Pierre Mazeaud, la journaliste Giovanna Mariotti et deux compagnons suisses.

Page de droite : Première hivernale de la face nord de l'Olan, en 1960.

Pierre Kohlmann,
un de mes premiers
compagnons,
sur la Cima Ovest.
Il se tuera en 1961 sur
le pilier Central du Freney.

Mort de Jean Couzy, en 1958
sur le Dévoluy.

Création des produits pour la marque Millet, 1961.

Deuxième expédition française au Jannu dans l'Himalaya en 1962. Ici avec Paul Keller, camp VI, 7 300 mètres.

Ascension de la Walker, en 1963, avec Jack Batkin dit « Farine » (ci-dessus).

Retour de la Walker à l'Hôtel d'Angleterre de Chamonix. À ma droite, « Farine » et Edgar Couttaz, inspecteur du Ski français, et, à ma gauche, André Contamine, professeur à l'École nationale de ski et d'alpinisme.

Ascension de l'Eiger
en 1964, avec André Bertrand
et John Harlin.

Les guides de l'ENSA avant la catastrophe de l'aiguille Verte
où la plupart périront. Armand Charlet, à gauche avec son béret.

Le sauvetage des Drus, en 1966. Notre cordée, Hemming-Desmaison, a rejoint les deux naufragés.

Gary, le « beatnik des cimes ».

On redescend les deux Allemands.

Pilier Central du Freney, 1967.

Accroché à la paroi.

Robert Flematti et moi répondant aux questions des journalistes au retour de l'ascension (© AFP).

Refuge avant l'ascension du Linceul, ascension diffusée en direct sur RTL.
Ci-dessous : Ascension du Linceul, janvier 1968.

Un guide qui compose avec les médias, les sponsors et la publicité, ce n'était pas encore dans les mœurs de l'époque. Ici avec Christian Brincourt sur RTL à propos de l'ascension du Linceul en direct.

L'opération publicitaire pour le BHV, consistant à hisser une tente sur le sommet du mont Blanc, suscita bien des polémiques.

Sur le Linceul, en 1968 (à gauche), comme beaucoup plus tard dans la face sud du Huandoy au Pérou (ci-dessous), en 1978, j'ai toujours avec moi un appareil photo.

Préparation de mes conférences dans mon chalet, le « Chortën », à Chamonix.

Le drame des Jorasses, février 1971.
Ici Serge Gousseault, qui périra dans la paroi.

Balai d'hélicoptères autour de la cordée pour tenter un sauvetage qui échoue. Seul Alain Frébault, le 25 février soit quatorze jours après le départ, réussit à se poser, mais il est trop tard pour Serge.

Ci-dessous : Un an après, retour aux Jorasses avec Michel Claret et Giorgio Bertone. Cette fois le sommet sera vaincu.

Première expédition dans la cordillère Blanche, Pérou, 1976.

Ci-dessous, à gauche et en bas à droite : Première ascension de l'arête est du nevado Chopicalqui, 6 300 m, avec Alain Vagnes et Xavier Chappaz.
Ci-dessous : Installation d'un bivouac sur l'arête sud-est du Huandoy.

Page de droite : Sur l'arête du Chacraraju.

Desmaison avec Bernard Giraudeau et Xavier Chappaz,
ses deux compagnons de cordée au pic de Bure.

En 2000, à Château
Double, Lubéron.

légèrement bombé se gravit en escalade artificielle. Tous les pitons sont en place, je n'aurai pas à en rajouter. Non sans une légère anxiété, je m'élève sur les premiers pitons, je n'ai jamais eu grande confiance dans ces petites lames de métal, à moins de les avoir plantées moi-même. Il faut tenir compte de l'oxydation, du travail du métal soumis aux changements de température, de l'érosion de la roche. Un piton solide, posé un an auparavant, peut, sous une traction un peu forte, s'arracher de son logement. Aussi, j'utilise un système d'auto-assurance, qui me permet d'enrayer la chute éventuelle. Ce qui ne va pas tarder...

Les deux extrémités de la corde sont fixées à mon harnais d'escalade. Avec une corde de quarante mètres, j'obtiens une boucle de vingt mètres qui me permet de m'élever d'autant au-dessus du piton de départ. J'ai passé la corde en simple dans les anneaux de corde fixés tous les deux ou trois pitons. Une fois la boucle tendue, je libère une extrémité de la corde, il ne me reste donc qu'à la tirer à moi, et je recommence la même opération un peu plus haut.

Sous mes pieds, la paroi fuit vers le couloir et le glacier des Drus. Des nuages flottent sur les glaciers et les moraines. Ils donnent au vide une profondeur accrue. Ma gorge est sèche. Dernier piton, un coin de bois muni d'un mince câble d'acier. Les deux Allemands l'ont utilisé, il doit donc être solide. Sur le câble, j'accroche les deux étriers et j'y engage mes jambes. Un bruit sec... Le mur s'éloigne, défile devant moi, le câble s'est rompu ! Je dégringole assis dans mes étriers, la corde va peut-être casser... Tout va si vite que je ne ressens aucun sentiment d'effroi. Une violente secousse me plaque contre le mur, vingt mètres plus bas. J'ai l'impression d'être brisé de partout, j'agite les bras, les jambes. Rien de cassé. Un piton est juste devant moi, j'y accroche mes étriers restés sur la corde.

J'ai peur maintenant. Mon bras droit est humide, du sang s'écoule sur ma main droite, je ne ressens aucune douleur, le bras fonctionne normalement. Je l'examinerai plus tard.

J'empoigne la corde à deux mains, je remonte au piton sous le coin de bois. Puis j'escalade la deuxième partie du mur. Les pitons sont d'un aspect douteux. La perspective d'une deuxième chute me tord l'estomac. Et c'est avec soulagement que j'atteins la terrasse sous la fissure en demi-lune. Je m'accorde un moment de repos, puis, occultant ma mésaventure, je reprends la progression.

En montant, je constate le mauvais état de vieux coins de bois en place depuis des années. Quelques jours plus tard, un grimpeur hollandais, l'un de ceux que j'avais conduits dans le massif en compagnie de Lionel Terray, trouvera la mort dans ce passage. Une chute effroyable. Le mousqueton qui le reliait à sa corde d'attache se brisa sous le choc.

J'entends les voix de la cordée allemande. J'avais espéré les doubler avant le « bloc coincé », mais ils y sont déjà engagés. Leur lenteur m'exaspère.

Le passage est enfin libre. Une heure et demie s'est écoulée. J'attaque un peu trop vite. Le premier piton fléchit, aussi je reviens à mon point de départ, et je le consolide en quelques coups de marteau. Quand j'arrive au pied du dièdre de quatre-vingt-dix mètres, la cordée est dans la première longueur. Je peux encore doubler les deux alpinistes, mais je me sens très fatigué tout à coup. La chute m'a plus éprouvé que je ne le pensais.

Je m'assois sur un bloc et je me repose un long moment. Les deux Allemands grimpent, de plus en plus lents. Ma montre indique seize heures trente. Il paraît évident qu'ils bivouaqueront sur la terrasse étroite, après le rappel pendulaire. Le sommet ne sera pas pour aujourd'hui. Fatigué, découragé, je me glisse dans le sac de couchage. J'ai froid. Plus rien ne va.

Je me réveille en sursaut, il est vingt heures. L'ombre s'étend sur la vallée, en haut du dièdre, un bruit de mousquetons et de pitons qui frottent la paroi. Le deuxième Allemand de cordée parvient au bivouac. La soif me dessèche la gorge, ma gourde est à moitié pleine. Je bois à petites gorgées, lentement. L'eau manquera bientôt. Je me sens fiévreux, je transpire, je frissonne. Il faut que je récupère d'ici demain, car je me refuse à toute retraite. D'une façon ou d'une autre, je dois monter. Le sommeil me prend enfin…

Au matin, je me sens beaucoup mieux. Mon bras droit, blessé dans la chute, est bloqué à angle droit. J'ose examiner enfin mon coude, il est énormément enflé. Une vilaine balafre sous le coude laisse apparaître l'os, blanchâtre. Mais la force dans mes doigts me semble intacte, je pourrai me bloquer sur les prises à hauteur de mon épaule, le bras gauche fera le reste. Je m'en tire bien, finalement.

L'ambiance de la course solitaire l'emporte dans cette merveilleuse paroi. La lumière de la montagne me calme, elle me stimule. Il me reste à gravir cent cinquante mètres en face ouest, deux cents mètres en face nord, pour atteindre le sommet.

Le départ est pénible, mes membres sont encore raides, mais je m'adapte assez vite compte tenu de ma nouvelle morphologie d'handicapé. Le quatre-vingt-dix mètres est le passage le plus beau, le plus esthétique de cette paroi. Il s'achève sous de grands surplombs compacts. S'élever au-dessus du vide qui se creuse davantage à chaque mètre accompli me procure des sensations grisantes. À huit heures trente, j'atteins le rappel pendulaire. La paroi plonge d'un seul jet vers le couloir, les nuées qui montent de cet abîme donnent un aspect irréel au paysage vertical. J'évolue dans un monde étrange, ma solitude m'ouvre des portes inconnues. Isolé dans les nuages, le sommet n'existe plus. Le bas de la paroi disparaît bientôt, mon univers se limite aux quelques mètres de granit qui défilent sous mes doigts. Puis, magique, tout redevient clair, les justes dimensions reprennent leur proportion. La montagne existe à nouveau. Très bas, au-delà des Drus, la mer de Glace étire sa longue carapace.

L'ancienne vieille corde de rappel, blanchie par le soleil et les tempêtes depuis la première ascension, onze ans plus tôt, est toujours en place. Je la double avec ma corde et je rejoins la terrasse étroite. Les Allemands sont partis, j'espère qu'ils sont loin. Puis je retire ma corde, le retour vers le bas est définitivement coupé…

Une traversée délicate m'amène sous le « Verrou », le passage d'escalade libre le plus exposé de cette ascension. La soif reprend, elle me tourmente. Je tire la gourde du sac, mais je me retiens. Je préfère boire toute l'eau en une seule fois après le Verrou, pour sentir la fraîcheur délicieuse dans ma gorge enflammée.

Malgré le passage exposé, je décide de ne pas utiliser la corde pour m'assurer. Escalade libre… Je m'accorde quelques minutes, un dernier regard vers le bas, allons-y…

Je grimpe calmement, tout en technique, malgré mon bras gauche indisponible. J'improvise des mouvements inhabituels, mais justes. Chaque geste compte, le moindre mouvement du pied, de la main, de l'épaule pèse aussi lourd que ma vie. Mais les détails m'échappent, je suis emporté dans un tout, soulevé par l'ambiance. Le vide est mon domaine, il est celui de tous les alpinistes.

Je suis au-delà du Verrou en quelques minutes. Je tire mon sac, et je bois les dernières gorgées d'eau. Il est dix heures…

Attaché à un piton, je me repose quelques instants et je m'endors même sans m'en rendre compte. Quand je me réveille, il est midi. Je maudis ce temps perdu, et puis, au diable l'heure ! Le plus dur est fait, le ciel est infiniment bleu. Mais bon sang, quelle soif ! Les longueurs suivantes sont de toute beauté. À quatorze heures, je quitte la face ouest pour pénétrer dans la face nord, où la fraîcheur apaise un peu ma soif. La neige et la glace obstruent les fissures, les cheminées étroites, je chausse mes crampons.

Enfin, debout sur le sommet des Drus, je laisse ma joie éclater. Instinctivement, je me retourne pour la faire partager à quelqu'un, mais je suis seul. Un solitaire ne peut confier ni ses joies ni ses peines à quiconque. Sous le sommet, dans la face sud, j'aperçois les deux Allemands. Ils ne connaissent pas la voie de descente, et ils installent leur bivouac.

Je commence à descendre. Je sais qu'il faut être plus prudent que jamais, aussi je ralentis volontairement ce retour que j'espérais rapide. Mon bras droit pèse lourdement, il ne me sert plus à rien, je dois installer, exécuter les rappels d'une seule main. J'atteins les Flammes de Pierre en même temps que la nuit.

J'allume ma lampe frontale et, de vire en vire, je rejoins le bas de la face sud. Soudain, je suis terrassé par une fatigue immense. Depuis le bivouac du pied des Drus, je n'ai absorbé que quelques carrés de nougat et des berlingots de miel. Je n'avais rien d'autre. Cette ascension aurait dû durer le temps d'une journée... Je m'agenouille près d'un filet qui coule sur les dalles de granit, et je bois l'eau glacée avec avidité. Mon estomac se contracte, j'ai la nausée. Mes dents claquent, je suis pris de tremblements convulsifs, mon bras est très douloureux. Des voix amies m'appellent depuis le refuge de la Charpoua, sur l'autre rive du glacier, mais ce soir, je n'irai pas plus loin. La course est terminée. Où serais-je mieux que sur une dalle de granit, allongé sur le dos, avec derrière moi la terre entière dérivant dans l'espace, sous l'immensité du ciel et des milliards de galaxies ?

En rentrant à l'École nationale, le lendemain, j'apprends, étonné, que le stage de guide auquel j'étais attaché est parti à l'ascension du Cervin. Or, habituellement, les voyages à l'extérieur étaient prévus la semaine précédente. La décision du chef de stage, pour le moins inopinée, m'exposait ainsi à une absence forcée. C'était clair, on voulait me prendre en défaut. Rien n'empêchait en effet de conduire le stage dans quelque refuge du massif, où beaucoup de courses sont bien plus intéressantes que le sentier qui serpente tout au long de la voie normale du Cervin. Ainsi aurais-je pu rejoindre le stage le mardi soir.

Furieux, je fais un foin du diable à l'école. Jean Franco, le directeur, me convoque dans son bureau, je lui raconte ma mésaventure dans la paroi et lui fais part de mon amertume quant au comportement du chef de stage. Le rôle du directeur, qui est de veiller au bon fonctionnement de l'école, ne va pas sans difficultés. Jean Franco sait que l'exploit que je viens d'accomplir en gravissant la face ouest des Drus ne nuit en rien à la bonne réputation de l'établissement, mais il n'ignore pas non plus les rivalités entre quelques professeurs guides. Ménager tout le monde lui posait parfois des problèmes. Les hommes de montagne, d'un caractère rude, endurci par le métier, ne sont pas faciles à diriger.

– Tu comprends, me dit Jean Franco, embarrassé, quand tu t'absentes un jour, tes camarades doivent assurer ton travail en plus du leur.

Je bondis :

– En trois ans, lui répondis-je, je ne me suis arrêté que quatre jours. Et encore, parce qu'au cours d'une chute à l'aiguille Verte, je m'étais foulé les deux chevilles. Je ne me plains pas, moi, d'avoir assuré la mission d'untel qui, l'an dernier, est resté absent un mois pour congé maladie. Ce qui lui a permis de construire son chalet un peu plus vite

– N'en fais pas une histoire. Repose-toi cette semaine et reprends le travail ensuite. Seulement, maintenant tu ne dois plus partir seul en course, le dimanche.

– Je me suis entraîné pour de grandes courses en solitaire, et si dimanche le temps est beau, j'irai aux Grandes Jorasses.

– Je ne t'en donne pas l'autorisation, me répond Jean Franco.

– Tant pis. J'irai, avec ou sans ton autorisation.

– René, si tu étais à ma place, que ferais-tu ?

– Je mettrais Desmaison à la porte de l'école.

– Je ne le veux pas. Comment du reste le pourrais-je alors que tu viens de réussir la première ascension en solitaire de la face ouest des Drus !

– Eh bien alors, c'est moi qui pars.

– Réfléchis avant de prendre une décision. Tu me donneras ta réponse dans quelques jours.

J'aurais pu rester un an de plus à l'école, mes ressources financières ne m'incitaient guère à quitter une activité où j'étais payé, qu'il pleuve ou qu'il vente, six mois de l'année. Mais ma décision était prise : ce qui venait de se passer était trop déplaisant. Le lendemain, je quittais l'École nationale d'alpinisme de mon plein gré. Comment aurais-je pu deviner qu'en agissant de la sorte, je sauvais ma vie ?

Yves Pollet-Villard, Charles Bozon, Jean-Louis Jond et Armand Charlet désapprouvèrent mon départ précipité. Mais mon choix était fait, j'étais libre enfin d'aller où bon me semblait. Et puis quoi, les engagements pour les courses ne manqueraient pas. Las, le mois d'août fut épouvantable, tous les projets annulés. J'allais connaître le prix du mauvais temps pour un guide, mais j'étais libre !

Dois-je préciser que Jean Franco est toujours resté mon ami ? Plus tard, il dut abandonner ses fonctions de directeur de l'ENSA pour s'être opposé à la construction de la nouvelle école en centre-ville. Avait-il tort, avait-il raison ? À cette époque, le terrain à bâtir ne manquait pas hors de la ville. Avoir affecté Jean Franco en tant qu'inspecteur principal aux sports, lui, le guide de haute montagne qui, avec Lucien Devies, le président de la Fédération, avait imaginé, formé et dirigé les deux expéditions françaises au Makalu et au Jannu, à un poste consistant à visiter les piscines était un impardonnable coup bas. Dans notre milieu bien informé de la montagne, on connaît le nom des responsables. Jamais on ne les excusera.

Tout comme on n'effacera jamais le nom des responsables du « saccage » de Chamonix.

Bâtir des immeubles en béton aussi disgracieux était une façon bien singulière d'honorer la vallée… Ceux qui la détestaient ne s'y seraient pas mieux pris. De fait, « ils » n'en avaient rien à foutre de la vallée. Certains trouvèrent ces constructions belles, mais ils avaient oublié que les montagnes dominant la vallée exigeaient une architecture en harmonie avec leur grandeur. Non pas pour des raisons doctrinales, mais pour le simple bonheur de ceux qui vivaient là, comme de ceux qui y séjournaient et qui trouvaient ici un autre décor que celui d'une ville ordinaire. Chamonix aurait pu ressembler à Zermatt, à Courmayeur l'italienne. Il aurait été bon de respecter le style montagnard, moins de béton, plus d'amour. Mais il fallait bien que les promoteurs et leurs cliques, hommes de paille et compagnie, justifient leurs dividendes.

La belle clientèle a fui Chamonix, capitale mondiale de l'alpinisme. Merci messieurs ! Je n'oublie pas le tunnel, les interminables convois de poids lourds qui polluent l'une des plus belles vallées du monde. Qui sait, la vallée ne pouvant être élargie, des tours et des buildings se dresseront un jour peut-être à l'assaut des cieux !

21

Trop d'innocence

Un métier passionnant, une médaille de guide à la poitrine, un blason, l'honneur. Ainsi paré, piolet à la main, corde dans l'autre, on peut s'y croire. Mais en montagne plus qu'ailleurs, l'exercice de la liberté ne va pas sans risques, tout dépend du bon vouloir du ciel...
Combien de fois ai-je affronté les cieux changeants, dans les parois calcaires où les nuages déversaient leur trop-plein, où les petits matins recouvraient tout de givre. Et pourtant, le beau temps était une réalité, en bas, dans la vallée. Je faisais partie de ces vilaines langues qui ont toujours pensé que quand le beau temps était annoncé, le contraire allait se produire. Aujourd'hui, les prévisions météorologiques sont bien plus précises qu'alors. Mais en définitive, là-haut, dans les reliefs tourmentés, la montagne a toujours le dernier mot. Comme une amante, elle retient ou élimine les nuages caressants. Ainsi va son humeur.
Orages, tourmentes, dépressions... Rares sont les guides qui n'ont pas subi, malgré de bonnes prévisions météo, les mauvais temps d'altitude. Quand le pire s'attardait sur le massif du Mont-Blanc, je proposais à mes clients des ascensions dans les Alpes du Sud, au massif des Écrins, dans les Alpes-Maritimes, au Dévoluy, où le ciel, en général, était plus clément.
Comme cette fois, où un temps maussade régnait sur Chamonix... Je proposai alors à Édouard Martin, l'un de mes clients fidèles, de gravir le pilier sud des Écrins. Cette ascension

magnifique, réalisée la première fois en 1944 par Jeanne et Jean Franco, est l'une des plus belles du massif. Mon compagnon de cordée débarquait toujours en trombe de Paris, et il repartait de même, la course accomplie.

Cette fois-là donc, comme il arrivait tout juste à Chamonix, je charge le matériel dans sa voiture et prends le volant, afin que mon ami se repose. Le soir même, nous bivouaquons au lieu dit Le Pré de Mme Carle. Il ne fait pas froid. Tandis qu'Édouard avale son café, je cherche fébrilement dans mes affaires mon pantalon de montagne et mes guêtres. Consternation : je les ai oubliés à Chamonix. Que faire ? M'engager sur le pilier avec mon pantalon de tergal léger ne serait pas très sérieux, d'autant que la météo annonçait pour le lendemain un mauvais temps sur les Écrins. J'avance l'argument auprès du client, afin de justifier notre repli. Mais dans la nuit, je me reprends : je n'allais tout de même pas manquer ce pilier pour une banale histoire de pantalon…

Nous le gravirons… Au sommet, à 4 015 mètres, un froid givrant soufflait sur l'arête faîtière, à la nuit tombante. Je me gelais l'essentiel sous mon beau pantalon d'été de tergal léger gris-bleu.

Mais que dire de la descente dans le brouillard ? Édouard est fatigué, le voyage Paris-le Pré de Mme Carle, via Chamonix, ça fait une trotte… Quelques heures de sommeil avant d'entreprendre une marche d'approche de deux heures trente sur la moraine, puis, aussitôt, onze cents mètres d'escalade difficile…. Bien que mon ami soit solide comme le roc, il titube un peu. Quand nous passons la porte du refuge du glacier Blanc, à une heure du matin, le gardien, qui était lui-même guide de montagne, nous demande d'où nous venons.

– Du pilier sud, lui dis-je.

Il m'observe des pieds à la tête, puis il éclate de rire.

– Par ce temps-là, dans cette tenue !

Il demande nos noms pour les porter sur le livre du refuge. Quand il entend le mien, il lève le nez et me fait :

– Vous êtes de la famille du guide ?

– Oui, j'en suis très proche, fais-je, tirant ma médaille et ma carte de guide de la poche.

– Tu aurais dû le dire plus tôt ! Il faisait froid sur la Barre ? Heureusement que tu n'étais pas parti en short, fait-il, se marrant. En short, je n'ai pas vu ça encore, mais ça se fera un jour, peut-être…

Il ne croyait pas si bien dire.

Un jour, en compagnie d'un client, je descendais du sommet du mont Blanc par l'itinéraire classique de l'arête des Bosses, quand, au milieu de la matinée, des nuages se forment sur le dôme du Goûter. Un vent violent se lève. Traverser le dôme sans aucune visibilité, les traces effacées par le vent, peut créer d'embarrassantes difficultés pour une cordée bien avertie. On s'y perd facilement. Nous nous abritons donc au refuge Vallot, à 4 362 mètres, où des guides attendaient une éclaircie pour poursuivre leur descente vers le refuge du Goûter, à 3 817 mètres. Nous étions là depuis une heure, quand une étonnante cordée entra dans l'abri à son tour : un homme d'une cinquantaine d'années et une jeunette de dix-huit ou vingt ans, encordés à cinq mètres. Habillés d'une chemise, d'un léger anorak et d'un short, ils portaient des chaussures de toile montant à hauteur des chevilles sur des chaussettes de laine basses. Pas de crampons, ni de piolet, des bâtons de ski seulement. La teinte de leurs jambes et de leurs mains sans gants tirait vers l'indigo. La cordée catastrophe… Nous les dévisageons, interloqués. Là-haut, sur l'arête de neige dure, les crampons nous semblaient indispensables, mais ceux-là étaient peut-être des alpinistes du futur, et nous, avec nos grosses chaussures, nos guêtres à neige et nos piolets, des ancêtres…

Aussi invraisemblable que cela puisse paraître, je pourrais remplir cinq cents pages avec des histoires de ce genre. Combien de fois ai-je été pris à partie par des adultes qui conduisaient des enfants, sans aucune sécurité, sur des terrains dangereux, et qui plus est d'altitude. S'inquiéter des autres est de la responsabilité du guide, l'indifférence est une faute. Il faut dire que ces situations d'inconscience frôlent toujours la connerie à l'état pur, et les secouristes sont les mieux placés pour le savoir. Heureux ou malheureux suivant les cas, les imbéciles sont nombreux en montagne.

Je me rappelle une fois où j'effectuais la traversée des trois sommets du mont Blanc : le Tacul, le mont Maudit et le mont Blanc lui-même. J'avais un appareil photo pour seul compagnon. C'était un début de septembre, l'étoile solaire brillait de tous ses feux. Pas le moindre nuage, pas une seule cordée en montagne. Dans la vallée, comme souvent, personne ne m'attendait, la liberté avec un grand L. Un jour béni des dieux. Le but de cette randonnée solitaire était de faire des clichés au levant et au couchant. Depuis le refuge du Goûter, le crépuscule est un spectacle exceptionnel.

Je descendais du dôme du Goûter, crampons aux pieds, la neige de cette fin d'été était dure, légèrement glissante. Un petit vent soufflait à ras du glacier, soulevant une poussière de fins cristaux de neige. J'avais à peine dépassé la courbe descendante du Dôme, quand je vois, assez loin de moi encore, trois silhouettes qui progressent vers le haut. Je m'arrête à leur hauteur, stupéfait... Un homme, culotte courte, marche devant deux enfants de treize ou quatorze ans, vêtus de la même façon. Le type n'a ni piolet ni crampon, pas de corde. Il aurait suffi que l'un des trois dérape, glisse sans pouvoir enrayer sa chute, pour que la dégringolade s'achève loin sur le glacier, où s'ouvrent de profondes crevasses.

– Où comptez-vous aller dans cette tenue ? dis-je, courtois. Le jour décline vite, il fera froid sur le dôme.

– Occupez-vous de ce qui vous regarde ! me répond le trentenaire.

J'allais l'ouvrir pour lui dire que j'avais un peu plus d'expérience, que les gosses étaient en danger, mais il ne m'en laissa pas le temps.

– Je sais ce que je fais ! fait-il, hargneux.

Dans les situations de ce genre, mon impérissable franc-parler déferle. Je traite le type de connard dangereux, j'affirme que si l'un des enfants est victime d'un incident ou d'un accident, je serai témoin à charge. Il devient cramoisi, ouvre le bec pour me répondre, mais finalement me tourne le dos et reprend son chemin. Qu'aurais-je pu faire d'autre ?

Mais il y a mieux.

Un jour, un père voulut accomplir l'exploit de conduire le plus jeune alpiniste du monde à l'assaut du mont Blanc. Il avait enveloppé son bébé de vêtements chauds et l'avait enfoui dans son sac à dos. Fort heureusement, les gendarmes l'interceptèrent à l'aiguille du Midi. Cet être n'avait pas compris, je l'espère du moins, que l'altitude, le froid auraient pu changer l'enfant en cadavre.

En montagne, l'inconscience et l'ignorance tuent. Le danger est permanent dans cet univers merveilleux qui s'apprend pas à pas, dans une infinie patience. Mais il y a la fatalité aussi. Un bloc qui s'effondre de lui-même dans le haut d'un couloir et déclenche un éboulement, balayant tout sur son passage, l'invisible plaque à vent, tapie sous une couche de neige fraîche...

Sur les routes

En 1963, après la saison d'été, qui ne s'était pas trop mal terminée dans les montagnes du Sud-Est, je repris mes activités de conseiller technique. Avec René Millet, je mis au point un sac de montagne léger sans armature, avec une poche sur le dessus du rabat. Il se vendit près de vingt ans. Je reprends alors mes activités de représentant avec Galibier. J'aimais la route, j'aimais visiter les distributeurs des régions montagneuses, où je m'attardais plus que le travail ne l'exigeait. Nous parlions de montagne avec ces professionnels, d'évolution des techniques et du matériel. Ils me livraient souvent d'excellentes idées, que je ne manquais pas d'appliquer pour améliorer les équipements.

J'avais toujours un sac de couchage et mes chaussons d'escalade dans la voiture. Ainsi je pouvais dormir à la belle étoile, faire ma toilette dans un ruisseau, au petit matin, quand le temps était beau. J'étais un véritable vagabond, mais impeccablement habillé, moi qui tiens toujours les cravates en horreur. Je me soumettais à cette exigence de la profession. Les jours de clôture des magasins, j'allais me promener sur les sentiers de montagne, j'escaladais des parois calcaires sans difficulté, pour le seul plaisir de grimper. Combien j'aimais ces errances solitaires ! La montagne, les forêts sont sublimes quand elles se parent des lumières de l'automne.

Au cours de l'hiver 1963-1964, la Fédération de la montagne me proposa de remplacer Lionel Terray pour présenter le film que nous avions tourné en Himalaya, au Jannu. Lionel ne pouvait assurer le circuit belge organisé sous l'égide d'*Exploration du monde* et de *Connaissance du monde* pour l'Hexagone. À l'instar de Frison-Roche, de Gaston Rebuffat et de Samivel, je me retrouvais sur une scène, ce qui ne me déplaisait pas. Certes, ce n'est pas facile. Je me souviens qu'au début, j'étais moins à l'aise face au public que dans la face nord des Grandes Jorasses avec mon copain « Farine ». Le trac. On m'avait donné un texte de présentation de trois pages qui n'en finissait pas. Je le connaissais sur le bout du doigt, je ne le disais pas, je le débitais. Au premier rang, les anciens portaient leurs mains près des oreilles, en éléphant : « Qu'est-ce qu'il dit ? » Des injonctions venaient du fond de la salle : « Plus fort ! » Quand on débute, le micro, que l'on tient mal, a tendance à descendre au niveau du torse, ou à se balader de droite à gauche, pour finir parfois dans la poche. J'en rajoute un peu, mais il y a de ça. Je réduisis les trois pages à une demi-page. Comme mes confrères conférenciers, j'apprendrai le métier. Puis, plus tard, j'envisagerai de réaliser mes propres films dans les Alpes et dans la cordillère des Andes.

22

La face nord de l'Eiger

Il serait impossible d'écrire ce que l'on a vécu dans cette paroi sans évoquer d'abord les tragiques, les formidables combats de la première ascension.

Dans les Alpes bernoises, la face nord de l'Eiger, l'Ogre, se dresse à 1 800 mètres. Sa base est large de 1 600 mètres. C'est la plus haute paroi des Alpes. L'énorme masse de calcaire et de glace, fantastique, majestueuse, émerge des prairies et culmine à 3 975 mètres.

Située au fronton du massif de l'Oberland, réputé le plus humide des Alpes, tant les pluies y sont intenses, la paroi reçoit les nuages avant-coureurs du mauvais temps. Sa base, à 2 100 mètres d'altitude, les retient, barrière infranchissable pour les pluies. On peut dire que l'Eigerwand a son propre climat. Il est fréquent que le mauvais temps y persiste, alors que, deux mille mètres plus bas, le soleil inonde les prairies de l'Alpiglen. Les premiers six cents mètres du socle, déjà raides, ne sont pas difficiles techniquement, bien que certains passages des strates calcaires, de hauteurs variables, exigent la plus grande attention : la roche délitée est friable, les prises cassantes. En outre, cette partie de la paroi est exposée à de fréquentes chutes de pierres. Au-dessus du socle, première difficulté, une haute falaise barre la paroi sur toute sa largeur. Elle est dominée par un névé, une bande de glace, qui conduit à une deuxième falaise moins haute, mais difficile. Lui succède un deuxième névé, plus vaste, qui s'achève sous une longue strate compacte, délitée. Un troisième névé, moins important, est surmonté d'un mur de deux cents mètres. Il aboutit à une pente de glace dont les couloirs laissent penser, vus de loin, à une arachnéide, « l'Araignée Blanche ». Au-dessus, la paroi rocheuse reste difficile sur plusieurs longueurs de corde, avant de s'incliner, pour s'achever en pentes de neige conduisant au sommet.

L'ascension de l'Eigerwand ne présente pas de passages aux difficultés extrêmes, mais rien n'est jamais aisé sur toute sa hauteur. Si la majeure partie du socle peut se gravir sans user de la corde, le rocher délité exige de grandes précautions. Il est indispensable de posséder une connaissance de tous les terrains pour gravir cette paroi.

Le danger de cette ascension tient surtout au mauvais temps et à son inévitable cortège d'avalanches, alourdies des pierres qu'elles drainent avec elles sur leur parcours. L'été, quand l'orage s'abat sur la face nord, que les pluies diluviennes, les chutes de neige inondent la paroi, il n'est pas un seul endroit où l'on puisse s'abriter momentanément. Seules quelques rares cordées ont pu revenir du haut de la Rampe dans des conditions pareilles. Grâce à l'expérience, à la résistance. Et parce que, ce jour-là, la chance n'a pas fait défaut...

De la base du deuxième névé au sommet de la fissure-cheminée, la Rampe, l'itinéraire traverse la paroi sur quasiment toute sa largeur, avant de rejoindre l'Araignée. Un interminable itinéraire, trois kilomètres pour mille huit cents mètres de verticale, qui demande plus d'adresse et d'équilibre sur les pointes des crampons que de force dans les muscles des bras.

Ce sont ces traversées d'altitude qui interdisent aux moins expérimentés tout espoir de retour. Depuis le centre de la face est, redescendre est un exercice dangereux pour les alpinistes épuisés. Les expériences que j'ai vécues dans cette paroi m'ont appris que les plus aguerris étaient tout aussi vulnérables que les autres.

Première tentative du mur de l'Eiger

J'avais proposé l'aventure à André Bertrand au mois de mai 1964. Jusque-là, ni l'un ni l'autre nous n'avions gravi l'Eigerwand, mais nous en connaissions l'essentiel pour avoir lu tous les récits des alpinistes qui l'avaient affronté. J'avais à l'esprit toutes les conditions du franchissement de la voie Heckmair, aussi, quand je la gravirai, plus tard, je reconnaîtrai les passages comme si je les avais déjà traversés.

Quand nous arrivons à Grindelwald, dans cet après-midi de juin, le plafond nuageux traîne à deux mille mètres. L'Eiger est invisible. Pourtant, les prévisions météo annoncent du beau temps pour le lendemain sur le massif de l'Oberland.

Nous garons la voiture au parking de la gare de la Jungfrau. Les deux énormes sacs, le vrac du petit matériel que nous en extirpons du coffre ont vite fait d'attirer l'attention des employés du chemin de fer. Ceux-là, de longue date, savent deviner la destination et le programme des alpinistes à la dimension de leurs sacs.

Au guichet de la station, je demande deux allers simples pour la Petite Scheidegg.

– Pas de retour ? demande la caissière.

– Non. Nous ne savons pas exactement quand nous redescendrons.

– Il y a beaucoup de neige dans la paroi.

– On va faire un tour, pour voir…

– Vous savez, les retours sont valables plusieurs jours, fait-elle, narquoise.

Je lui réponds, excédé :

– On peut redescendre à pied aussi…

Elle me dévisage, un peu gênée.

Le petit train grimpe vers le col au travers des prairies d'alpage. Au fur et à mesure, les nuages semblent s'épaissir, ils deviennent plus sombres encore. L'après-midi tire à sa fin, le soleil, je l'imagine, est derrière les crêtes. Quelques touristes d'avant-saison ont des visages sans joie, les prairies de l'Alpiglen ne sont pas bien gaies sous le plafond gris.

C'est pire quand nous arrivons à la Petite Scheidegg : nous pénétrons dans les nuages, un brouillard épais efface la gare. Il fait presque nuit. Les rares lumières donnent un aspect fantomatique au bâtiment. Les touristes disparaissent, silencieux, dans la purée de pois. Nous sommes perplexes ; l'hôtel doit se trouver quelque part, un refuge existe, mais où ? Un grand type surgit :

– Où allez-vous ?
– Au refuge Maria.
– Il est là, sur la gauche du col…
– Il est ouvert ?
– Oui, bien sûr. Mais que faites-vous avec ces gros sacs ?
– On va faire un tour à l'Eiger.
– Par quelle voie ?
– Eh bien… La nord plutôt.
– Ha, ha !

Il ricane…

– Je vous serre les mains avant que vous partiez. Je vous dis adieu !

Il nous tourne le dos et disparaît.

Nous abandonnons le refuge à une heure du matin. Courbés sous le poids des sacs, nous cherchons à nous orienter dans le brouillard, toujours aussi dense. Premier point de repère : l'hôtel. D'après une carte postale, nous devons passer derrière. En montant dans les prairies, légèrement sur la gauche, nous sommes sûrs de rencontrer le grand névé du pied de la face nord. En longeant son bord supérieur, nous arriverons à hauteur d'un piton rocheux caractéristique, à une centaine de mètres à droite de l'aplomb du sommet. De là, attaquant tout droit, nous finirons bien par arriver au-dessus de la nappe de brouillard.

Nous remontons lentement les pentes herbeuses, afin d'économiser nos forces. Un grondement sourd nous parvient au travers du brouillard. Nous nous arrêtons et déposons nos sacs à terre. De tels sacs pour ce genre d'ascension sont un peu rudes aux épaules. Mais sur les hautes falaises, le poids ne jouera plus, car nous les tirerons à la corde. Mais jusque-là – six cents mètres de gradins –, il faut les porter au dos. Éprouvant…

Quelques secondes s'écoulent. Des bruits d'impacts sinistres nous parviennent. Les éclatements se rapprochent, ils se multiplient. Sourd d'abord, le vacarme s'éclaircit. Des fragments de blocs éclatés arrosent les gradins.

– Ça va être limite, dit André. Mais à l'Eiger comme à l'Eiger, souligne-t-il.

Nous atteignons le haut du névé aux premières lueurs du jour. Le brouillard est moins dense, il découvre le piton rocheux.

Nous examinons la carte postale, nous cherchons d'autres points de repère pour définir l'endroit où nous allons attaquer le socle. Les reliefs deviennent de plus en plus précis. Le brouillard se dégage, il glisse vers le bas du névé. Soudain, vision extraordinaire, la paroi se découpe dans un ciel bleu, parfaitement clair. Nous sommes saisis de stupeur devant le fantastique amphithéâtre qui s'élève en gradins jusqu'aux premiers ressauts. La paroi est effrayante. Notre préparation psychologique et physique s'était déroulée loin d'elle. Effectuée dans les livres, la conception même de l'ascension nous apparaissait tout à coup au-delà de ce que nous avions imaginé. Devant ce spectacle grandiose, une joie extraordinaire bouillonne en moi. L'énormité du combat à mener me fouette les sangs. Je confie mes émotions à André. Il les éprouve, lui aussi. Il y a quelque chose d'inhumain dans la sauvage beauté de cette face nord.

Nous montons lentement les gradins de roches brisées, mêlées de neige et de graviers. Ce n'est pas encore l'escalade, mais ce n'est plus de la marche, les ressauts nous obligent à de courts détours pour éviter des efforts inutiles dans des passages sans intérêt. Nous devons économiser nos forces jusqu'au pied de la première falaise. La neige est plus abondante que prévue, notre progression est lente, mais régulière. Quand nous nous arrêtons pour prendre quelque repos, nous sommes étonnés du chemin effectué. Nous n'apercevons plus le pied de la paroi et le haut du névé. Le socle est plus raide que nous ne l'imaginions vu d'en bas. Les nuages se diluent lentement sur la vallée, et bientôt apparaissent les toits de Grindelwald. Le temps est splendide, rassurant. L'air est frais, il nous épargne la transpiration sous le poids des sacs. Nous progressons dans un sentiment de bonheur.

Nous atteignons la base de la première falaise vers le milieu de journée. Nous l'examinons en détail, nez en l'air. Haute d'une centaine de mètres, compacte par endroits, striée de fissures surplombantes, elle n'a rien de très accueillant. Cinquante mètres au-dessus de nous, légèrement à droite, la fenêtre de la station Eigerwand nous nargue. Des visages blêmes nous observent derrière les carreaux grillagés du train de montagne.

– Regarde, André, des mecs dans une cage !

– T'as vu comme ils sont blancs ?

Nous leur adressons de petits signes de la main. Ils nous observent, figés.

– C'est pas des marrants, reprend André.

– On leur fait un bras d'honneur ?

– D'accord.

Nez collé au carreau, ils restent stupidement immobiles.

Un craquement traverse l'espace. Le silence retombe, suivi d'impacts sourds. Ça dégringole sur le troisième névé. Puis le silence à nouveau, suivi d'un grondement d'avalanche qui va s'amplifiant.

– C'est pour nous, André, nous sommes juste dans l'axe...

– Vite ! Il faut se rapprocher du pied de la falaise.

– Trop tard !

Moins de cinquante mètres à notre droite, une longue coulée de neige bondit. Des formes noires jaillissent en éclatements fulgurants qui rebondissent sur les gradins. Des sifflements aigus, un nuage de particules de glace, une odeur de roche brûlée.

– Il tombe des armoires normandes, dit André.

J'admire son calme imperturbable. Je me demande ce que nous faisons là.

Nous montons rapidement vers la base d'une large cheminée, où une petite cavité à fond plat nous offre son abri confortable. L'accélération de la progression dans les derniers mètres nous a mis en sueur. Les chaleurs printanières montent des vallées, malgré l'ombre de la face nord, l'air est doux. Nous enlevons pulls et chemises. La brise nous caresse. Frugal et rapide repas, nous envisageons la suite. Monter droit serait l'idéal, nous serions à l'abri des avalanches. Mais après un examen approfondi, nous comprenons que seul un matériel important de tamponnoirs et de pitons à expansion nous permettrait de surmonter la falaise à cet endroit. La voie Sedlmayer-Mehringer, cent cinquante mètres plus à droite, nous semble l'itinéraire logique, en escalade libre, à l'aplomb du sommet. Pour l'atteindre sans trop nous exposer aux chutes de pierres, plus fréquentes avec le dégel, nous devons longer la paroi au plus près, en passant sous les cascades de fonte des névés supérieurs. En ce mitan de la journée, elles s'écoulent, abondantes, grosses des ruissellements sous-jacents. Nous en comptons cinq, dont deux très importantes. En moins d'une heure, la paroi s'est transformée : elle est striée de longues rayures mouvantes, transparentes et mugissantes. C'est un bain de la tête aux pieds. Nous traversons pas à pas le long de la falaise, horizontalement. La neige mouillée s'effondre sous nos pieds, l'eau chargée de graviers nous martèle les épaules, elle pénètre par l'ouverture des cagoules, elle ruisselle le long du dos. Nous sommes trempés jusqu'au fond des chaussures.

À trois heures de l'après-midi, nous sommes à proximité de la voie Sedlmayer-Mehringer. Une terrasse sous un auvent rocheux, à l'abri des ruissellements, nous permet un repos prolongé. Nous avons suspendu nos vêtements et nos chaussures sur une corde tendue entre deux pitons. Assis dans les sacs de couchage, veste de duvet sur les épaules, nous prenons un léger repas.

En cet endroit, la falaise n'est pas surplombante, mais verticale, son rocher est sec en partie, mais l'état des vêtements dégouttant d'eau nous invite à bivouaquer sur place. Ce n'est pas si mal pour un premier jour. L'enneigement de la paroi est encore considérable, les « armoires normandes », comme dit André, pleuvent... Le printemps est la période la plus défavorable pour gravir l'Eigerwand. Un froid à fendre les pierres aurait été bienvenu. Mais nous n'avons pas le choix : début juillet, nous devons répondre aux engagements des clients. C'est maintenant que nous devons tenter notre chance.

La nuit se passe assez paisiblement, malgré des sifflements stridents, au large de notre bivouac.

– Ce qui tombe ne sera plus à tomber, comme dit mon compagnon philosophe.

Avec André, nous rions d'un rien dans les pires moments. De quoi demain sera-t-il fait ? Nous sommes là parce nous l'avons voulu.

Le lendemain, dès les premiers mètres, nous réalisons que l'escalade est exposée. Impossible de grimper avec des sacs lourds. Nous les tirons à la corde. Par endroits, le rocher verglacé nous fait perdre un temps considérable. La température monte de quelques degrés, les avalanches se succèdent, infernales.

Aux environs de seize heures, à quarante mètres sous le premier névé, nous prenons pied sur une terrasse horizontale. Deux mètres de large sur quatre-vingts centimètres. Une dizaine de mètres plus haut, un toit nous protège des chutes de glace et de pierres. Sur le premier névé, les sons des impacts se rapprochent, impossible de le remonter ce jour-là sans prendre le risque d'être massacrés. Notre abri nous apparaît comme un havre... Nous plantons un piton à chaque extrémité pour fixer la tente. Nous nous réfugions dans nos sacs de couchage, nos vêtements sont humides, mais en les gardant sur nous, ils seront secs demain. Nous sommes plus inquiets pour les chaussures : le feutre des chaussons est encore mouillé. Nous passons la soirée à les maintenir au-dessus du réchaud, en nous racontant des histoires. Quelles histoires ? De montagne, pardi.

Cinq heures du matin. André sort la tête par l'orifice de la tente.

– Oh ! ce brouillard. On ne voit plus rien.

Je sors la tête à mon tour. Une brume épaisse diffuse l'aube grise.

– Ça va se lever dans une heure ou deux. On a le temps de prendre le petit-déjeuner et de faire les sacs.

– Oui, assure André, un nuage s'est accroché à la paroi pour la nuit.

À sept heures, nous franchissons le surplomb au-dessus du bivouac. Des stalactites de glace qui se sont formées au cours de la nuit se brisent sur notre passage. Elles tombent dans un froissement cristallin. Le verglas est abondant. Dans quelques heures, toute cette matière se mettra en mouvement. Ce sera l'heure des avalanches de neige et de pierres dégringolant des couloirs de l'Araignée.

À dix heures, nous atteignons le haut du premier névé. Le plafond nuageux stagne à cette altitude. Un soleil pâle éclaire les toits de Grindelwald. Ce n'est plus le brouillard, mais pas encore le mauvais temps. Tout peut basculer. Que faire ? Attendre que le temps se précise ? Continuer ? L'hésitation ne sera pas longue. Le ciel décide pour nous, engloutissant nos espoirs... Une longue zébrure blanche traverse le plafond nuageux. Elle est suivie d'un claquement de fouet sec, amplifié par l'écho de la muraille. Spectacle étonnant, une nappe transparente, piquetée de millions de petits points blancs, fond sur nous. La grêle ! Il fait encore beau à Grindelwald, le soleil brille sur la Petite Scheidegg ! Les grêlons claquent sur la muraille et rebondissent sur nos casques. Une multitude de notes différentes, soutenues par le roulement, le fracas de l'orage qui cogne là-haut. Des corniches s'effondrent, des blocs de calcaire se fichent dans les névés. Vacarme, éclatements, batteries d'un orchestre fantastique. Symphonie de mort à l'Eigerwand. Aucun abri, pas un auvent, une anfractuosité où se réfugier. Les impacts s'ouvrent n'importe où autour de nous. Le danger est pressant, il faut partir au plus vite. Poser les rappels, fuir...

La neige succède à la grêle, puis c'est la pluie battante, la neige et la grêle de nouveau. Des rigoles se forment sur le névé, elles charrient une sorte de pâte, un mélange de neige et de pluie grise.

Nous n'avons pas le choix : il faut rejoindre la terrasse du bivouac précédent. Le rocher a pris une teinte noire. Gel et fonte l'ont rendu gluant. Nous plongeons dans de vertigineux rappels ; sous la pression des descendeurs, les cordes, chargées d'eau, ruissellent. Aller vite est notre principal souci. Aller vite, mais sans commettre d'erreur, de ces négligences insignifiantes qui peuvent engendrer le drame. Dans la longueur difficile, nous avions heureusement laissé une corde, en prévision du retour probable.

Nous nous arrêtons au pied de la première falaise, là où nous avions passé une nuit si confortable. Cheveux collés au visage, peau des mains gonflée par l'eau, aussi mouillés que dans les profondeurs d'un lac, mais détendus, nous rions. Le réchaud sort du sac, un café brûlant nous réchauffe. La descente reprend. Cette retraite est instructive. À l'Eiger, rien ne ressemble à rien.

La pluie cesse, les roulements d'orage s'espacent dans les hauteurs. Nous glissons rapidement, l'un derrière l'autre, dans les goulottes, les fractures qui communiquent d'un gradin à l'autre, quand, tout à coup, André s'arrête.

– René, viens voir, viens voir ce que je vois !

Je n'oublierai jamais son expression, tant la chose était horrible.

Sur une marche de calcaire recouverte de gravier noir, une chaussure de cuir jaune, surmontée d'une guêtre. Émergeant de cette guêtre rouge, la tête d'un tibia... Chaussure italienne, guêtre française. De quelle nationalité est ce pied dans la chaussure, ce tibia qui dépasse de la guêtre ? Vingt mètres plus bas, l'autre jambe.

Nous continuons la descente, muets. Je ne peux sortir de ma tête la chute, le corps rebondissant dans l'espace, les membres désarticulés. La nausée. C'est aussi ça l'Eiger.

La fatigue, oubliée dans la tension de cette descente dangereuse, resurgit. Mon corps frissonne. Six heures de neige, de grêle, de pluie épuisent plus que cinquante kilomètres de marche avec un lourd sac au dos. Il ne fallait pas rester sur ce spectacle macabre, laisser nos esprits cavaler. Rire, nous devions en rire !

– Quelle idée, perdre ses jambes ! Encore un mec pressé de descendre !

– Si tu veux, on remonte chercher les godasses !

Éclats de rire sans joie, suivis d'une vague lassitude.

Il fait nuit quand nous atteignons le refuge Maria. John Harlin nous attendait.

L'Américain Harlin était un alpiniste de première force. Au-delà de son amour de la nature et de la montagne, il avait une passion absolu pour l'Eiger, qu'il avait gravi, en été, par la voie Heckmair. Il avait fait une tentative hivernale, et d'autres enfin pour le gravir en direct. C'est par les journaux qu'il avait appris notre présence dans la paroi ; à l'Eiger, le secret est impossible, car tout ce qui se passe sur la paroi est bien trop visible.

John, impatient, s'était rendu à la Petite Scheidegg, afin d'observer notre progression, puis notre retraite dans l'orage. D'évidence, cet échec ne l'avait guère attristé. Comme nous manifestons notre intention d'un nouvel essai prochain, il se fait silencieux, pensif. Puis il nous apprend qu'au cours d'une précédente tentative, il a entreposé des réserves de vivres au pied de la première falaise. Son intention, ajoute-t-il, est de recommencer aux premiers jours de beau temps avec un compagnon de cordée.

La montagne est affaire de patience. Nous devrons attendre huit jours...

La deuxième tentative

Le soleil merveilleux, enfin, s'étend sur l'Oberland, les sommets sont à peine blanchis. Un ami suisse, l'écrivain Jean-Pierre Laubscher, nous accompagne à la Petite Scheidegg, où nous retrouvons John Harlin, seul. L'alpiniste qui devait faire cordée avec lui n'a pu venir pour des raisons professionnelles. John est là, infiniment triste. Que dire d'autre : « John, monte avec nous. » Une cordée de trois est moins mobile, moins rapide, qu'une équipe de deux. John le sait, et il ne veut pas s'imposer.

– John, viens avec nous, les manœuvres de cordes, c'est notre affaire. On ne perdra pas de temps.

La tristesse s'efface, le visage s'éclaire.

– OK, René, je pars avec vous.

Pas d'avalanches, aucune chute de pierres, ce soir-là. La paroi est silencieuse, de longues traînées blanches plaquées sur les hautes falaises lui donnent un aspect spectral. Nous nous sentons forts. Mais, bon sang, que le ciel soit avec nous ! Je suis prêt à accepter deux fois plus de difficultés en échange du beau temps ! Mais le beau temps à l'Eiger, c'est trop demander...

Légère, froide, la bise du petit matin remonte les pentes du socle. Encore figée par le froid nocturne, la paroi reste coite : pas le moindre craquement, pas le plus infime impact. Le danger demeure limité pour quelques heures encore.

Dos arrondi, humide déjà sous les charges, nous montons à l'aplomb du sommet, là où, dix jours plus tôt, nous avions fui l'orage. À notre droite, le pilier calcaire, comparable à la nageoire dorsale d'un monstre imaginaire, se découpe sur l'horizon. Cordes pliées sur les sacs, nous progressons, chacun pour soi, à la recherche du passage le plus sûr, le plus aisé. André monte selon ses principes, en professionnel habitué à la sécurité que l'on doit au client ; et si, par moments, il effectue quelques pas fantaisistes, c'est pour éprouver un sentiment de légèreté. Plus habitué aux techniques californiennes, au rocher pur, John attaque de front les délicates corniches récemment formées à l'ourlet des gradins calcaires. Il m'effraie quand, tenant son piolet à manche court comme un poignard, je le vois franchir ces fragiles corniches. Elles s'effondrent sous son poids parfois, mais il se rattrape, in extremis. J'en tremble. Imperturbable, il poursuit la progression jusqu'au prochain gradin, qu'il franchit de la même manière. Quant à moi, lorsque le terrain le permet, je préfère contourner ces obstacles, m'éviter tout effort inutile, me réserver pour le centre de la paroi, là où tout se joue.

Des appels nous arrêtent dans l'action, à une centaine de mètres de là, venant des parties droites de la paroi, deux silhouettes grimpent sur un axe parallèle. Nous leur répondons, ils infléchissent leur progression vers nous, tandis que nous obliquons légèrement à leur approche. Notre jonction s'opère cinquante mètres plus haut. Deux alpinistes suisses, prévenus de nos intentions, se sont précipités dans la face nord pour tenter une directe. Ils sont partis en catastrophe, l'un d'eux a oublié ses guêtres, et le faible volume de leur sac ne les rend pas très sérieux. Ils envisagent de grimper par la voie Heckmair, puis, du troisième névé, droit vers le sommet. Sous la falaise, à trente mètres, un scalp de cheveux roux, des lambeaux de vêtements gelés dans la neige. Tristes reliques...

Le soir même, tandis que nous installons le bivouac sur la vire de la première falaise, nos deux Suisses regagnent la vallée.

Le bivouac est étroit pour trois. Rocher sec, ciel clair, les bruits de la vallée montent vers nous, mélodie de la vie étrangement présente. Les premières étoiles pointent. La nuit délicieusement froide fige la paroi, demain il fera beau.

Pas le moindre nuage à l'aube, le froid est sec, de bon augure. Bien reposés, malgré l'inconfort du bivouac, nous remontons vite la corde laissée en place la veille.

Nos crampons tiennent bien sur les neige dures du premier névé. À quinze heures, le deuxième mur est franchi. Nous abordons le deuxième névé, une zone dangereuse, où les impacts de pierres ont creusé des entonnoirs. En ce mois de juin, c'est l'heure où la température est la plus élevée. Des ruissellements, de légers glissements, une multitude de bruits différents se font entendre. Inquiets, nous observons le haut de la paroi. Des masses blanches, d'énormes stalactites de glace, des corniches de neige, pendent partout sur les hautes murailles. Tant que nous serons sur ce névé, le danger mortel nous guette. Je monte de quarante mètres en diagonale, sur la gauche. La neige, molle désormais, colle aux crampons. La joie du matin, tandis que nous grimpions, sûrs de nous, sur la neige dure, laisse place à une anxiété difficile à vaincre.

– À bout de corde ! crie André.

Je dégage la neige pour trouver la glace dure, j'y enfonce une broche solide. John me rejoint.

– Ne plante pas de broche, me dit-il. Il faut aller vite, il faut assurer sur le piolet.

– Il est trop tard pour aller vite, John. Le piolet ne tiendra pas dans cette neige foireuse.

John n'est pas d'accord.

– Ici, il ne faut pas grimper en professionnel, il faut monter sans s'assurer.

– Sur la neige dure, oui, aux heures froides. Mais maintenant, non : si un pain de glace dégringole, nous partons tous les trois en bas.

– Si on ne met pas de broche à glace, on restera moins longtemps sur le névé…

– Tu as raison, John, mais alors il faut que l'on monte décordés !

John était aussi têtu que bon technicien. La conversation aurait pu se prolonger, quand, tout d'un coup, un bruit de rupture nous fait sursauter et nous glace jusqu'aux entrailles. Au-dessus de nous, deux cents mètres plus haut, une corniche vient de rompre. Elle est pour nous... Hommes de réflexes rapides, nous vérifions notre attache sur la broche. Un coup d'œil sur la corniche, elle grossit rapidement, elle fonce vers nous dans un effrayant bruit d'air froissé. Nous nous plaquons à la pente pour offrir le moins de prise à l'avalanche. L'émotion est fulgurante. Je ressens les pulsations de mon cœur dans ma poitrine. À cet instant où tout peut s'achever en trois secondes, mes idées défilent, claires, précises dans ma tête. Malgré la frayeur, j'analyse la suite : l'avalanche ne passera pas à côté, c'est une certitude. Si elle s'abat droit sur nous, c'est l'écrasement contre la pente, ou alors, si elle se divise en gros fragments, l'un d'eux nous heurtera de plein fouet. La broche ne résistera pas à une telle pression, et ce sera le grand saut... Quarante mètres plus bas à droite, André ne supportera pas le choc. Les cordes sont solides, certes, mais les pitons du relais céderont. Je les ai plantés, je sais ce qu'ils valent. À moins que la corniche, pulvérisée au premier impact, se transforme en coulée de neige et glisse par-dessus nous. C'est notre seule chance !

La corniche explose cinquante mètres plus haut, elle devient torrent. Gonflée par les neiges du névé, elle bondit droit sur le relais. André nous voit disparaître dans le torrent de neige. Lancée à une folle vitesse, l'avalanche nous comprime contre la pente. Portés par le flot, des blocs de neige dure frappent nos épaules, heurtent nos sacs, nous tirent vers l'arrière. La neige se glisse entre nous et la pente... Un court instant, nous flottons sur la coulée, suspendus à la broche qui résiste à la pression. L'avalanche disparaît dans le vide. Tout s'immobilise, enfin...

Dressés sur le névé, nous nous regardons, étonnés d'être encore là. Quelle peur pour André, quelle peur pour nous !

– Alors, John, la broche !

– T'as bien fait de la planter, me répond-il.

– À trois sur cette broche, je ne sais pas si elle aurait tenu. Bon, je continue. Fais monter André, dès que je serai à bout de corde, tu montes à ton tour.

Je fais les quarante mètres suivants sans marquer de temps d'arrêt. Les dangers dans la muraille me donnent des ailes, je n'éprouve même plus le poids du sac.

Sur les premiers rochers, au sommet du névé, après avoir vérifié la solidité d'un vieux piton rouillé, j'y attache la corde, non sans soulagement. John et André me rejoignent bientôt. À soixante mètres à gauche, une avancée rocheuse surplombe le haut du névé. Nous y serons à l'abri de tous les dangers.

Il est seize heures trente. Nous disposons de quelques belles heures avant la nuit, mais les chutes de glace continuent et, malgré l'impatience, la prudence veut qu'on en reste là pour aujourd'hui.

Après avoir solidement amarré les sacs et nous-mêmes à l'aide de deux pitons, nous aménageons une terrasse dans la glace au piolet. Ce soir, nous monterons la tente de bivouac, la nuit sera fraîche et humide à 3 300 mètres. L'eau suinte sur la bordure de l'avancée, sous le plafond rocheux des gouttières se forment : nous sommes peut-être à l'abri des chutes de glace, mais pas de l'eau... La terrasse s'élargit, elle est presque confortable, quand la lame de mon piolet s'accroche à quelque chose : une ceinture de cuir... En transparence, la glace me semble anormalement sombre.

– Bon sang, qu'est-ce que c'est ?

André et John s'arrêtent de tailler. Je passe la lame du piolet sous la ceinture et je tire sur le manche. Elle reste prise autour d'une masse figée sous la glace.

– Ça va, j'ai compris. On en reste là pour la terrasse... Elle est assez large. Pour le reste, mieux vaut ne pas en savoir davantage...

– C'est l'Eiger, fait John.

Le soir, par radio, Jean-Pierre Laubscher nous envoie les prévisions météo pour le lendemain. Genève annonce le beau temps, Zurich des perturbations possibles. Demain, à six heures du matin, les prévisions seront plus précises. Pour le moment, le ciel est clair, il fait froid, les gouttières gèlent.

– Genève se trompe rarement, dit André.

J'abonde dans son sens, je souhaite tellement le beau temps ! John est soucieux. Il connaît l'Oberland, et il prétend que Zurich ne se trompe jamais…

La nuit se passe dans un confort relatif, moitié couchés, moitié assis. Il y a ce doute à propos du temps. Et cette « chose » dans la glace, sous notre bivouac…

Six heures du matin : temps clair, brise du nord, il fait froid. Qui croire ? Toutes les conditions semblent réunies pour faire confiance à Genève plutôt qu'à Zurich. Nous savons que des alpinistes allemands sont montés par ce mur presque à la hauteur de l'Araignée, rien n'est donc impossible techniquement. Que faire ? Il faut prendre la bonne décision, et vite.

Nous attendons, une heure encore, un signe du ciel qui nous dirait : fuyez ! Finalement, nous décidons de descendre, les risques sont trop grands en cette saison. Orage, grêle, neige, les corniches vont se mettre en mouvement, c'est plus qu'il n'en faut pour nous rayer du monde des vivants. Et puis, on pourra toujours revenir dans l'Eigerwand.

Doute à l'âme, nous posons nos rappels. Nous atteignons rapidement le bas du névé en les utilisant en main courante. À l'ouest, à l'est, le ciel est parfaitement clair, au-dessus de l'Araignée, un tout petit nuage blanc apparaît, puis il s'évapore, et il renaît. Rien d'inquiétant apparemment. Quand nous prenons pied sur le premier névé, le nuage est démesuré. Le haut de la paroi disparaît dans la brume, la météo de Zurich l'avait emporté.

Le temps s'abîme rapidement, des nuées sombres s'effondrent, l'orage prend des allures de tempête. Sur les hautes murailles, des cascades de grésil agitées par les turbulences se déforment en longues ondulations. Tout recommence : corniches de neige, blocs de glace, de calcaire, des bruits sourds d'écrasements, d'éclatements... Négligeant un peu trop les procédés d'assurage, nous précipitons la descente pour échapper aux déjections de l'Eigerwand. Assis sur la terrasse de bivouac de la dernière falaise, deux alpinistes italiens, Ignazio Piussi et Roberto Sorgatto, préparent tranquillement leur thé, malgré le déluge. Piussi, celui-là même qui me disait, au pilier du Freney : « René, il faut monter tout droit, il faut doubler les Anglais. »

Cette fois, nous n'aurons pas à descendre les derniers six cents mètres du socle. John nous conduit vers l'entrée d'un tunnel. Lors de notre première retraite, nous étions passés à quelques mètres sans le savoir. Une porte de bois s'ouvre dans la tiédeur d'une galerie éclairée. Un profond silence succède aux clameurs de l'orage, le contraste est extraordinaire. Pousser une porte, quitter la paroi et ses dangers, trouver la sécurité dans l'intérieur de la montagne ! Je me pince pour le croire. Je dépose mon sac et je retourne vers le seuil : les bruits sont là, formidables, les rafales de pluie balaient la paroi, le grésil crépite contre la roche. Et tout d'un coup, Ignazio et Roberto atterrissent devant moi, en rappel, devant l'entrée du tunnel, ruisselants de pluie et de neige. On dirait des scaphandriers sortant de l'océan.

Pour moi, la directe s'arrêtera là. Mon métier de guide, mes activités professionnelles allaient m'éloigner de l'Eiger quelque temps...

C'est au cours de l'hiver 1966 qu'une expédition d'alpinistes anglais, américains et allemands réussirent la directe de la face nord. Les alternances de beau et de mauvais temps prolongèrent leur ascension de plus d'un mois... Les cordées se succédèrent pour équiper la paroi de pitons à expansion et de cordes fixes. Des camps, équipés de vivres et de matériel, furent installés sur le haut du troisième névé, où les grimpeurs se relayèrent.

Expédition démesurée pour une paroi aussi prestigieuse, malgré les drames qui s'étaient joués là. La directe de l'Eigerwand méritait mieux ! Une ascension enlevée dans un style alpin classique, et non himalayen. L'Eigerwand n'est pas le K2.

Plus tard, entre le troisième névé et l'Araignée, John Harlin devait se tuer. Une corde fixe de sept millimètres, usée par le frottement sur la roche, se rompit sous son poids. La mort de John ne m'étonna pas. Cette paroi avait une emprise extraordinaire sur lui. La somme des dangers qu'elle représentait, les difficultés de la directe qu'il envisageait d'ouvrir étaient pour lui d'un attrait si puissant.

La tragédie de l'aiguille Verte

L'année 1964 restera tristement gravée dans ma mémoire.

Dès mon retour de l'Eiger, j'avais enchaîné des courses en compagnie de mes clients : la face nord des Drus, la traversée Charmoz-Grépon, l'arête nord du Peigne, et tant d'autres…

Il y avait beaucoup de cordées sur ces courses rocheuses, en ce mois de juillet 1964. Ainsi je me souviens avoir fait la queue au pied de la fissure Mummery pendant deux heures de temps, au point de m'endormir. Pour un guide très actif, le sommeil est des plus importants. Récupérer entre deux courses n'est pas le plus facile, d'autant que les guides partent tôt le matin, tout comme les amateurs avertis, et les attentes sont parfois longues au pied des passages obligatoires. Mon client me réveilla afin de ne pas perdre notre tour. Depuis des jours, l'isotherme zéro se maintenait à 5 000 mètres, les ascensions glaciaires ne pouvaient se dérouler dans les meilleures conditions. Il ne faisait pas assez froid. Quand vint le drame…

Ce mardi 7 juillet – comment oublierais-je ce jour ? – je venais de conduire un jeune grimpeur à l'arête des Papillons, à l'aiguille du Peigne, quand, en fin de matinée, j'eus connaissance de l'effroyable nouvelle. « La tragédie de l'aiguille Verte, le plus grand drame de tous les temps », titrait *Le Dauphiné libéré* du lendemain. Tout un stage de guides venait d'être emporté par une avalanche lors de l'ascension de l'arête des Grands Montets, à l'aiguille Verte. Trois professeurs, Jean-Louis Jond, Maurice Simond, René Novel, et neuf stagiaires disparaissaient, ainsi que Jean Bouvier, membre du comité consultatif de la Fédération française de la montagne, et Charles Bozon.

Charles Bozon avait quitté l'École nationale à la fin de l'été 1963, il avait voulu rejoindre ce stage pour entreprendre l'ascension de l'arête. Une magnifique équipée, qui n'était pas encore inscrite à son très éloquent palmarès. Quand il arriva au téléphérique des Grands Montets, la dernière benne de la journée venait de partir avec le stage. S'il était arrivé trois minutes plus tard, la benne, déjà loin, n'aurait pas permis au cabinier de la faire redescendre. Ces trois minutes décidèrent de sa vie. Destin, fatalité ? Que pourrait-on dire de plus à propos de cet effroyable accident ? Que l'heure de Charles était venue, comme celle de ses compagnons ? Cette dernière heure que l'on évoque si souvent dans les montagnes de lumière. Dieu les avait-il rappelés à lui ? Comme si Dieu n'avait pas d'autres tâches à accomplir dans l'humanité chancelante !

À une cinquantaine de mètres sous le sommet de la Verte, une plaque à vent avait cédé sous le poids du stage. Comme il était habituel, les guides progressaient alors en cordées de deux, les uns derrière les autres, en file indienne, pour ne faire qu'une seule trace. Ces garçons étaient conscients, très expérimentés. Si la plaque à vent avait été visible, ils l'auraient détectée à temps et seraient passés plus à droite, ou à gauche. Mais rien n'est aussi traître que ces dangereuses plaques qui chaque année provoquent 80 % des accidents mortels dans les courses de neige. Les plus forts même peuvent s'y laisser prendre. Et ils étaient tous des plus forts sur ces terrains glaciaires. « S'ils étaient passés dix mètres à droite, ils auraient été sauvés », déclarera le guide Armand Charlet.

Ma chance fut d'avoir quitté l'école l'année précédente, sinon je serais parti avec eux, d'autant que je n'avais jamais gravi encore cette arête. Ma mésaventure dans la face ouest des Drus, l'altercation qui s'était produite avec mon professeur de stage avaient anticipé mon départ et sauvé ma vie… Nul n'est maître de son destin, aussi prudent soit-il.

Je montai au plus vite au pied du couloir Cordier pour aider à redescendre les corps. Mais tout était déjà fait par les sauveteurs. Il ne restait plus que la neige marbrée de taches rouges, l'odeur du sang fade, que je connais trop bien. Je restai assis sur le glacier, anéanti. Comment une telle catastrophe avait-elle pu survenir ? Mille questions sans réponse. La montagne ne serait que danger et mort ?

Je regardai, dans une infinie tristesse, l'autre versant du glacier d'Argentière, ce fameux Tour Noir où j'avais conduit un groupe de stagiaires guides avec Charles Bozon. La dernière course du stage. Sous le sommet, Charlot, on l'appelait ainsi dans la vallée, m'avait dit : « René, ils sont tous bons pour la médaille. Si on allait chercher des cristaux plutôt que gravir ce sommet sans intérêt pour eux ? » Les stagiaires avaient manifesté leur joie par des cris de bonheur. On le sait, les guides sont tous des amateurs de cristaux. Nous avions fouillé dans des fours connus par Charlot, jusqu'à en émousser les pointes de nos piolets. Puis, assis sur nos sacs, nous avions dévalé le long névé qui aboutit près du refuge. La neige était souple, nous glissions comme sur des luges, riant comme des gamins. Un jour de plaisir. Maintenant, il ne restait plus rien, sinon les souvenirs fugitifs, et cette tristesse accablante.

Je redescendis du glacier à pied vers la vallée, espérant évacuer la douleur qui m'envahissait. Mais comment oublier Jean Bouvier, compagnon de l'Himalaya, mon ami Jean-Louis Jond, Charlot, mes camarades de l'école, et les autres que je ne connaissais pas ?

23

Les naufragés des Drus

*« Les guides et aspirants guides ont le devoir absolu de
se porter au secours des caravanes étrangères en danger,
à moins que leur présence et leur assistance effectives
ne soient nécessaires pour empêcher les alpinistes
de leur caravane de se trouver réellement en péril. »*
Extraits du décret n° 50-174 du 3 février 1950 sur
les Guides de montagne. (JO du 7 février 1950)
*L'article 19 est inscrit dans mon carnet de Guide
de haute montagne délivré par le secrétariat d'État
à l'Enseignement technique, à la Jeunesse et aux Sports,
et par l'ENSA, promotion « A » 1961.*

Le sauvetage exemplaire des Drus d'août 1966 aurait pu rester une belle histoire, s'il n'y avait eu, hélas, la mort de Wolfgang Eggler. L'alpiniste allemand était mort étouffé par ses cordes, au cours d'une fausse manœuvre, en descendant la partie supérieure de la face nord des Drus. Il s'était engagé spontanément avec les équipes de sauveteurs, et espérait rejoindre ses compatriotes par la traversée Marcel Lainé, ouverte avec des pitons à expansion, lors de la première ascension de la face ouest par l'équipe Guido Magnone, en 1952. Une belle aventure. Malgré d'inévitables polémiques, déclenchées par un désaccord entre guides sur l'itinéraire à emprunter pour atteindre les deux alpinistes allemands, Heinz Ramisch et Hermann Schriddel, immobilisés dans la face ouest des Drus, à trois cent cinquante mètres du sommet et à sept cents cinquante mètres du pied de la paroi.

Heinz Ramisch avait vingt-trois ans. Étudiant, il venait pour la première fois dans le massif du Mont-Blanc. Il avait réussi quelques escalades dans des massifs secondaires. Heinz venait de gravir la face sud de l'aiguille du Midi, escalade techniquement intéressante, mais de faible amplitude. Il pensait qu'une telle escalade était un exercice suffisant pour entreprendre l'ascension d'une grande paroi. Il avait oublié qu'il lui avait fallu onze heures pour atteindre le sommet de l'aiguille. Une période extrêmement longue, qui durée un manque évident de technique et d'entraînement.

Hermann Schriddel, mécanicien, avait trente ans, lui. Il avait réalisé un certain nombre d'ascensions, d'une difficulté et d'une ampleur sans commune mesure avec ce qu'était la face ouest des Drus.

Arrivés séparément à Chamonix, Ramisch et Schriddel s'étaient rencontrés pour la première fois dans un camp d'alpinistes allemands du Montenvers. Devant eux, de l'autre côté de la mer de Glace, se dressait le plus bel obélisque de granit des Alpes, la face ouest des Drus. Comment ne pas en rêver ? Comment ne pas être tenté de gravir cette paroi de protogine ? Sans davantage se connaître, les deux Allemands décidèrent de tenter l'aventure, de lier leur destin à la même corde.

Dimanche 14 août. La cordée remonte le couloir de la face ouest. Elle le traverse à 3 000 mètres, pour rejoindre les ressauts raides sous les grandes dalles grises. Deux cent cinquante mètres plus haut, les deux hommes installent leur premier bivouac dans la paroi. Ils sont lents, beaucoup trop lents. Ils ont sous-estimé la hauteur, les difficultés. Ils n'ont pas tenu compte d'une longue traînée blanche, si visible pourtant du Montenvers, qui tapisse le haut de la face ouest : elle est composée de la glace et de la neige déposées par les intempéries du début août.

Lundi 15 août. L'escalade devient plus difficile. Hermann fait une première chute d'une dizaine de mètres. Le soir, ils sont au pied du dièdre de quatre-vingt-dix mètres. De lourds nuages s'amoncellent. L'orage éclate. Il neige pendant la nuit. Leur équipement – une veste en duvet, une cagoule imperméable, une tente légère de bivouac pour deux – où ils se glissent comme dans un sac, est insuffisant pour un séjour prolongé sous mauvais temps.

Mardi 16 août. La météo s'améliore légèrement. La lenteur de la progression, les difficultés péniblement surmontées devraient les inciter à redescendre. Ils continuent pourtant. Un piton cède sous le poids d'Hermann. Il tombe pour la deuxième fois. Heinz enraye la chute. Les deux hommes sont très éprouvés. Leur progression se ralentit encore. À dix-huit heures, ils parviennent au sommet du dièdre. Au-dessus d'eux, la paroi est infranchissable dans l'axe direct. À gauche, vingt-cinq mètres plus haut, la traversée Marcel Lainé est équipée de pitons à expansion plantés depuis quatorze ans. Ils sont petits, rouillés. Peuvent-ils soutenir encore le poids d'un seul homme ? À droite, la dalle du « rappel pendulaire » vers une petite plate-forme, où ils pourront passer une troisième nuit, assis. Cette dalle est lisse, extrêmement raide. Elle se traverse en rappel, en pendulant à droite. Une vieille corde laissée par les premiers ascensionnistes est toujours en place. Renforcée par d'autres passages, malgré un aspect peu sympathique, elle facilite la traversée. Le poids d'un homme n'est pas si lourd…

Mercredi 17 août. Le ciel a pris une inquiétante allure. Une traversée horizontale, à droite du bivouac, les conduit au pied d'une fissure difficile, le « Verrou ». Hermann le franchit, non sans peine. La glace apparaît. Hermann et Heinz comprennent qu'ils n'iront pas plus haut. Ils redescendent alors vers la petite plate-forme où ils ont passé la nuit précédente.

Remonter le « rappel pendulaire » pour rejoindre la face nord, suspendu aux pitons à expansion, ou bien redescendre la paroi en rappel leur paraît également impossible. Ils sont prisonniers de leur petit îlot, sur un océan de vide. Alors commence une longue, une très longue attente.

Hermann et Heinz ne désespèrent pas. Ils sont persuadés qu'on viendra les délivrer. Que ce soit par le haut ou par le bas. En hélicoptère, pourquoi pas.

Du camp du Montenvers, des alpinistes allemands observent depuis deux jours la progression de la cordée. Le retour au bivouac, et maintenant cette immobilité inquiétante, les signaux adressés avec une étoffe rouge engagent ceux-là à prévenir le poste de secours de haute montagne de Chamonix. Le jour même, vers midi, une rotation d'hélicoptère permet de constater que les deux hommes n'ont pas bougé depuis le matin. Ce qui laisse supposer que l'un des deux peut être blessé. Le dispositif d'alerte est alors déclenché. C'est l'École militaire de haute montagne, l'École militaire de haute montagne (EMHM), qui assure la permanence des secours. L'hélicoptère redécolle pour une nouvelle reconnaissance, le guide Poncet, le gendarme Arbez-Gindre confirment ce qu'ont vu les Allemands au Montenvers.

Nouvelle rotation à seize heures trente. Le chef Charles Germain de l'EMHM et le guide Poncet constatent que les deux alpinistes restent immobiles sur leur terrasse.

Le dispositif de secours.

Mercredi 17 août. L'EMHM met son dispositif au point. Tenant compte des photos réalisées, le colonel Gonnet et son adjoint, le capitaine Grammont, décident d'envoyer au refuge de la Charpoua douze hommes, divisés en deux groupes : l'un est commandé par le guide Poncet, l'autre par le guide Méot. Parmi les secouristes figurent le guide Jasquet, les aspirants guides Coudray, Mollard, Fontaine, ainsi que deux gendarmes du Peloton spécialisé de haute montagne (PSHM), Arbez-

Gindre et Gamond. Le lendemain matin, ces hommes devront gagner le sommet du Dru par la voie normale, c'est-à-dire le versant sud. À point nommé, ils descendront la face nord jusqu'à hauteur de la traversée Marcel Lainé. Au cours de la descente, les secouristes équiperont la face nord de cordes fixes, afin de pouvoir effectuer une retraite rapide.

Pendant ce temps, un deuxième groupe formé d'officiers et de sous-officiers commandés par le capitaine Rosset et le lieutenant Debray, en stage de perfectionnement à l'EMHM, gagneront le refuge de la Charpoua. Leur mission : installer un camp de soutien sur l'arête des Flammes de Pierre. Enfin, un troisième groupe, dirigé par le guide Jean Munster, montera au refuge de la Charpoua, dans le but d'assister les équipes de pointe et le camp de soutien.

Malgré sa lourdeur, le dispositif adopté par le colonel Gonnet lui apparaît comme seul raisonnable pour parer à toutes les éventualités.

Jeudi 18 août. En altitude, il neige depuis dix-sept heures trente, le vent s'est levé, les sommets disparaissent sous un brouillard épais. Le groupe de soutien du capitaine Rosset se trouve bloqué à 3 500 mètres d'altitude par ce mauvais temps.

Hermann et Heinz en sont à leur cinquième journée et à leur sixième bivouac en face ouest...

Peu avant vingt heures, message radio de la cordée de pointe, Méot, Coudray, Fontaine, Mollard. Ils sont à la vire de quartz, à cinquante mètres sous le sommet du Dru. Il neige d'abondance.

La cordée Gary Hemming

Dans l'après-midi du 18 août, l'Américain Gary Hemming prend le train du Montenvers avec cinq alpinistes : deux Allemands, Lothar Mauch, Gerhard Bauer, deux Français, Gilles Bodin, François Guillot, et l'Anglais Mike Burke. Ce dernier a déjà escaladé la face ouest jusqu'au dièdre de quatre-vingt-dix mètres, mais, surpris par le mauvais temps et l'un de ses compagnons s'étant blessé au cours d'une chute, il est redescendu par la voie directe, dite « américaine ». Une descente vertigineuse, mais qui ne présente pas les dangers objectifs du couloir et de la face nord, seule issue pour secourir Heinz et Hermann, selon Gary Hemming qui affirme : « Quelles que soient les circonstances, nous serons auprès des deux Allemands vendredi à quinze heures. » Les six hommes bivouaquent au pied de la face ouest. Dès l'aube, ils commencent l'ascension. Hélas, les conditions météo ne permettront pas à Hemming de tenir son objectif.

Ce jour-là, retardé par le mauvais temps, je rentre de course. Il est vingt-trois heures. Depuis la veille, dans la vallée, on ne parle que des naufragés des Drus, des difficultés pour les secourir avec un mauvais temps persistant. Je connaissais bien les Drus. J'avais gravi deux fois la face nord, quatre fois la face ouest. Aujourd'hui, au moment où j'écris ces lignes, sept fois. Dans l'hiver 1957, j'en avais fait la première descente en rappel avec Jean Couzy depuis la jonction des deux faces, nord et ouest. Il n'y avait aucun doute pour moi : la solution logique, sûre, pour rejoindre les deux Allemands et les redescendre passait par la face ouest. Avant de partir en course, le matin, j'avais laissé entendre au bureau des guides que, si nécessaire, j'étais disponible pour me porter au secours des Allemands en perdition.

Vendredi 19 août : le matin, je me rends au bureau des guides avec Vincent Mercié. Aspirant guide, il est âgé alors de vingt et un ans. Je dis au guide-chef qu'avec des conditions météorologiques déplorables, l'EMHM éprouverait les pires difficultés pour atteindre les deux hommes. J'insiste : ma connaissance de la paroi est solide, et je pense que nous pourrions intervenir efficacement. Il me fut répondu alors : « Si l'EMHM a besoin de nous, qu'elle vienne nous le dire. » Dès lors, je comprends que les guides n'interviendront pas.

Je prends ma décision. Sans plus de formalité, je pars avec Vincent, et nous rejoignons l'équipe Hemming.

Comment aurais-je pu agir autrement ? Les bien-pensants n'auraient pas manqué de dire : « Desmaison est celui qui connaissait le mieux la paroi et il n'a pas bougé. » Je ne regrette rien de ce que j'ai fait, malgré les polémiques qui allaient se déclencher par la suite. Je n'appliquais que mon devoir de guide, comme il est stipulé, en début de ce chapitre, par décret publié au *Journal officiel*.

L'événement avait alerté les médias, les journalistes étaient déjà nombreux dans la vallée. *Paris-Match* me proposera de faire un reportage photographique pendant le déroulement du sauvetage. J'accepterai volontiers. Entendons-nous bien, mon intervention, tout comme celle de Vincent, n'était aucunement motivée par ce reportage, mais par la seule nécessité de nous porter au secours de deux alpinistes en difficulté dans une paroi que je connaissais particulièrement bien.

Le temps, qui semblait s'améliorer le matin, redevint mauvais en début d'après-midi. L'aiguille des Drus sombra à nouveau dans les nuages. Grains et éclaircies se succéderont, freinant les opérations de secours.

À treize heures, les cordées Méot de l'EMHM et celles d'Hemming annoncent l'interruption de leur progression.

À quatorze heures, légère amélioration. Par radio, Hemming fait savoir qu'il reprend l'ascension. Quant à Méot, il espère atteindre l'épaule de l'arête nord-ouest, la traversée Marcel Lainé, pour être prêt à lancer une corde à Hemming quand son équipe aurait rejoint les deux Allemands.

À 14 h 30, Méot réclame du matériel. À dix-sept heures, les cordées de soutien de l'EMHM arrivent avec les moyens demandés.

Entre-temps, à 15 heures pour être précis, l'hélicoptère piloté par le capitaine Jean-Louis Lumper nous a déposés, Vincent et moi, sur le glacier des Drus. À 15 h 30, nous entreprenons l'ascension du couloir. Il pleut. Des pierres provenant de la partie supérieure du couloir passent tout près de nous en ronflant. Ce n'était ni le jour ni l'heure de se trouver par là. Mais, sept cents mètres plus haut, deux hommes sont immobilisés sur leur minuscule terrasse, dans la brume. Il fallait les sortir au plus vite de là.

Encordé à cinquante mètres, je m'efforce de monter le plus vite possible. Mais le poids de nos sacs ralentit considérablement notre progression. Vincent laisse filer la corde, tout en se protégeant comme il le peut des pierres, derrière un ressaut du couloir.

À dix-sept heures, nous nous situons sous la partie la plus étroite du couloir. Le temps s'aggrave, une neige lourde, fondante, tombe à verse. Graviers et pierres poursuivent leur course infernale, impossible de traverser le couloir et d'atteindre les terrasses de la face ouest sans risquer d'y perdre la vie.

En bordure de la rive gauche du couloir, sous la muraille, nous passons une première nuit inconfortable, mais à l'abri des chutes de caillasses. L'eau coule en mince filet sur le mur auquel nous sommes adossés. Il faut se résigner : nous ruisselons. Un appel lointain nous parvient, Hermann et Heinz savent maintenant que des hommes montent vers eux.

Les cordées de l'EMHM, bloquées par le mauvais temps, bivouaquent sous le sommet

Samedi 20 août au matin. La neige a cessé de tomber, mais l'ambiance est à l'humidité. Le brouillard réduit la visibilité à une cinquantaine de mètres. Une traversée sur des dalles verglacées nous conduit au centre du goulet. De quarante mètres plus haut, Gerhard Bauer nous lance une corde qui nous permet de franchir au plus vite ce passage exposé aux chutes de pierres.

Hemming et ses compagnons sont là, sur les terrasses inférieures de la face ouest. Depuis hier, quatorze heures, ils n'ont pas changé de place. Il était neuf heures. Ils devraient être haut dans la paroi, il semble qu'il y ait un léger flottement quant à la suite de l'opération. Le temps n'est pas très encourageant, il faut dire. Nous sommes huit, maintenant. Trop nombreux pour un travail rapide, efficace. Trop nombreux pour redescendre au plus vite.

Je propose un plan à Gary Hemming :

– Toi, François, Vincent et moi, nous partons le plus légers possible pour rejoindre les deux Allemands. En montant, nous poserons des cordes dans les passages difficiles. Gilles, Lothar, Mike et Gerhard formeront la deuxième équipe qui portera l'essentiel du matériel. Les cordes faciliteront leur progression.

– OK René, me répond Gary.

– Puisque tu étais le premier dans la paroi, pars devant, avec François. Avec Vincent, je vais alléger nos sacs : nous avons trop de matériel, je reviendrai le chercher plus tard.

Gary part avec François. Pendant ce temps, Vincent allume le réchaud, nous n'avons rien bu de chaud depuis la veille au matin. Nous laissons sur la terrasse huit paires de crampons, huit piolets et deux cordes. Nous ne les retrouverons pas... En montagne aussi il y a des pirates.

Quand nous rejoignons la cordée Gary, cent mètres plus haut, sur les terrasses supérieures, les hommes redescendent : ils se sont trompés d'itinéraires, Gary ne connaissant pas cette partie de la paroi. La voie directe, l'américaine, que nous avions envisagé d'utiliser avec les Allemands naufragés, passe beaucoup plus à gauche, à la verticale du glacier des Drus. Comme je l'ai emprunté quatre fois, j'indique l'itinéraire à Gary.

Dans l'ascension, Vincent prend des photos. Il se spécialisera plus tard et travaillera comme photographe, pour EDF.

Le rocher est froid et mouillé, l'eau qui ruisselle sur les dalles entre dans nos manches.

Gary était un remarquable grimpeur, mais lent. En montagne, il avait l'avantage, ou l'inconvénient, c'est selon, d'être fort disert. De temps à autre, il interrompait sa progression pour livrer ses réflexions à propos des difficultés de l'escalade par mauvais temps, sur l'inconscience des alpinistes s'engageant dans des ascensions au-dessus de leurs possibilités, quand il ne s'abandonnait pas à quelques considérations philosophiques toutes personnelles. « Gary, ce n'est pas le moment de philosopher, mais de grimper », lui lançait alors François Guillot.

Quand nous atteignons le mur de quarante mètres, la journée est bien avancée. Les vieux coins de bois, les pitons sont toujours en place. François et Gary sont au pied de la fissure en demi-lune, quand je m'engage à mon tour dans le mur. Retenu à la paroi sur deux pitons, jambes dans les étriers, Vincent assure ma progression, la corde glisse régulièrement. Je ne suis qu'à quelques mètres du haut du mur, quand un piton cède, je crie, instinctif : « Bloque ! Bloque ! » Vincent s'exécute. Je ne fais que sept ou huit mètres de chute. Gary m'entend.

– Hello, René ! ça va ?
– Ça va, Gary, pas de mal.

Quand il pose une corde dans la fissure en demi-lune, je n'hésite pas à me tirer dessus. Nous ne sommes pas là pour exécuter des prouesses acrobatiques, rivaliser entre nous, mais pour assurer un sauvetage.

À la nuit tombante, nous sommes sous le « bloc coincé », le dernier passage difficile avant le dièdre de quatre-vingt-dix mètres. Les dernières chutes de neige ont formé un petit névé au-dessus, l'eau de fonte ruisselle, et quand, à vingt-trois heures, nous nous nous retrouvons tous les quatre au pied du dièdre, nos vêtements sont à tordre.

Bloqués par le retour du mauvais temps, les secouristes de l'EMHM bivouaquent sous le sommet.

Les Drus, une affaire nationale

À Chamonix, pendant ce temps, le colonel Gonnet convoque à son PC les autorités civiles et les professionnels : le président du Secours en montagne de Chamonix, le sous-préfet, Jean Franco, directeur de l'ENSA, Pierre Perret, président de la Compagnie des guides de Chamonix, Lucien Devies, président de la Fédération de la montagne... Ce qui, je le pense, aurait dû être fait dès le premier jour.

Côté secours, de sérieux problèmes se posent chez les officiels. L'Alouette, l'hélicoptère de la gendarmerie, ne peut transporter du matériel en raison du mauvais temps. Et tout particulièrement un treuil, destiné à faciliter la descente de la cordée Méot, de l'EMHM, vers nos deux Allemands. On décide alors que les guides Yves Pollet-Villard, pour l'ENSA, Gérard Dévouassoux, Yvon Masino, Christian Mollier, de la Compagnie de Chamonix, les gendarmes Roussel, Galle et Vauthey monteraient par le nord. Ils seront déposés par hélico au pied de la face nord des Drus avec pour mission de la gravir au plus vite jusqu'à la traversée Lainé. Ordre devra être donné à la cordée Méot d'interrompre ses propres manœuvres afin ne pas exposer les cordées de la face nord aux chutes de pierres.

De nouveaux sauveteurs entrent en lice : les guides Morand et Garcia de l'EMHM, les gendarmes Bérard et Vandelle, Marchetti et Robert Flematti. Ce dernier était alors présenté comme l'un des meilleurs guides de l'EMHM, puisqu'il venait de réussir l'ascension de la face nord de l'aiguille du Peigne.

Jamais encore on n'avait compté tant de sauveteurs sur une montagne : soixante et un, d'après la presse quotidienne.

Dimanche matin 21 août, six heures. La légère amélioration du temps sera de courte durée. La veille au soir, les Allemands n'ont pas répondu à nos appels. Maintenant, ils se manifestent en hurlant des mots qui nous sont incompréhensibles. Quatre-vingt-dix mètres, la hauteur du dièdre, nous séparent encore.

Nous prenons nos dispositions pour la journée : à 11 h 30, nous sommes à hauteur des naufragés, mais nous ne pouvons pas encore les apercevoir, car la dalle du « rappel pendulaire », légèrement bombée, nous dissimule l'îlot.

Hemming lance :

– Comment ça va ?
– *Gut !* Ça va bien, répond Heinz.
La liaison est faite, tout va bien.

J'avais hâte de voir le visage des deux hommes, leur sourire, leur joie était aussi la nôtre. Gary et François traversent les premiers. Pendant que Vincent vérifie d'anciens pitons, en plante d'autres pour le premier rappel, je les rejoins à mon tour, et je découvre un étonnant spectacle. C'est la cinquième fois que je parvenais sur cette terrasse, et comment ne pas être saisi devant ces quatre hommes serrés sur une surface aussi étroite, en plein vide ? Heinz et Hermann sont assis, debout près d'eux, Gary et François, leurs sauveteurs. Je me bloque sur la corde, et, le corps tendu perpendiculairement à la paroi, je réalise une série de photos avec un petit appareil demi-format et un second, au 24/36. J'insiste sur la précision pour souligner que je dois faire un reportage photo pour *Paris Match*. J'avais toujours deux appareils légers en montagne, l'un dans la poche de l'anorak, l'autre dans une poche intérieure. Je disposais ainsi d'une relative autonomie pour exécuter mes prises de vue sans avoir à recharger l'appareil dans des positions acrobatiques.

C'est à ce moment-là que deux cordées, Yves Pollet-Villard pour l'ENSA, Yvon Masino, Dévouassoux, Mollier pour la Compagnie des guides de Chamonix, qui montaient dans la face nord, atteignent l'épaule, en bordure de la face ouest. Pollet-Villard me demande ce que je compte faire des deux Allemands. Je demande à Gary s'il est toujours d'accord pour descendre par la face ouest, il acquiesce. C'était mon avis aussi. Je transmets le message. Yves me répond que lui et ses compagnons représentent le secours officiel et que les ordres sont de descendre les deux naufragés par la face nord. Il transmet nos propos par radio dans la vallée. Yves était mal à l'aise, je le sentais à sa voix un peu cassante. Nous avions grimpé ensemble dans les Alpes et en Himalaya, et nous étions liés par de très forts moments. Mais, n'est-ce pas, représentant l'ENSA, il devait s'en tenir aux ordres.

Je lui explique pourquoi nous ne passerons pas en face nord : pour ce faire, il aurait fallu fixer et tendre une corde entre les deux points nord et ouest, au-dessus d'un vide de sept cents mètres. Ce qui ne posait aucun problème, mais Hermann et Heinz, très fatigués, ne pourraient pas traverser en se tirant eux-mêmes sur la corde avec leurs muscles affaiblis. Il faudrait que nous le fassions à leur place, et ce processus prendrait beaucoup trop de temps, au minimum deux heures. Or, il était déjà midi et demi ! Par ailleurs, même équipée, la descente de la face nord était loin d'être directe. Aux deux tiers supérieurs, sous le glacier que l'on appelle « la Niche », la longue traversée obligerait les sauveteurs à porter les deux hommes. Dans le cas d'une descente plus directe, ils ne pourraient se déplacer eux-mêmes... Je l'affirme aujourd'hui encore : il était impossible d'atteindre le glacier avant la nuit par cet itinéraire, contrairement à ce que l'on prétendra ensuite.

Les deux rescapés, très fatigués, ne souffraient d'aucune blessure ni de gelure. Dans l'immédiat, le plus important pour eux était les boissons chaudes, l'alimentation, les vêtements secs transportés par la deuxième équipe, dont le premier, Gilles Bodin, venait tout juste d'arriver au pied du dièdre de quatre-vingt-dix mètres.

C'est alors que, cinquante mètres plus haut, l'alpiniste allemand Wolfgang Eggler, qui tentait de descendre en rappel par la face nord, s'emmêle dans ses cordes au cours d'une inexplicable manœuvre et meurt étouffé. D'où nous étions, dans la face ouest, nous n'assisterons pas à la tragédie. Nous n'en dirons rien aux deux rescapés, qui n'avaient pas le besoin d'être traumatisés avec ce drame qu'ils avaient indirectement provoqué.

En deux rappels de quarante-cinq mètres, Gary et François descendent au pied du dièdre. Puis Vincent rejoint le relais installé au milieu au cours de l'ascension précédente. Pendant ce temps, je fixe une corde au harnais de Hermann, qui est relié à Vincent de la même manière. Je passe la corde dans deux mousquetons accrochés à deux pitons et dans un descendeur modèle « Pierre Alain », un petit appareil permettant un freinage efficace et régulier de la corde. J'explique simplement à Hermann qu'il doit s'écarter de la paroi en étendant ses jambes.

La vertigineuse descente commence.

Au relais, Vincent récupère Hermann. Par le même procédé, il lui fait descendre les quarante-cinq mètres suivants. C'est ainsi que le sauvetage se déroulera jusqu'au glacier des Drus.

À seize heures, nous sommes tous réunis, avec la deuxième équipe, sur la terrasse au pied du dièdre, où nous passerons la nuit. Le plafond nuageux s'unifie vers 3 600 mètres, et malgré l'altitude, il ne fait pas froid. Par contre, l'orage semble inévitable.

Un hélicoptère monte jusqu'à notre hauteur. Attaché sur son siège, un cadreur se penche dans le vide et braque sa caméra sur notre groupe. Pour dix hommes, la terrasse devait lui paraître bien étroite. Elle l'était.

Heinz et Hermann sont assis dans une anfractuosité de rocher, une toile imperméable est tendue devant eux. Chacun s'installe comme il le peut pour passer cette dernière nuit dans les Drus. Vincent se glisse dans son sac de couchage humide. Il tire de sa poche ce qui fut un paquet de cigarettes. Je m'installe à mon tour sans empressement. Quelques bribes de conversation nous parviennent, puis le silence tombe.

Un frisson glacé me parcourt l'échine, je regarde ma montre, il est deux heures. Encore trois avant le lever du jour. Tassée par notre poids, la neige forme une petite cuvette où l'eau s'accumule. Nous sommes couchés tête-bêche sous la tente de bivouac étendue sur nos sacs de couchage. Le ciel s'embrase à l'ouest. Un grondement roule dans la nuit, puis le silence retombe. La nuit s'illumine à nouveau, l'orage est proche, sur le mont Blanc apparemment. Il se déplace vers l'est. Il sera sur les Drus sous peu. Une lumière fulgurante traverse le ciel. Les Aiguilles de Chamonix se dessinent sur un fond ténébreux. La foudre vient de s'abattre sur le Grépon. Je tire sur ma corde, instinctivement. Elle tient bon. Sur la terrasse du bivouac, plus personne ne dort. Chacun vérifie sa corde, sa position, et se prépare à l'orage. On sent l'inquiétude latente. À quatre cents mètres sous le sommet des Drus, le danger devrait être limité...

C'est l'enfer, tout à coup. Un éclair nous aveugle, une décharge me traverse, je crie malgré moi. Une deuxième décharge frappe la paroi, je me tends comme un arc. Au pied du dièdre, chacun participe selon sa position à ce festival électrique. Seuls Heinz et Hermann, au sec dans leur niche de granit, ne ressentent presque rien. Les cordées de l'EMHM, les gendarmes, sur l'autre versant des Drus, doivent passer de difficiles moments. Inoubliables, devrais-je dire. Plus tard, nous reparlerons de ces moments en riant, alors que tout aurait pu basculer dans l'horreur.

Le silence revient, la neige tombe, serrée. Nous attendons, tendus, anxieux. L'orage semble s'être éloigné. C'est alors que tout explose dans ma tête. Je suis frappé d'un coup d'une force inouïe, un étau me comprime la poitrine, j'ai mal partout. Je ne peux plus respirer autrement qu'en produisant l'énorme effort physique de gonfler et de vider mes poumons. Une peur panique m'envahit. Je sors de mon sac de couchage, debout, malgré la neige et le vent, je crie à l'intention de Vincent :

– Il faut partir de là !

– Pour aller où ? me répond Vincent avec le plus grand calme.

Il n'a pas tort : ce n'est vraiment pas le moment de se déplacer, de se libérer de la corde qui nous retient à la paroi. Pour aller où ? À quatre-vingts centimètres de mon crâne, j'aperçois, en levant les yeux, un paquet de pitons et de mousquetons accroché au rocher. D'où les coups que je prenais à chaque décharge électrique. Il faut éloigner cette ferraille, mais je n'ose la prendre. Chaque seconde qui passe nous rapproche du prochain éclair de foudre. Je saisis le paquet, je le lance dans la neige, plus loin. Au même instant, un éclair emporte la montagne. Je suis plaqué sur la neige, à demi assommé. Avec stupéfaction, Vincent voit des aigrettes lumineuses glisser sur la toile de bivouac, de petites flammes bleues jaillissent de ses doigts…

La neige tombe, épaisse. Le calme revient. L'orage fuit, poursuivant sa course infernale vers d'autres sommets. Je fais des efforts pour ne pas m'endormir jusqu'au petit matin. Je dois recouvrer une respiration normale. Dès que le sommeil me gagne, une sensation d'étouffement me réveille. Mon visage est boursouflé. Il s'en était fallu de peu que je grille…

À cinq heures, nous sommes tous debout. Nos visages blêmes font peur à voir.

Six heures. Gary, Mick, Gerhard et François entreprennent la descente avec six cordes de cinquante mètres, afin d'en équiper trois cents mètres en cordes fixes. Mauch et Gilles les suivent de près. Au bas de chaque corde, ils attachent Hermann et Heinz, que je descends, l'un après l'autre, sur une autre corde. Avec cette seconde, doublant celle déjà posée, je les rejoins en rappel. Vincent les récupère, et nous les faisons parvenir à la première équipe.

Dix-huit heures. Nous rattrapons la première équipe sur une terrasse importante, deux cents mètres au-dessus du glacier des Drus. Gary est étonné de nous voir là déjà. Il pensait que nous ne le rejoindrions que le lendemain. Nous aurions pu faire plus vite, mais nous étions trop nombreux. Nous perdions du temps sur les relais étroits, attendant que ceux qui n'avaient rien à faire dégagent vers le bas. Vincent, Lothar ou Gilles, et moi-même aurions bien suffi pour descendre nos deux naufragés.

Sur le Rognon des Drus, des cordées de l'EMHM et des gendarmes du PSHM ont installé un camp. Nous atteignons le glacier des Drus en même temps que la nuit. Des éclairs explosent en flash, cette fois.

Le lendemain, selon un rituel préparé à l'avance, afin que l'on sache que tout le monde – et même ceux qui n'en étaient pas – avait participé au sauvetage, trois hélicoptères nous déposent dans la vallée.

La foule est dense, impatiente. La télévision régionale, la presse nationale sont présentes. Tous veulent voir, toucher le Grand Gary, celui qui a sauvé les deux Allemands. Il faut dire qu'avec son mètre quatre-vingt-dix, sa chevelure blonde, ses yeux bleus de Viking, il détonne sur le reste de la troupe. Guillot, Bodin, Mercié, Mauch, Burke, Bauer avaient-ils seulement été présents dans la face ouest des Drus ? Gary était devenu le héros des Drus, le « beatnik des cimes ». Il n'avait rien demandé, mais cette notoriété explosive ne lui déplaisait pas. Aux journalistes qui me posaient des questions quant au choix de l'itinéraire de descente, je répondais toujours la même chose :

– Nous avons réussi ! Ce qui peut être dit sous forme polémique ou autre, je m'en fiche éperdument. Mes camarades sont d'accord avec moi. L'EMHM et le PSHM ont participé au sauvetage. Gary Hemming était entièrement d'accord pour descendre par la face ouest. C'était son choix, dès le début du sauvetage.

Rien n'y fit : Gary était le héros, j'étais le franc-tireur, l'indiscipliné. On m'accusa d'avoir failli à l'honneur de la profession, d'être descendu par la face ouest uniquement pour mon prestige personnel. N'avait-on pas dit quelque chose de similaire à propos de Lionel Terray lors de son intervention au sauvetage de Vincendon et Henri, sur le grand plateau du mont Blanc, comme il l'écrivit dans son livre, *Les Conquérants de l'inutile*. Je le cite : « On m'a traîné dans la boue parce que, au lieu de palabrer, j'ai essayé de sauver deux petits gars que trois jours plus tôt on aurait tirés de là sans peine. »

Les discours exagérés, altérant la vérité, allaient leur train. On tentera même de faire dire à Hermann qu'il était tombé trois fois au cours de la descente dans le but de m'imputer de graves fautes techniques. Le patron des reporters de *Paris-Match*, Jean Lagache, me pria de venir à Paris, au siège du magazine. Je devais mettre les photos en place, vérifier si les textes correspondaient à ce qui s'était passé dans la face ouest.

C'est dans le métro, en lisant le journal du jour, que je découvris mon exclusion du bureau des guides de Chamonix au prétexte que j'avais profité du sauvetage pour réaliser le reportage du magazine.

À ce propos, *Paris-Match* détenait un cliché de l'alpiniste allemand, Wolfgang Eggler, mort, pendu à ses cordes, dans la face nord des Drus. L'image avait été prise par l'un des guides de la Compagnie ! L'un de ceux qui étaient montés par le nord. *Paris-Match* avait payé cette photo cinq cents francs, mais ne l'avait pas publiée. Jean Lagache la trouvait trop ignoble pour paraître dans ce reportage somme toute héroïque et sympathique. Il me donna le cliché, en me disant que je pourrais m'en servir s'il m'était utile. Avec la signature qu'il portait, j'avais de quoi semer un grand trouble dans l'organisation officielle. J'aurais pu faire taire ceux qui m'attaquaient au sujet du reportage. Je n'en fis rien. Mais, dès mon retour dans la vallée de Chamonix, je me rendis aussitôt au bureau des guides. Je montrai la photographie. Son auteur était présent, ainsi que le guide-chef. Tous les deux blêmirent. J'en profitai pour me soulager du poids que j'avais sur le cœur : au cours de mes reportages, de mes sauvetages de haute montagne, jamais je n'avais photographié un pauvre mort, ou même un blessé, leur disais-je. Je leur volai dans les plumes, jugeant leur comportement indigne, eux qui appartenaient à la célèbre Compagnie des guides. Je tiens à préciser que leurs explications grotesques, emballées d'un discours de fausses vertus, ne compromettaient en rien l'ensemble des guides chamoniards. Pas plus que la crapuleuse photo de l'alpiniste mort, Wolfgang Eggler.

Pour moi, l'affaire en resta là. J'étais devenu un guide indépendant, rattaché au Syndicat national des guides. Libre de prendre mes décisions moi-même, de me porter, si nécessaire, au secours d'alpinistes en difficultés, de réaliser mes propres reportages sans avoir à réclamer l'autorisation de quiconque.

24

Première hivernale du Freney

Après le sauvetage des Drus, les polémiques, l'agitation médiatique, j'éprouvais le besoin de rencontrer d'autres visages, de découvrir d'autres montagnes. Le Dévoluy... J'aime ce massif des Hautes-Alpes, peu connu encore du grand public. J'y compte beaucoup d'amis fidèles. Un désir puissant me poussait à m'isoler, à me ressourcer dans ce féerique jardin.

Depuis la première ascension réussie du pilier est de Bure en compagnie d'Yves Pollet-Villard et André Bertrand en 1960, j'avais ouvert d'autres itinéraires. Me retrouver seul, flâner au pied de ces murailles, à la recherche de nouvelles voies fut des plus bénéfiques pour moi. Assis sur une éminence rocheuse, j'aimais plonger le regard dans le bleu extravagant du ciel du Dévoluy. Mes errances solitaires finissaient souvent à la fin du jour. Alors, j'attendais le déclin de la lumière, et quand le soleil disparaissait par-delà les hautes murailles, une onde de bonheur me parcourait tout le corps.

J'avais alors un ami précieux, Théophile Eyraud, curé du Dévoluy. Il n'est plus de ce monde aujourd'hui. Je logeais dans sa cure, près de l'église Saint-Étienne, où une chambre m'était attribuée. Théo, on l'appelait ainsi, diffusait un rayonnement extraordinaire, aussi de nombreux amis et fidèles lui rendaient souvent visite. Il ne prêtait jamais ma chambre, « la chambre de René »...

Pendant que Théo procédait à son office religieux, le dimanche, je préparais le repas. Théo n'avait jamais de propos religieux en ma compagnie, il respectait trop l'identité de chacun. C'était sa manière à lui de rassembler les gens. Sa réputation était telle que monseigneur Marty, l'archevêque de Paris, lui rendit visite, un jour. Ils firent le tour de toutes les fermes du Dévoluy, et les gens de ce pays étaient fiers de recevoir l'archevêque de la capitale.

– Je suis un incroyant, dis-je à Théo, un jour. Avec ce métier à hauts risques, je disparaîtrai certainement avant toi, et on ne se retrouvera pas dans ton au-delà, s'il existe vraiment.

Théo rit :

– Quand tu viens dans le Dévoluy, les gens ont le sourire, alors ne t'inquiète pas pour le reste. Je m'en charge.

Depuis lors, quand quelque chose ne va pas comme je le souhaiterais, je n'invoque plus le ciel, ce qui m'arrivait malgré mon peu de foi, mais Théo…

– Théo, arrête de te tourner les pouces. Bon sang, fais quelque chose pour moi !

M'aurait-il rapproché du divin ?

Quand le chemin qui reste à parcourir devint plus court, on se pose des questions. Un peu comme les bigotes que je martyrisais quand j'étais enfant de chœur.

Le Dévoluy est mon île. J'y oublie toutes les contraintes, que le monde existe au-delà de lui. Bientôt viendront des temps où je ressentirai les mêmes émotions au Pérou, dans la Cordillère blanche. C'est mon autre pays…

J'avais fait deux tentatives en hiver pour gravir le pilier Central du Freney, dans la face sud du mont Blanc, dont une en compagnie de mon ami le guide André Bertrand, sans parvenir à dépasser le refuge-bivouac de la Fourche. Le mauvais temps était toujours au rendez-vous. À croire qu'il suffisait que je monte dans l'Alpe pour qu'il surgisse. Mes amis parisiens avaient coutume de dire : « René part en montagne, le mauvais temps est assuré ! »

André ne pouvait pas se déplacer comme il l'aurait souhaité. Ses engagements auprès des clients sur les pistes skiables ne pouvaient constamment être reportés. Or, quand le beau temps daignait s'installer, fait assez rare, il ne fallait pas attendre…

C'est donc avec Robert Flematti que j'entreprendrai ma troisième tentative, en 1967. Je l'avais rencontré dans les Pyrénées un an plus tôt. Jeune guide très doué, particulièrement résistant et décidé à en découdre, il était le compagnon idéal pour mener cette ascension à bien. Robert était guide à l'École militaire de haute montagne, ses supérieurs avaient accepté de lui donner l'autorisation de se libérer quand le moment viendrait.

Dès les premiers jours de février, donc, les conditions semblent enfin réunies. Après une nuit au refuge de la Fourche, nous atteignons le col de Peuterey, but de notre première journée. La profondeur de la neige, l'ascension du versant nord du col, le poids des sacs ne nous avaient pas permis guère d'aller plus haut. Mais les conditions paraissaient acceptables sur le pilier, les vires rocheuses, fissures et ressauts, autant que nous pouvions les voir depuis le col, étaient à peine enneigés. Sous le sommet, les dalles étaient sèches. En deux jours, trois au plus, nous atteindrions le sommet du mont Blanc. Notre optimisme était au plus haut niveau, comme si le pilier allait se rendre facilement ! Mais pendant la nuit, le ciel se couvre ; au lever du jour, il neige. Nous restons sous la tente jusqu'à une heure de l'après-midi, en attendant une amélioration de la météo. Las, le ciel s'obstine à décharger ses inépuisables nuages de neige sur la montagne. Il faut se résoudre à la retraite.

Rappel après rappel, nous descendons les rochers Gruber pour atteindre le glacier du Freney, où nous enfonçons profondément. Vers six heures du soir, nous arrivons seulement au pied du col de l'Innominata. Il est gorgé de neige, des corniches au sommet. Des rochers branlants menacent de s'effondrer. Il nous faudra trois heures pour franchir ce col, que je connais pourtant très bien. Trois heures pour deux longueurs de cordes… À minuit, nous atteignons enfin le refuge Monzino, en cours de construction alors.

Le lendemain, la descente vers la vallée ne se déroula pas sans risque, les grandes pentes de neige sous le glacier du Freney avaient effacé tout relief, des avalanches meurtrières étaient à redouter.

J'en avais assez de crapahuter en portant mon gros sac sur les pentes de glace et les rochers enneigés. Je me disais que je ne reviendrais jamais plus au pilier du Freney. Après tout, n'avais-je pas réussi avec Georges Payot la première hivernale du versant Nant Blanc à l'aiguille Verte, par les rafales d'un vent du nord qui soufflait à cent kilomètres/heure ? Ces bourrasques glaciales arrachaient la neige, la précipitaient sur nous en rafales aveuglantes, bien que nous portions des lunettes. Pourquoi ne pas en rester là avec les hivernales ? Mais on ne me changera jamais : si le temps revenait au beau, cette longue randonnée d'altitude ne serait-elle pas une nouvelle expérience, un entraînement fameux ?

Mardi 7 février

17 h 30. Nous sommes de nouveau au refuge de la Fourche. Notre précédente tentative avait été effectivement un entraînement parfait : la remontée depuis le col du Géant sera relativement rapide. Aucune trace, ce que nous craignions, ne révèle la présence d'une cordée concurrente. Notre premier essai avait fait pas mal de bruit dans la vallée, d'autant que depuis six ans, aucune tentative d'ascension du pilier Central du Freney n'avait été enregistrée, même en été… Devant nous s'ouvrent les grands itinéraires du versant est du mont Blanc : la Brenva, la Sentinelle, la Major, la Poire, la Blanche de Peuterey, le Pilier d'Angle, figés dans une immensité blanche et glacée. Silence absolu. Pas le moindre craquement de sérac. Une dernière lueur orangée tourne au rouge, puis au mauve. La nuit emporte le sommet du mont Blanc.

Mercredi 8 février

6 heures. Beau temps, température : - 15 °C. Altimètre : 3 680 mètres.

Nous enfonçons jusqu'aux genoux, malgré les raquettes, dans la traversée de la Brenva. Il est tombé cinquante centimètres de neige depuis notre dernier passage. Au-delà du col Moore, sur la branche occidentale du glacier de la Brenva, nous accélérons l'allure et nous franchissons l'énorme coulée d'avalanche du couloir central du mont Blanc et de la Poire. Un endroit malsain en été, pire encore l'hiver, après une abondante chute de neige. Nous avons hâte de distinguer le pilier. Le vent n'ayant pas soufflé au cours des huit derniers jours, il doit être plâtré jusqu'au sommet.

Le col de Peuterey, enfin. Ce n'est plus la même montagne, les dalles de protogine, les fissures et les vires sont recouvertes de neige.

– Nous ne sommes pas sortis de l'auberge, Robert !

– Tu parles ! Tu crois que ça va passer ?

– Il le faudra ! On ne peut pas espérer des conditions estivales en hiver. On est là pour une hivernale, non ?

– Les paquets de neige ne sont pas indispensables pour justifier une hivernale ! Nous n'avons que trois jours de vivres. Enfin, nous verrons bien.

À la tombée du jour, nous nous glissons dans nos sacs de couchage, sous la tente de bivouac. Le réchaud où nous fondons de la neige diffuse un peu de tiédeur. Une couche de givre se dépose aussitôt sur la toile de notre abri. Quand nous touchons la toile, au moindre mouvement, des parcelles gelées nous dégringolent sur le visage. En prenant le repas du soir – potage au vermicelle, thon à l'huile, fromage et quelques pâtes de fruit –, nous établissons le programme des jours suivants. Six cents mètres sur le pilier, deux jours, et, le troisième, l'arête du Brouillard et le sommet du mont Blanc. Difficile d'être plus optimiste.

Jeudi 9 février

7 heures. Beau temps, température : - 20 °C, altimètre : 3 950 mètres.

Nous montons vers la base du pilier en enfonçant à hauteur de genoux dans la neige. Puis, dans la pente, sous les premiers rochers, aux cuisses... Quand nous atteignons le premier ressaut, la journée est bien entamée : tirer un gros sac à la corde n'est pas la meilleure solution. Nous décidons de répartir le matériel dans trois sacs. Nous en porterons un sur le dos, quant au troisième, il sera hissé à chaque longueur.

Nous escaladons une continuité de fissures, de dièdres en partie obstrués par la glace que nous dégageons au piolet, au marteau quand elle est trop épaisse. Chaque mètre présente une nouvelle difficulté. Après chaque longueur, j'installe un relais et Robert me rejoint.

Plus haut, un bloc couvert de neige et de glace obstrue la sortie d'un dièdre. Obstacle redoutable, qu'il faut surmonter avec un seul piton de protection, dix mètres plus bas. Une chute, un bras cassé serait dramatique, une jambe brisée, une catastrophe. En proie à des sentiments mêlés, je franchis le passage dans une position des plus incertaines.

La nuit arrive trop vite. Cent mètres de gagnés seulement, et pas des plus difficiles... Nous installons le bivouac sur une vire étroite. Assis dans nos sacs de couchage, attachés sous les bras au rocher, tente rabattue sur les épaules, une longue attente commence. Les heures s'écoulent. La fatigue a raison du manque de confort, et nous nous endormons finalement.

Vendredi 10 février

Température : - 20 °C, altimètre : 4 250 mètres.

Une série de petits murs surmontés de ressauts de glace relativement faciles, l'été, nous opposent de sérieuses difficultés dès le départ. Impossible de planter un seul piton sur quarante mètres. La neige et la glace remontant à la verticale sur le rocher nous contraignent à obliquer sur la droite, en dehors de l'itinéraire logique, vers un mur en partie surplombant. Haut de cinquante mètres, ce passage est plus difficile que nous le supposions. Le temps fuit à une vitesse effarante, j'ai la vive impression de ne pas progresser, et, en vérité, je n'avance guère. Surmonter ces cinquante mètres prend le reste de la journée, alors que j'espérais atteindre la base de la chandelle sommitale ce même jour. Tant pis, ce sera pour demain.

Quand Robert monte à son tour, il fait presque nuit. Sans la lampe restée dans son sac, il ne trouve pas facilement les rares prises, ni les pitons auxquels j'ai retiré les mousquetons afin de les utiliser plus haut. Difficile d'escalader cinquante mètres avec un sac au dos qui vous tire vers l'arrière, mais mon compagnon appartient aux indestructibles....

Samedi 11 février

Beau temps, vent nord-ouest, température : - 15 °C, altimètre : 4 300 mètres.

Il fait un peu moins froid, mais le rocher est couvert de givre. Le temps change-t-il ? Les premiers trente mètres sans neige sont vite remontés, puis tout redevient difficile, à l'extrême. Je dégage la neige et la glace à grands coups de piolet. Impossible de passer ailleurs. Nous avons hâte de sortir du pilier. Depuis cinq jours, le beau temps se maintient. C'est pas mal pour le massif du Mont-Blanc, cette année-là. Le ciel n'est plus aussi bleu, par intermittence un léger voile tamise les rayons du soleil.

Quatre-vingts mètres nous séparent encore de la chandelle. Crampons aux pieds, je remonte un fragile feuillet de glace d'une trentaine de mètres. Robert, mon compagnon, évite comme il peut les blocs de neige glacée que je détache sur mon passage. Un peu inquiet, il laisse filer les cordes entre ses mains, il est difficile de ne pas songer à la trajectoire que nous prendrions, si l'un de mes crampons venait à lâcher...

Nous atteignons enfin la petite arête de glace horizontale qui nous sépare du ressaut terminal du pilier. À cheval sur l'arête, je commence à découper la fine corniche. Il est quatorze heures.

L'hélicoptère rouge de la Protection civile passe deux fois à notre hauteur. Il disparaît dans une longue glissade entre l'aiguille Blanche de Peuterey et le Pilier d'Angle. Quelques instants plus tard, un deuxième hélicoptère s'approche, timidement au premier passage, très près au second. Un signe de la main... C'est Philippe Real, le directeur de l'ORTF de Grenoble, à la caméra. Il se doutait que nous reviendrions sur le pilier du Freney, et nous les trouvons bien audacieux de s'approcher si près du versant tourmenté par les ascendances et les rabattants. Mais Schmidt, le pilote, connaît bien son massif.

Quand l'appareil s'éloigne, notre isolement nous apparaît plus grand, soudain.

À seize heures, nous sommes au pied de la chandelle, sur la terrasse de notre dernier bivouac. Nous observons le ciel, que nous avions complètement oublié. Vers l'est, des nuages sombres couvrent les hauts sommets venant de l'ouest, d'autres glissent lentement sur les glaciers entourant le mont Blanc, à la manière d'un immense fer à cheval de brume.

Une tempête sur ce pilier en hiver, à cette altitude : le piège ! Angoisse. Il faut prendre une décision. Vers le bas, rien d'impossible jusqu'au col de Peuterey, mais ensuite, avec la neige qui risque bien de tomber encore, les deux versants du col seront balayés par les avalanches. Même chose, je le crains, sur le versant est du mont Blanc, sous lequel il faudra repasser pour parvenir au col de la Fourche. Et je n'oublie pas le glacier du Freney, où s'accumuleront sûrement les coulées du versant sud de la Blanche et du plateau supérieur, par où nous devrons descendre pour rejoindre le col de l'Innominata.

Vers le haut, les risques d'avalanche sont moindres, mais si le vent se met de la partie... Remonter l'arête du Brouillard au cœur de la tourmente ? Il nous faudra beaucoup de chance ! Atteindrons-nous le sommet du pilier avant la neige ? Il n'y a pas d'autre solution : grimper toute la nuit, sans s'arrêter.

Le ciel s'obscurcit, le sombre rideau de nuages précipite la fin du jour. J'attaque la traversée dans la semi-obscurité, là où j'ai vu, lors de la première ascension, Don Whillans faire un vol magistral. Au relais sur étriers, Robert perd sa lampe frontale. La pile de la mienne est déjà très affaiblie. Il est impossible de continuer. Ne reste alors qu'à poser un rappel pour rejoindre la terrasse au pied de la Chandelle, où nous attendrons le jour.

La neige tombe lentement, verticalement, le rocher blanchit. Nous sommes dans nos sacs de couchage, sous la toile de tente posée par-dessus. L'altimètre indique 4 550 mètres. Le thermomètre touche les -30 °C. Je ne comprends pas : sous la neige, sans vent, il devrait faire moins froid. Nous n'allumons pas le réchaud.

Dimanche 12 février

Je me réveille en sursaut, mon rêve me laisse sur le pilier... Il est deux heures du matin. Courte éclaircie, quelques étoiles, puis tout disparaît. Cependant, la lumière de la lune traverse les nuages, le plafond ne doit pas être très épais. Dix centimètres de neige recouvrent notre toile de bivouac. Alors qu'elle s'était interrompue, elle tombe, doucement. Pas un souffle de vent, Robert dort, il n'y a rien d'autre à faire.

Un vent violent me tire du sommeil. Le jour se lève. Des tourbillons de neige nous enveloppent.

– C'est la tourmente ! s'exclame Robert.

– Non, c'est le vent du nord. Le beau temps ! Mais il va faire plus froid !

Le thermomètre est encore descendu. En une heure, la Chandelle a recouvré sa belle teinte orangée.

Depuis hier matin, nous n'avons rien bu, ni absorbé la moindre nourriture. Nos provisions se sont épuisées, il nous reste bien un morceau de lard fumé, mais impossible d'en avaler… Ça ne passe pas ! Nous n'éprouvons pas la faim, il ne faudrait pas que cela dure encore trop. Nous avons en réserve une cartouche de gaz, et quand on n'a plus rien, l'eau chaude ça n'est pas rien.

Avec nos chaussures de cuir doublées feutre, bien adaptées aux courses glaciaires, les premiers mètres sont laborieux. Elles nous protègent les pieds du froid, mais elles sont raides, lourdes. Ce n'était pas encore le temps du plastique. Il faut planter des pitons, car la voie n'est pas équipée. Nous les laissons en place pour gagner du temps, nous n'en aurons plus besoin après le pilier.

Ce soir, nous serons au refuge Vallot. Prévisions trop optimistes, le vent du nord ne nous accordera pas une minute d'accalmie. Les doigts collent au rocher, les extrémités blanchissent. Nous devons interrompre l'escalade et passer de longs moments à masser nos mains, afin que nos doigts ne gèlent pas complètement. Nous avons froid malgré nos vêtements de protection, les relais, nous contraignant à de trop longues immobilités, deviennent un supplice sous le harcèlement du vent.

Des plaques de neige collées aux dernières dalles, des fissures obstruées par la glace nous posent de gros problèmes. Il fait nuit quand nous atteignons l'ultime pointe du pilier. Dans la brèche qui sépare le sommet de l'arête du Brouillard, le vent s'engouffre dans une puissance démentielle. Robert n'a plus de lampe, la mienne est devenue à un lumignon. Abrutis par la gamme montante du vent, le froid, la fatigue, nous envisageons de rester là, épuisés, accrochés debout jusqu'au jour. Mais, sans l'abri de la tente, sans nos sacs de bivouac, nous ne repartirions plus… Cette nuit-là, la météo enregistrera -40 °C à 4 600 mètres.

Je pose la corde de rappel et je descends jusqu'à la brèche. Sur la corniche formée par le vent, la neige s'effondre sous mes pieds. Je descends plus bas, pour traverser au-dessous. Je suis exténué. Je me déplace au ralenti, en me demandant ce que je fais là, à pareille heure, dans cet enfer hivernal.

Une quinzaine de mètres plus haut, j'assure mon compagnon sous l'arête du Brouillard. Robert traverse la corniche. Je m'attends à ce qu'elle s'effondre sous son poids, mais l'adresse de mon compagnon est telle que rien ne se produit. Il est minuit.

Nous aménageons un emplacement dans la neige pour hisser la tente, que le vent gonfle comme une voile. Après l'avoir rabattue sur nous, après avoir fermé le tapis de sol sous nos pieds, nous nous asseyons sur nos sacs, face à face. La fine toile de nylon nous isole du vent, nous ne subissons plus son souffle glacial. Tête appuyée sur nos bras repliés sur les genoux, nous nous laissons envahir par une dangereuse torpeur. C'est ainsi, je crois, qu'à bout, épuisé, on doit s'endormir pour la dernière fois... Il faut réagir, j'en ai la conscience. Ouvrir les sacs à dos, tirer les sacs de couchage est un effort qui mobilise une volonté considérable. Nous remuons nos membres endoloris par le froid, nous effectuons des gestes machinaux, parce que c'est aussi ça, survivre. Parce que, enfin, le pilier est là maintenant, en bas, sous nos pieds. Comme le dit Robert : « Il serait temps de rentrer à la maison. » C'est ce que je pense aussi, sans le formuler. Je n'oublierai jamais la belle cordée que nous formions dans cette ascension infernale, avec le vent, le froid.

Appuyés l'un contre l'autre dans le demi-sommeil, nous guettons le jour. Le réchaud est resté dans le sac. Nous n'avons rien bu depuis le pied de la Chandelle, une erreur qui aurait pu nous coûter cher.

Lundi 13 février
Beau temps, vent très violent encore. Thermomètre : -30 °C, altimètre : 4 600 mètres.

Nous devons nous alléger au maximum, alors nous laissons sur place ce qui n'est plus utile, marteaux, pitons, corde de rappel… Une seule corde nous suffira. Sur l'arête du Brouillard, notre progression est de plus en plus lente, toujours ce vent qui tente de nous arracher à la montagne.

Onze heures. Les premiers rochers sous le mont Blanc de Courmayeur. Le vent faiblit. À l'abri d'un roc, nous avons allumé le réchaud et partagé un litre d'eau.

Treize heures. Le mont Blanc, enfin. Le vent abandonne la partie. Père Éole a dû penser que nous l'avions bien assez gagné cette montagne… Au loin, les grands sommets des Alpes, du Cervin à la Meije, émergent d'une brume légère, bleutée. Sur les sacs, nous restons un long moment silencieux, attentifs, malgré l'immense fatigue, devant ce merveilleux paysage. Je me remémore ce long chemin de piste jalonné de sommets, pour arriver là. Trop d'images défilent dans mon esprit, certaines belles, somptueuses, d'autres d'une infinie tristesse. Je me sens solitaire malgré la présence de mon compagnon. Allons, mon vieux René, le temps du souvenir est pour plus tard. Remue-toi !

– Robert, regarde, les Grandes Jorasses ! Une belle montagne !

Elle se dresse, à l'est, puissante, légèrement de profil. Le Linceul est une belle pente de glace. À ce que l'on dit, l'été, il tombe des pierres. Mais l'hiver… Robert me répond d'un petit oui, en passant la main dans ses cheveux. Je crois qu'il a hâte de rentrer à la maison.

25

La vie comme un torrent

J'admire ceux dont l'existence s'écoule, stable, équilibrée. Sans problème de couple... Ce ne fut pas mon cas...

Entre Odette et moi, les désaccords étaient par trop fréquents pour qu'ils n'aboutissent pas à la séparation. Nous conservons néanmoins une grande affection l'un pour l'autre. Mais tout avait commencé trop tôt pour nous. À trente ans, je croyais à la passion. Odette est une femme fière. Quand nous nous sommes séparés, contrairement à certaines épouses qui, pour je ne sais quelle raison, s'obstinent à garder le nom d'un conjoint qu'elles abhorrent en général, elle reprit son identité de jeune fille : Martin de Roquebrune. Un très joli nom. Odette était alors la secrétaire d'un avocat.

Depuis quelques années, j'habitais à Fontainebleau, avec Simone Damiani, la sœur de José Giovanni, le célèbre romancier-cinéaste. Je connaissais José pour l'avoir rencontré souvent sur les parcours d'escalade, en forêt. Nous avions grimpé ensemble dans les massifs du Mont-Blanc et du Dévoluy. Il me fit connaître les gens de cinéma : Alain Delon nous invita dans sa propriété au sud de Paris, quand il vivait avec Mireille Darc, il y avait encore Lino Ventura, Gérard Depardieu, Bernard Giraudeau, excellent grimpeur, avec qui je gravirai le pilier est du pic de Bure, en compagnie de Xavier Chappaz.

C'est à Fontainebleau, chez des amis communs, que José me présenta sa sœur. Une belle femme dans la plénitude de ses trente-cinq ans, une comédienne. Je l'avais déjà vue au cinéma, dans le film *Classe tous risques*, où elle tenait le rôle de la compagne de Lino Ventura. Très réservée, à peine sophistiquée, elle m'avait plu sur-le-champ. Comment imager que nous ferions ensemble un aussi long chemin ? Je n'ai jamais compris pourquoi, après avoir tourné dans deux films, joué au théâtre, elle laissa là son métier. Qu'il soit clair que je n'en étais pas la raison.

Je rentrais de l'Himalaya, j'étais prof à l'ENSA, Simone avait deux filles, âgées de sept et onze ans, des valises, un secrétaire Louis-Philippe et deux divorces. Le premier avec un chanteur lyrique, le second avec un pianiste-compositeur.

Avec sa femme et sa mère, José s'était installé à Fontainebleau. Nous fîmes de même. Odette vivait alors en banlieue sud de Paris, et nous pouvions nous voir fréquemment. Je continuais donc à veiller sur mes enfants. Nous en avions trois, Sylvie, Mireille et Pascal, le dernier. Nous étions souvent ensemble dans la forêt, le dimanche, sur nos rochers. Notre famille n'est pas éclatée, elle ne le fut jamais. Aujourd'hui, Sylvie a une maîtrise de philosophie et une licence de sociologie, Mireille est kinésithérapeute et ostéopathe ; quant à Pascal, il est moniteur de ski et cinéaste-conférencier. Nous voyageons souvent ensemble, et nous tournons des films, au Pérou et dans nos Alpes.

Quand, après quelques années, José décida de s'installer en Suisse, sa mère vint vivre avec nous. Elle s'ennuyait loin de son fils, alors décision fut prise de nous installer à Chamonix. J'y louais un grand appartement pour y recevoir mes enfants au cours des vacances. Chamonix toute l'année ! Le bonheur !.

Comme toutes les femmes de mes amis conférenciers de *Connaissance du monde*, Simone m'accompagnait dans mes tournées. Ça ne dura pas longtemps. Elle s'ennuyait, il y avait de quoi, les salles de spectacle, les hôtels ne font pas une vie. Le jour vint où elle renonça à m'accompagner. J'étais mieux seul. Un peu de liberté recouvrée...

Un beau jour, la mère de Simone voulut regagner Paris. Comme un imbécile, je me retrouvai dans un appartement, près de la place Clichy. Tout s'était décidé à mon insu, alors que j'étais en tournée de conférences. J'aime Paris, où je compte de nombreux amis, mais me retrouver sur les trottoirs de la ville quand je quittais l'appartement, très peu pour moi.

Je repartis seul à Chamonix, et je m'installai dans un petit appartement, aux Mouilles. Simone proposa à sa mère un autre appartement à Paris, à la charge de son frère, puis elle me rejoignit. Mais j'avais franchi un torrent, dont je suivais le fil, sur l'autre rive. Le torrent devint bientôt rivière, puis fleuve, et les rives ne firent que s'éloigner un peu plus...

Mon métier de guide, de conférencier, mes activités auprès de différents fabricants ne nous permettaient guère de nous voir. Comme mes affaires tournaient rond, j'envisageai d'acheter un appartement, mais Simone préférait un chalet. J'en fis donc construire un, « Chortën », en souvenir de l'Himalaya. Plus tard, elle voulut une maison dans la région de Fontainebleau, je lui en dénichai une à Bourron-Marlotte. Nous y vécûmes quelque temps ensemble. Puis elle s'y retrouva le plus souvent sans moi. Nous n'avions plus grand-chose à nous dire. Nous avions partagé de bons moments, mais n'avions plus rien à faire ensemble. Ses deux grandes filles faisaient leur vie, les miennes aussi. Après être restées un an à Chamonix, Sylvie et Mireille avaient rejoint Odette et la capitale, afin de poursuivre leurs études. Le temps était venu de larguer les amarres. Ainsi allait ma vie.

Au cours de l'été 1967, je décidai de réaliser un film de conférence au pilier Central du Freney, avec la participation de Robert Flematti. Les fabricants pour qui je travaillais en assurèrent la partie financière. René Vernadet, remarquable cadreur, capable de tourner dans les endroits les plus acrobatiques, en réalisa les images. Nous nous connaissions depuis que nous avions travaillé ensemble pour le film de Marcel Ichac, *Les Étoiles de midi*.

Le tournage s'effectua en deux périodes : du col de la Fourche au pied de la Chandelle d'abord, puis, quelques jours plus tard, le temps étant au beau fixe, nous redescendîmes par l'arête du Brouillard jusqu'au sommet du pilier, en rejoignant en rappel le pied de la Chandelle. Gravissant les ultimes cent cinquante mètres, nous filmâmes les plus beaux passages. *Le Pilier du Freney* était enfin en boîte. Il reçut le premier prix Mario-Bello en 1968, au Festival international du film et d'exploration de la ville de Trente, en Italie. S'il ne s'était trouvé en compétition avec le film des Jeux olympiques, il aurait obtenu le grand prix, m'assura le président du jury. J'étais content, ce n'était pas si mal pour un premier film.

26

Le Linceul des Grandes Jorasses

Cette première ascension hivernale, doublée de la première émission radiophonique en direct, en janvier 1968, fut une belle aventure. Dans des tourbillons de neige et un vent glacial...

L'idée de l'émission radio vint de mon ami Christian Brincourt, alors reporter à Radio-Luxembourg, le RTL d'aujourd'hui. Au tout début de janvier, alors que nous prenions un verre au Savy, le bar obligé des reporters, face à la rédaction de la rue Bayard, il me demanda quels étaient mes projets immédiats. Je lui parlai d'une grande pente de glace de forme trapézoïdale, située dans la partie orientale de la face nord des Grandes Jorasses, le Linceul. Une pente de huit cents mètres, commençant par deux goulottes hautes de trois cents mètres, inclinées à 80°, pour finir à 65° et 55° sous l'arête des Hirondelles, à deux cents mètres du sommet de la pointe Walker. Ce projet passionna Christian. La rédaction me proposa alors d'en faire le reportage en direct pour l'émission « Dix millions d'auditeurs ». Je ne souhaitais que ça. Comme convenu, Robert Flematti était de l'ascension. Une aventure dont nous étions loin d'imaginer les péripéties...

Un autre ami de Christian, Georges Ménager, photographe à *Paris-Match,* se joignit à nous. Pour sa sécurité et celle de Georges, Christian engagea deux guides, les frères Patrice et Gilles Bodin.

Techniquement, l'affaire fut menée rondement. Dès que le beau temps s'y prêta, un camion équipé de matériel de transmission et de réception partit pour Chamonix. Alain Kraus, reporter de RTL, installa la régie à la Flégère, dans l'axe de la face nord et du refuge de Leschaux. De là, les émissions que nous réaliserions depuis le Linceul avec un poste HF seraient transmises en direct sur les ondes, grâce au relais de la poste de Chamonix. Trois quotidiennes : le matin, à 7 h 30 ou 9 heures suivant nos possibilités, aux informations de 13 heures, et le soir, à 19 h 30. Christian Brincourt, depuis le glacier, assurerait le relais radio entre la paroi, Alain Kraus et les auditeurs. Rien de plus simple, apparemment. Il ne restait qu'à gravir le Linceul.

17 février. Les goulottes de glace vive du Linceul se dressent au-dessus de nous. Nous sommes partis de Chamonix à ski l'avant-veille, à trois heures du matin, chargés comme des mulets. Gilles et Patrice Bodin nous accompagnent jusqu'à l'attaque, puis ils redescendent au refuge, où ils retrouvent Georges Ménager et Christian Brincourt, déposés en fin de matinée sur le glacier de Leschaux, avec les skis et le matériel de transmission, par le pilote d'hélico Michel Ziegler. Comme le ciel se couvre, le Pilatus redécolle au plus vite. Gilles et son frère aident les deux reporters à transporter les équipements au refuge, à une centaine de mètres au-dessus du glacier, à 2 450 mètres d'altitude.

Nous ne gravissons que cent cinquante mètres au cours de la première journée. La glace vive est extrêmement dure, peu épaisse, les broches à glace que je plante rebondissent sur le rocher sous-jacent. Nos piolets à manche de bois, nos crampons ne nous permettent pas une progression rapide face à la pente. Nous disposons de quatre cordes de cinquante mètres, deux de neuf millimètres pour l'assurance, deux de sept millimètres pour hisser les sacs de matériel, les équipements de bivouac, une tente de paroi, les vivres pour cinq ou six jours, deux réchauds et les cartouches de gaz. Sans oublier deux postes HF, qui pèsent trois kilos chacun, et leurs piles de rechange. La consigne est de ne pas monter trop vite, pour faire durer l'émission, accrocher auditeurs et annonceurs...

Il neige sur la paroi, le glacier disparaît sous un voile nuageux.

Avant la fin du jour, le bivouac est installé sur une petite terrasse horizontale, large d'environ quatre-vingts centimètres, à droite de la goulotte. Juste de quoi nous allonger tête-bêche. Sous la petite toile de tente, l'ambiance est vite hivernale. Mais nous ne sommes pas inquiets. Si le mauvais temps s'installe, nous n'aurons qu'à redescendre sur le glacier, en laissant les cent cinquante mètres équipés de cordes fixes qui nous permettront de remonter à la première amélioration jusqu'à notre refuge malaisé. C'est ce que je propose à Christian au cours des essais radio :

– Impossible ! répond-il. L'émission est déjà lancée, si vous descendez, les annonceurs se retireront, l'émission sera annulée.

– Christian, on peut très bien commencer l'émission depuis le refuge... Les auditeurs comprendront que l'ascension soit retardée de quelques jours !

– Non, René ! La rédaction nous demandera de rentrer. Ce sera très fort d'émettre depuis la paroi, dans le mauvais temps. Mettez-vous à la place des auditeurs : quand vous leur parlerez en direct sur l'antenne, à 19 h 30, ils seront bien au chaud, les pieds sous la table, chez eux. Et vous, dans la tempête, sur le Linceul de la face nord des Grandes Jorasses ! Le Linceul, c'est magique ! Tu imagines le suspense ?

Il conclut :

– Soyez à l'écoute à 19 heures, pour les nouveaux essais, avant de passer en direct.

La tête à l'extrémité de la tente, nous nous regardons, interrogatifs. Une rafale traverse la paroi, la tente gîte violemment.

– T'en penses quoi, Robert ?

– Pour le moment, ça va. Mais si le mauvais temps s'installe, si le vent se lève, on va se faire secouer sous la toile.

– Alors, on se tirera au plus vite, émission ou pas !

Robert est d'accord.

La neige s'accumule sur les hauteurs, des coulées se forment, puis glissent sur les glaces du Linceul. L'une d'elles déferle même par-dessus la tente, abritée en partie sous le petit mur où elle s'adosse. Puis le silence retombe. Déchargée de son trop-plein, la montagne semble s'immobiliser.

19 h 25. Ne pouvant émettre depuis le refuge, recouvert d'aluminium, et qui fait cage de Faraday, Christian est redescendu sur le glacier. Le contact radio est établi.

– Comment ça va là-haut ? Vous me recevez bien ? demande-t-il.

– Ça va, on te reçoit 5/5.

De la Flégère, Alain Kraus, en relation avec Philippe Gildas au studio de RTL à Paris, intervient à son tour.

– Attention ! Ça va commencer. 5, 4, 3... À toi, Christian !

– Je suis sur le glacier de Leschaux à 2 500 mètres d'altitude, sous la neige et le vent qui balaient le glacier... Depuis ce matin la célèbre cordée René Desmaison et Robert Flematti, qui a réussi l'hiver dernier la première ascension du pilier Central du Freney, s'est attaquée à la formidable paroi des Grandes Jorasses. Ils vont tenter de gravir une pente de glace d'une effroyable raideur. (Christian n'hésitait pas sur les superlatifs pour provoquer le suspense...) Si vous me recevez malgré la tempête, dites-nous comment ça se passe là-haut. Quelle température avez-vous ?

Je suis interloqué : j'avais oublié d'emporter mon thermomètre. Je mets la main sur le micro, et je demande à Robert :

– À ton avis, quelle température ?

– -10 °C, -15 °C...

– Allô ! Vous me recevez ? s'inquiète Christian Brincourt.

– Oui, très bien. Il doit faire -15 °C. Mais nous sommes à l'abri, sous la tente de bivouac. Nous espérons que le temps va s'améliorer...

– Les deux hommes sont suspendus dans leur tente accrochée à la paroi par une température de -20 °C, enchaîne Christian...

Le 18 et le 19 janvier, le mauvais temps persiste. Nous passons le temps à nous retourner sur une tranche, puis sur l'autre, sur le ventre pour revenir sur le dos. Nous évoquons notre hivernale au pilier du Freney et nos futures ascensions.

Les émissions se succèdent, régulières. Mais que dire quand on reste immobile, si ce n'est : « Il neige toujours... Le vent souffle en rafales... Nous sommes d'une patience infinie... Le moral est au plus haut ! Nous faisons le siège de la montagne ! »

Cette attente, cent cinquante mètres au-dessus de la rimaye, était absurde. Lors d'un contact radio avec Christian, je lui réitère notre souhait de descendre au refuge, ce que nous aurions déjà fait sans cette émission.

– Non, René ! Patientez... Le beau temps va revenir ! L'émission marche du tonnerre, affirme Christian.

Par la suite, nous saurons que quatre millions d'auditeurs auront suivi l'émission. Inquiets de notre sort, des gens téléphonèrent à la rédaction, rue Bayard, pour obtenir plus d'informations. Le succès semblait assuré. Quant à l'ascension du Linceul, c'était au ciel d'en décider.

Le 20 janvier enfin, une belle éclaircie nous permet d'atteindre la goulotte de glace, nous la remontons sur cinquante mètres. Mais l'après-midi, la neige recommence à tomber. Elle nous contraint à regagner le bivouac, après avoir laissé une corde fixe en place.

Les deux jours suivants, nous ne progressons que de deux cents mètres. Il faut tailler des prises dans la glace pour les pieds et les mains, elle est tellement dure que je casse deux broches « tire-bouchon » en les vissant, quant aux broches tubulaires, elles pénètrent difficilement dans la glace et tiennent mal. Je dois les planter à grands coups de marteau, mais elles vrillent, elles s'arrachent d'une seule main... J'en suis à planter des pitons à rocher dans la glace. Il reste que les relais sont d'une inquiétante fragilité...

L'émission de 13 h 30 nous prenait un temps considérable. Il faut sortir le poste HF de mon sac, l'installer avec mille précautions pour qu'il ne tombe pas, attendre le contact avec Christian, répondre à ses questions et à celles des auditeurs, commenter les difficultés que nous aurons à surmonter, puis boucler le matériel dans le sac, de nouveau : deux heures perdues !

Les nuages courent sur la paroi, ils nous arrosent de gerbes de neige qui se transforment en coulées dans la pente. Nous devons prévoir le choc quand l'une d'elles plonge droit sur nous. La galère... Ce n'était plus de l'alpinisme, mais un travail de forçat. « Mais qu'est-ce qu'on fout là ! » me disais-je, sachant très bien que nous étions venus de notre plein gré.

Le 23 janvier, nous quittons l'entonnoir des goulottes et nous atteignons le centre de la pente du Linceul, moins raide. Nous espérons y trouver des nappes de neige durcies par le froid, las, ce n'cst qu'une poudreuse légère, déposée sur la glace. Il faut la dégager pour retrouver la glace. Depuis le sixième jour de l'ascension, nous n'avons plus de vivres...

Le 24 janvier, la paroi est envahie par une horde de nuages. Nous sommes à une quarantaine de mètres des premiers rochers de l'arête des Hirondelles, quand une violente rafale venue du glacier de Leschaux nous bouscule. Nous avons juste le temps de planter une broche plate, de tailler une marche pour poser la partie antérieure des pieds, les rafales se succèdent, d'une force démoniaque. Un vent d'une incroyable puissance ramasse la neige au pied de la paroi et la projette vers le haut, comme par l'effet d'une rampe de lancement. Une véritable furie blanche remonte le Linceul. Jamais encore je n'avais connu pareil phénomène dans une paroi. En quelques secondes, nos visages gèlent. Robert tire la tente de son sac à dos. Nous enveloppons nos têtes dans la toile, en la tenant fermement dans nos mains. Sans la tente, nous n'aurions pas résisté à cette tornade qui durera deux heures... Deux heures, en appui sur la partie antérieure des pieds, une éternité...

Nous profitons d'une courte accalmie pour poser une corde fixe et nous redescendons au bivouac de la veille. La tente est montée rapidement, attachée sur les deux broches auxquelles nous nous étions assurés. Il va sans dire que nous avons renoncé à l'émission de 13 h 30. Christian a dû assurer sans notre participation. Avec le temps épouvantable, les nuages collés au Linceul, il ne manque pas d'arguments : « Que sont devenus les deux hommes dont nous sommes sans nouvelles depuis ce matin ? » De quoi faire monter la sauce !

À 19 h 30 tout de même, nous pouvons émettre, malgré le vacarme du vent. Je ne sais pas si les auditeurs comprirent un seul un mot, le micro craquait comme un vieux moulin à café. « Vous êtes inaudibles !… Répétez ! lançait Christian. Là-haut, c'est la tempête… Ici, sur le glacier où je me trouve, je suis cerné de rafales de neige », poursuivait-il, plié en deux, dos au vent, pour protéger son micro. Dans le genre, on ne fera jamais mieux…

Durant la nuit, la tempête s'intensifie, elle nous soulève littéralement de notre terrasse de glace. Sifflant comme une balle de fusil, une petite pierre perfore la toile de tente. Notre crainte est que le vent agrandisse cette déchirure, qu'il s'y engouffre et la fasse exploser en lambeaux. Heureusement, rien de tel ne se produit. Ce soir-là, il est impossible d'allumer le réchaud, de fondre de la neige, ou de boire de l'eau, même glacée. Nous avions soif. La nuit s'étire, sans que nous trouvions un instant de sommeil réparateur.

Au matin du 25 février, le vent semble tomber. Éole passe-t-il la main ? Non ! Il ne fait que reprendre ses forces, il nous attendra plus haut, sur l'arête.

Robert allume le réchaud, moi, le poste HF. Il est 7 h 30. Christian, sur son glacier, Alain Kraus, à la Flégère, attendaient, impatients et inquiets de notre sort.

– René, que se passe-t-il sur le Linceul après cette nuit de tempête ? demande Christian.

– Rien de particulier, Robert prépare le petit-déjeuner, fais-je, laconique.

– Mais… (Notre ami attendait des réponses autrement émouvantes.) Vous savez, reprend-il, que des millions d'auditeurs prennent aussi leur petit-déjeuner en vous écoutant ce matin. De quoi se compose le vôtre ?

– D'eau tiède, Christian. D'eau tièèède !

En bas, Christian sent que je m'énerve. Un tel inventaire d'alimentation n'était pas de mise après la nuit que nous venions de passer. Mais il fallait bien assurer l'émission. Ce qui nous paraissait anodin pouvait revêtir un certain intérêt pour les auditeurs qui déjeunaient avant de partir au travail. Brincourt reprend :

– Oui, bien sûr ! De l'eau chaude avec du thé ou du café, des petits biscuits ?

– Non, Christian, répliquai-je. De l'eau froide avec de l'eau froide, nous n'avons plus rien à nous mettre sous la dent.

Mais, pour le rassurer, je reprends d'un ton plus amène :

– Il reste que la forme et le moral sont excellents ! Nous allons reprendre l'ascension dans quelques minutes, le temps de ranger nos équipements dans les sacs, et c'est parti !

– Que comptez-vous faire aujourd'hui, René ? Atteindre le sommet des Grandes Jorasses ?

– Sortir du Linceul, atteindre l'arête des Hirondelles, s'échapper au plus vite de cet enfer de froid et de vent.

Fin de l'émission. En avant… Nous laissons les deux sacs de matériel accrochés aux broches du bivouac, nous les récupérerons à la descente.

À 9 heures, nous atteignons le haut de la corde fixe. À 13 h 30, l'arête des Hirondelles. Le vent était au rendez-vous, il venait d'Italie et soufflait avec une force accrue. Je plante un piton dans une fissure du rocher, nous entreprenons une descente hallucinante sous les rafales et les coulées de neige. L'une bouscule Robert, le sac contenant la tente de bivouac lui échappe et disparaît dans le vide !

Rappel après rappel de cinquante mètres, nous arrivons au pied de la goulotte de glace. Le sac que nous avions perdu était enfoncé dans la neige, près de nos skis. Il fait nuit, dernier bivouac. Dernière émission. Le lendemain, dans un brouillard épais, une visibilité réduite à dix mètres, nous commençons la descente du glacier crevassé.

Nous ne sommes pas encordés, conscients, l'un comme l'autre, que celui qui tombe entraînera l'autre. Nous glissons le plus lentement possible, les yeux fixés devant les spatules. Nous traversons à gauche pour revenir à droite, en pensant, sans rien voir, contourner l'une de ces immondes fissures de glacier, d'une grande profondeur ici. La tension devient telle que nous devons fréquemment nous relayer en tête.

La descente cauchemardesque semble ne plus finir, quand, soudain, nous apercevons l'arête des Périades au-dessus de nous. Cris de joie, soulagement. Nous venions de franchir le glacier sans voir une seule crevasse, et Dieu sait combien il y en a !

Rejoindre le refuge de Leschaux ne fut plus qu'une balade décontractée, malgré le poids des sacs et la fatigue accumulée. Pour nous, l'aventure se terminait. Pour Georges Ménager, elle ne faisait que commencer. Il fut le véritable héros de cette expédition. Il espérait redescendre en avion, mais le mauvais temps ne permit pas à Michel Ziegler de venir le chercher.

Descendre le glacier de Leschaux, la mer de Glace, rejoindre Chamonix quand on chausse des skis pour la première fois, exige une volonté peu ordinaire. Georges fut courageux !

27

Grenoble, 1968

L'impact publicitaire des émissions de Radio-Luxembourg porta ses fruits. Les jours suivants, le Comité d'organisation des Jeux olympiques d'hiver de Grenoble, le COJO, me proposa de participer à l'une des manifestations : je devais gravir le rocher dit « les Trois Pucelles », dont la plus haute face est visible depuis le tremplin de saut de Saint-Nizier-du-Moucherotte. Au sommet, la compétition de sauts terminée, je devais déclencher un feu d'artifice installé au préalable. Un seul problème, et de taille : aucune voie n'était ouverte dans cette face. Je me demandais comment j'allais faire avec mes doigts gonflés, douloureux, pour escalader une aiguille rocheuse bigrement raide. Je consulte un médecin. Il me fait comprendre qu'il n'existe aucun médicament miracle pour me soigner en deux jours, sinon un repos prolongé. Je le remercie pour ses conseils, et je me mets en quête d'un compagnon de cordée. Pierre Meysson, grimpeur parisien, se propose pour tenir le rôle de second.

Une rapide exploration des Trois Pucelles me permet de découvrir, sur la gauche de la face, la plus visible du tremplin, une série de fissures s'élevant vers le sommet. En trois jours, la voie est équipée de pitons judicieusement placés pour monter sans perdre de temps. Mes mains désenflèrent au cours de cette préparation. Grimper était finalement la meilleure thérapie, le médecin n'en revint pas.

Le jour de la compétition venu, un artificier m'explique comment déclencher le feu d'un impressionnant ensemble de fusées : il suffira de raccorder deux fils sur une pile placée derrière un rocher où nous pourrons nous abriter. Une fusée, lancée du haut du tremplin, nous donnera le signal. Je lui demande si nous ne risquons pas d'être changés en torches humaines, il rit et nous assure qu'il n'y a aucun risque. Le feu d'artifice terminé, un hélicoptère nous prendra au sommet pour nous déposer au pied du tremplin.

Le jour J arrive. Nous sommes au sommet des Trois Pucelles bien avant la fin de la compétition. Une foule dense se presse autour de la piste de réception, de notre perchoir, nous percevons cris et applaudissements d'admiration.

Enfin le dernier saut. La fusée explose. Il faut faire vite, avant que la foule ne se disperse. À plat ventre, Pierre Meysson se fait le plus mince possible, comme s'il devait s'incruster dans la roche. À genoux, derrière le rocher, je me tasse sur moi-même en accrochant le premier fil sur la pile. Une seconde d'hésitation, je fixe le deuxième... Et le sommet s'enflamme... Explosions, sifflements, gerbes d'étincelles. À quelques mètres du départ des fusées, nous étions à l'abri, mais impressionnés tout de même. Le feu d'artifice à peine terminé, un hélicoptère de la CRS des Alpes, piloté par Alain Frébault, nous enlève du sommet et nous dépose à la réception du tremplin. Les gens ne prêtent que peu d'attention à ces deux inconnus tombés du ciel. Ils s'éloignaient paisiblement, la tête pleine des vols à skis. Pourtant, quelques-uns s'approchent pour me faire signer des cartes postales, me disant avoir suivi sur RTL l'ascension du Linceul. Ils m'observaient comme un être venu d'ailleurs. Ils touchaient mes mains marbrées de croûtes et d'écorchures. Quand ils voulaient les serrer, je les escamotais en m'excusant.

Après la victoire mémorable de Jean-Claude Killy, la descente dans le style éblouissant de Guy Périllat, si près de la médaille d'or, une délégation représentant les fabricants français de matériel de ski et d'alpinisme fut invitée au

Japon. Je fis partie de cette délégation avec Alain Rivory, fabricant de cordes de montagne. Je découvris, ravi, Tokyo, Kyoto, Osaka...

Je retournerai deux fois au Japon, plus tard, invité cette fois par les importateurs des équipements d'alpinisme portant ma signature et mis au point chez mes fabricants.

28

Sacrilège sur le plus haut sommet

L'idée naquit un soir, dans un appartement de Montmartre. À la table de Robert et Janine Dudognon, de précieux amis avec qui j'avais réalisé de belles courses dans le massif du Mont-Blanc. Ils m'avaient invité pour déguster du caviar, non pas à la louche, mais à la cuiller, comme tout le monde. Aujourd'hui à la retraite, Robert était le directeur du magasin Les Tapis de la Place Clichy. Cet expert en tapis d'Orient et en douanes partait fréquemment en Iran, et il en rapportait le meilleur des caviars.

Ce soir-là, Jean-Louis Gaudin, le directeur commercial du Bazar de l'Hôtel de Ville, était des invités. Robert avait tenu à ce que je fasse sa connaissance. Celui-ci envisageait de monter un grand rayon camping au BHV, et il s'interrogeait sur une idée publicitaire percutante pour vendre ses tentes-caravanes.

Entre deux bouchées d'œufs d'esturgeon et une gorgée de vodka, je développe l'excellente idée que Robert venait de formuler : il suffisait de monter une tente de caravane au sommet du mont Blanc, avec, inscrits en grosses lettres sur la toile du toit, « BHV 4 807 », l'altitude du sommet. Devant le voile d'entrée de la tente, une table de camping, quelques sièges et un transat donneraient l'illusion parfaite d'un camp confortable. Il suffisait d'une série de photos aériennes, et la pub du rayon camping serait fracassante. « Jusque-là, personne ne l'a encore fait. »

– Vous pourriez ? fit Jean-Louis Gaudin.

J'avais lancé ça sans intention particulière, aussi la question de Jean-Louis me surprend-elle. Janine et Robert esquissent un sourire. Un ange chargé d'un sac énorme évolue au-dessus de notre tablée.

– Vous pourriez vraiment installer un camp au sommet du mont Blanc ?

– Oui ! répondis-je sans hésitation. Mais cette petite expédition engagera des frais relativement importants, il faudra nous déposer au dôme du Goûter, à 4 300 mètres, et nous reprendre en avion avec tout le matériel. À quatre, nous ne serons pas de trop.

– Venez me voir au magasin demain, nous mettrons l'affaire au point. Vous choisirez tout ce qu'il vous faut et vous me fixerez vos honoraires, dit le directeur commercial.

Début avril, je me retrouvais sur la piste d'envol de Megève avec le matériel nécessaire. À cette époque de l'année, le sommet serait vierge, car les alpinistes skieurs ne le gravissaient pas avant les vacances de Pâques.

Trois amis se proposèrent pour ce voyage au mont Blanc : Pierre Meysson, Yves Seran et Vincent Mercié. Passer une nuit ou deux au refuge Vallot, gravir le sommet et revenir par le même procédé les enchantaient.

Michel Ziegler, le « pilote des glaciers », un as du vol alpin, fit un premier essai sur le dôme pour déposer mes trois compagnons. Un long moment passa, et je me demandais ce qu'ils pouvaient bien faire là-haut. Une légère inquiétude s'insinua. Il revint se poser à Megève. Mes trois amis, visage gris, nausée au bord des lèvres, mirent le pied sur le tarmac. Michel m'annonça que les turbulences étaient très fortes en altitude et qu'ils n'avaient pu se poser, malgré plusieurs essais. Il se tourne vers mes compagnons.

– Ils ont été un peu secoués, fait-il, souriant. Mais je peux encore tenter un essai au Grand Plateau, trois cents mètres plus bas, sous le dôme. Il devrait être à l'abri du vent, mais il faut faire vite.

Le matériel est embarqué rapidement dans l'avion, et je

monte avec Michel. Mes compagnons me rejoindront lors du deuxième vol. Ils ne sont pas mécontents d'attendre sur la piste, l'un d'eux a même rendu son petit-déjeuner à dame Nature...

L'avion prend rapidement de l'altitude. À hauteur des Grands Mulets, Michel Ziegler oriente l'appareil dans l'axe du Grand Plateau et le pose au premier essai. J'ouvre la porte de l'avion, je balance le matériel, les clés de portage, et je saute, m'enfonçant dans la neige jusqu'aux cuisses. J'observe les longs panaches qui s'élèvent dans le ciel, au dôme du Goûter. Un fort courant descendant balaie l'étendue glaciaire, des tourbillons blêmes courent le glacier. J'enfonce mon passe-montagne jusqu'au cou, je tourne le dos au vent, en pensant que si l'avion ne peut se poser à nouveau, j'aurai l'air fin, tout seul, à 4 000 mètres, avec ce matériel de camping... Soudain, comme il est venu, le vent s'éloigne, mais des rafales semblent toujours aussi puissantes vers le dôme ; au pied de l'arête des Bosses, les tôles d'aluminium du refuge Vallot brillent sous le soleil.

J'entendis le moteur du Pilatus avant même de l'apercevoir. Ses patins effleurent la neige à ma hauteur, il me dépasse, il amorce un demi-tour et vient s'arrêter près de moi. Mes trois compagnons sautent dans la neige, le dernier referme la porte de la cabine et l'appareil reprend son vol. Nous le regardons s'éloigner, son bruit décroît et le silence retombe, à peine troublé par les rafales du glacier.

Il ne reste plus qu'à transporter ce barda au refuge Vallot, en faisant une belle trace dans la neige profonde.

– En deux portages, le matériel est là-haut, fait Gilles Seran, garçon plein d'allant.

– Le Grand Plateau n'était pas prévu au programme, rétorque Vincent, maussade.

Il n'aimait guère les gros sacs, moi non plus. Qui aimerait se briser les vertèbres ?

Pierre Meysson ne dit rien. Comme son portefeuille n'avait jamais été aussi vide, il était content d'être rémunéré par le BHV.

Chacun à notre tour, nous ouvrons la trace. Nous sommes au refuge Vallot en deux heures, vers midi. Le vent semble s'être apaisé.

Nous déchargeons les clés sous le refuge et, sans perdre de temps, nous redescendons vers le Grand Plateau. Vincent file au pas de gymnastique, en tête. Le deuxième portage est plus long, le manque d'acclimatation à l'altitude se fait sentir. Souffle court, nous marquons des temps d'arrêt qui se prolongent. À seize heures, nous atteignons enfin le refuge, le vent est tombé complètement.

La première opération consista à nettoyer le refuge, véritable dépotoir. Les gens qui abandonnent leurs détritus sur le plancher des refuges non gardés sont indignes. C'est habituel à Vallot, hélas ! Les couvertures mises à la disposition des alpinistes de passage sont abandonnées, en vrac sur les bat-flanc, aussi dégoûtantes que le plancher. Nous avons heureusement pris la précaution d'amener nos équipements de bivouac.

Préparer les charges pour le sommet, les fixer sur les clés de portage étaient le mobile de la deuxième opération. Tout fut fait avant la nuit. Il ne nous restait qu'à nourrir nos cellules d'eau, car nous avions beaucoup sué au cours de la journée, et à faire provision de calories pour le lendemain : bouillon de bœuf, thon à l'huile d'olive, fromage. Le tout accompagné d'un bordeaux parfait qu'Yves tira du sac.

Au petit jour, le vent se lève, moins fort que la veille tout de même. Buste fléchissant sous le poids des charges, crampons aux pieds, en appui sur les piolets, nous gravissons la Grande Bosse. Équipés de combinaisons de duvet, nous ne ressentons pas le froid, malgré les rafales de poudreuse qui montent du versant sud.

Nous arrivons au sommet à dix heures. Monter l'armature métallique de la tente-caravane ne pose pas de difficultés, mais quand il s'agit d'installer la toile, c'est une autre affaire. Agrippés aux coins de la tente qui se gonfle en voilure, nous craignons de la voir s'envoler pour l'Italie.

Après bien des efforts contre le vent, aidés parfois par de courtes accalmies, la tente est installée avec sa table, les chaises et un fauteuil pliant fixé à la neige par des broches à glace... Il nous reste alors à prévenir le photographe qui attend patiemment, depuis huit heures du matin, au pied de l'avion de Michel Ziegler, à Genève. Je tire un talkie-walkie de mon sac et je lui signifie que le camp est installé, que le vent est presque nul.

C'est à ce moment-là qu'une cordée de deux alpinistes parvient au sommet. Leur étonnement est visible ! Une tente d'altitude ne les aurait guère surpris, mais une tente-caravane avec des campeurs se prélassant sur des chaises, c'est une autre paire de manches ! Ils nous quitteront bientôt, en nous dévisageant, ils ne répondent même pas à nos signes de sympathie. Ils avaient grimpé en ski jusqu'à Vallot, puis jusqu'au sommet avec leurs crampons, et là, nos deux solitaires découvraient quatre campeurs lambda faisant la dînette dans ce décor de toute beauté...

L'avion survola plusieurs fois le sommet. Le photographe remplit son office, et en fin d'après-midi, Michel Ziegler nous ramène à Megève en un seul vol, avec tout notre matériel.

La saison camping du BHV fut un gros succès. Notre camp reconstitué avec les mannequins habillés de vêtements d'altitude attira les foules. Je signai plus de mille photographies, battant à plate couture Gilbert Bécaud, qui s'était donné en représentation dans le même magasin quelques jours auparavant. Les gens me posaient des tas de questions, mais la tente-caravane BHV 4 807 les intéressait moins que le récit de l'ascension du Linceul, qu'ils avaient entendu à la radio...

Dans la vallée du mont Blanc, de gentillettes polémiques naquirent alors chez les alpinistes amateurs, ceux qui sont plus souvent en bas qu'en haut. Les puristes du moment, ceux qui accuseront Desmaison de souiller la montagne, jouèrent un concert de flûtes… « Desmaison, pour gagner du fric, il irait vendre des cacahuètes au mont Blanc ! » Bien sûr…

Le guide Armand Charlet, pour qui j'éprouve la plus vive admiration, me désapprouva, lui aussi : « Desmaison, vous n'auriez pas dû faire ça… Un guide tel que vous ne se livre pas à pareilles opérations publicitaires. » Je lui expliquai que le métier de guide ne me suffisait pas à nourrir les miens pendant douze mois de l'année, et que je ne trouvais rien d'infamant à dresser une tente de camping au sommet du mont Blanc. Il ne me répondit pas.

À cette période de ma vie, j'étais assez démuni. Pour le même prix, soit 1 500 francs, j'aurais bien escaladé l'Arc de Triomphe et l'Obélisque de la Concorde en solitaire…

29

Ascension vers l'enfer

*Le jet traverse le ciel des Grandes Jorasses
dans un double sillage blanc... Je suis en avion.
Je survole la planète, l'Inde, le Népal. Je ressens l'odeur
de la terre. Dans un grondement de vent qui se déchire
sur les arêtes, j'entends les eaux de la Tamar...
« S'il vous plaît, mademoiselle, j'aimerais un whisky
soda. » Je veux bien mourir là, dans cette lumière...*

Ces hallucinations, sous l'effet de l'accumulation d'urée dans mon sang, après des jours de souffrance, où la mort seule apparaissait comme une délivrance, resteront gravées à jamais dans mes souvenirs. J'aimerais les extraire, les arracher, les oublier, mais elles sont là, sous-jacentes, prêtes à resurgir quand on me parle de cette paroi, comme s'il n'y en avait pas eu d'autres dans mon existence montagnarde. Les images émergent quand je prends en main le vieux piton rouillé, tordu, où s'impriment pour toujours les griffes du granit. Il est posé sur mon bureau, en témoin d'une tragédie qui jamais n'aurait dû être. C'est à ce piton que je suis resté suspendu, près de mon compagnon de cordée, sans vie, gelé, dur comme le bois, ce compagnon contre lequel je m'appuyais pour atténuer la souffrance d'une position intolérable, quand les sangles de mon harnais s'imprimaient dans mes chairs. Ce piton est un talisman. J'aimerais parfois m'en défaire, le jeter, mais je sais aussi que je ne le ferai jamais. Ce morceau de ferraille est symbole de vie. Je lui dois d'être là encore, puisqu'il me retint des jours dans la paroi, sur le vide effroyable.

Je ne voulais pas revenir sur la tragédie relatée dans *Trois cent quarante-deux heures dans les Grandes Jorasses*. De proches amis, mon éditeur, Lionel Hoëbeke, m'ont conseillé d'y revenir, pourtant : « Tu ne peux pas éviter ce retour sur toi dans un livre où tu écris l'essentiel de ton existence. »

L'idée d'ouvrir une voie sur la face nord-est de l'éperon Walker m'était venue en janvier 1968. En gravissant le Linceul en compagnie de Robert Flematti, j'avais imaginé un itinéraire qui s'élèverait directement du pied de la paroi au sommet de la pointe Walker. 1100 mètres de hauteur. La tempête qui nous assaillait alors avait tracé la voie en accumulant la neige dans les failles, les fissures, les rampes déversées sur le vide, seuls les murs surplombants, rigoureusement verticaux, semblaient secs. Mais je savais d'expérience qu'ils pouvaient fort bien être verglacés. J'inscrivis donc la face nord-est de l'éperon Walker dans la liste de mes projets futurs.

Intermède

En 1969, Lucien Devies, le président de la Fédération française de montagne, la FFM, me convia pour m'entretenir d'un projet auquel il tenait. Il était temps pour l'alpinisme français d'envisager l'ascension d'un des plus hauts sommets de la planète par un itinéraire logique, élégant, de grande difficulté : l'arête ouest du Makalu, 8 470 mètres, avec un pilier de granit aboutissant à 8 000 mètres, était un objectif de premier ordre. Le projet avait été évoqué au retour de l'expédition victorieuse du Jannu.

Lucien Devies me demanda mon avis sur l'intérêt d'une expédition légère, vers un sommet difficile, mais d'une altitude très inférieure, préalable qui permettrait de sélectionner, parmi les jeunes et les meilleurs grimpeurs du moment, ceux qui participeraient à cette ascension d'envergure. La caisse de financement des expéditions était alors en baisse, et il n'aurait pas été possible, si celle-ci échouait, d'en financer une seconde. Je lui confiai mon point de vue : une seule expédition, réunissant les meilleurs grimpeurs connus, était réalisable, à condition de partir plus tôt qu'il n'est habituel pour l'Himalaya. Lucien Devies m'écouta sans m'interrompre, puis il me dit : « Je vais m'en occuper. » Il me désigna alors comme le chef de l'expédition, à cette restriction près que le Comité ad hoc en soit d'accord à l'unanimité… Ce ne fut pas le cas !

Le secrétaire de la FFM, Maurice Martin, l'un de mes amis, me rapporta ce qui fut dit au cours de cette réunion. On me reprocha mon intervention inopportune dans le sauvetage des Drus, où il eût été préférable de laisser les deux Allemands périr dans leur paroi. Cela aurait fait moins d'histoire, n'est-ce pas. Les plus hostiles à mon égard rassemblaient, bien sûr, les inévitables bavards, plus doués en parlotes et en ronds de jambe qu'en actions d'altitude, où ils ne traînaient plus leurs godillots depuis belle lurette. Plus dur fut d'apprendre que l'un des membres du Comité qui éructa à mon encontre avait été de la première expédition au Jannu…

C'est Robert Paragot qui finalement fut désigné comme le chef de l'expédition. Une décision intelligente. Robert avait la bonne dimension pour organiser et mener à bon terme l'ascension de l'arête ouest du Makalu. Tenant à ce que je fasse partie de la direction du grand voyage en Himalaya, Lucien Devies me nomma chef adjoint. Mais je dois avouer que j'étais alors assez démotivé. Aussi je ne tarderai pas à me désister. De plus, je venais de faire construire mon chalet, et les circuits de conférences étaient pour moi plus bénéfiques que la longue préparation de cette expédition au bout du monde. Je le regretterai un peu plus tard, mais le temps viendra où j'organiserai, j'autofinancerai mes propres expéditions en cordillère des Andes.

C'est sur ces entrefaites que j'envisageai de gravir la face nord-est de l'éperon Walker, au mois de février 1971. Robert Flematti, très pris par ses activités d'instructeur à l'EMHM et sa vie personnelle, moi-même par mes clients de montagne et les conférences, nous nous étions un peu éloignés l'un de l'autre. Deux amis de Serge Gousseault – ils étaient aussi les miens –, Guy Delaunay et Christian Leroyer, m'avaient présenté Serge au mois de juillet précédent. Il achevait son stage de guide.

Aux portes de la mort

Serge avait vingt-trois ans. Blond aux cheveux longs, il était grand, athlétique, étroit de hanches, large d'épaules. La passion de la montagne brûlait dans ses yeux marron. Je remarquai sur-le-champ ses mains et ses bras, des attaches et des muscles de rochassier habitué aux escalades de haut niveau. Il me parlait de ses réussites en montagne, de ses courses de glace, la Walker par la voie Cassin, le pilier Gervasutti en solitaire. Le jour de notre rencontre, nous n'avions aucun projet. Serge allait perdre l'un de ses meilleurs amis, un guide comme lui, de la même promotion, quelques jours plus tard, au cours d'une tentative d'ascension de la voie « américaine » dans la face ouest des Drus. Tandis qu'il descendait en rappel, une pierre trancha la cordelette qui le reliait au piton… Très éprouvé par la mort de son compagnon, Serge s'éloigna de Chamonix quelques semaines.

En septembre, il revint me trouver. Il me confia combien il aimerait réaliser une grande course, une hivernale, en ma compagnie. Une telle réussite serait une belle promotion pour lui, elle élargirait son public de clients. Je fis le point, pesai la valeur de la cordée. Serge était vraiment très fort, son palmarès était des plus éloquents. Sur le plan technique, aucune raison ne s'opposait à ce que nous entreprenions une ascension hivernale de haute difficulté. Serge démontrait qu'il était physiquement résistant, comme son stage de guide le confirmait. Si, en effet, le diplôme de guide exige une compétence technique de grand niveau, la résistance physique, la bonne connaissance de la montagne sont d'autres éléments indispensables. La joie de Serge me semblait telle que je lui donnai mon accord : nous tenterions une hivernale en cordée !

Je repris ensuite le chemin des conférences, Serge, celui de la Foux-d'Allos. Aux premières neiges, il additionna des kilomètres de ski de fond, il s'entraîna à l'escalade, sans gants, sur les rochers enneigés, pour s'habituer aux morsures du froid.

Octobre, novembre et décembre passèrent vite. Je suis de retour à Chamonix pour les fêtes de Noël, le 20 décembre exactement, Nanouk, l'amie de Serge, est là :

– Serge compte toujours sur toi, me dit-elle. Si tu n'étais plus d'accord, il faudrait le lui dire. Il tenterait peut-être une ascension en solitaire...

– Pourquoi ne serais-je plus d'accord ? Nous ne nous sommes pas revus depuis septembre, mais tu peux le rassurer, je ne ferai rien sans lui.

7 février. Serge arrive au matin, en très grande forme. Avant le coucher du soleil, nous effectuons un parcours de ski de fond de onze kilomètres. Devant la cheminée où crépite un bon feu, le soir, nous établissons notre programme d'ascension.

Nous disposons d'un espace-temps d'un mois et demi. Nos premières intentions sont de gravir l'éperon central des Grandes Jorasses, ascension de premier ordre en été, objectif superbe pour des amateurs de grandes hivernales. Les conditions de la paroi sont bonnes, si le temps se maintient, nous atteindrons le sommet en quatre jours, moins peut-être. Ensuite, si nos mains ne sont pas trop abîmées, quelques jours de repos suffiront, et nous attaquerons la nord-est de la Walker.

9 février

11 heures. La benne du téléphérique de l'aiguille du Midi nous emporte vers les hauteurs, la piste est tracée par le passage de nombreux skieurs dans la vallée Blanche. À la jonction de la mer de Glace et du glacier de Leschaux, nous fixons les peluches sous nos skis et nous entreprenons la progression vers le refuge de Leschaux. Devant nous, tout à coup, une trace de ski, récente. Cent mètres plus loin, des traces de raquettes à neige, nous nous arrêtons, perplexes.

– Des skieurs en balade, dit Serge.

– Non. Les raquettes, c'est pour descendre sur l'Italie, de l'autre côté.

– La face nord des Petites Jorasses, peut-être ?

– Je ne le pense pas. Nous ne sommes pas les seuls à convoiter l'éperon central…

Notre impatience d'accéder au socle de la paroi est si grande que, malgré le poids des sacs, nous atteignons la pente sous le refuge en trente-cinq minutes.

– Serge, regarde… Les deux petits points noirs, sur le sérac, à gauche de l'éperon…

– … Encore trois autres…

Ceux-là descendent le glacier et filent à ski vers la vallée. Il paraît évident qu'ils ont aidé les deux hommes à transporter leur matériel sous la face nord.

Nous ne sommes plus seuls !

Il faut prendre une décision : rejoindre les deux alpinistes avant le lever du jour, demain, et faire l'ascension en leur compagnie, ou bien redescendre à Chamonix pour compléter notre matériel avant d'attaquer la nord-est de la pointe Walker. Nous sommes en excellente forme. La rapidité de la progression, sans fatigue, nous le confirme. D'un commun accord, nous optons pour la deuxième solution : nous rejoignons Chamonix.

Au bout de la piste, nous retrouvons les trois skieurs dans un bar. Ils sont officiers à l'EMHM. Au pied des Jorasses, les deux alpinistes sont le lieutenant Marmier, colonel en retraite aujourd'hui, et Georges Nominé, qui termine son service militaire. Deux guides de première force. L'hivernale de l'éperon central est pour moi une affaire conclue !

10 février

Nous atteignons les premiers rochers à treize heures. Malgré le froid, rude, nous transpirons un peu. Nous enfilons nos anoraks d'altitude et nous absorbons quelques nourritures. Le travail le plus fastidieux est accompli : ce jour-là, nous équiperons cent cinquante mètres en corde fixe, puis nous redescendrons passer une dernière nuit au refuge. Bivouaquer dans une position inconfortable ne nous ferait gagner aucun temps appréciable, alors que, quittant le refuge à quatre heures du matin, munis de sacs légers, nous serons de retour au lever du jour au pied de la paroi.

Serge manifeste le désir de grimper en tête de cordée dès les premières longueurs. Nous avons prévu, au départ, de monter en cordée réversible afin d'ouvrir la voie chacun à son tour.

Il attaque la première fissure, où j'ai planté un piton afin d'attacher les sacs pour qu'ils ne glissent pas dans la pente de neige, ou ne disparaissent dans la crevasse, au-dessous. Haute de trente mètres, la fissure se révèle un dur morceau, déversée à gauche et surplombante de surcroît. Serge doit la gravir en escalade artificielle, piton après piton, ce qu'il réalise avec une technique, une aisance qui confirment sa classe de grimpeur. Après avoir fixé le matériel au piton du dernier relais, nous redescendons en rappel sur le glacier et nous rejoignons le refuge de Leschaux.

Du balconnet de bois qui domine le glacier, nous observons la paroi, silencieux, méditatifs. Moi qui connais si bien cette montagne, je repars vers elle avec la même impatience, la même anxiété que la première fois. Je songe à Jean Couzy, à Jack Batkin, dans la tourmente, là-haut. Comment aurais-je imaginé les heures effroyables que j'allais vivre avec Serge dans cette paroi ? Et Serge ? Peut-être pense-t-il que dans quelques jours, nous allons fouler l'ultime pointe de la Walker, là où le soleil pose son dernier rayon. Il redescendra alors vers les siens, enrichi d'une première magnifique, une ascension hivernale dont il rêve depuis des mois.

11 février

Un long craquement nous fait sursauter, l'onde traverse le glacier d'une rive à l'autre. Sous la poussée énorme de millions de tonnes de glace, le glacier, malgré le froid hivernal, poursuit sa lente reptation vers la vallée. Nous avons eu très peur sur l'instant, pensant que la rimaye sur laquelle nous sommes s'effondrait...

– Tu passes devant, Serge ?
– Non. Tu iras plus vite que moi sur ce terrain.
– Comme tu voudras. Mais si tu veux monter en tête, plus haut... Enfin, tu verras bien.

En trois heures, à l'aide des poignées autobloquantes, les jumars, nous remontons les cent cinquante mètres équipés la veille. À chaque longueur, je tire le sac de matériel ; quand il se coince, Serge le débloque en montant, et je finis par le hisser. Nous sommes réunis enfin au sommet de la dernière corde avec tout notre matériel. Nous nous encordons maintenant sur les cordes d'attache, la jaune et la rouge ; le sac est attaché à la corde de charge, son extrémité à mon harnais. Nous portons sur le dos un sac d'environ huit kilos, relativement léger.

Nous avons gravi deux longueurs de plus à onze heures, la deuxième, haute de quarante mètres, s'effectue contre une plaque de glace collée sur du rocher redressé à 70°, déversé vers la gauche. Je taille une marche dans la glace, un mètre plus haut, j'enfonce deux bons pitons dans une fissure. Je m'attache à l'un, je fixe la corde jaune de mon compagnon à l'autre. Il ne me reste qu'à hisser le sac jusqu'à moi, quand il se coince, à mi-hauteur, derrière un bec rocheux. Après bien des efforts, il finit enfin par arriver au relais. Serge me rejoint. Je tire le talkie-walkie du sac, les ondes nous relient au « Chortën », mon chalet. Il semble que le beau temps est assuré pour quarante-huit heures, aucune prévision n'est possible après...

Lorsque j'accomplis la deuxième et dernière vacation de la journée, à seize heures, nous avons gagné cent mètres de mieux sur le rocher verglacé en axe direct.

Le jour baisse vite au mois de février, dans l'ombre de la face nord. Le froid est incisif. La question du bivouac se pose, une nuit confortable serait la bienvenue. Un peu sur notre droite, dans une demi-obscurité, nous avisons un amas de neige. Nous aménageons une surface horizontale moins vaste que nous l'escomptions, enfin, ce qu'il faut pour s'asseoir, dos appuyé contre le rocher, les jambes allongées. Serge a laissé une corde fixe dans la traversée, elle nous facilitera le retour vers l'axe d'ascension, demain.

Allongés dans les doubles sacs de couchage, nous avons passé tous nos vêtements les uns sur les autres. Nous n'avons pas froid. Nous nous laissons aller, détendus, reliés par les cordes à deux pitons. Isolé de la neige, le réchaud, calé entre nous deux, ronronne. Dans quelques minutes, nous apaiserons notre soif, nos gorges sont irritées par l'air froid, sec. Nous n'avons pas quitté les crampons depuis le matin, et la gourde de thé chaud s'est transformée en un bloc de glace. L'eau frissonne dans son récipient d'aluminium, deux sachets de thé, quatre morceaux de sucre. Serge, qui s'était assoupi, émerge. Nous absorbons la boisson brûlante, tenant chacun notre tour le récipient dans nos mains gantées. Puis Serge coupe des tranches de viande des Grisons.

– Regarde, la viande est déjà gelée, me dit-il, m'en tendant de la pointe du couteau.

Sous l'éclat de la lampe frontale, des cristaux de glace brillent. Le fromage est gelé, les boîtes de thon à l'huile d'olive aussi. Mais nous mangeons de bon appétit. Au cours de l'ascension, nous consommons des pâtes de fruit, des dragées aux amandes que nous avons placées dans nos poches d'anorak. Avant de nous endormir, nous préparons un bouillon de poulet. Je glisse une gourde d'eau chaude dans mon sac de couchage, pour qu'elle ne gèle pas avant le petit-déjeuner du matin. Foulard de soie sur le visage pour le protéger du froid, nous sombrons dans un sommeil réparateur.

La prochaine journée sera longue, dure.

12 février

Une lumière pâle irise le ciel, ce n'est pas encore le jour, mais plus la nuit, déjà.
– Ho ! Serge !
Aucune réponse.
– Serge !
– Ouais ?
– T'as bien dormi ?
– Ouais !
– Tu allumes le réchaud ?
– Ouais, ouais !...
– Allez, râle pas, le réchaud est dans ton sac de couchage. Tu te souviens, tu l'y as mis toi-même pour qu'il ne gèle pas. Je préparerai le repas ce soir.

Sac bouclé, crampons fixés aux chaussures, je m'engage, encordé sur la corde rouge, celle du sac de charge attachée à mon harnais, dans la traversée équipée par mon compagnon la veille. Je récupère la corde jaune, le piton qui la maintient, et je m'élève d'une quinzaine de mètres. Je passe un anneau de corde autour d'un bloc enchâssé dans la glace, je taille une marche pour nos pieds et je tire le sac de charge. Serge me rejoint. Nous gravissons soixante mètres sur un terrain inchangé.

Au-dessus de nous se dresse un mur vertical de cinquante mètres, parcouru de deux minces fissures. L'une dans un axe direct, l'autre, en diagonale vers la droite, mais nous ne parvenons pas à voir si elles aboutissent au sommet, une zone bombée dissimule la partie supérieure. Exploration à gauche, je rejoins Serge.

—On monte tout droit ! dis-je. Traverser à gauche nous ferait perdre du temps, et elle ne sera pas plus facile.

—Quinze, vingt pitons, et c'est dans la poche, répond Serge.

Dix mètres plus haut, nous faisons un relais pour franchir le mur en une seule longueur, je garde mes crampons aux pieds. Certes, ça ne facilitera pas l'escalade des premiers quarante mètres, mais je retrouverai la glace plus haut, et là, ils me seront indispensables. Je pensais remonter la fissure verticale sur les quinze mètres de hauteur, mais elle devient surplombante, me rejetant sur le vide, et disparaît au-delà d'un surplomb... À ma hauteur, sur ma droite, la fissure diagonale me semble sans problème. Je fais part de mes impressions à Serge et je m'engage dans la traversée. Tout se passe bien. Quand je rejoins ladite fissure, je pousse tout de même un soupir de soulagement. Ça n'a pas été si facile avec les crampons... J'installe un relais à l'aplomb de Serge et je hisse le sac de charge.

Comme je l'avais supposé, le mur que nous venons de gravir est le début de grandes difficultés : le bouclier d'une haute rampe très redressée est formé de plans déversés sur la gauche : quatre cents mètres plus haut, un épaulement de paroi paraît en marquer la fin. Au-delà, la rampe change de configuration. L'escalade devrait donc être plus facile à ce moment-là. Mais rien n'est évident dans une paroi des Grandes Jorasses !

Les heures passent à une vitesse effarante. Il est treize heures quand nous gravissons les premiers cinquante mètres de la rampe. Un petit replat nous offre un bivouac où nous pourrons nous allonger en partie. Avant qu'il fasse nuit, j'équipe une trentaine de mètres, puis je redescends vers mon compagnon. Nous aménageons le bivouac. Nous avons gagné cent quatre-vingts mètres sur la paroi aujourd'hui.

Aux vacations de onze et seize heures, la météo est optimiste, le ciel sans nuage.

Je me réveille, suffoquant, une main glacée s'est posée sur mon visage. Une brise légère a déclenché une coulée de neige dans les hauteurs. Rebondissant de dalle en dalle, elle nous arrose copieusement, quelle douche ! À l'extérieur comme à l'intérieur du sac de couchage, nous sommes tout blancs. Serge se tourne, il grogne.
– Quoi ! Que se passe-t-il ?
– La neige.
– Comment ? Il neige ? Et le clair de lune ?
Nous retirons la neige des sacs de couchage, c'est vraiment désagréable au cœur de la nuit.

13 février

Malgré ce réveil brutal en cours de nuit, nous avons bien dormi. Nous déjeunons de boissons chocolatées, de café, de miel, de beurre et de biscuits. Nous sommes en excellente forme.

Quelques légères traînées blanches s'étirent sur le ciel bleu, rien d'alarmant pour le moment. Nous recevrons les dernières prévisions météo à onze heures. Ma montre indique huit heures quand je place mon jumar sur la corde de trente mètres. De la même manière, Serge progressera le plus souvent possible avec son propre jumar sur l'une des cordes fixées au relais en préalable. Il ira plus vite et avec moins d'effort. Il faut grimper à l'économie dans ce genre d'ascension, ne pas se disperser en efforts inutiles. Pas une seule fois mon compagnon ne me demande de passer en tête. Il n'a pas encore l'habitude de ce rocher couvert de glace, mais que l'un ou l'autre monte devant, la cordée ne fait qu'un.

Je l'ai dit, Serge était un athlète doté d'un cœur d'homme. S'il était blond aux cheveux longs, il n'appartenait pas à la catégorie « minet ». Serge ne concevait pas l'alpinisme comme un sport, mais comme un idéal dont la vie était l'enjeu. Il en avait eu la terrible expérience aux Drus, et malgré le drame, l'idée d'abandonner la haute montagne ne l'avait jamais effleuré.

Les traînées nuageuses ont disparu, le ciel retrouve sa limpidité, la rampe devient raide, la pellicule de glace plus mince. Je regarde mon compagnon, à mon aplomb, dix mètres au-dessous. Bon sang, que c'est raide ! Derrière, la paroi fuit, brillante de glace, jusqu'au glacier de Leschaux, cinq cents mètres plus bas.

La météo annonce une petite chute de neige dans la nuit, mais aucune dépression n'est prévue. Le temps sera beau demain.

L'ascension se poursuit, aussi rude, avec des passages extrêmes, parfois. Avec cette glace, tout est à la limite supérieure. Pour être libre de mes mains, j'ai enfoncé mes gants dans la poche de l'anorak. Bras et jambe droites engagés dans une fissure, le crampon gauche raclant la glace, je m'efforce de franchir une zone de blocs surplombants maintenus par le gel au rocher. Un raclement, un bloc oscillant me paralyse de frayeur, tout peut s'effondrer, nous emporter dans un déluge de granit. Il n'est pas d'autre solution que de poursuivre vers le haut. Dix mètres d'ascension encore, quand je me redresse, la main droite insensibilisée par le froid, je lâche un long soupir de soulagement. Je pensais trouver une terrasse confortable pour le bivouac, mais il n'y a qu'une surface étroite, formée d'un bloc plat, coincé derrière un feuillet. Nous aurons la place de nous asseoir, genoux repliés.

Quand Serge me rejoint, il fait nuit. Quelques flocons volettent, la météo ne s'est pas trompée. Bientôt, la neige s'abat, serrée. Nous rabattons la minuscule tente de paroi sur nous, elle nous recouvre comme une cloche de toile, elle nous protège de la neige, elle nous isole de la nuit, de l'espace et du vide. Rien ne peut arriver tant que durera la nuit. Nous aviserons demain : poursuivre ou redescendre.

Tout dépendra du temps, de notre condition physique, après une troisième nuit.

14 février

La lumière tamisée éclaire l'étroit réduit de notre abri, la condensation des respirations s'est transformée en aigrettes de givre sur la toile. Une pluie fine, glaciale, tombe sur nos visages au moindre mouvement.

– Quel temps fait-il ? dit Serge.

Je soulève la toile de mon côté :

– C'est complètement bouché, la visibilité ne dépasse pas dix mètres, mais il ne neige plus.

Nous plions la toile de tente, nous l'enfouissons dans le sac.

– Que fait-on ?

– Petit-déjeuner. Nous aurons la météo à neuf heures et demie.

– Le brouillard se lève, dit Serge, allumant le réchaud.

Une trouée découvre le haut de la paroi sur une centaine de mètres, mais le brouillard se referme aussitôt.

– Il n'a pas beaucoup neigé, dit Serge.

– Si le vent se lève, la paroi peut se dégager en moins d'une heure.

– Thé ? Chocolat ?

Nous avons le temps de prendre les deux avant de monter.

J'aimerais connaître l'évolution du temps pour les jours prochains...

« 9 h 30. Météo. Amélioration au cours de la journée, beau temps pour les quarante-huit heures prochaines, puis possibilité d'une courte chute de neige avec de nouvelles améliorations. Aucune perturbation importante au-delà de quatre ou cinq jours. Prochaine vacation à partir de 16 heures. »

Les brumes se dispersent après plusieurs éclaircies. L'arête des Hirondelles se découpe sur le ciel bleu, une petite bise souffle du nord-est. De grands voiles transparents se détachent de la paroi et descendent en longs rideaux argentés, verticaux. Puis, aspirés par les ascendances, ils remontent en spirale, fascinant spectacle, mais glacial. Une heure s'écoule, nous sommes à l'abri sous la toile.

Les conditions vont devenir plus rigoureuses, je le sais, il faudra dégager chaque prise. Nous avons chacun trois paires de gants en réserve et une paire de moufles. Les gants de laine ne tiennent guère plus d'une journée, usés par des centaines de frictions contre le granit. Le soir, la laine laisse passer les doigts. En trois jours au plus, nous devons atteindre le sommet. Le moment est venu de prendre la décision importante : poursuivre ou redescendre. D'une manière ou d'une autre, il faut sortir de cette paroi. Serge s'est bien comporté jusque-là. Il n'a pas donné signe de fatigue physique ou morale une seule fois. J'interroge mon compagnon :

– Nous sommes à trois jours du sommet, Serge, quatre, s'il neige. Je garde la tête de cordée jusqu'au sommet, mais si tu te sens fatigué, si tu ne penses pas pouvoir continuer, nous redescendons.

Serge répond en riant qu'il est en très bonne forme. On continue. Écrivant ces lignes aujourd'hui, je suis persuadé que Serge pensait qu'il pouvait poursuivre l'ascension. Il était guide, comme moi, et donc conscient de sa forme physique, des difficultés que nous devions surmonter.

Il est midi, le vent s'interrompt, les sacs sont bouclés.

– Allez, Serge : c'est parti ! Laisse bien venir les cordes.

– OK, René ! Tu peux y aller.

Les portes invisibles de la mort s'entrouvrent. Nous les franchissons, l'âme claire. Le sommet dans trois jours…

Sac sur le dos, crampons aux pieds, tout ça ne facilite pas ma tâche. Je ne peux poser les crampons sans savoir ce qui m'attend à la sortie d'une fissure surplombante, recouverte de glace. Je dois m'y reprendre à plusieurs fois pour enfoncer une broche à glace d'une solidité douteuse.

La rampe devient plus étroite, moins raide verticalement, mais le déversé sur le vide est d'environ 70°... La journée a été courte, nous n'avons gagné guère plus de cent mètres, nous devons songer à l'emplacement du bivouac. Il ne nous faut pas moins d'une heure pour tailler la petite terrasse où nous pourrons nous asseoir, dos appuyé à la glace. Blottis dans les sacs de couchage, nous n'éprouvons pas le froid.

Le ronronnement d'un avion attire mon regard dans le ciel. Dans le fond étoilé, une petite lumière s'allume, s'éteint alternativement. Elle vient du nord, elle file vers le sud, très vite. Le bruit décroît, je la perds de vue. Je me suis endormi vers la fin de la nuit. Il fait grand jour quand je me réveille, ma montre marque huit heures et demie.

15 février

– Ho ! Serge ! On n'est pas en avance, je ne me suis pas réveillé !

Un bras, puis le deuxième sortent de l'orifice du sac de couchage. La tête apparaît.

– T'as les yeux « en code », ce matin, Serge !

– Tu t'es pas regardé ! Tu parles d'une nuit...

Je reprends la progression vers le haut, moitié en artificiel, moitié en taillant des marches. Un ressaut rocheux de cinq mètres interrompt la coulée de glace au bout de quarante mètres d'ascension. Assez brisé, il ne semble pas poser de grandes difficultés. Je suis presque en haut du ressaut, quand un feuillet, que je pensais solide, cède sous ma main droite... Je bascule vers l'arrière, je pivote sur la main gauche, heureusement crispée à une bonne prise. Je crie :

– Attention, Serge !

J'ai le temps de voir la pierre rebondir sur la glace et passer à sa gauche. Je reprends équilibre et je sors du ressaut. À droite, à deux mètres, une bonne fissure. Je plante un piton et j'accroche ma corde.

– C'est bon ! Tu peux lâcher les cordes.

– René ! Les cordes ont pris un sale coup : la rouge et la corde de charge sont à moitié coupées…
– Il ne manquait plus que ça ! À quelle hauteur ?
– À peu près au milieu, René… La jaune n'a rien.
– Bon, on verra. Je fais le relais, je tire les sacs, et tu peux monter.

Serge me rejoint. Nous dressons l'inventaire du matériel, les trois broches à vis sont cassées, il nous en reste trois, à lame. Mais ça ira. En revanche, les cordes sont vraiment endommagées : la gaine et l'âme sont coupées aux deux tiers, à vingt-cinq mètres à peu près. La jaune est intacte. Dans les passages difficiles, on fera des longueurs de vingt-cinq mètres. Nous ne pouvons prendre le risque de faire une chute sur une corde simple de neuf millimètres.

Je fais un nœud sur la corde de charge de sept millimètres. Si elle se coince, Serge la décrochera en grimpant.

Rien de changé à la météo : « De la neige au cours de la nuit, amélioration demain. »

Le ciel s'est assombri. Le haut de la paroi disparaît, réapparaît dans les nuées agitées de turbulences.

Des bancs nuageux s'étirent lentement à l'ouest, au sud-est le ciel reste bleu. Pour le moment… Nous sommes au sommet de la rampe, depuis le glacier elle nous semblait une plate-forme vaste. Nous nous trompions : rien qu'une pente de glace et de rochers très inclinés. À gauche, une faille bourrée de glace s'ouvre et plonge, vertigineuse, sur les pentes supérieures. Plus haut, elle s'élargit en un couloir de glace profond. C'est le réceptacle des coulées de neige qui fondent du haut de la muraille… Nous restons indécis un moment. Quel itinéraire emprunter ? Descendre d'une dizaine de mètres dans la faille et rejoindre le bas du couloir par le flanc droit, ou alors suivre une vire jusque sous le surplomb pour traverser vers le fond du couloir ? Nous choisissons la seconde solution. Nous serons moins exposés au danger des coulées. Les heures et les jours suivants le confirmeront.

Le plafond nuageux s'est unifié vers les 4 000 mètres, des brumes grises se déchirent en longs filaments sur l'arête des Hirondelles, des volutes de brouillard montent à l'assaut de la paroi. Notre univers se restreint aux rochers, aux plaques de glace proches, à la corniche étroite où sont posés les sacs, au piton qui nous retient à la paroi...

Il neige doucement, puis de plus en plus fort. Des cascades blanches ruissellent sur la muraille, nous rabattons les capuchons des anoraks sur nos casques. Serrés l'un contre l'autre, tête appuyée contre le rocher, nous attendons que le gros des coulées passe. Un long moment, notre horizon se résume à nos pieds, la neige glisse sur le tissu lisse de nos vêtements d'altitude.

– La météo ne s'est pas trompée de beaucoup, la neige est arrivée avec un peu d'avance, me dit Serge.

– Qu'il neige n'est pas grave, si elle ne dure pas trop longtemps. Elle est sèche, froide, le rocher ne la retient pas. Dès qu'elle se calmera un peu, nous traverserons vers le surplomb. Nous serons à l'abri.

– Tu crois que nous pourrons bivouaquer sous le surplomb ?

– Je ne sais pas, il faut aller voir.

Je prends deux nougats dans ma poche d'anorak.

– T'en veux un ?

– Non, il m'en reste, garde-les pour toi. On dirait qu'il neige un peu moins...

– Ça se calme, en effet. Bon, j'y vais. Assure-moi bien !

Je grimpe de six ou sept mètres, et je me rétablis sur la vire ; large de cinquante centimètres, elle se fait vite plus étroite. Je plante un piton et je la suis, pas à pas, collé au rocher. J'ai dû ôter les gants, mes mains s'agrippent à de petites aspérités. J'avance de cinq ou six mètres. Le rocher devient déversé, il me pousse vers le vide. Je m'accroupis lentement. Mes doigts fouillent la neige, ils cherchent des aspérités. Suspendu par les bras, je me laisse glisser dans un mur vertical, en contrebas de la vire. Je pose mes pieds sur les saillies rocheuses, glissantes, je poursuis la traversée. Mes mains mouillées, gelées, deviennent insensibles, je gagne quelques mètres encore, et je plante un piton. Un mousqueton, une double clé sur la corde, et je me laisse aller, confiant tout mon poids à la petite lame d'acier... Le surplomb est là, dix mètres plus loin, tout est déversé, glacé. Il est impossible de bivouaquer là...

La neige tombe à nouveau, il ne me reste qu'à rejoindre mon compagnon.

— J'attache la rouge au piton du relais et je reviens, Serge ! Tire la jaune et la corde du sac !

— OK, je ramène les cordes.

Un coup de vent balaie la paroi d'un immense tourbillon glacial. Il est quinze heures. Nous disposons de quatre heures de clarté encore, mais nous ne pourrons pas franchir ce couloir avant la nuit. Même si la chute de neige s'interrompait, le couloir restera impraticable des heures.

— Alors, on bivouaque là ? dit Serge.

— Oui. On peut aménager une plate-forme en taillant la glace. On sera mieux que la nuit dernière.

La neige crépite sur la toile. Dos appuyé à la roche, jambes allongées, nous sommes mieux installés que la nuit précédente, mais bien plus fatigués. Nous n'avons pas froid, c'est beaucoup déjà. Il nous reste deux jours de vivres, le sommet ne doit pas être à plus de trois cents mètres, si les difficultés s'atténuent, nous l'atteindrons demain soir, peut-être. Non ! La neige va nous retarder, après-demain, sans aucun doute...

Ces deux dernières journées ont été bien courtes, l'horaire prévu est bouleversé. Pourvu que le mauvais temps ne s'aggrave pas...

Descendre en rappel ? Descendre la rampe recouverte de neige, prendre le risque de penduler dans la falaise au-dessus du Linceul... Seule la corde jaune est intacte. Faire un nœud sur la rouge coupée aux trois quarts, descendre sans utiliser les « descendeurs » serait bien possible sur une courte distance s'il n'y avait le dévers de la rampe... Nous pourrions, avec quinze broches à glace, atteindre le Linceul par la faille et, en rappels de cinquante mètres, le glacier de Leschaux. Une corde en partie coupée, mais doublée d'une corde intacte, pourrait tenir sur la glace.

Trois broches, comment faire avec trois broches ? Nous ne sommes pas partis d'en bas pour une course de glace, six broches nous suffisaient. Or, trois sont cassées ! La question ne se pose plus : nous avons franchi le point de non-retour. Nous sortirons par l'arête des Hirondelles, au plus court s'il le faut. Cent cinquante mètres au plus, ça doit être possible.

16 février

La neige a cessé de tomber aux premières heures du jour. Sur la terrasse, debout, nous regardons le théâtre hivernal grandiose. Nous sommes les seuls spectateurs. Le plafond nuageux stagne cent mètres plus haut, un voile blanc recouvre la paroi, un velours immaculé épouse la rampe, un souffle de vent passe. Le décor se désagrège, le rideau se déchire en de grands lambeaux, la paroi se libère de son trop-plein. Nous rabattons la toile sur nous, elle claque, elle se gonfle comme un ballon.

Neuf heures. Le vent est tombé. Il faut partir, quitter la paroi. Par l'arête des Hirondelles ? Qu'importe, il faut sortir de là, et sans flâner. Sans commettre d'erreur fatale, sans précipitation incontrôlée. Rester calme dans les pires moments. Déjouer les pièges, mètre après mètre. J'enfonce une broche à grands coups de marteau dans une fissure obstruée de terre et de gravier. La broche rebondit, et je la rattrape au vol de justesse. Je la remets en place, je frappe à petits coups, puis plus fort, à mesure qu'elle pénètre dans le conglomérat.

– Tu peux venir, Serge, je suis sous le surplomb.
– Oh, René ! Le sac de charge !
– Laisse-le tomber dans la faille, il sera dans l'axe.
– Je le lâche. Top ! Il y est !

— Récupère les pitons du relais ! Laisse les deux de la traversée, tu ne pourras pas les atteindre.

Un bruit sourd, un souffle glacial, une avalanche s'engouffre dans le couloir, elle bondit dans le vide en un long geyser d'écume blanche. Le torrent de neige déferle à quelques mètres de moi, puis il devient un mince ruisselet, et il se fige.

— René ! Tu n'as rien...
— Non ! Tu peux venir.

La tête de mon compagnon apparaît à l'extrémité de la vire, il se redresse, il suit l'étroite bordure. J'amène les cordes à moi sans à-coups, pour ne pas le déséquilibrer. Il me rejoint. Nous tirons le sac de charge. Je traverse à gauche vers l'axe du couloir, au pied d'un ressaut d'une dizaine de mètres. Je plante un piton et je mousquetonne la corde.

Pour la troisième fois depuis que je suis au fond du couloir, une avalanche dévale. Le ressaut me protège du gros de la coulée, j'en reçois tout de même une bonne part, je suis secoué comme un prunier... Rejoindre Serge sous le surplomb me mettrait à l'abri des coulées, mais je perdrais du temps : je dois rester là, attendre pour profiter de l'intervalle entre deux coulées afin d'escalader le ressaut, de traverser vers la partie gauche du couloir, moins exposée. J'accroche mon sac au piton, je tire ma montre. Midi et demi. La vacation ! Je saisis le poste et je tire l'antenne.

— Allô, c'est René.
— Attention, attention, René, une avalanche ! me crie Serge.

La coulée est déjà sur moi. Je tiens le poste d'une main et je me cramponne au piton, de l'autre.

— Allô, allô !

La grille de l'appareil est remplie de neige, il n'y aura plus de contact, ni ce soir ni demain, le poste est hors d'usage !

La neige a cessé, les coulées ont perdu de leur force, elles s'espacent. J'ai gravi le ressaut, le haut du couloir, mes mains ont fouillé la neige, à la recherche de fissures pour planter un piton, de prises pour m'agripper. J'ai taillé une marche, enfoncé une broche, Serge grimpe vers moi, maintenant. Mais pourquoi diable grimpe-t-il sans gants ?

– Serge, passe tes gants !

– Je n'ai pas froid aux mains...

– Protège-les ! Nous ne sommes pas encore au sommet, je te tiens sur la corde : mets tes gants !

Il les enfile, et il me dit :

– Je n'ai pas pu retirer la broche du relais.

– Bon, tant pis. Mais récupère bien les pitons, ils sont indispensables.

Quand Serge arrive au relais, il a de nouveau retiré ses gants.

– Mais enfin, pourquoi poses-tu tes gants ?

– Pourquoi tu me demandes ça ?

– Serge, tu n'as pas à les poser en deuxième, je te bloque sur une corde et tu tires sur ton jumar...

– Bon, d'accord. Je ne les poserai plus.

– Comment te sens-tu ? Ça va bien ?

– Pourquoi me demandes-tu ça ?

– Comme ça.

– Rassure-toi, je suis en forme.

L'arête de neige se redresse à 60° devant nous. Quarante mètres plus haut, elle s'appuie contre une avancée rocheuse, le sommet ne doit pas être à plus de deux cent cinquante mètres, dans les nuages. À gauche, à cent cinquante mètres, l'arête des Hirondelles.

La journée a été éprouvante, avec le temps bouché, le crépuscule s'annonce en avance sur l'horaire. Nous devons songer au bivouac. Mes crampons tiennent mal sous la neige poudreuse ; usées par le granit, les pointes mordent mal dans la glace vive, et je dois bientôt tailler les marches.

Sous le ressaut, la glace n'est pas assez épaisse pour aménager le bivouac. Je plante une broche entre glace et rocher, j'attache la corde jaune et je redescends vers mon compagnon. Nous attachons nos sacs sur la corde jaune, une taille pénible commence. Serge perd son piolet sur la glace vive, il a rebondi et lui a échappé des mains. Il est consterné. Je le rassure :

– Ne te fais pas de souci : un piolet suffira pour sortir au sommet.

Quand nous sommes installés dans nos sacs de couchage, sous la tente, il fait nuit. Le réchaud fonctionnera longtemps, ce soir. Nous sommes assoiffés, les boissons chaudes répandent une chaleur bienfaisante en nous. Le moral est bon, nous ne sommes plus très loin du sommet. Il devrait faire beau demain.

La main droite de Serge me paraît bien enflée.

– Serge, ta main, tu la sens bien ?

– Oui. Elle est enflée, mais elle n'est pas insensible.

– Mets-la au chaud, sous ta veste de duvet. Fais bien attention demain, ne quitte plus tes gants surtout.

Au cours de la nuit, nous devons soulever la toile, dégager la neige plusieurs fois. Elle coule de l'arête et s'entasse sur notre abri.

17 février

Venu des hauteurs, un mugissement me tire du sommeil comateux. Serait-ce la tempête ? Je secoue la toile, je la libère de la neige accumulée. Le ciel est d'un bleu limpide. Le bruit de ressac provient de l'arête des Hirondelles, là où le vent, en de longues rafales, arrache des flammes de neige. Elles montent dans le ciel, droites, étincelantes de lumière dans le soleil.

Mon compagnon émerge du sac de couchage. Il observe le ciel, le haut de la paroi.

– Ça fume sérieux là-haut, le sommet semble proche, dit-il.

– Oui. Profitons du beau temps pour nous tirer...

– On sort par l'arête ?

– Nous allons essayer, ce sera moins élégant, mais tant pis.

– Quelle heure est-il ?

Je consulte ma montre. Elle s'est arrêtée, elle ne fonctionne plus. Je n'y attache aucune importance majeure. Qu'il fasse beau ou mauvais, nous n'avons qu'une alternative : monter, pas d'autre choix. Tout va bien. Certes, les conditions sont dures, mais si nous sommes là, c'est parce que c'est l'hiver justement. J'ai connu des hivernales bien plus rigoureuses, le pilier du Freney, six cents mètres plus haut que les Jorasses. Pourquoi m'inquiéter ? Je me sens riche de vitalité encore. La main de Serge n'est pas plus enflée qu'hier soir, ses doigts ont conservé leur mobilité, ils sont sensibles au toucher. Oui, bien sûr, nous sommes fatigués tous les deux, comment en irait-il autrement ?

Nous buvons une gamelle de café léger, bien sucré. Nous glissons les provisions de la journée dans nos poches d'anorak. Quelques berlingots de miel, des nougats et de petites plaquettes de beurre. Il ne restera quasiment rien demain, mais nous serons là-haut, où le soleil brille. Finies les difficultés, une fois sur l'arête.

Serge me semble un peu long dans ses préparatifs, je le laisse fermer son sac, remonte la corde jaune. Je tire le sac de charge devenu très léger, et Serge me rejoint.

Sous l'arête des Hirondelles, la muraille me paraît moins sympathique qu'hier, entre les brumes, où j'avais cru entrevoir une possibilité de sortie relativement rapide. Après examen attentif, aucun itinéraire n'est évident : cent cinquante mètres de dalles, de plaques déversées. Des dalles compactes interdisent toute progression au-dessus du relais, une large fissure de rochers brisées coupe la paroi en diagonale à droite. Je sais que cette blessure dans le granit ne peut s'interrompre, se perdre dans le compact au bout de trente mètres, d'une façon ou d'une autre elle se prolonge vers le haut. Si nous avons trop de problèmes sous l'arête des Hirondelles, il faudra monter à droite. Pour en avoir le cœur net, je pose la corde rouge en rappel, et je descends d'une quinzaine de mètres. Serge m'assure sur la jaune, je m'éloigne de l'arête en inclinant le corps sur la gauche pour lutter contre la traction progressive du rappel qui me ramène vers l'arête. Le rappel forme bientôt un angle de 45° avec la verticale. Pas la moindre fissure sur la dalle où placer un piton. J'insiste. Plus loin, il me semble voir un défaut dans la roche. Un mètre... Deux mètres... Je pendule, je repars en arrière... Je cours sur la glace et évite de justesse de me retourner sur le dos, de pendre cinq mètres plus bas que la terrasse du bivouac, dans le couloir. Je remonte au relais.

– Tu vois, à gauche, c'est très dur, même si je parviens à placer un piton sur la dalle, le problème ne sera pas résolu pour autant. Après, c'est encore très difficile, il y a trop de glace.

Le bruit d'une turbine emplit tout l'air, les flancs de l'arête des Hirondelles nous renvoient l'écho avant même que nous apercevions l'hélicoptère. L'appareil passe à notre hauteur, il tourne un moment, puis il s'éloigne. Ce contact avec la vallée me rappelle que je n'ai plus d'heure, je tire le talkie-walkie. Rien. J'insiste. Un long moment. Le poste reste muet. Les piles sont usées, ou bien elles sont trop froides. J'essaierai encore ce soir, il ne faut plus perdre de temps : il faut monter. Je recommande à mon compagnon de bien récupérer les pitons qu'il a laissés dans le ressaut, sous le couloir. Les conditions n'étaient pas meilleures pour lui que pour moi.

Serge s'est bien battu, pas une seule fois il n'a démérité. J'aurais dû descendre les récupérer quand il était encore temps, c'est de ma faute.

Nous disposons d'une vingtaine de pitons variés, c'est suffisant pour sortir, mais à condition de ne plus en laisser derrière nous...

Je m'engage dans la fissure ascendante, des blocs de rocher l'obstruent par endroits, la neige les rend glissants. Les premiers trente mètres sont tout de même plus faciles que ceux que nous avons gravis jusque-là. La paroi va peut-être nous dévoiler enfin ses faiblesses, et j'ose espérer devant cette facilité apparente. Non ! C'est impossible ce soir, nous n'arriverons pas au sommet. Il est là pourtant, je le vois, il avance au-dessus du vide. Oui, je le vois trop bien... à la verticale. Il doit y avoir une ultime défense de la paroi quelque part, rien n'est facile dans la face nord des Jorasses, rien n'est gratuit !

Trente mètres, c'est assez pour cette longueur. J'ai planté trois pitons, j'en plante un quatrième pour le relais, j'attache ma corde, je tire la jaune, la rouge. Celle du sac de charge, si léger... Il ne contient plus que cinq gros pitons, le réchaud et quelques derniers vivres.

– À toi, Serge ! Tu peux venir, récupère bien les pitons !

Il ne répond pas. Il ne m'a pas entendu, une légère courbe de la paroi le dissimule.

Je l'appelle une deuxième fois, plus fort.

– Oui, je viens, me répond-il.

Les sons des coups de marteau me parviennent, Serge récupère les pitons.

Les deux longueurs suivantes sont difficiles, un peu plus raides. Un petit avion passe assez loin de la paroi, à notre hauteur.

La fissure s'interrompt sous le mur surplombant, haut de cinq ou six mètres, côté gauche, un dièdre redressé est recouvert de neige. Le côté droit est sec, mais surplombant. Le mur d'accès n'est pas infranchissable, une écaille décollée va nous permettre de le surmonter.

Il est trop tard pour bivouaquer plus haut, Serge est toujours au relais, trente mètres au-dessous. Peut-être pourrai-je fixer une corde en haut du mur avant la nuit.

Le seul emplacement de bivouac est là où je suis, dans une sorte de râteau de chèvre assez large pour s'allonger l'un derrière l'autre. Le jour s'assombrit, des nuées cuivrées s'amoncellent, le ciel se teinte de sinistres apparences. Serge est près de moi, enfin. J'ai planté deux pitons pour nous assurer. Je pose mes crampons grâce à de minuscules prises, je traverse plusieurs mètres jusqu'à l'écaille, que je saisis à pleines mains. Les pieds à plat sur le mur, j'entame la montée. Le passage est violent, athlétique, je concentre mon énergie dans mes bras et, sans m'arrêter, vite, je remonte l'écaille jusqu'à son faîte, et je l'empoigne des deux mains. Mon pied gauche glisse, il se détache du mur, mais je tiens bon. Dans un rétablissement violent, je tente de me redresser au sommet de cette écaille, des blocs instables m'en repoussent, m'ôtant tout espoir de sortie directe. J'engage alors une jambe entre le mur et l'écaille, l'espace est tout juste suffisant. Buste appuyé sur la tranche de l'écaille, ma jambe coincée, je cherche, fébrile, un piton large sur mon harnais. Je l'enfonce vite dans une fissure entre le bloc et le mur, je crains un moment que le bloc soudé par le gel ne se détache, mais il tient bon. Un mousqueton, la corde jaune, je respire profondément, je redresse le buste et je regarde plus haut. Ça doit passer.

Une main à l'écaille, l'autre sur la corde jaune passée en double sur le piton, je me laisse glisser vers Serge.

– Regarde, là-bas, l'aiguille d'Argentière, me dit-il. La neige est sur nous avant un quart d'heure...

– Oui, elle arrive. Installe-toi où tu es, je vais me mettre au-dessous.

J'attends que Serge ait passé son sac de couchage avant de glisser dans le mien. Impossible de monter la tente ce soir. Je lui laisse la toile pour qu'il s'en recouvre.

– René, regarde ma main.

Il vient de retirer son gant droit, ma gorge se serre, mon ventre se noue, sa main droite est très enflée, sa peau se détache en lambeaux. J'ai déjà vu des mains très abîmées par le froid, mais comme celles-ci, jamais.

– Que va-t-on faire de ma main, René ?

– Ne t'inquiète pas, tu peux remuer les doigts ?

Serge le peut.

– Elle te fait mal ?

– Un peu, pas beaucoup...

– Ne te fais pas de souci, puisque tu la sens, elle n'est pas gelée. Tu sais, aujourd'hui les gelures se soignent très bien, ce n'est certainement pas ça. Dès qu'on est en bas, on t'arrangera ça.

Que dire pour rassurer mon ami ? J'enveloppe doucement sa main avec mon foulard de soie, puis je la glisse dans une moufle de fourrure de nylon.

– L'hiver dernier, des Japonais ont perdu la peau de leurs mains. Elles étaient noires, eh bien, ils grimpent à nouveau. Qu'il ne se démoralise pas, qu'il garde confiance !

Et ta main gauche, elle va bien, ta main gauche ! Demain, on est là-haut. Tu parles d'une course ! On pourra dire qu'on s'en est vu, après ça, quinze jours à la mer, au soleil. Bon sang ! Quand tu auras récupéré ta main, tu verras, on fera d'autres hivernales.

– Mais cette année, c'est fichu.
– Evidemment, cette année...

Serge semble quelque peu rassuré, mon angoisse est vive.

La neige tombe, très fine, le mur surplombant nous protège des coulées ruisselantes. Ce soir, il est impossible d'allumer le réchaud sans l'abri de la toile, la radio est muette.

Une longue rafale plaque la neige sous le surplomb, je m'enfonce dans mon sac de bivouac. Pieds sur un bloc coincé, dos appuyé contre un autre, la position n'est pas des plus confortables. Serge est allongé au-dessus de moi, ses pieds à hauteur de ma tête.

– Ça va, Serge ? Tu n'as pas froid ?
– Non, pas froid.
– Tes mains ?
– Je les sens, elles ne me font pas trop mal.
– Tu vas pouvoir dormir ?
– Oui, je crois.
– Serge, on est en haut demain.

Mais qu'arrive-t-il à mon compagnon ? Pourquoi ses mains sont-elles si enflées ?

18 février

Le jour glauque se lève, des flammes de neige courent sur la paroi dans un crépitement aigu, puis le silence, le calme. Et la tourmente de nouveau se ramasse sur elle-même pour rebondir, avec plus de puissance encore, contre le granit pétrifié. Recroquevillés dans les sacs, recouverts ou bien libérés de la neige selon les mouvements de la tempête, nous restons immobiles, silencieux. Il faut sortir de là, d'abord sortir du sac de couchage.

– Comment vas-tu, Serge ? As-tu dormi ?
– J'ai dormi, ça ne va pas trop mal. On est loin du sommet ?
– Non, il n'est plus très loin.

J'émerge du sac de couchage, je pénètre dans le vent. J'empile dans le sac à dos le réchaud et sa dernière cartouche entamée, trois gros pitons, la corde de charge et mes crampons. Il nous reste quatre berlingots de miel et six nougats pour tous vivres. J'en passe la moitié à Serge et je glisse l'autre dans ma poche d'anorak, puis je balance dans le vide le sac de charge, inutile. Il s'envole à l'horizontale, emporté par les vents. Sergent se prépare. Je l'aide à plier son équipement de bivouac, à fermer son sac. Je vérifie nos encordements.

– Mais où sont les pitons que tu as récupérés hier ?
– Ils sont là. Accrochés au piton du relais.
– Comment ? Il n'y en a que deux !
– Je n'ai pas pu avoir les autres...

Il nous reste neuf pitons plats et six pour fissures larges, or, dans cette paroi, j'ai surtout besoin des pitons plats. Quelle difficultés devrons-nous surmonter ? Combien de pitons nous faudra-t-il ?

– Serge, je le sais, tu as mal aux mains, mais il faut récupérer tous les pitons. Sinon on ne sort pas, on reste dans la paroi, ou on tombe.
– On est encore loin du sommet ?
– On devrait y être ce soir, allez, tiens les cordes, j'y vais.

Je me hisse à deux mains sur la corde jaune, pieds contre le rocher, jusqu'en haut de l'écaille, et je m'attache au piton. Le vent, la neige me cinglent le visage, me brûlent les yeux, je frictionne mes mains insensibles. Trois ou quatre mètres plus haut, une petite vire. Je ferai un relais là, et Serge pourra me rejoindre. Je me tire de la main droite sur le mousqueton et saisis de la gauche un bloc plus haut. Je me redresse...

– Serge, attention !

Le bloc s'est descellé. Il passe par-dessus mon épaule, rebondit sur les dalles et disparaît dans la brume. Je suis pendu par la main droite qui serre le mousqueton, les deux pieds dans le vide. Je referme la gauche sur l'écaille et je me rétablis furieusement.

– Ça va, René ?
– Oui. Attends, je reprends mon souffle...
– Tu n'as rien ? Le bloc ne t'a pas touché ?
– Non, mais la corde jaune est coupée, elle pend derrière toi, tu n'es plus assuré.

Je rejoins Serge en répétant la même manœuvre que la veille. La corde jaune est coupée approximativement à la même hauteur que la rouge. Désormais, notre encordement est réduit à vingt-cinq mètres. Je range la moitié de la corde coupée dans mon sac, et je repars. À la place du bloc, une surface plate, recouverte de neige, juste la place pour poser la partie antérieure de mes pieds. Je suis au commencement du dièdre, ses premiers mètres sont verticaux, verglacés. Quelques prises émergent de la pellicule de glace, mais aucune fissure où planter un piton. Ce sera peut-être possible quatre ou cinq mètres plus haut. La solution est donc de contourner la défense du dièdre par une vire ascendante, à droite, puis, plus haut, de revenir vers lui, en traversant à gauche.

Trois mètres presque faciles. Je plante un piton, y attache ma corde, je frictionne mes mains, et je prends mes gants. J'ai retrouvé la souplesse des articulations dans l'action, je peux me battre longtemps encore. Si Serge peut récupérer les pitons, tout ira bien. Tout me paraît très difficile au-dessus de moi. Je reviens à gauche, et à droite de nouveau, c'est là qu'il faut monter. Je m'en veux pour ce temps perdu. « Tu dérailles, mon vieux, tu ne sais plus ce que tu fais, et ce n'est pas le moment. » Je replante le piton.

– Serge ! Tu peux venir !

Il n'a pas entendu, le vent emporte mes paroles.

– Serge, viens ! À toi... Tu entends ? À toi.

– Oui... Viens...

Les minutes s'enfuient dans les clameurs du vent. Mon compagnon est enfin près de moi, épuisé par l'aplomb où j'ai dû le tirer, centimètre par centimètre.

– Serge, il ne doit plus y avoir de surplomb, le dièdre, à gauche, ne devrait pas être plus difficile que la rampe. Au bout, c'est la corniche sommitale, le sommet. Alors, il faut tenir. Tu entends, tenir !

– T'inquiète pas, René. Je tiendrai, ça ira.

– Où sont tes lunettes, Serge ?

Dans la poche du sac.

Je les tire, je lui frotte délicatement les cils et les sourcils collés par le givre, et je les lui mets, puis je prends les miennes. Je libère son jumar et j'attache Serge au piton du relais.

– Au prochain relais, je t'assurerai sur la jaune. Tu mettras ton jumar sur la rouge, elle sera fixe, laisse bien venir les cordes.

Je gravis dix mètres en récupérant les pitons derrière moi, j'en ai laissé plusieurs, afin que Serge ne pendule pas sur la gauche. Il monte, avec une lenteur inquiétante. Je m'efforce de ne penser qu'à l'instant. Tout en tirant la corde, je frotte mon visage couvert de givre sur une manche de mon anorak, cette paroi est un enfer. Un enfer de glace. Serge me rejoint enfin.

– J'ai laissé deux pitons, je n'ai pas pu les avoir.

Je dois descendre dans le dièdre, maintenant, cinq ou six mètres sous moi, d'aplomb. J'explique à Serge ce qu'il devra faire pour me rejoindre.

— Tu te laisseras descendre sur la corde jaune, elle est passée dans le mousqueton comme sur une poulie Je te freinerai, je te retiendrai depuis le bas.

Deux mains sur la corde rouge passée en double dans le mousqueton, l'unique piton du relais, j'entreprends une descente hasardeuse ; mes yeux sont fixés sur le petit morceau de métal qui retient nos deux vies, mes chaussures dérapent sur le rocher verglacé. Je me débats quelques secondes, je cherche une surface rugueuse où poser mes pieds. Je bloque mon jumar sur la corde rouge, je plante un piton et je m'y attache. Je dois mettre mes crampons à présent. Fixer des crampons aux chaussures dans une telle position... J'y arrive enfin, après mille précautions pour ne pas les perdre dans le vide...

Serge se laisse aller lentement, en freinant la corde autour de ma taille, je l'attire jusqu'à ma hauteur. Je l'attache au piton, et je tire les deux cordes.

— Serge, regarde : ça paraît moins raide plus haut, ça va aller mieux. Tu vas voir, je vais t'aider à mettre tes crampons.

Je sors les crampons de son sac et je les fixe à ses chaussures. Je prends trois nougats dans la poche.

— Tiens, ouvre la bouche. Un autre encore, et ce berlingot de miel.

Je prends moi-même un berlingot, je dois en garder pour le soir et demain...

La tourmente, apaisée un moment, reprend avec plus de fureur, mes pointes de crampons mordent de moins en moins dans la glace. Le rocher est compact à droite, alors j'enfonce les pitons dans la glace, et je me redresse sur le piton planté pour en placer un autre, plus haut. Après une quinzaine de mètres, il ne me reste qu'un seul piton plat. Les gros sont inutilisables ici. Une fissure est là, face à moi, je le plante solidement et je taille une marche pour le relais.

– À toi, Serge ! N'oublie pas les pitons. Ho ! Serge, tu m'entends ? Monte !

Serge ne répond pas. Je renouvelle mon appel.

– Tu peux monter, Serge !

Il reste immobile, bras ballants, retenu par la corde. Je n'entends rien avec ce maudit vent, quelques mots me parviennent enfin :

– … Peux plus monter… mes mains… ne sens plus…

Une détresse sans nom m'envahit. Elle me submerge. Serge abandonne… Assiégée, nimbée par les tourbillons de neige, sa silhouette se fige sur le vide. Tout est invraisemblable, irréel. Des images s'impriment dans ma chair. Jamais, aussi longtemps que je vivrai, je n'oublierai cet instant, cette vision terrible.

Serge abandonne. Non, il est épuisé. Il ne peut plus monter.

Le désespoir et la peur s'abattent sur moi, je suis anéanti, brisé. J'appuie ma tête contre la glace, pétrifié. Nous sommes perdus. J'ai peur d'une telle mort.

Se reprendre. Il faut se battre encore. Mes mains sont intactes : je peux descendre jusqu'à Serge, remonter en dépitonnant, puis tirer mon compagnon, mètre après mètre, jusqu'au relais, jusqu'au sommet.

Je libère les cordes de mon harnais, je les attache au piton du relais et, les prenant à deux mains, je descends vers Serge.

– Alors, vieux. Ce n'est pas le moment de lâcher, nous sommes presque au sommet.

– Je ne peux plus, René. Mes mains, c'est fini, il faut que tu me tires. Ne m'en veux pas, j'ai fait tout ce que j'ai pu.

– Je ne t'en veux pas, Serge. Ça ira, je vais te tirer, tu verras. Tu poseras tes pointes de crampons sur la glace, je te tirerai. Nous sommes bientôt sortis.

Ma gorge se serre en prononçant ces mots, mais ce n'est pas le moment de pleurer. Je dois être dur, plus dur que jamais. La mort ne fait pas de cadeau. Il faut l'empoigner, la repousser à pleins bras, poitrine contre poitrine. Qu'elle sache que rien n'est encore gagné. Que rien n'est perdu pour nous.

J'ai libéré la corde de Serge du piton, maintenant il est retenu par la jaune, accrochée au relais, quinze mètres plus haut. Je me suis encordé sur la rouge, avec mon jumar passé dessus. Je monte en retirant les pitons.

– Allez, Serge, je tire la corde. Monte tes pieds !

Je tire la corde, je la tire des mains, des bras, des reins, de toutes mes forces. La peur a fui, je ne ressens plus le tragique du moment. Je me bats, nous nous battons.

La longueur suivante est plus périlleuse, plus risquée encore. Mon compagnon ne peut plus m'assurer, les cordes pendent derrière moi. Je me tiens d'une main au dernier piton planté et je récupère le précédent. Qu'un seul piton cède, c'est la chute, effroyable. Les lunettes sont gelées à mes sourcils, je les arrache, je les jette dans le vide, mais je regrette aussitôt cette colère inutile, aussi inutile que ces lunettes d'aveugle...

Le soir approche. Aucune terrasse, sinon un vague plan incliné. Dans la glace, un peu plus épaisse, j'aménage d'abord un creux, puis je taille une étroite cavité pour attendre le jour.

– Assieds-toi dans le creux, j'attache ta corde. Voilà. Tu peux te laisser aller, tu es assuré.

La tente rabattue, la neige coule sur nous. J'enlève ses crampons, les miens, et je les attache aux pitons avec nos sacs à dos. Je tire le sac de couchage de Serge.

– Rentre tes jambes dans le sac, je le tiens. Soulève-toi pour que je le glisse dessous. Tu ne peux pas ? Bon, passe tes bras derrière mon dos... C'est ça, soulève-toi maintenant. Ça y est, le sac est remonté dans ton dos, tu peux t'asseoir, mets tes bras à l'intérieur. Ça va ? T'es bien ? Ta corde est-elle assez tendue ? OK. Je vais m'installer à mon tour.

Je me glisse dans mon sac, je m'accroupis près de Serge et j'allume le réchaud.

– J'ai quelques bonbons à la menthe dans ma poche d'anorak, me dit-il. Prends-les, mets-les dans l'eau, elle sera meilleure.

Je comprendrai, plus tard, quand des amis me confieront :
– Cet hiver, Serge n'était pas en bonne santé.
Tous le savaient, sauf moi.
– Mais pourquoi ne m'a-t-il rien dit ?
– Tu ne l'aurais pas emmené avec toi...
Oui, plus tard, je découvrirai l'incroyable réalité, l'invraisemblable...

– Bois, Serge. Je tiens la gamelle, l'eau est chaude. Ça fait du bien, t'as raison, c'est meilleur avec la menthe... Attends, voilà un nougat, un peu de miel, il nous en faut pour demain. Tu n'as pas froid ? Demain, on sera au sommet... Ne t'en fais pas, tu iras mieux, on s'en sortira. Bien sûr, on sortira de cette paroi... On mangera tout ce qu'on veut, et on dormira...

Le jour ne viendra-t-il donc jamais ? Mes jambes repliées sous moi me font mal, la position accroupie est intolérable. Pour me soulager, je dois me redresser en fléchissant le buste, afin de ne pas arracher la tente. L'espace n'est pas assez large pour s'asseoir à deux.

Quand fera-t-il jour ? Il viendra, comme la nuit...

19 février

Le jour est là, avec la neige et le brouillard. Le vent est aveuglant, épuisant.

Nous avons partagé un demi-litre d'eau tiède, guère plus, il ne nous reste que très peu de combustible. Et il faudra boire ce soir.

Serge ne semble pas plus mal, mais les heures qui s'écoulent amenuisent ses forces, détruisent ses dernières facultés. Je manque de courage, tout à coup. Je suis là, terrassé par mille peurs devant les difficultés, sans aucune assurance. Je n'ose plus croire à une seule chance. Mais je veux vivre. Alors, il faut grimper encore, lutter encore. Grimper ce rocher couvert de glace. Alors, grimpe, grimpe !

Encore un mètre de gagné, un mètre, c'est beaucoup...

– Serge, la corniche, juste au-dessus de nous ! Nous n'y serons pas ce soir, mais on est bon pour demain. Une dernière nuit, et on sort...

Serge lève la tête.

– Tu la vois, la corniche ?

– Oui, je la vois. Tu crois que nous serons là-haut demain ?

– Bien sûr ! On ne va quand même pas passer l'hiver dans cette paroi !

Une corniche de granit, vingt mètres plus haut. Nous allons pouvoir nous asseoir confortablement. Mais un passage difficile nous en sépare. Je le surmonte. Un bras me fait mal, des douleurs courent le long de mon dos, rien pour s'asseoir. La corniche est déversée. Il faut pourtant s'installer là, attendre que la nuit passe. Je plante deux pitons, un pour mon compagnon, un pour moi.

– Viens, Serge. Démousquetonne ta corde...

Serge ne peut libérer sa corde, je dois redescendre, le remonter. Je suis à bout, ce soir, mais Serge est là, près de moi.

Chacun accroché à son piton, retenus par les sangles du harnais sous nos cuisses, autour de la taille, pieds à peine appuyés sur l'étroite corniche déversée, nous commençons ce que je crois être la dernière nuit dans la paroi. Impossible de dormir. À la longue, les sangles coupent la circulation du sang, là où elles passent les chairs deviennent douloureuses. Il faut bouger, changer de position constamment. Une nuit de douleur, de gémissements, plus éprouvante que le jour.

20 février

Le jour filtre sous la toile rabattue, lumière claire, dure.

– Il fait beau, Serge. Le beau temps est là, nous allons sortir, tu entends, nous allons sortir au sommet aujourd'hui.

Serge gémit. Je le saisis par les épaules, le secoue.
— Réveille-toi, Serge !
— Non, René, je n'irai pas plus loin. Je ne veux plus bouger.
— Voyons, Serge, deux longueurs, moins peut-être...
— Je n'en peux plus, je ne veux plus bouger.
— Je vais te tirer comme hier, tu n'auras rien à faire. Juste te tenir debout, on ne va pas rester là, si près du sommet !
— Je ne veux plus bouger... Je ne veux plus...
Alors, la colère me prend.
— Tu as voulu y venir dans cette paroi, Serge ? Alors, tu vas en sortir, tu vas tenir le coup aujourd'hui encore, tu entends ! Des amis viendront à notre rencontre, mais il faut monter d'abord, t'entends ? Monter !

Cris, supplications, rien ne sort Serge de sa léthargie. Il ne reste plus qu'à attendre, attendre un hélicoptère. Le temps est beau aujourd'hui, le vent presque nul, c'est certain, un hélicoptère viendra... Ils comprendront qu'il se passe quelque chose de grave, on ne peut pas rester immobile si près du sommet, par beau temps, après dix jours d'ascension. Monter ou descendre, ne jamais rester immobile, c'est la règle pour moi.

— Serge, tu entends ? Écoute ! Un hélicoptère s'approche.
Lointain d'abord, le bruit des rotors s'amplifie, le sifflement de la turbine, le claquement des pales... L'engin s'approche de la paroi, à notre hauteur, tout près, quarante mètres, moins peut-être. Il reste en vol stationnaire quelques secondes. On nous observe, l'un des passagers tend le bras, pouce en haut, puis en bas.

Voici plus de trente ans, j'étais bien plus habitué aux termes de plongée sous-marine qu'à ceux de l'aviation. J'enregistrai : vers le haut ou vers le bas ? Vous montez ou vous descendez ? Comment répondre ? Ce jour-là, il y eut totale incompréhension de part et d'autre.

Par des gestes amples, passant des bras repliés, puis, en les écartant, droits à l'horizontale, je m'applique à indiquer à l'hélicoptère que nous sommes bloqués à ce niveau. Qu'il nous est impossible de monter plus haut. Il est évident qu'ils ont compris. L'appareil est assez près pour que les passagers puissent comprendre que nous ne sommes pas installés sous une tente montée sur une terrasse, mais que nous sommes accrochés à la paroi, sous une toile, pour nous protéger du froid… Ils devraient comprendre qu'après dix jours d'ascension, deux de fort mauvais temps, il est anormal que nous restions immobiles si près du sommet, alors qu'il fait grand beau temps précisément.

Ce jour-là, je n'ai pas fait le signal conventionnel de demande de secours : un balancement du bras de haut en bas six fois à la minute… Signal qui n'était pas même enseigné aux stages professionnels de l'ENSA… Quand j'y étais professeur-guide, j'affirme qu'il n'a jamais été nécessaire que des alpinistes utilisent ce signal conventionnel pour se faire comprendre. Par leur position, leur immobilité, nous savions très vite s'ils avaient besoin d'aide.

Dans la machine, on nous adresse des bonjour, puis l'hélicoptère repart. Mais il reviendra, nous en sommes persuadés ! Le vent n'est pas très fort pour un pilote habitué au massif, il est possible de se poser dans la brèche, entre la pointe Walker et la pointe Whymper.

Mais pourquoi l'hélico ne revient-il pas ? Je scrute le ciel, en vain, j'écoute les bruits de la montagne, le vent qui agite la toile de nylon, rien.

Le soir tombe. Ce ne sera pas pour aujourd'hui. Réunir une équipe pour organiser le secours depuis le sommet prend plus de temps que je ne le suppose… Ils seront là demain matin, il faut tenir une nuit encore. Nous tiendrons. Serge tiendra. Il le faut.

Les sangles nous font mal, nous gémissons.

21 février

C'est l'aube du onzième jour. Glaciale, grise, traversée de courtes rafales de neige arrachées à la cime.

Serge est de plus en plus mal. Ses lèvres, son nez sont gonflés par le froid, il ne sent rien, ne souffre pas. Les vivres sont épuisés, il nous reste un peu de gaz, un demi-quart d'eau tiède, et le réchaud s'arrête, définitivement. Je verse l'eau entre les lèvres de mon compagnon, je n'éprouve aucune soif, aucune faim. Mon estomac est serré, dur comme une pierre. L'angoisse me tenaille : s'il ne se passe rien aujourd'hui, Serge est perdu. Tiendra-t-il encore une nuit ?

Quelle heure est-il ? Est-ce le matin ou l'après-midi, déjà ? Serge ne peut rester plus longtemps ainsi, je dois partir, appeler les secours. Aller au-devant de ceux qui montent peut-être par le versant sud, descendre vers la vallée, réunir les amis. Aidez-moi, Serge se meurt !

Avec les cinq ou six derniers pitons, en comptant ceux plantés trois mètres plus bas, je peux atteindre le sommet seul avant la nuit peut-être, et commencer aussitôt la descente. Demain, je serai dans la vallée, en bas. Remonter avec la caravane de secours ! Mais sans doute sont-ils en train de monter... Combien de temps... Serge ne tiendra pas... Sauver ma peau tandis qu'il en est encore temps, fuir la paroi, retourner vers la vie, mon chalet ! Non. C'est la loi de la cordée, à la vie à la mort. On ne laisse pas son compagnon mourir seul, ce n'est pas une histoire de cordée, de fraternité de guides, c'est une question d'hommes. Serge a besoin de moi. Il est maintenant sans défense contre le froid, le vent, je dois le protéger, l'aider à tenir. Encore... Jusqu'à quand, mon Dieu ?

– Ils reviennent, Serge, je les entends ! Ils reviennent, tu vois !

Je lève la toile rabattue sur nos visages, l'appareil approche de la paroi, moins près que la veille. Les turbulences sont plus importantes. Je sors un anorak rouge de mon sac, et je le tiens au-dessus de ma tête, à bout de bras. Il flotte, vertical. L'ont-ils aperçu ? Ne l'ont-ils pas confondu avec la toile de la tente ? L'hélicoptère s'éloigne, amorce un vaste cercle, et il revient, je remets l'anorak dans le sac, j'attends qu'il soit assez près, et je balance mon bras droit, de bas en haut, six fois !

L'appareil semble s'approcher davantage, puis il s'en va. J'entendrai toujours la voix de Serge :

– René, il est parti, l'hélicoptère ! Il est parti !

– Non, Serge. Il va revenir. Je te l'assure, il va revenir.

Bien sûr, il reviendra. Mais si le temps s'aggrave, il ne reviendra pas. Je sais qu'il ne le pourra pas.

– Il va faire nuit ?

– Bientôt, Serge.

– Pourquoi n'est-il pas revenu, l'hélico ?

– Le temps est bouché, mais rassure-toi, des cordées montent par la face sud. Ils savent que nous sommes bloqués.

– Tu penses vraiment qu'ils seront là demain ?

– Voyons, Serge, c'est évident. Que ferais-tu à leur place ?

– Bien sûr.

– Les sangles ne te font pas trop mal ?

– Moins qu'hier.

– T'es en train de perdre ton sac de couchage, je vais te le remonter.

Je ramène la toile de tente sur nous comme une couverture, afin que le vent ne l'emporte pas.

La nuit commence, douloureuse. Un cauchemar. Serge s'endort par moments, puis il se réveille, gémissant doucement. Je bouge sans cesse, à la recherche d'une position moins pénible, sans cesse je recoince la toile entre nos dos et la paroi.

22 février

Un léger frémissement à l'horizon. Une lueur indécise s'étire en un trait gris clair. Suspendus dans le ciel, nous allons vers des jours dont nous ne connaîtrons jamais peut-être la clarté. La vie continue. En bas, les gens se lèvent, vont au travail. C'est l'heure où les perchmen et les pisteurs s'apprêtent à rejoindre les pistes blanches. Là-haut, sous le sommet des Jorasses, le temps s'est figé. Les heures sont devenues éternité.

L'horizon s'embrase, une lumière dorée irradie. Le soleil reste invisible, mais il est là, derrière l'arête des Hirondelles. Pour nous, il n'y a que l'ombre glaciale de la face nord. Attendre, retenir la vie qui nous abandonne. Attendre la bonne volonté de nos frères.

Le ronron de la turbine, les pales claquantes dans l'air froid d'altitude, l'espoir renaît. L'appareil monte, disparaît, revient. Dans une bourrasque, une odeur de kérosène effleure la paroi, tendre la main, toucher la vie, elle est là, dans ce globe de métal et de plexiglas.

La toile de tente claque, inlassable, ce vent maudit nous épuise, il nous tue. Ne pas l'accepter, tenir.

L'état de Serge s'est aggravé, il est prostré, tête appuyée sur les bras repliés sur ses genoux. Je lui parle, il ne m'écoute plus, que pourrais-je faire d'autre, si ce n'est maintenir la toile, remonter son sac de couchage qui glisse vers le vide ?

Serge gémit, il s'arrête, il recommence, soudain il se redresse :

— Il faut monter sur le plateau, on va aller au bistrot, manger, boire, et on reviendra après...

Mon cœur se fend. Serge déraisonne. Il n'est plus ici, mais quelque part dans les Calanques, les gorges du Verdon, où il grimpait souvent. Là-bas, sur le plateau calcaire, y a-t-il un bistrot où il faisait bon se rafraîchir après une dure escalade sous le soleil ?

— Oui, Serge, on va sortir sur le plateau. Et puis, on reviendra.

Au pilier du Freney, en 1961, Pierrot Kohlmann et Antoine Vieille déraisonnaient de la sorte avant de mourir...

Serge s'est tu. Il a reposé sa tête sur ses bras repliés.

Combien de minutes ou d'heures se sont-elles écoulées ? Serge se redresse à nouveau, il agite ses bras, gestes saccadés.

– Mon hélicoptère... Il vient, mon hélicoptère !

Dieu, quelle métamorphose !

– Oui, Serge, il vient ton hélicoptère, il vient ! Je le vois. Il arrive. Une grosse boule de cristal, de grandes pales d'or...

Serge se redresse davantage, il se tend vers l'arrière, puis il s'immobilise, yeux fixés au-delà des mondes, vers l'immensité du ciel.

Serge est parti. Je suis seul, je reste seul.

Un sentiment d'angoisse et de révolte s'empare de moi, m'emporte dans la démence. Je hurle :

– T'es un salaud ! Tu m'entends, un salaud ! Je suis resté avec toi, et toi, tu es parti. Tu me laisses seul !

« Allons, vieux, tu déraisonnes. Reprends-toi. Ramène la toile, elle s'est décrochée, le vent va l'emporter. » Je tire la toile sur nous, je la coince derrière moi, et j'attends la nuit...

Le vent s'est interrompu, l'ombre monte doucement à l'est. Un grand calme se répand en moi. Je suis indifférent à mon propre sort. Puis je ressens de nouveau la douleur des chairs torturées par les sangles, la souffrance est devenue ma condition. Il faut souffrir avant de mourir.

Pourquoi n'ai-je pas songé à fuir cette paroi en cet instant ? Pourquoi n'ai-je pas tout tenté pour sortir au sommet le lendemain ? J'en avais la force physiquement, puisque j'avais encore celle de souffrir... Je ne saurais le dire.

La nuit. Le ciel a revêtu sa parure de velours noir piqueté de diamants. Très haut, bien plus haut que les Jorasses, à la verticale du col des Hirondelles, un avion traverse les ténèbres du sud au nord. J'écoute ses réacteurs, intensément... Dans quelques minutes, l'hôtesse dira, d'une voix suave : « Attachez vos ceintures, nous descendons sur Paris-Orly. » J'ai repéré cet avion depuis plusieurs soirs, il est le dernier avant le matin.

Je n'éprouve ni faim, ni soif, seule ma gorge est douloureuse. Ai-je froid seulement ? Par instants, mon corps est parcouru de tremblement convulsifs. « Pauvre carcasse !

Nous en avons tant fait ensemble, tu m'as tout de même bien servi... » Tiens, je parle tout haut ! Délire, conscience, je ne sais plus. Je remonte le sac, je me laisse aller sur les sangles, tête appuyée sur l'épaule de Serge. Attendre...

Où est la toile de tente, le vent a dû l'emporter. Non. Elle est de l'autre côté de Serge, heureusement, elle est bien attachée au piton. Quand il fera jour, je la ramènerai sur moi, mais il faudra aussi la fixer à mon piton...

Je fixe l'horizon, le vent est tombé depuis longtemps, mes yeux pleurent. Il doit faire très froid...

23 février

Il fait jour, les montagnes émergent de l'ombre bleutée. Elles sont au rendez-vous de la lumière, témoins de mes souffrances, de notre drame. Je lève les yeux vers la corniche, le soleil ne l'effleure pas encore. À gauche, Serge, figé dans son survêtement d'altitude bleu, « Mon habit de lumière », disait-il. Je vais me réveiller, sortir de ce cauchemar, me réveiller dans mon chalet. « Tu peux toujours te frotter les yeux, tu ne dors pas... »

Depuis combien de temps fait-il jour ? Le vent se lève, tiens, ce bruit... C'est bien un hélicoptère. Il s'approche de la paroi. Peut-être pensent-ils que je suis mort, je vais bouger, me mettre debout...

Pourquoi ne reviennent-ils pas ?

Chamonix, 9 heures.
– Le vent est trop fort, nous n'avons pu nous poser.

Robert Flematti, Jean-Claude Marmier et Georges Nominé se proposent. Ils veulent monter par le versant italien, l'itinéraire d'ascension normal. Ils sont tous les trois attachés à l'École militaire de haute montagne. Ils sont incontestablement les trois guides les plus forts de la vallée, les plus entraînés aux grandes courses hivernales. Par leurs fonctions à l'École militaire, ils connaissent particulièrement bien les procédés, les manœuvres de secours, mais ils ne peuvent intervenir sans l'autorisation de leurs supérieurs. Ils l'obtiennent du ministère de l'Armée, seulement voilà : ils sont attachés à une École militaire, et non à la Compagnie des guides de Chamonix ! Ils se heurtent à un mur. Ce mur se nomme Maurice Herzog, président du Secours en montagne de la vallée de Chamonix, maire sortant de la commune et candidat à un nouveau mandat, qu'il n'obtiendra pas :

— Notre effectif est au complet, il ne suffit pas d'être grand alpiniste pour être un bon sauveteur !

Mais si, monsieur le président du Secours en montagne ! Il faut toujours être grand alpiniste pour mener à bien un sauvetage lors d'une opération exceptionnelle. Des guides comme le sont aujourd'hui les sauveteurs de la Sécurité civile, ceux de la Gendarmerie nationale. Souviens-toi de l'Annapurna, Maurice. Des célèbres guides, Lionel Terray, Gaston Rebuffat, grimpant à ta rencontre, alors que tu étais en grande difficulté. Il aurait été possible de déposer des sauveteurs, non pas au sommet, comme ils tentaient de le faire, en vain, mais deux cents mètres plus bas, sur le plateau des Grandes Jorasses. L'hélicoptère aurait pu se maintenir en vol stationnaire, les sauveteurs sauter dans la neige au treuil, sans le moindre risque. Et de là, atteindre le sommet en moins de quatre heures, ce que Jean-Claude Marmier avait projeté de faire...

Ainsi au cours de l'été 1961. Deux alpinistes français se trouvant en difficulté à deux cents mètres du sommet, dans la voie Cassin, par mauvais temps, les sauveteurs de l'ENSA avaient été héliportés, déposés sous le sommet du versant sud, et le sauvetage avait été effectué, malgré les mauvaises conditions météo. J'étais moi-même descendu par cet itinéraire, avec Batkin, en février 1963, après avoir gravi l'éperon Walker. La tempête soufflait à plus de cent kilomètres/heure au sommet, mais deux cents mètres plus bas, le vent était nul sur le plateau.

Que le conseiller technique du Secours en montagne de Chamonix, Gérard Dévouassoux, ignorât ces possibilités de dépose au plateau des Jorasses, dans la brèche entre les deux sommets, où se posera Alain Frébault, peut paraître étonnant. Il n'était pas pilote d'hélicoptère, certes, mais consulter les archives, se renseigner sur ce qui s'était passé des années auparavant aurait certainement changé la face des choses.

Aujourd'hui, je suis persuadé que l'impossible a été fait, versant français, mais la méconnaissance de l'aérologie du versant italien reste pour moi un point d'interrogation. Pourquoi ne pas avoir demandé la participation des pilotes italiens ? On aurait dû faire appel à des pilotes connaissant bien ce massif, à Jean-Louis Lumper, de la Sécurité civile, qui participa à des sauvetages pendant sept ans dans cette région. Il n'aurait pas refusé. J'apprendrai qu'il s'était proposé, mais lui aussi s'était heurté au mur infranchissable. On aurait pu recourir encore aux services du pilote Georges Rigaud, d'Héli-Union, un technicien exceptionnel, qui disposait d'une Alouette 315, appareil plus puissant que ceux des Secours de Chamonix. Rigaud fut interdit de vol, au prétexte qu'il était engagé par l'ORTF et, de ce fait, qu'il devait transporter un cameraman à chacun de ses vols… « Pas de publicité sur le sauvetage en montagne », affirmaient les autorités locales. Pourtant, malgré les interdictions, les cameramen de l'ORTF ont accès à l'héliport de Chamonix. Faut-il préciser que le premier adjoint au maire, Gérard Devouassoux, conseillé technique du Secours, et le maire, Herzog, ne détestent pas être présents sur le petit écran ?

Il se trouve que ce matin-là, le SA 330, le Puma, un nouvel appareil de Sud-Aviation, se pose à Chamonix. Aux commandes, Jean Boulet, ingénieur, chef pilote, longtemps recordman du monde d'altitude en hélico. Il est à Chamonix pour faire des essais en montagne, il sait qu'avec son engin à quatre roues, il ne pourra en aucun cas se poser sur les Jorasses. Or, pendant ces essais, aucun autre appareil ne sera autorisé à survoler le sommet…

Je ne le vois pas encore, mais je sais que ce n'est pas une Alouette III. Les pulsations de la machine me paraissent plus lentes, plus puissantes, le voilà, il entre dans mon champ de visibilité, limité par l'arête terminale de la Walker, à gauche. L'appareil est plus important que l'Alouette II, un appareil militaire, me semble-t-il. Mais pourquoi a-t-il des roues au lieu des patins nécessaires pour se poser sur la neige ? Des visages m'observent derrière les hublots de cabine, l'appareil s'immobilise un instant, monte verticalement, puis il repart. Est-il venu larguer du matériel pour ceux de la face sud qui viennent me secourir ?

Entre-temps, une équipe des guides français, dont André Bertrand, et deux gendarmes sont héliportés au refuge Boccalate, à 2 800 mètres sur le versant sud. À mille quatre cents mètres de dénivelé du sommet. La distance à parcourir est d'environ trois kilomètres ! Veut-on montrer, là aussi, qu'on fait quelque chose ?

Les montagnes se teintent de rose, un dernier rayon s'attarde sur la calotte du mont Rose, puis il s'efface précipitamment. Le jour se meurt. De longues nappes mauves s'étalent sur les versants, s'allongent dans les couloirs profonds, les ombres vont à l'assaut des sommets, les vallées disparaissent.

Pourquoi suis-je encore là, dans cette paroi ? Il fallait partir ce matin, Serge n'a plus besoin de moi. Que m'arrive-t-il ? Cette inertie, cette inaction… Je ne veux pas mourir là, immobile, mieux vaut tomber en tentant de sortir. Sortir pour dire ce qui s'est passé… Nous n'avons pas failli, perdre n'est pas un déshonneur.

Voyons ce poignet droit, il me fait mal, il est enflé, un gros bouton pointe au milieu de l'enflure. Comment peut-on avoir un abcès avec un tel froid ? Je m'occuperai de ça demain. Oui, demain, il faudra s'en aller…

24 février

Il fait jour, et je n'ai pas entendu l'avion du matin, ai-je vraiment dormi ?

Voilà le gros hélicoptère. Mon poignet me fait très mal. Il est très enflé, je dois ôter ce bouton blanc. Mes doigts aussi me font mal, ils sont gelés peut-être. Et cette pâte jaune autour de ma bouche, elle coule de mon nez. Qu'est-ce donc ? Je ne sais. Non, je ne sais pas. Oui, c'est la fin bientôt, ça ne sera plus très long... Je dois me surveiller, me nettoyer constamment avec la manche de mon anorak. Je ne veux pas qu'on me retrouve avec cette glu collée au visage. Je dois rester lucide. Jusqu'au bout. Mon poignet... Si j'applique l'abcès sur le granit rugueux, en frottant fort, ça l'ouvrira. Aïe ! Il est ouvert. C'est curieux, rien n'en sort, sinon un peu de sang. Que fait l'hélicoptère ? Je dois faire une provision de glaçons, tant que je peux bouger, ce ne sera plus possible bientôt. Je casse de la glace autour de moi, et j'enfouis les glaçons dans le sac accroché au piton... Même si c'est très froid, même si ça brûle la gorge, je dois sucer la glace, apporter un peu de liquide à ce pauvre corps que le vent dessèche davantage chaque minute. Les glaçons se collent à mes lèvres, à mon palais, puis elle consent à fondre dans ma bouche déshydratée, prolongeant un peu ma vie. Par je ne sais quelle aberration, ma volonté tient. Tout peut finir en quelques petites heures, il suffirait de se tenir immobile, de fermer les yeux pour plonger dans la léthargie. Mourir n'est pas si facile, ma tête, mon être refusent l'abandon. Demeurer présent, jusqu'à la fin.

Je suis encore trop conscient pour ne pas analyser les égarements, les hallucinations. Je les perçois avec trop de netteté pour ne pas savoir le lent empoisonnement des toxines que mon organisme ne peut plus éliminer. Le cauchemar de la nuit passée, je le sais, était le symptôme de l'inévitable crise d'urémie qui finira de m'emporter.

25 février

Je devine les premières lueurs du jour au travers de la toile, que je maintiens serrée contre moi. Appuyé à l'épaule de Serge, je me sens presque bien, je ne sens plus les sangles de nylon. Je tremble, et pourtant je ne perçois plus les morsures du froid, mon nez obstrué par la pâte jaune gêne ma respiration, je m'essuie le visage des manches. Ma gorge est brûlante, je prends un glaçon dans mon sac. Il est vide... Je suis sans force. Je le sais maintenant : personne ne monte dans la face sud, Gary Hemming n'est plus là, le sauvetage des Drus est loin...

7 h 25. Le SA 330 décolle de Chamonix, quatre guides à bord.
8 h 15. Échec : le SA 330 descend sur l'héliport. Radio : « Trop de vent, trop de vent, nous ne pouvons nous poser, je répète... »

Mon pauvre Serge, toi aussi tu as perdu ton sac de couchage... Est-ce encore le matin ? Si je parvenais à mieux distinguer l'éclat du soleil sur les montagnes, je saurais à peu près l'heure qu'il est. Tout devient confus... Mes enfants, comme ils sont loin, ils s'éloignent... Il faut que leurs visages me retiennent... Comme il est difficile de se souvenir. Je vais m'enrouler dans la toile rouge et ne plus bouger. Penser aux enfants...

Grenoble, 9 h 10
Le macadam de l'héliport du Versoud. La turbine de l'Alouette III émet un long sifflement, transformé bientôt en un rugissement ininterrompu. L'embrayage automatique s'enclenche, les longues pales fléchies se mettent en mouvement. Les rayons disparaissent, le cercle devient transparent, l'oiseau s'arrache de la piste, il monte droit dans le ciel bleu de l'Isère. À bord, Alain Frébault, pilote de la 1re CRS, et

Roland Pin, son mécanicien, tous deux du Secours en montagne de Grenoble.

Ainsi commence le miracle.

Frébault a effectué de nombreux sauvetages avec les sauveteurs de la 47e CRS, dans les Alpes du Dauphiné, dans des conditions incroyablement difficiles, parfois. Il ne connaît rien des Grandes Jorasses. Vers 9 h 50, il passe à la verticale du mont Blanc, puis du col du Géant, où le poste-frontière CRS lui transmet par radio la vitesse de vent et le cap des Grandes Jorasses. Il ne peut pas se tromper, c'est une vaste paroi, haute, large. Il la découvre. Il observe l'arête faîtière, trop tranchante pour se poser avec le vent, mais entre les deux sommets, il y a cette brèche ! Avec la dextérité, la maîtrise du grand pilote, il s'y glisse sans hésiter, et il pose son appareil sur la neige.

Il est 10 h 5. À cet instant précis, Alain Frébault me sauve la vie. Il reste quelques instants sur la brèche, décolle et plonge vers Chamonix.

Frébault sort de l'appareil, et il annonce, tranquille, qu'il vient de se poser sur les Grandes Jorasses. Stupéfaction générale. Joie pour certains, dépit pour d'autres.

Alain Fréret, l'un de mes compagnons de courses, présent sur le tarmac de l'hélico, explose.

– Quoi ! Qu'est-ce que c'est que ce binz ? On nous dit depuis des jours que personne ne peut se poser à cause du vent, et ce pilote le fait du premier coup, en décollant de Grenoble !

10 h 45. Alain Frébault reprend un vol avec son mécanicien et la guide Claude Ancey. Il s'approche de la brèche, il pose son appareil une minute, puis il repart aussitôt avec son passager. Frébault voulait vérifier la procédure en cas de difficulté.

Un deuxième hélicoptère, piloté par Violeau, se pose à son tour. Il laisse un guide sur la brèche. Nouvelle approche de Frébault, cette fois Claude Ancey saute dans la neige.

11 heures. Cinq guides sont regroupés sur la brèche. Ils entreprennent l'ascension de la pointe Walker à 11 h 30. Moins de cent mètres, depuis la brèche... L'arête dénudée de neige est recouverte de glace vive. Ils doivent tailler des marches pour transporter le matériel de secours au sommet.

– Hoho ! Hoo !

Un appel ! Une hallucination ? Soudain, l'émotion m'envahit, c'est pour moi ! L'appel vient du haut. Je me redresse sur mes jambes, je lève la tête, un homme descend au bout d'un câble.

– Hooo... Je suis là !

Il descend, il se rapproche, il arrive près de moi. C'est Gérard Dévouassoux.

– Que tu es dur, René, que tu es dur !

– Oui, tu vois. Je suis encore vivant. Je suis content que tu sois le premier, Gérard.

À cet instant même, je songeais au sauvetage des Drus. Au différend qui avait surgi entre nous quand, avec Gary Hemming, j'avais ramené les alpinistes allemands bloqués dans la paroi ouest... J'étais perdu, et Gérard venait me chercher ! Tout devait être oublié, effacé. Pour ne pas exposer davantage les sauveteurs, Gérard coupe la corde qui retient Serge.

Tiré par le mince fil d'acier du treuil, nous remontons lentement, abandonnant l'ombre pour la lumière.

Je découvre avec consternation les derniers quatre-vingts mètres... Seuls les quarante premiers semblent difficiles ! Comment avons-nous pu échouer si près du sommet, je ne peux admettre le sort impitoyable. La mort de Serge m'apparaît dans son absurdité. Je regarde, avide, la frange lumineuse qui s'approche. J'en ai soif comme de l'eau claire... Un mètre, puis encore un mètre, et tout à coup le soleil me frappe, en plein visage. Je suis à genoux sur la glace, à genoux sur la corniche sommitale, je veux tendre mes yeux vers le ciel, mais l'émotion me submerge. D'un bras solide, Joseph Cornier, guide et sauveteur au Poste de la gendarmerie de haute montagne, m'étaye, il m'appuie à son épaule. Des sanglots montent...

– Ne te laisse pas aller, ne te relâche pas, René ! Il faut tenir encore... Tu me reconnais, nous avons fait ensemble le stage de guide.

Joseph sait bien qu'un homme épuisé peut mourir à l'instant même où on le sauve.

– T'inquiète pas, Joseph. Je ne lâcherai pas. Plus maintenant.

Olier, Zapelli, guides à Courmayeur, Claude Ancey, guide à Chamonix, sont au sommet.

Tout est irréel. La brèche où je suis assis, l'hélico qui m'enlève à la montagne m'emporte en une longue glissade vers la vallée. La porte qui s'ouvre, les bras qui se tendent, m'aident à gagner l'ambulance. Je peux me tenir debout, je voudrais marcher seul. On me soutient, Jean Franco me prête son épaule. Je m'allonge moi-même dans l'ambulance. Les portes claquent, la voiture démarre.

Je suis transporté en salle de réanimation ; déshabillé, nu comme au premier jour. On m'introduit des tubes dans les narines, une sonde dans la vessie, un thermomètre électronique, des liquides jaunes, transparents, dans des bocaux, sont suspendus au-dessus du lit. Des aiguilles pénètrent les veines, des électrodes sont collées sur ma poitrine. Rien n'est dit encore, le chirurgien, René Christen, le sait : avec 2,80 grammes d'urée, je devrais être mort. C'est miraculeux pour lui. L'oxygène afflue dans mes poumons, une fraîcheur bienfaisante se coule dans mes artères. Je me sens bien dans la salle plongée dans la demi-obscurité. Je ne pense à rien. René Christen dit qu'il fera l'impossible. Il ne peut rien affirmer avant quarante-huit heures : « Il est dans un état d'épuisement extrême, il ne lui restait que quelques heures à vivre. » Maintenant que je suis là, je sais que je ne vais pas mourir.

Par la fenêtre de ma chambre d'hôpital, inondée d'un soleil jaune, j'aperçois les aiguilles de Chamonix givrées de froid. La température a baissé de quelques degrés. Serge repose sous le ciel pâle de sa Touraine, dans sa douce terre natale, loin des tourbillons glacials de la face nord.

Je n'irai plus aux Grandes Jorasses. Mais cet échec deviendra vite intolérable.

Quatre-vingts mètres, deux longueurs de corde ! J'entendrai longtemps la voix tragique de mon compagnon dans les déchirements de la tourmente. Il me faudra tout recommencer, mètre après mètre, pour me redresser sur la corniche sommitale.

Maurice Herzog m'a rendu visite à l'hôpital.

– Si tu as besoin de quelque chose, tu sais que tu as des amis à la mairie, me dit-il.

Nous aurions pu en rester là, mais il y avait cent vingt journalistes à Chamonix. Il fallait alimenter la presse. Certains, avec la complicité d'un grand écrivain de montagne, n'hésitèrent pas à reproduire des propos diffamatoires à mon encontre. Je devais me défendre, jamais il n'a été dans mon style de courber l'échine. Les stylos fébriles noircissaient les pages blanches, à cœur joie. Les magnétophones tournaient bon train, chacun y trouvait son compte. « L'Affaire Desmaison » dérivait en imbécillités sans nom. De quoi en rire. Mais Serge était mort.

Bien des années plus tard, au cours d'un repas à l'hôtel Albert Ier, où j'étais invité parmi tant d'autorités, Frison-Roche, qui n'avait pas été des plus tendres à mon égard, me dit :

– René, on s'est bien fait avoir avec les médias.

Je lui répondis :

– Oui, toi, Roger. Moi non. Je n'ai fait que me défendre. Mon honneur de guide était en jeu, je ne pouvais rien accepter.

Après nous être serré la main, tirant un trait sur tout ce qui avait été dit et écrit, je lui servis une coupe de champagne. Nous avons trinqué. Ce fut une belle journée.

30

Voyage en Afrique

Le médecin m'avait prévenu, il me faudrait six mois pour retrouver ma vitalité. J'ouvris cependant un itinéraire de six cents mètres dans la chaîne des Fiz, au-dessus du plateau d'Assis.

Je plantai un minimum de pitons pour éprouver ma résistance nerveuse, mes réflexes. Tout se déroula sans encombres. Seule ma résistance physique laissait à désirer, mais c'était une affaire de temps. La machine se remettrait en route, tôt ou tard.

Quelques escalades classiques avec des clients, surtout des amis, et l'automne arriva bientôt. L'hiver n'était plus très loin. J'allais recommencer avec mon ami, Giorgio Betone, guide italien, et Michel Claret, l'alpiniste chamoniard avec qui j'avais conclu des ascensions dans les massifs du Mont-Blanc et du Dévoluy.

En attendant, je partis pour l'Afrique équatoriale francophone à la mi-septembre. L'imprésario de *Connaissance du monde* m'avait proposé un circuit de conférences dans cette immense Afrique centrale dont je ne connaissais rien. Quitter la vallée de Chamonix, m'éloigner du mont Blanc six semaines ne pouvait qu'être des plus bénéfiques pour ma vaillance. Je paraphai volontiers le contrat, le sujet des conférences était le pilier du Freney…

Ce périple m'offrit l'occasion de rencontrer d'étonnants personnages parmi les ingénieurs des gisements de cuivre, d'uranium et de diamants industriels du Zaïre, aujourd'hui la République démocratique du Congo, où de nombreux Belges et Français vivaient avec leurs familles. Un jour, je fus invité à déjeuner sur une langue de sable au milieu du fleuve, entre Kinshasa et Brazzaville. En cet endroit, le Congo est large, les crocodiles nombreux. Une partie de ski nautique suivit les agapes. N'étant pas champion de sport, il m'arrivait de me retrouver sous les planches dans les virages serrés. Le temps que le bateau me récupère, j'examinais les eaux troubles autour de moi, anxieux. On m'avait dit que des accidents s'étaient produits déjà dans cette partie du fleuve. Aussi, quand un amas de jacinthes sauvages emporté par le fleuve me frôla le dos, je n'ose décrire ma frayeur...

Voyager en Afrique alors n'était pas sans danger. Pour dire, les clients africains refusaient de monter dans l'avion s'il n'était pas piloté par un Blanc. En ces temps, les pilotes noirs étaient en général très sportifs : ils décollaient comme des balles de golf et se posaient de même. Mais après les Grandes Jorasses, que pouvais-je craindre ? Mon avion évita de peu la catastrophe en se posant à Lubumbashi, au sud. J'étais assis en arrière de l'aile gauche du jet qui transportait une trentaine de passagers, quand je vis le train d'atterrissage sortir, l'avion perdre de l'altitude... La piste défilait, quand les moteurs rugirent soudain : l'avion reprit de l'altitude, opéra un grand tour et se posa enfin. Les deux pilotes, des Français, en descendirent, fous de rage, traitant leurs collègues noirs de tous les noms : la tour de contrôle avait donné l'autorisation à un autre avion de se poser en même temps que le nôtre. Les pilotes avaient évité la collision de justesse...

À Bukavu, 1 800 mètres d'altitude, près de la frontière du Rwanda et du Burundi, je ferai la connaissance du conservateur de la forêt primaire. Il me proposa d'approcher les gorilles, un jour. Nos guides pygmées marchaient d'un pas assuré, nu-pieds, dans l'inextricable végétation de bambous, mâchonnant une poudre qu'ils puisaient avec un bâtonnet dans un petit récipient de bois. « Ils consomment cette drogue pour se donner du courage et de la force, fit le conservateur, car ils ont peur. Tout récemment, ils ont tué une femelle, et ils craignent maintenant les réactions des mâles. »

Nous arrivâmes, après des heures de marche sous le ciel gris, dans la région des gorilles. Je me demande encore comment nos guides pouvaient retrouver leur chemin, car je ne voyais aucune trace de piste... Fuir, courir dans ces bambous entrelacés aurait été impossible. Le conservateur allait à l'avant, canon du fusil légèrement pointé vers le haut, ce qui n'avait rien de rassurant. Nous entendîmes bientôt des éclats de branches brisées.

– Les gorilles ne sont pas loin, me souffla-t-il, ils cassent les bambous pour dévorer leur moelle à l'intérieur, ils en sont friands. Il est midi, ils vont interrompre leur repas pour se reposer. Il ne faut pas les déranger durant leur sommeil. Ils pourraient être agressifs, profitons-en nous aussi pour nous reposer...

Au bout d'une heure, les craquements de bambous reprirent.

– Ils savent que nous sommes là, reprit le conservateur, il ne faut pas se cacher, mais faire du bruit au contraire...

Par moments, il lançait des mots incompréhensibles, afin que les gorilles le reconnaissent, mais fusil toujours braqué dans leur direction... Une tête de guenon apparaissait furtivement pour disparaître aussitôt, de temps à autre. Un gorille poussait des cris effrayants, quand tout à coup, le grand singe anthropoïde se dressa devant nous, à moins de dix mètres, coiffé d'une impressionnante crinière blanche. Il devait mesurer deux mètres, il hurlait, se frappant la poitrine des poings.

– Ne le regardez pas dans les yeux, recommanda le conservateur, pour ces animaux, c'est un signe d'agressivité. Regardez à gauche, à droite, sans paraître effrayé, il doit comprendre que ses colères ne nous impressionnent pas. C'est de la frime, il n'a qu'un but : que les femelles ne s'approchent pas de nous !

Me parlant ainsi, notre ami tenait son arme braquée sur l'animal qui disparut dans les bambous en grognant.

Ce séjour à Bukavu, cette randonnée à la rencontre des gorilles me laissèrent d'impérissables souvenirs.

À Lomé, j'allais bientôt rencontrer le chef des Armées du Togo, Cofi Congo, un personnage singulier, à l'extraordinaire prestance avec son mètre quatre-vingt-quinze. Uniforme de colonel, béret vert, il avait l'allure d'un seigneur. Il appartenait au Lions Club, l'organisateur de mes conférences. Quand il défilait avec ses troupes, il les dépassait d'une bonne tête, la foule l'applaudissait bien que plus que le propre président du pays, me diront quelques membres du Lions.

Cofi se prit de sympathie pour moi. Il me tutoya sur-le-champ et m'invita chez lui, dans le camp militaire où il vivait avec sa femme, française. Au cours d'un repas copieusement arrosé, il évoqua la France qu'il aimait, les Pyrénées, où il se rendait à l'automne, chaque année. Au cours de notre conversation, idée saugrenue peut-être, j'en vins à lui demander comment le président du Togo, qui habitait comme lui le camp militaire, était devenu ce personnage si considérable. Cofi éclata de rire : « Avec son revolver. Il a tué le précédent ! Je pourrais en faire autant, mais je suis le chef des Armées, et cela me suffit. »

Après le repas, je manifestai le désir d'aller me coucher, car je prenais l'avion le lendemain pour la France. « Pas avant d'avoir écouté l'un de nos petits groupes d'amateurs qui jouent dans les boîtes de Lomé. Le jour, ils travaillent, et le soir ils jouent pour leur plaisir. » D'extraordinaires jazzmen.

Le matin, Cofi Congo vint me prendre à l'hôtel pour me conduire à l'aéroport. Nous étions légèrement en retard, mais la douane fut franchie sans autre formalité. Le chef des Armées m'accompagna dans l'avion, portant lui-même mes cadeaux offerts par le Lions Club. Les hôtesses n'apprécièrent guère ces bagages en surcharge, mais que dire devant le chef des Armées du Togo ? Cofi me serra dans ses bras. Nous nous promîmes de nous retrouver en France. Je ne devais jamais le revoir. Quelque temps plus tard, j'appris avec grande tristesse qu'il était mort, empoisonné. On avait tué Cofi Congo.

31

L'intégrale de Peuterey en solitaire

Dès mon retour à Chamonix, je repris l'entraînement. Jogging et ski de fond aux premières neiges. Mes images africaines resurgissaient. Comment oublier le Togo, Cofi Congo, Bukavu, les Pygmées de la forêt et les gorilles ? J'avais l'impression d'avoir quitté un rêve. Si loin du soleil africain, il me fallait retrouver l'ambiance des Grandes Jorasses.

L'hiver 1972 fut désastreux pour Giorgio, Michel et moi. Le mauvais temps s'acharnait sur les Grandes Jorasses, et, malgré de nombreuses tentatives, nous dûmes renoncer. Il faisait souvent beau sur les aiguilles, mais à 4 000 mètres, la tempête ne cessait de sévir. La paroi nord était blanche. Je réussis l'exploit de faire une chute d'une quinzaine de mètres dans une crevasse, en descendant la vallée Blanche. J'en sortis grâce à l'aide de mes compagnons mais avec l'épaule gauche abîmée.

Je finis par penser que je n'avais plus le moral suffisant pour attaquer la maudite paroi, mais Giorgio s'efforçait de me rassurer. « Il est impossible de gravir la face nord par ce temps », me répétait-il. Je le croyais, bien sûr. Reste que jamais de mon existence je ne m'étais senti aussi abattu. Pour savoir où j'en étais, pour reprendre confiance en moi, il fallait que je livre ma propre analyse en m'engageant dans une longue course. J'en étais sûr.

L'arête intégrale de Peuterey, dont la première, solitaire, restait à accomplir, me semblait tout indiquée pour dominer mes propres épreuves. C'est la plus belle arête des Alpes, la plus longue, la plus difficile. Depuis l'attaque sud de l'aiguille Noire, elle se développe sur cinq kilomètres jusqu'au sommet du mont Blanc. L'ascension rassemble les techniques de l'alpinisme classique : escalade rocheuse, glaciaire, descente en rappel. C'est une ascension longue, exceptionnelle, dans le versant le plus solitaire du massif...

Au début de l'été 1972, je réalisai bon nombre d'ascensions classiques avec mes clients, dont deux premières en amateur dans le Dévoluy, sur le versant nord du pic de Bure, avec Pierre Cerquetta et Michel Claret.

J'avais rencontré Pierre Cerquetta à Chamonix en 1963, il avait dix-sept ans... Ses parents cherchaient un guide qui lui donne des cours d'escalade à l'école des Gaillands, une falaise de quarante mètres, où se tient chaque année la fête des guides. J'étais libre ce jour-là, et faire grimper un aussi jeune garçon passionné était un plaisir, un devoir de transmission pour moi. Dans la presse, Pierre avait lu qu'un certain Desmaison avait gravi la Walker en hiver avec Jack Batkin et, tout récemment, en solo, la face ouest des Drus. J'avais encore le coude enveloppé de sparadrap. Que je puisse consacrer mon temps à le faire grimper l'émerveillait, et nous ne nous sommes jamais perdu de vue par la suite. Habitant la région parisienne, nous grimpions souvent dans les rochers de Fontainebleau. Ses parents me le confiaient, l'été, tandis que je réalisais mes courses dans les aiguilles de Chamonix. Nous dépasserons très vite nos conditions respectives de guide et de client, nous deviendrons compagnons de cordée, de grands amis. Nous ferons de très belles premières dans les Alpes et la cordillère des Andes.

Pierre est devenu chef de service à l'hôpital de Martigues, chirurgien vasculaire fana de montagne. Il court toujours les sommets, et nous grimpons encore ensemble parfois.

J'étais fin prêt pour gravir l'arête. Je réunis trois jours de vivres, deux recharges de gaz et le réchaud dans mon sac, puis le matériel de bivouac nécessaire, les pitons, les broches à glace, un marteau, le piolet, les crampons, ainsi qu'un rappel de quarante-cinq mètres en deux cordes de neuf millimètres, et une autre, de sept millimètres, de même longueur, en secours.

Je connaissais l'arête nord de l'aiguille Noire pour avoir inauguré la première ascension avec Jean Couzy. La descente sur la brèche des Dames Anglaises n'était pas des plus faciles, quatre cents mètres, une dizaine de rappels.

Le sentier du refuge de l'aiguille Noire est l'un des plus beaux du versant. Il serpente d'abord sur un large cône d'anciens éboulis recouverts de rhododendrons et de conifères rabougris, puis, escarpé, il se glisse entre les ressauts d'une muraille haute de plusieurs centaines de mètres, où une cascade s'écoule, déversoir des névés de l'aiguille Noire. De courts passages d'escalade facile par endroits agrémentent la montée, ils en brisent la monotonie.

Au début de l'après-midi, je gravis les dernières pentes sous le refuge accolé au mur de roche orangée de l'arête est. Au-delà des moraines où s'écoulent les eaux de fonte, face au refuge, l'arête sud s'élance en vertigineux ressauts sur mille mètres de hauteur. La face sud-est de la Noire se dresse entre les deux arêtes. Je déposai mon sac devant la porte du refuge désert, je m'assis sur le seuil et j'admirai l'aiguille fascinante. J'étais bien, seul avec ma montagne. L'ascension que j'allais entreprendre ne m'inquiétait pas vraiment. Quoique... C'était tout de même un sacré morceau, et sur une telle distance, il pouvait se produire beaucoup d'imprévus en altitude. Mais si on commence à penser...

De l'ouest, un hélicoptère franchit l'arête sud. L'écho de sa turbine emplit de vacarme le cirque formé par les arêtes. Il longea celle du sud, puis il passa en face ouest et revint par la face est. Il disparut côté nord, derrière le sommet. Bientôt, il revint par l'arête est, contourna le sommet et repartit au nord. Il cherchait quelque chose, d'évidence...

Les premières cordées, des guides italiens, français et leurs clients, puis quelques duos d'amateurs, arrivèrent au refuge avant la fin du jour. En général, les salutations sont brèves : « Salut ! Ça va ? Le temps est beau, il va tenir... » Chacun vaque à ses occupations, prépare le repas. Je surprends de rapides regards vers ce guide sans client que je suis, des échanges à voix basse : « Il est seul... Où va-t-il ? »

Le soir tombe. Une dernière cordée de deux alpinistes français parvient au refuge, ils doivent gravir l'arête sud le lendemain. L'un me dit que le guide Dominique Mollaret est mort d'épuisement sur son rappel, en descendant l'arête nord. L'hélico, c'était donc ça...

– Je n'aurais pas dû te le dire !
– Si. Tu as bien fait.

Mourir pour un rappel coincé, dans un ciel si bleu ! Ne jamais commettre d'erreur...

Les cordées pour l'arête est s'apprêtèrent à deux heures du matin, celles de l'arête sud suivirent le mouvement. Le bruit des mousquetons, des pitons tirés des sacs se mêlèrent au ronflement des réchauds. La porte du refuge n'en finissait pas de s'ouvrir et se fermer, mais moi je m'enfonçais plus encore dans mon sac de couchage. Je partirai au grand jour.

La porte se referma sur la dernière cordée. Je me rendormis.

Une lumière vive pénétra par la fenêtre du refuge, je me levai, j'ouvris la porte, le soleil frappait la face est, une cordée se démenait sur l'arête sud, une autre, plus bas, traversait sur le même itinéraire, au-dessous de l'aiguille Gamba. Ils devraient bivouaquer dans la descente de l'arête est ce soir. J'allumai le réchaud et je préparai mon petit-déjeuner.

Je les surpris vers le milieu de la moraine, après le ruisseau. Un énorme rocher me dissimulait, quatre chamois adultes, deux chevreaux bondirent entre les blocs, les petits à la traîne. La mère, inquiète, attendait à une centaine de mètres. La tentation fut grande d'en attraper un pour le caresser, mais je savais que si je le touchais même un peu, elle l'abandonnerait. Ils la rejoignirent, maladroits sur leurs pattes écartées, dérapant sur les lichens humides.

Je rejoignis une cordée de deux alpinistes à l'aiguille Bifide. M'apercevant, ils accélérèrent l'allure, mais, ne voulant pas faire la course, ni être talonné de trop près, je fis une pause, grillai une cigarette. Je pris quelques clichés. Les heures s'écoulaient, douces, délicieuses, je m'offris le luxe d'un thé au pied de l'aiguille Brendel, où la cordée précédente était engagée. Qu'il est bon de laisser passer le temps, de flâner sans penser qu'on doit rentrer...

Au crépuscule, sous le sommet de l'aiguille Noire, je m'installai pour la nuit. Un satellite traversa le ciel d'un horizon à l'autre, j'en verrai deux autres avant de m'endormir. Désormais, la grande aventure est là-haut, dans ces espaces infinis. Les arrière-petits-enfants de nos gosses les plus jeunes seront peut-être de formidables explorateurs. Que sera la montagne dans deux ou trois siècles, que sera-t-elle, notre sublime maîtresse, fécondatrice de nos passions ? Au-delà de tout amour, l'alpinisme deviendra-t-il simple sport de records.

Un bon soleil me réveille. Il est neuf heures et demie.

Je gravis les derniers mètres du sommet, le ciel est toujours clair, quelques traînées nuageuses, insignifiantes, à l'ouest, il faudra quand même surveiller les nuées. Cinq ou six mètres sous le sommet, versant nord, premier piton de rappel, un peu émouvant. Après avoir retiré la corde, il me faudra descendre jusqu'aux Dames Anglaises, à la brèche nord. Ce n'est pas le bout du monde quatre cents mètres, mais il faut se méfier des pitons, les vérifier un à un, les anneaux de corde et de sangle aussi. Faire en sorte que les cordes glissent bien dans les anneaux, et dans le doute laisser un mousqueton, afin qu'elles filent mieux.

Deuxième moitié de la descente, la corde du guide Dominique Mollaret est encore en place. Elle pend de quarante mètres dans le mur lisse, légèrement surplombant. Son point de fixation est en retrait du bord rugueux du mur, les frottements sur l'angle rocheux et dans l'anneau en sangle de nylon ne lui ont pas permis de récupérer sa corde. Je vérifierai au bas du rappel. Je mets un anneau plus long avec un mousqueton, et j'installe ma corde.

Au bout du rappel, mes pieds touchent à peine le mur, je dois me balancer sur la corde pour atteindre un vieux piton. Je le vérifie au marteau avant de lui confier ma sécurité, puis je tire mon rappel et je l'installe sur le piton.

Les rappels aboutissent à droite de l'arête dans l'étroit couloir de roches brunes et délitées, qui plongent vers le glacier du Freney. Voici quinze ans, je remontais ce couloir avec Jean pour gravir l'arête que je viens tout juste de descendre. Je traverse sous les Dames Anglaises, j'atteins la brèche nord en début d'après-midi. Je peux franchir l'aiguille Blanche avant la nuit et atteindre le col de Peuterey. Le temps ne me presse pas plus qu'hier, je serai bien pour bivouaquer ici. Une minuscule cabane de bois s'élève sur la brèche : c'est le refuge-bivouac Graveri. On peut s'y tenir assis ou couché à quatre, mais je préfère la fraîcheur de la nuit à l'odeur de moisissure des vieilles planches.

J'ai laissé les cordes de neuf millimètres dans la cabane pour m'alléger. Le ciel n'est plus aussi net qu'au lever du jour, j'enfonce dans la neige jusqu'aux genoux sur la fine arête de l'aiguille Blanche. Une corniche casse et s'effondre dans le versant Freney. Je quitte le fil de l'arête et je passe plus bas, versant nord, où la neige me porte mieux.

De sombres nuages s'amoncellent à l'ouest, des nuées se forment sur le mont Blanc, elles s'étalent en une gigantesque méduse, des tentacules s'en détachent, s'étirent sur les pentes glaciaires. Premier coup de tonnerre. Le temps évolue à une vitesse surprenante, un deuxième coup, plus proche me fait sursauter, un souffle de vent se déchire sur l'arête. Je fuis le sommet au plus vite.

Un rappel. Je descends la pente de neige vers le col de Peuterey à longues enjambées. Je peux rejoindre le glacier du Freney par les rochers Gruber, cinq cents mètres plus bas, et franchir le col de l'Innominata. Solitaire, je devrai me méfier des crevasses du glacier dissimulées dans le brouillard, elles ne seront guère faciles à distinguer, les rochers Gruber non plus, mais en faisant bien attention…

Je n'arrive pas à prendre de décision, je suis perplexe, si on me demandait : « Que faire dans pareil cas ? », je répondrais sans hésiter : « Descendre, perdre de l'altitude, au plus vite. » Mais je n'ai aucune envie de descendre, j'ai entrepris cette ascension pour éprouver ma résistance physique et psychique, savoir ce que je pourrai donner… Le moment est venu. Les risques dépassent de loin le raisonnable. Si l'orage persiste, je peux être foudroyé. Autre danger, la neige tombée va s'accumuler sur les pentes supérieures, c'est évident, des coulées se déclencheront au sommet, sur les arêtes, le vent soufflera fort…

Je suis seul à décider. À moi d'engager ma vie, en toute conscience. Que fais-tu, carcasse ? Je réponds à la question : c'est le mont Blanc. Inutile d'attendre plus longtemps, donc.

Le vent a pris de la force, de longues spirales de neige remontent le long des piliers du Freney, des brumes mouvantes rendent les formes imprécises, je sens monter en moi une joie féroce, comme aux Grandes Jorasses, sur l'éperon Walker, avec Jack Batkin, dix ans aujourd'hui…

Je traverse le col, je gravis les pentes mêlées de neige et de rocher du pilier d'Angle, un long trait lumineux sillonne, l'orage cogne sur le sommet de la Blanche. Je parviens à l'arête du pilier d'Angle, contournant les ressauts rocheux d'un versant l'autre. Des ondées de grésil crépitent sur les dalles de granit, le rocher disparaît. J'avance en pleine neige, j'enfonce aux cuisses, ma progression se ralentit. J'oblique sur la droite dans la pente qui domine la face nord du pilier d'Angle. Le brouillard se resserre, la visibilité se limite à quelques mètres, brouillard blanc, neige blanche, tout se confond.

La neige devient moins épaisse, moins dure sous mes pieds. Seules les pointes des crampons la pénètrent, je vais enfin monter plus vite. Je ne tarde pas à déchanter, ça sonne creux ! Plaque à vent ! Elles sont angoissantes ces plaques, on ne peut jamais savoir si elles vont tenir ou s'effondrer en avalanche. M'échapper à droite, à gauche ? Je ne sais où elle commence et où elle se termine. Je continue à monter droit, plantant mes pointes de crampons sans à-coups. La neige redevient profonde, ouf !

Une masse sombre dans le brouillard, je monte dans la direction du rocher. Le brouillard fausse les distances, je m'arrête un moment à l'aval. Le mont Blanc de Courmayeur ne doit plus être très loin. Un froissement dans la pente au-dessus de moi, une coulée vient de partir, elle se divise en deux sur le rocher et se reforme plus bas. Heureusement, je m'étais arrêté, sinon elle m'aurait entraîné. Je poursuis l'ascension dans la trace de la coulée.

J'aperçois la corniche une seconde seulement, quarante mètres pas plus, le brouillard s'est vite reformé. Je me suis trompé encore une fois, elle est à moins de dix mètres...

L'orage s'éloigne, quelques coups de tonnerre roulent dans les lointains, le vent souffle sans désemparer au mont Blanc de Courmayeur. Se maintenir debout sur l'arête devient difficile, courbé contre le vent, appuyé au piolet, j'avance vers le sommet. Une seule inquiétude, la corniche à ma droite. Je dois m'en tenir éloigné sans trop aller à gauche, vers la pente du versant ouest. Ce n'est pas évident. Mes lunettes sont couvertes de givre. Le vent et la neige me brûlent le visage.

La pente s'incurve, je viens de franchir le mont Blanc de Courmayeur sans m'en rendre compte vraiment. Je descends dans une dépression de l'arête, le vent se fait violent. J'étais donc au col Major, le sommet du mont Blanc se dressait à une centaine de mètres au-dessus de moi... La pente monte, régulière, la neige est moins épaisse, elle se transforme bientôt en arête horizontale.

Ma joie éclate : je foule le sommet, je lance mon casque en l'air, le vent l'emporte vers la face nord.

Plus que cette première en solitaire, je découvre que mes forces vitales sont intactes, qu'il y aura encore d'autres sommets et d'autres parois pour moi. Tout est encore possible tant que la volonté, l'amour de la vie et ma joie demeurent.

Michel Claret m'attendait au refuge Vallot depuis la veille. Il est monté seul.

Pour traverser le dôme du Goûter dans le brouillard, nous prenons la corde d'attache. On n'est jamais trop prudent en montagne...

32

Les derniers quatre-vingts mètres

16 février 1973. Depuis trois jours, la tempête souffle sur la paroi. Nous sommes arrivés au bivouac avant la nuit, à quatre-vingts mètres sous le sommet. Giorgio est arrivé le premier. Je n'ai pas dormi de la nuit ; sans cesse secoué par les coulées de neige – nous étions sous le déversoir du sommet –, j'avais glissé du hamac sans pouvoir m'y hisser de nouveau, j'ai passé le reste de la nuit debout, retenu par la corde et mon harnais.

J'appréhendais ces longueurs de corde, non pour leur difficulté, mais pour les terribles images qui infailliblement allaient surgir de ma mémoire. La veille dans la journée, alors que nous n'avions dénivelé que de cinquante mètres en quatre longueurs de corde (traversée, surplombs, rappel et remontée), je m'étais demandé comment j'avais pu tirer mon pauvre Serge dans des passages aussi difficiles, les souvenirs jaillissaient du granit à chaque mètre, comme s'ils étaient incrustés.

Je me retourne parfois pour apercevoir les visages rassurants de mes deux compagnons entre les rafales de neige. Je ne tenais pas à faire ces trois longueurs en tête, puisque Giorgio était là. Il avait accepté volontiers de prendre la tête de la cordée, je savais qu'il était très fort, capable de monter malgré les coulées de neige. Derrière, Michel le suit calmement, conscient de réaliser là sa plus grande ascension.

Le ciel se dégage dans l'après-midi, un avion longe la paroi, il bat des ailes deux fois, projecteurs allumés, le pilote nous salue. Des hélicos italiens, suisses sont venus nous voir. Ces trois silhouettes accrochées dans la muraille blanche de neige, ça doit être un spectacle étonnant, effrayant. Nous saurons, de retour, que le guide genevois Michel Vauchet, un ami, se trouvait à bord de l'hélicoptère de la télé suisse.

Quand il se redresse sur la bordure du bivouac, Giorgio aperçoit les cordes coupées, les crampons, le sac de Serge accrochés à un piton... Michel le rejoint, moi ensuite. Je récupère les pitons plantés par Giorgio et ceux d'avant... Ils sont déjà rouillés... Les nuages descendent sur la paroi. Il va neiger toute la nuit. Notre position ne nous permet pas de fermer l'œil, la neige, rabattue par les vents du sud, déferle sans interruption. Huitième nuit éprouvante.

Les cinq premiers jours s'étaient déroulés dans des conditions particulièrement bonnes pour une hivernale, ça ne pouvait pas durer...

La tempête nous attendait au même rendez-vous que lors de l'hiver 1971. Nos vacations radio s'étaient interrompues au même endroit, puisque le talkie-walkie avait glissé du sac lors d'une manœuvre maladroite. Les Grandes Jorasses ne font aucun cadeau. Épreuve de force, jusqu'au bout.

Le jour se lève dans la furie blanche, la puissance des vents d'altitude s'acharne, démoniaque. Je gravis les premiers quarante mètres à coups de piton jusqu'à l'angle d'un surplomb où j'installe un relais. Au-delà, le couloir que nous aurions escaladé sans difficulté par beau temps est devenu une tuyère hurlante : propulsée par un vent de cent kilomètres/heure, la neige s'engouffre, aveuglante, suffocante. Je contourne le surplomb, je pénètre dans la tuyère. Après des efforts incroyables, je plante deux pitons dix mètres plus haut, Michel et Giorgio me rejoignent, leurs visages sont recouverts de glace.

La corniche sommitale est là, à trente mètres. Nous l'entrevoyons par instants entre les tourbillons de neige, puis elle s'efface, elle disparaît. Mirage...

Quatre mètres, trois, plus que deux mètres... Ma gorge se noue, mes mains se posent sur la corniche de glace, le vent me plaque, me couche sur le sommet. De douloureuses images me tourmentent, elles s'estompent, et le visage de Serge m'apparaît, paisible.

Pliés en deux sous les rafales du vent, nous descendons vers le plateau des Jorasses, deux cents mètres au-dessous du sommet. Le vent est nul. Prévenu par Giorgio lui-même avant son propre départ de Courmayeur, un hélicoptère de l'armée italienne nous prend sur le plateau et nous dépose à Entrèves. Transition brutale : nous sommes abasourdis. Nous étions au sommet des Jorasses, dans la tempête, et quelques petites heures plus tard, la foule ! On nous entoure, on nous pose des questions auxquelles nous ne savons que répondre. Je regarde intensément la montagne, les nuages défilent, je pense que je ne retournerai jamais sur ce sommet.

Cruelle, sans pitié, cette montagne mérite-t-elle tant d'amour, tant de chagrin ?

La mort au vif

En août de cette même année, Michel Claret échoue lors de son stage d'aspirant guide. Comment cela se pouvait-il après ce que nous avions fait ensemble dans les Jorasses et ailleurs... Je ne comprenais pas. Je me devais d'aller consulter les notes de fin de stage à l'École nationale d'alpinisme pour savoir dans quelle discipline Michel avait failli.

– On ne peut pas vous les montrer, me dit le directeur de l'école. Les dossiers du stage sont à Paris, au ministère des Sports.

– Qu'à cela ne tienne, j'irai les consulter au ministère, lui répondis-je.

Malgré une certaine réticence, on me les montra, ces notes, au ministère, en m'avouant que c'était là une faveur inhabituelle. Sur l'ensemble, Michel avait la moyenne, mais une seule note négative était éliminatoire. La note d'« aptitude à la haute montagne » est suffisante de prime abord. Stupéfait, je découvre qu'elle a été effacée, puis remplacée par une note inférieure, éliminatoire… La surcharge se lisait nettement, tout comme le nom de l'examinateur-instructeur qui s'était ainsi repris ! Celui-ci était un grimpeur citadin, fort en calcaire, mais plutôt faible en glace… Je trouvai cette volte-face saumâtre. Après les ascensions accomplies ensemble, je savais tout des aptitudes de Michel à la haute montagne, mais je ne fis aucune observation. Heureusement pour le prestige de la maison, cet instructeur a depuis longtemps quitté l'ENSA…

Tout de même, de retour à Chamonix, je demande à Michel Claret ce qui s'est réellement passé au cours du stage. Il m'apprend qu'il a dû assurer son instructeur dans des passages verglacés. Se faire tirer ainsi par son stagiaire n'était guère valorisant et pouvait, on l'imagine, engendrer quelque dépit…

Le jeune Chamoniard Michel Claret ne méritait pas ça ! Cette note était une mauvaise action, injustifiable. Malgré mes efforts, mes exhortations, mon jeune ami refusa de se représenter au stage, l'année suivante. Au mois d'août 1974, le jour de la marche de sélection pour accéder au stage, Michel s'en alla gravir seul le mont Blanc par la voie de l'Innominata, sur le versant italien. Je le sus trop tard pour le retenir.

Trois jours plus tard, sans nouvelles de lui, je téléphonai au refuge Monzimo. Le gardien me dit qu'il était parti depuis deux jours et qu'il devrait être de retour à Chamonix selon toute logique. L'après-midi même, un guide italien me téléphone du refuge des Grands Mulets. Il m'annonce qu'il a trouvé le sac et le passeport de Michel dans l'itinéraire qu'il vient de gravir avec son client.

— Il est mort ? dis-je.

— Oui, me répondit-il. On l'a trouvé étendu sur le dos, mains crispées sur le ventre, il a dû se rompre les reins. Le Secours italien l'a descendu à Courmayeur…

Michel était mort, j'étais effondré. Mon Dieu, pourquoi ne m'avait-il pas écouté ? Il n'y avait rien à dire. J'allai le chercher le soir même à Courmayeur, avec José Giovanni, de passage au chalet. Nous l'avons porté dans son cercueil, avec l'aide de notre ami Léo Philippo, et nous le transportâmes au « Chortën ». Je ne voulais pas qu'il passe ses deux dernières nuits dans une morgue, mais qu'il soit chez moi, dans ce chalet qu'il aimait tant, là où nous avions projeté notre future expédition aux Andes...

Giorgio était là le jour des obsèques, et j'entends encore sa voix, son fort accent italien, le délicieux roulis des *r* : « Tu te rrrends compte, Rrrené, Michel est mort ! »

Un an plus tard, devenu pilote des glaciers, Giorgio s'écrasait avec son petit avion sur le mont Blanc du Tacul. Sa femme me prévint par téléphone de Courmayeur. Je courus comme un fou vers la morgue de l'hôpital de Chamonix. Les tiroirs étaient pleins, en pleurant je les tirai les uns après les autres. Je trouvai enfin Giorgio. Son visage était reposé, comme s'il dormait, je restai avec lui un long moment, jusqu'à ce qu'une infirmière me dise de partir. Des familles attendaient pour voir les leurs, je refermai le tiroir de Giorgio, et je quittai la morgue. Je n'en pouvais plus.

Elle avait raison, la sœur de Pierrot Kohlmann, notre ami mort au pilier du Freney.

– Qu'est-ce que vous allez chercher là-haut ? Pierrot est mort, mon frère, et maintenant mon mari... Vous êtes des malades. Tous...

Malades de passion, oui. D'amour pour ces édifices de glace et de roc que dame Terre nous offre. Et que nous gravissons pour le simple plaisir de grimper, le besoin de vivre une aventure dont la vie est l'enjeu. Approche du divin, transcendance ? Mais n'est-ce pas trop payer ? Pas plus qu'hier, je ne peux donner de réponse logique aujourd'hui. J'ai aimé la montagne, elle a été ma raison d'exister, elle m'a fait grâce de la vie...

Après la mort de Michel, celle de Giorgio, c'en était fini des grandes parois des Alpes. Je n'avais plus d'aspiration, plus de motivation. J'avais connu des moments intenses de bonheur, mais trop de disparitions. De telles absences se transformaient en des souffrances que je refoulais au fond de moi. Mais mon existence était trop avancée pour que j'envisage autre chose : j'étais lié à la montagne. Je crois bien que je ne souhaitais rien d'autre.

Je ressentis longtemps cette infinie désespérance que je n'évoquais auprès de personne. Il fallait que je remonte la pente, que je sorte du trou noir, seul. Remonter des pentes, mais sous d'autres cieux.

Les Andes, le Pérou me vinrent à l'esprit.

33

La cordillère des Andes

Cette formidable chaîne de montagnes, bordée par le désert côtier, à l'ouest, la forêt amazonienne, à l'est, représentait pour moi l'excellence de l'aventure. Quand j'étais jeune, j'avais lu beaucoup de livres sur cet univers mystérieux de conquistadores, de chercheurs d'or, d'explorateurs à la découverte de cités perdues dans les inextricables végétations, les forêts immenses des versants amazoniens, ces récits exaltaient tant de choses en moi. J'avais éprouvé comme beaucoup le désir brûlant de devenir l'un de ces aventuriers. J'étais un alpiniste, un « conquérant de l'inutile », comme l'a si bien défini Lionel Terray dans son livre. Il me restait donc à découvrir les Andes comme lui-même l'avait fait, escaladeur de parois invaincues jusqu'alors.

À Chamonix, un alpiniste qui revenait des Andes me montra les photos qu'il avait prises sur la face du nevado[1] Huandoy. On parlait peu de cette paroi dans les milieux spécialisés, elle n'était pourtant pas inconnue des grimpeurs qui traversaient ces massifs lointains en remontant la quebrada[2] de Llaganuco en direction du nevado Chopicalqui, du Chacraraju, du Pisco, d'où l'on aperçoit dans sa rigidité le triangle géant taillé net dans le granit. Tentatives discrètes. L'échec d'une récente expédition nourrit mon intérêt, je me mis donc en quête de renseignements plus sérieux.

---

1. Sommet enneigé. (*N.d. E.*)
2. Ravin, vallée encaissée ou torrent. (*N.d. E.*)

D'après le club andiniste de Lima, la paroi avait repoussé les tentatives de onze expéditions, certaines organisées par des alpinistes de haut niveau, tels les Anglais Don Whillans et Dougal Haston, à la tête d'impressionnants palmarès. De fameuses pointures, qui se lancèrent à l'assaut de la directe de la face nord de l'Eiger, la sud de l'Annapurna, la sud-ouest de l'Everest, le plus grand exploit de l'Himalaya à l'époque... Mon objectif était solide, je le sentais, cette montagne était pour moi. J'allais tout recommencer, découvrir des pentes vertigineuses, prodigieuses, belles. Grimper, tourner des films sur des parois extrêmes, visiter les villages de la Sierra et les peuples quechuas, voyager sur des sites précolombiens plus connus des pilleurs de tombes que des archéologues...

Ce pays nouveau pour moi allait devenir un paradis que je sillonnerai avec mes amis.

Je préparai ma première expédition pour la face sud du Huandoy au mois de février 1976, le départ était prévu mi-mai, l'hiver austral étant la période la plus favorable pour pratiquer l'andinisme dans la cordillère tropicale, où les nuits sont froides et les journées ensoleillées en général.

L'agence de voyages « Le Point » nous offrit le passage gracieux de nos deux tonnes de matériel, mais je m'inquiétais du passage de la douane. Aussi le président du Lions Club de Grenoble, auquel j'appartenais depuis 1976, prévint-il celui de Lima de notre prochain débarquement. L'accueil fut au-delà de nos espérances : quand le matériel fut entassé aux douanes de l'aéroport, un homme élégamment vêtu vint s'entretenir avec nos douaniers ; à notre stupéfaction, ceux-ci transportèrent eux-mêmes nos sacs et nos cantines dans un camion commandé pour notre périple vers Huaraz. Je ferai seize voyages au Pérou, en Équateur. Mais cette première fois, nous avions hâte de prendre la route des Andes, d'apercevoir enfin la cordillère Blanche.

Cesar Morales Arnao, le responsable de l'andinisme, l'Instituto Nacional de Recreation, Educacion Fisica y Deportes, nous procura un permis de circuler, alors indispensable pour passer sans difficultés les postes de contrôle entre Lima et Huaraz.

À dix-sept heures, une heure avant la nuit, nous prîmes la route des Andes. Sanchez, notre chauffeur, nous affirma que nous atteindrions les lagunes de Llanganuco aux premières heures de la matinée, il nous faudrait donc vingt-quatre heures de route. Nous parcourûmes les premiers quatre-vingts kilomètres en quatre heures ! Sanchez arrêtait fréquemment son camion, en soulevait le capot et, à l'aide d'outils archaïques, plongeait et fouillait dans la ferraille huileuse. Une roue expira en un grand soupir guère après. Usé jusqu'à la corde, le pneu découvrait une chambre éclatée... Peu de temps plus tard, Sanchez fit le plein du réservoir et nous informa que son estomac était vide. Convaincus dès les premières heures que nous devions nous habituer aux nourritures locales, nous le suivîmes dans le restaurant de la station-service. Les parfums étaient saisissants, nos pieds dérapaient sur le sol dégoûtant d'huile de vidange, et nous prîmes place autour d'une table aussi poisseuse que les bancs où nos fonds de pantalon adhéraient.

Nous suivions la Panaméricaine en bordure de littoral, les autobus express nous frôlaient dans un bruit de turbocompresseur et d'échappement libre qui nous faisait vibrer les entrailles. Je me sentais bien dans la nuit sud-américaine, nous étions en route pour un monde prodigieux.

Nous atteignîmes Pativilca à onze heures du soir, nous avions fait deux cents kilomètres depuis Lima... Ensuite, nous laissâmes la Panaméricaine, le désert côtier et ses brouillards, pour emprunter enfin la piste du col de Conococha, 4 100 mètres d'altitude. À dix kilomètres heure au compteur, le camion commença à grimper de longues rampes terreuses. La route n'était pas encore asphaltée, dans la montagne, descendant du col, les phares d'un convoi crevaient l'obscurité. À nos injonctions d'appuyer plus fort sur l'accélérateur, Sanchez nous répondait : « *Sí, señor.* », mais il n'en faisait rien. Notre grimpée continuait, poussive, interminable, ce bas régime faisait bouillir le moteur, la vapeur fusait du radiateur, et c'était de nouveaux arrêts pour laisser refroidir la mécanique, et surtout trouver de l'eau.

Une bise glaciale nous accueillit au col, nous roulions depuis quatorze heures. Irradiée par les premiers rayons solaires, la cordillère Blanche s'étendait au loin. La grande aventure allait commencer ! Je me sentais animé d'une force phénoménale, mais je n'étais pas ce surhomme s'attaquant d'emblée au plus difficile, les Andes allaient me ramener à plus de modestie...

Comme nous descendions le col vers la vallée du rio Santa et le passage de Huaylas, entre cordillère Blanche et cordillère Noire, Sanchez estima que le moment était venu d'économiser le carburant. Le camion fila donc en roue libre, moteur arrêté, soulevant d'impressionnantes crinières ocre. Les freins étaient-ils dans le même état que les pneus ? De quoi se laisser envahir par le souci... Quand la déclivité de la route s'atténuait, le pilote remettait le moteur en route et se relançait de plus belle. Nous finîmes enfin par arriver à Huaraz, sains et saufs, un exploit.

Avec ses hôtels, ses restaurants, ses boutiques nombreuses, le Huaraz d'aujourd'hui n'est pas celui de 1976... La ville se relevait à peine des décombres d'un séisme qui l'avait détruite à 70 % six ans plus tôt, quatre-vingt mille morts dans la province d'Ancasch. À quarante kilomètres à l'ouest de Huaraz, la ville de Yungay avait été engloutie avec ses vingt mille habitants...

Notre chauffeur semblait soucieux, Sanchez avait quelque chose à nous dire... Il se manifesta enfin et déclara son intention de nous laisser là avec bagages et matériel : il devait remonter au plus vite vers Lima. Nous lui expliquâmes qu'il devait honorer son contrat en nous transportant aux lagunes de Llanganuco, quand il évoqua alors le prix du carburant, arguant qu'il lui en faudrait des quantités pour monter là-haut ! Nous restâmes intraitables, n'avait-il pas établi lui-même son prix, lagunes comprises, au départ de Lima, il ne serait payé qu'à la fin du voyage...

Après avoir remonté la piste dans la sierra, non sans de multiples haltes afin que le moteur refroidisse, nous atteignîmes la haute vallée de Llanganuco, 3 880 mètres d'altitude. Devant nous, les eaux bleu et vert des lagunes Chinan Cocha et Orca Cocha, dominées par les soubassements hauts des nevados. Nous étions arrivés. Au grand soulagement de Sanchez...

Deux équipes arrivées auparavant, une expédition japonaise et une autre, italienne, avaient installé leurs camps de base entre les deux lagunes. Elles avaient pour objectif la face sud du Huandoy. Quant à la troisième expédition, une italienne encore, elle était organisée par les « Écureuils de Cortina » et se donnait pour objectif la face nord du Huascaran. Elle s'était installée sur la rive de la lagune Orca Cocha. Les « Écureuils » avaient été informés de mon projet avant leur départ d'Italie, aussi, quand nous arrivâmes, un comité d'accueil nous salua.

Nous consacrons la première journée aux préparatifs d'ascension. Pierre Cerquetta, chirurgien et alpiniste, Patrick Wetter, médecin généraliste, conditionnent les trousses de secours, tandis que les autres membres de l'expédition, Maurice et Didier Faivre, Pierre Perry, Christian Lemrich, Pascal Ottmann, Jean-Claude et Alain Salomon, Pascal, mon fils, préparent le matériel qui devra être acheminé au pied de la muraille. Tous ne graviront pas la face sud, mon fils, par exemple, étant bien trop jeune, d'autres se désisteront, craignant l'ascension trop difficile.

Avant le soir, nous partons découvrir le fond de la vallée. La face nord du Huascaran nord, 6 654 mètres, dresse 800 mètres de roc sur un glacier tourmenté. Court, épais, il déborde sur des dalles polies, où ruissellent les eaux de fonte. C'est le front de glacier qui s'était effondré sur les lagunes de Llanganuco lors du séisme du 31 mai 1970, anéantissant une expédition tchèque de quinze alpinistes...

Au-delà de la deuxième lagune, la piste grimpe en lacets jusqu'au Portachuelo qui ouvre l'accès au versant est de la cordillère. À droite du col, un nevado de 6 000 mètres, le Chopicalqui projette ses arêtes vers le ciel, à gauche du Portachuelo et du Yanapacha, sommet de 5 000 mètres, s'élève la face sud du Chacraraju, nevado magnifique de 6 000 mètres... Quelques années plus tard, en 1982, j'ouvrirai une voie dans la paroi glaciaire à l'extrême raideur, avec Xavier Chappaz, Michel Arizzi et Jacques Fouques, de la Compagnie des guides de Chamonix.

Sur l'autre versant de la vallée, les quatre sommets du Huandoy se découpent dans le soleil couchant, à contre-jour. La clarté solaire s'abaisse vite dans les Andes tropicales, et l'ombre s'écoule dans l'étroite vallée. Il est cinq heures du soir, la nuit sera là dans une heure. Les neiges des deux sommets Huascaran s'empourprent, la paroi nord, enneigée, que les Italiens vont tenter de gravir, se marbre de taches rouges.

Depuis le glacier du Huandoy, le lendemain, nous examinons la face sud, immense triangle de granit compact. Deux cents mètres de pente de neige raide nous permettront d'accéder au pied de la partie rocheuse qui surplombe sur les premiers quatre cent cinquante mètres. La zone déversée se distingue de la paroi par un granit jaune et gris clair. Verticale jusqu'aux abords du sommet, celle-ci se transforme ensuite en pente de glace.

À droite de l'aplomb, une pente de glace et de roche mêlées de cinq cents mètres s'appuie contre la paroi, fort redressée. Distantes d'une cinquantaine de mètres, deux traces parallèles s'élèvent dans la pente. Cet itinéraire, en partie glaciaire, loin d'être facile, mais évitant la zone surplombante, est celui que nos prédécesseurs ont choisi pour entreprendre l'ascension. Notre projet de monter dans l'axe direct, au centre de la paroi, demeure. Les Japonais sortiront sur l'arête à droite du sommet ; depuis le haut de la pente de glace, les Italiens traverseront la paroi sur les surplombs, et ils sortiront à gauche du même faîte.

En deux jours, le matériel technique et les vivres sont acheminés jusqu'à un promontoire rocheux, à 5 000 mètres.

Nous franchissons la rimaye, nous gravissons la pente de neige glacée sous la muraille, nous déployons les cordes, nous fixons les points d'amarrage dans les trous des impacts de pierres tombées du haut du Huandoy, avec cette idée fausse que deux projectiles ne s'abattent jamais au même endroit… Au pied de la muraille, dans une faille étroite entre glace et rocher, nous aménageons un emplacement de bivouac à l'abri du vent.

Ce jour-là, je resterai avec Xavier dans la faille, nos compagnons redescendant passer la nuit au camp du promontoire. Ils remonteront le lendemain avec des charges de cordes, des pitons et des vivres, pendant que nous équiperons les premières longueurs.

Le mauvais temps s'installe, et il durera plusieurs jours. Aussi nous redescendons au camp de base, où la consternation règne : une cordée de deux guides de Cortina a été emportée par une avalanche alors qu'elle attaquait tout juste la face nord du Huascaran ! Ils sont à jamais enfouis dans une profonde crevasse comblée des débris d'avalanche. Je leur propose notre aide, mais les risques demeurent importants, le glacier pouvant à tout moment être balayé par des chutes de séracs. Le chef de l'expédition renonce à prolonger des recherches dangereuses et s'apprête à un bien triste retour en Italie… À quelques centaines de mètres en amont du camp, les quinze Tchèques reposent sous des mètres de limons, et maintenant, là-haut, dans le glacier, deux guides italiens. Beaucoup de morts pour une si belle petite vallée…

Canards et oies sauvages glissent, paisibles, sur le miroir bleu de la lagune, une légère brise agite les buissons de cabuyas à fleurs bleues, je suis assis au bord du lac, et je m'efforce de me concentrer sur la splendeur de la nature. Mais comment éviter de songer aux deux jeunes guides sous les tonnes de glace… Deux hommes pleins d'espérance, et qui ne reverront jamais leurs Dolomites. Je devais me reprendre, une fois encore : nous avions une paroi à gravir, et mes compagnons comptaient sur moi.

Ce jour même, Agripino Albarado et Hugo, son cousin, deux porteurs quechuas, nous proposeront de participer à l'expédition. Ils prépareront la cuistance, achèteront des vivres frais dans les villages de la sierra, ils garderont le camp quand nous serons en altitude. Un prix est convenu pour la durée de l'expédition, et par la suite, ils participeront à toutes mes expéditions. Ils deviendront mes amis.

Après onze jours d'ascension consécutifs, Pascal Ottmann, Maurice Faivre, Jean-Claude Salomon et moi, nous atteignons le sommet du Huandoy, le 22 juillet. Immobilisés deux jours dans nos hamacs par une tempête de neige qui nous prit au centre de la paroi, nous franchirons les derniers murs surplombants, avant de rejoindre la voie « italienne » en traversant la muraille. Mes intentions étaient de sortir au sommet par un itinéraire plus direct, mais cette année-là, le sort en décida autrement. Alors que nous installions le bivouac sur hamac, une fausse manœuvre, due à la fatigue sans doute, précipita sac de vivres, sac à dos, sacs de couchage et caméra dans le vide. Cette dernière nuit fut donc des plus fraîches... Le lendemain, gravissant la face sud, nous ouvrîmes l'itinéraire le plus difficile en franchissant les surplombs. Mais j'étais passablement satisfait de cette sortie à gauche du sommet... En redescendant au camp de base, je savais que bientôt je reviendrais au Huandoy...

Deuxième expédition

1977. De retour au « Chortën », j'eus tout loisir de méditer sur notre aventure andine. J'avais souhaité réussir une ascension de très haut niveau pour cette première expédition : nous avions ouvert l'itinéraire le plus difficile de la cordillère Blanche et d'Amérique du Sud, au-dessus des cinq mille mètres. Mes compagnons avaient largement participé à cette réussite en transportant le matériel au pied de la paroi. Mais j'éprouvais une grande frustration : mon film était loin d'être achevé. La perte d'une caméra et des conditions déplorables avaient fait gaspillé un temps considérable, et par ailleurs, je tenais à ce que ce tournage soit un reportage. Non seulement sur notre ascension, mais encore sur le pays quechua, et notamment sur Chavín de Huantar, célèbre et mystérieuse cité précolombienne, édifiée au centre de la cordillère Blanche. La décision d'une nouvelle expédition fut donc prise.

La splendide arête sud-ouest d'Huandoy, qui longe la face sud sur sa gauche, s'était imposée d'emblée comme l'objectif de choix à l'assaut du sommet. Nous étions huit compagnons : Xavier Chappaz, Pascal Ottmann, Pierre Cerquetta, Maurice Faivre, Pierre Perry, Alain Salomon, mon fils Pascal et moi-même.

À cinq mille mètres d'altitude, les trois tentes jumelées étaient à rude épreuve… Les nuages défilaient à hauteur de notre camp, et sous les poussées des vents, ils s'élèvent parfois d'une centaine de mètres au-dessus de nous. Dessous, nous apercevions la vallée du Santa tout ensoleillée. Au terme de deux journées, le vent tomba enfin, nos nerfs, libérés des clameurs déchirantes, se détendirent, le soleil monta derrière le Yanapacha, balaya le glacier et inonda le camp de sa lumière dorée. La trace que nous avions ouverte aux premiers ressauts de l'arête était effacée, comblée par la tourmente, quant aux dalles de granit, elles disparaissaient sous la neige.

Nous avions équipé un éperon rocheux sur cinq cents mètres les jours précédents. Mais cette première partie de l'arête était plus difficile que nous ne l'avions supposé. Il y avait bien un étroit couloir plus facile à droite, mais, exposé aux chutes de pierres, de glace, il comportait bien trop de risques : des corniches de neige débordaient à gauche, au-dessus d'un grand ressaut. L'itinéraire choisi me sembla le plus sûr entre ces deux zones dangereuses. Quatre-vingts mètres difficiles nous obligèrent à planter des pitons de progression. Xavier Chappaz et Pascal Ottmann prennent la tête, chacun à leur tour, nous enfoncions jusqu'aux cuisses. J'ouvris la trace qui conduisait au pied de l'éperon, nous l'atteignîmes au début de l'arête de glace en milieu de l'après-midi. Le seul emplacement de bivouac avant une épaule neigeuse était deux cents mètres plus haut.

Le surlendemain, l'équipe était réunie au sommet du Huandoy. Un ciel limpide jusqu'aux horizons nous combla de joie, nous apercevions l'océan Pacifique au-delà de la cordillère Noire, et les hauts sommets de la cordillère Blanche. Nos trois minuscules tentes étaient plaquées mille mètres plus bas, sur le glacier.

Poussés par les vents d'est, les nuages envahirent la montagne deux jours plus tard. La face sud serait pour l'année prochaine… Nous démontâmes le camp sans plus attendre et nous partîmes visiter, filmer les ruines archéologiques de Chavín de Huantar, à cent cinquante kilomètres de Huaraz, au versant amazonien.

Édifié entre 1000 et 700 ans avant notre ère, le « Temple du Jaguar » m'attirait inexplicablement. J'aimais rôder dans les ruines dont on ignore encore les bâtisseurs, m'asseoir sur une marche, laisser le temps s'écouler dans l'attente improbable d'une révélation émergeant du limon, soudain. On a bien le droit de rêver !

Notre errance touristique se poursuivit dans le sud du Pérou, Cuzco, le centre du monde pour les Incas, un peu plus haut, le mystérieux Machu Picchu, à pleurer…

Troisième expédition

Les prises de vues que j'avais réalisées sur le profil depuis l'arête sud-ouest, l'arrivée au sommet du Huandoy auraient pu suffire à monter un très bon film. Mais la sortie par la voie « italienne », à gauche du sommet, était loin de me satisfaire, je la ressentais comme un échec. Le combat que nous avions mené sur la paroi, les risques que nous avions courus méritaient mieux que cette échappatoire pour rejoindre le sommet…

Je décidai, qu'à cela ne tienne, d'organiser une troisième expédition. Xavier Chappaz, Pascal Ottmann, André Bertrand et Pierre Cerquetta, notre médecin alpiniste, participèrent à l'aventure. J'ai toujours attaché grande importance à la présence d'un médecin dans mes expéditions, et Pierre était un grand ami, de surcroît. Sa place ne pouvait qu'être parmi nous.

Nous voilà donc de retour aux lagunes de Llaganuco, dans nos montagnes, au mois de juin. Tandis qu'Agripino et Hugo, nos porteurs, montaient le camp de base, nous préparâmes le matériel d'ascension. Quatre cents mètres de corde en sept millimètres, deux cordes de cent mètres en neuf millimètres, les pitons, quinze jours de vivres, deux réchauds, les équipements de bivouac, une caméra électrique de seize millimètres, une caméra mécanique de même format, seize cents mètres de pellicule et deux boîtiers photographiques... Une troisième caméra, munie d'un téléobjectif, sera utilisée par Xavier pour filmer la paroi du camp I. Le matériel enfin réparti dans quatre sacs de charge, Pierre prépara la trousse de secours d'urgence et dressa la liste des médicaments, avec leur protocole d'usage. Il restera à l'écoute constamment par radio.

Tout fut transporté au camp I, à cinq mille mètres, en deux jours, puis, de là, au pied de la muraille. Hélas, le mauvais temps survint. Agripino l'avait prédit : les nuages s'accrochèrent, se collèrent aux sommets, il ne nous resta qu'à patienter. Attendre, encore... Alors, nous descendîmes chez notre ami José Vallvé Espinosa, à l'hôtel Cataluna d'Huaraz. Le mauvais temps sévira huit jours...

Tête rejetée en arrière, André s'extasiait devant les élancements de roc jaune. Posées deux ans plus tôt, en prévision d'un retour, les cordes fixes étaient restées en place, certaines, un peu décolorées par les intempéries, paraissaient intactes. D'autres étaient endommagées, gaine coupée par des blocs tombés des surplombs. Elles laissaient entrevoir çà et là l'âme en partie coupée et des touffes de nylon blanc. Nous devions rééquiper des longueurs entières. Pour gagner du temps, nous utiliserions le plus souvent les anciennes cordes. Une corde de neuf millimètres coupée à moitié peut supporter le poids d'un homme, à condition de se hisser dessus avec d'infinies précautions. À maintes reprises, nous allions en faire l'expérience. Je ne conseille à personne d'en faire l'essai à plus d'un mètre du sol... Le premier piton étant à quinze mètres au plus, j'imprimai des secousses à la corde pour vérifier si l'amarrage tenait. Un temps d'accoutumance est nécessaire pour se sentir à peu près à l'aise dans ce genre d'exercice, car, de fait, on redoute d'avoir à tirer sur d'anciennes cordes. Certes, un piton planté dans une fissure peut tenir des années, à condition toutefois que celle-ci ne se soit pas élargie sous l'effet du gel, des phénomènes naturels. Et les vibrations sismiques sont si fréquentes dans la cordillère des Andes...

Ce jour-là, je montais devant. Ce serait le tour de Pascal le lendemain, et chacun son tour. Partage équitable des petites angoisses. Le passage s'effectuait dans une traversée ascendante de vingt-cinq mètres à forte inclinaison, sur une glace dure. Un piton d'amarrage arraché de sa fissure pendait sur la corde, le deuxième tenait assez bien encore au bout de la traversée. Il fallait se méfier, c'était clair. Je replantai le piton, Pascal me rejoignit.

La troisième corde ne comportait aucun piton d'assurage avant son point d'amarrage, quarante mètres plus haut, or cette fixation, au-delà d'un surplomb à dix mètres au-dessus de nous, était hors de vue. Pendu à la corde, j'imprimai de légères secousses pour en vérifier la solidité, puis je commençai l'ascension. Mes pieds ne touchaient plus le rocher, m'éloignant du relais j'éprouvais une peur bleue. Pascal m'observait, inquiet. Arrivé au surplomb, je restai un moment immobile, évaluant malgré moi la hauteur de la chute en cas de rupture d'amarrage... Vingt mètres minimum. Et un violent choc sur le granit, au bout... Un heurt à se décrocher les viscères, à se briser les os. Arraché au bout de la traversée, le piton démontrait qu'après deux ans, les amarrages pouvaient se desceller. Question : si, là-haut, à l'extrémité, le piton ne tenait que par la traction de mon poids sur la corde ? Une tension plus forte, je ne sais, un déplacement latéral, et l'amarrage saute... Et si... Et si nous n'étions pas venus au Huandoy ! J'étais loin d'imaginer alors la surprise désagréable qui m'attendait quelques mètres plus haut.

Je dus faire de plus grands efforts pour franchir le surplomb. Quand tout à coup j'aperçus la corde, sa gaine déchirée, trois torons de l'âme apparents sur une dizaine de centimètres, à quelques mètres du point de fixation ! Une émotion indescriptible m'envahit. Quoi faire, monter, descendre, je ne sais plus. Si la corde devait rompre, dans les deux cas je n'aurais pas plus de chance. Je repris donc ma progression vers le haut avec plus de précautions. Quand enfin je pus faire glisser mon jumar au-dessus de la déchirure de la corde, je poussai un soupir de soulagement. Seule la gaine était tranchée, les trois torons de l'âme étaient intacts. Maintenant, mon regard était fixé sur les deux pitons reliés par un anneau en sangle de nylon... Ils tenaient bon, mais j'en plantai rapidement deux autres.

Quand Pascal gagna le relais, que les sacs furent hissés, André grimpa à son tour. Il avait accumulé des raids à ski avec ses clients au cours du printemps, sa forme physique générale ne pouvait être meilleure. Il avait des jambes et un souffle de marathonien, mais il manquait un peu de bras. Cette remontée de corde avec les jumars l'avait épuisé, mais je n'étais pas inquiet pour lui.

– Tu parles d'une longueur, dit-il quand il arriva au rclais.

Il souffla un grand coup.

– C'est la plus facile, dit Pascal, narquois.

Nous étions tous très tendus après cette première journée acrobatique, et nous redoutions ce qui nous attendait plus haut. Sans tenir compte de la remarque de Pascal, André leva la tête. Il examina la muraille :

– Que c'est beau... Quelle fantastique paroi !

Malgré sa fatigue, l'artiste, le sculpteur de talent s'extasiait devant la splendeur.

L'après-midi tirait vers sa fin, journée courte, mais remplie. Il y en aurait d'autres plus longues, beaucoup plus longues, et qui se termineraient dans la neige, le vent, dans la nuit.

Chacun s'organisait au mieux, plantait des pitons, accrochait son hamac aux extrémités. Ce soir-là, André fut chargé des préparatifs culinaires, Pascal s'agitait dans son hamac, trouvant que tout traînait en longueur. Il avait faim. Nous n'avions ni mangé ni bu depuis le matin. Bonnet rabattu sur les oreilles, André ne prêtait aucune attention aux doléances. Il activait son réchaud.

J'appelai le camp de base à dix-huit heures :

— Nous sommes moins haut que prévu, les prises de vues sont bonnes, un rodage est nécessaire, mais tout va bien.

— Bien reçu, répondit Xavier. Pierre Cerquetta ne se sent pas très bien, il pense à une hépatite. Si ça ne s'arrange pas, il devra rentrer en France pour se soigner...

Si Pierre souffrait d'hépatite, il ne pourrait pas rester au camp de base, nous n'aurions donc plus de médecin. Allongé dans le sac de couchage, Pascal examinait la corde fixe qu'il allait remonter le lendemain matin, le faisceau de sa lampe frontale se déplaçait au fur et à mesure.

— Je ne crois pas qu'elle soit abîmée.

— Je l'ai examinée au relais. Elle paraît intacte. Je m'en souviens, le piton d'attache est dans la bonne position, il ne devrait pas bouger.

Grand jour. Nous avons dormi comme des loirs, je n'ai même pas entendu la montre sonner à cinq heures. Devant attaquer le premier, Pascal range son matériel de bivouac et boucle son harnais d'escalade. De mon hamac, je casse des glaçons au marteau dans la fissure qui est à ma hauteur. Je les passe à André, les réchauds fonctionnent bien. Tout marche rondement ce matin. Les gestes seront moins rapides dans quelques jours, les mains abîmées moins précises...

Pascal avale un bol de chocolat, fin prêt, il observe la corde avec circonspection, de nouveau. Tiendra ? Tiendra pas ? Il engage ses jumars sur la corde, et il tire de tout son poids. Rien ne bouge, la corde tient, il monte de trois mètres, le regard fixé vers le haut. L'amarrage est invisible. Il plante un piton dans une courte fissure, passe un mousqueton et sa corde d'assurance. Moment de vérité : si la corde tient, nous gagnerons une journée. Je filme. Gros plan sur André, le vide derrière lui, je cadre la corde, puis Pascal. Bon sang, si la corde lâchait ! C'est fou comme on est relax quand on n'est pas premier de cordée... Aujourd'hui, je monte le dernier, sans aucune corde à tester, pas de sac à hisser, aucun souci immédiat. Je filme, je regarde mes compagnons œuvrer.

Le dernier sac hissé, je les rejoins soixante-dix mètres plus haut. Je prends la tête de cordée. On finit par s'accoutumer à ces cordes en place depuis deux ans, mais méfiance tout de même... Je remonte cinquante mètres de mieux.

Au relais, quelques petites marches couvertes de neige permettent de poser seulement la partie antérieure des pieds. Quand le matériel et les compagnons sont là, il est trop tard pour monter plus haut, nous avons gagné cent vingt mètres dans la journée. Des fissures courtes, peu profondes, acceptent quelques minces pitons, en les réunissant par des sangles de nylon on obtient un ensemble assez solide pour installer les hamacs.

Il fait presque nuit, nous n'avons fait aucun appel radio de la journée. En montant d'un rien sur l'autre versant, nos compagnons du camp de base peuvent nous apercevoir avec leurs jumelles. Je sors le talkie-walkie. Un ultime éclat rougeoyant affleure le sommet du Huscaran, les nevados s'estompent dans les ténèbres. Xavier est à l'écoute, Pierre va mal, il envisage de quitter le camp de base pour Huaraz et peut-être Lima, puis la France. Nous sommes plus inquiets pour lui que pour nous-mêmes, la possibilité d'un accident dans la paroi ne nous vient même pas à l'esprit, Pierre nous avait expliqué la conduite à suivre en cas de problème grave.

Quoi qu'il arrive, il n'y aura ni hélicoptère, ni secouristes dans cette paroi, nous devrons nous arranger... Nous n'avons donc droit à aucune erreur, mais aussi forts que nous soyons, l'imprévu peut surgir tout à coup : un bloc de glace soudain, un rocher dégringolant des hauteurs, explosant sur la muraille, nous arrosant de ses éclats meurtriers. Venus libres dans cette muraille, mes compagnons en connaissent les risques, ils ont choisi l'aventure extrême, un monde à leur dimension.

Le repas du soir se termine sur un tilleul-menthe avec, pour arrière-goût, une nuance de potage et de bœuf lyophilisés. Rien ne se perd, en haut, la vaisselle ne se fait pas comme en bas, économiser le combustible des réchauds est primordial.

Je me glisse dans le sac de couchage, je m'allonge dans le hamac, et je serre ma cagoule sur mon visage. La nuit est divinement étoilée, je me laisse porter par les éléments, j'observe le ciel comme les voyageurs par les hublots d'un jet. Horizons sans horizon.

Cette fois, la montre ne s'oublie pas, elle sonne, cristalline, précise, désagréable. Une montre dans une paroi pareille, une aberration...

Il ne fait pas tout à fait jour encore, entre les mailles du hamac j'aperçois sous moi l'étendue du glacier, les reliefs imprécis. Une bise glaciale m'emplit les yeux de larmes, le temps devrait rester au beau tout le jour sur la cordillère.

– Pascal ! Petit-déjeuner !

Un « ouais » sans conviction me répond, puis un « oui » plus net. L'œil vif, Pascal sort du duvet comme le diable de sa boîte. Il a la forme.

– Je n'ai pas réussi à m'installer convenablement dans le hamac.

Nous consacrons un long moment au petit-déjeuner, car il nous sera impossible d'absorber d'autres boissons avant le soir. Au bivouac, l'eau risquera d'être gelée.

Les pieds de Pascal ne touchent pas la muraille, un mouvement un peu fort lui fait accomplir un demi-tour, il se retrouve dos au mur, face au Huascaran. Je le suis dans le viseur de la caméra, pourvu que la corde tienne…

Je le rejoins au relais, dont la fragilité, deux pitons courts, m'impressionne : nous avons tiré quarante mètres sur deux morceaux d'acier enfoncés de quelques centimètres… Le relais est si exigu que, pour me laisser un peu de place, Pascal, pieds à plat sur le mur, s'accroche en traction sur un seul piton. Sa confiance en ce bout de ferraille m'effraye. Hisser le matériel ne va pas être aisé. Après plusieurs essais, je finis par planter un troisième piton. Nos jumars sont accrochés à la corde fixe suivante, le tout, réuni par une sangle de nylon, améliore sensiblement l'état de notre relais.

La vue sur André et les sacs mérite d'être filmée. Ma position ne peut être plus incommode, malgré tout je parviens à tourner quelques plans. Quand les sacs sont hissés, attachés sur la sangle, il n'y a plus de place pour André. Il doit donc patienter pour monter à son tour. Il bat la semelle, avant que j'accède au relais suivant, cinquante mètres au-dessus de Pascal

Arrivé à la base d'un dièdre large et court, ouvert comme un grand livre de granit sur le vide, je plante deux bons pitons. J'accroche sac et hamac, j'enfile mon pantalon, ma veste de duvet, et je place d'autres pitons à bonne hauteur pour mes deux compagnons, ici les fissures ne manquent pas.

L'ombre progresse sur les glaciers, elle glisse de sérac en crevasse, le bleu turquoise des lagunes s'assombrit, tourne au marine, puis vire au noir. À l'est du Chopicalqui, des masses nuageuses s'accumulent sur le versant amazonien. Elles débordent bientôt sur le Portachuelo, les arêtes du Yanapacha, elles coulent, lentes, épaisses, sur la vallée de Llanganuco. Je m'endors, assis dans le hamac. Des appels du lointain montent, je me penche sur le vide, je les perçois mieux, ils sont plus clairs. Pascal grimpe. Je tire ses cordes d'assurance qui pendent devant lui.

Les neiges du Huascaran prennent des teintes alizarines, les nuages assiègent le Chopilcaqui, ils l'ensanglantent au couchant. Ces lumières sont-elles annonciatrices de mauvais temps, le temps va-t-il tourner ?

Nés du néant, des brouillards glissent sur la paroi, ils accentuent encore l'affaiblissement du jour ; épars, des flocons de neige, traversent le halo de ma lampe frontale. Pascal n'est plus loin du bivouac, par intermittence j'aperçois le rayon de sa lampe dans la brume, comme une longue épée, lumineuse. Il se déplace d'un côté l'autre, il disparaît, revient, il arrive enfin au bivouac, heureux d'en avoir terminé pour la journée. Les brumes se resserrent, il est à peine dix-huit heures, la nuit est noire déjà.

À la radio, Xavier m'annonce :

– Agripino pense que le temps va changer. S'il se détériore, nous descendrons quarante-huit heures à Huaraz. Pierre Cerquetta ne remontera certainement pas. Son état ne s'arrange pas.

Nous organisons le bivouac au mieux pour nos trois hamacs. Le givre se dépose sur le granit, les cordes qui pendent dans le vide, la paroi blanchit, le faisceau des lampes se reflète sur cette matière devenue aussi translucide qu'un miroir. Le treuil de secours (trois kilos), que nous avons emporté pour hisser les sacs, est rapidement installé. Soixante-dix mètres plus bas, André accroche le premier sac, il ne reste qu'à tourner la manivelle. Il monte sans difficulté pendant vingt-cinq mètres. Un appel d'André suspend l'action de treuillage le temps de fixer un deuxième sac. Ils montent régulièrement, quand le premier se coince sous un surplomb, à quelques mètres du relais. La corde se tend, le treuil patine. Maintenu par une corde, Pascal descend à hauteur du surplomb, le dos incliné sur le vide, les jambes écartées, il tire sur la corde pour éloigner les sacs du rocher. Je tourne la manivelle. L'ambiance est des plus sévères sous la neige, la manœuvre se prolongera tard dans la soirée.

André, couvert de givre, pénètre sous la toile de nylon tendue sur nos hamacs.

– Content de vous revoir ! Mais vous avez organisé un quatre étoiles ! s'exclame-t-il, découvrant notre bivouac aménagé.

Nous mangeons, nous buvons tard dans la nuit. Il est une heure du matin, pour couronner nos agapes je tire un petit flacon de pisco du sac de vivres. Un cadeau de notre amie Dave, attachée de presse à l'ambassade de France de Lima. Puis, enfin, nous plongeons dans la douceur des sacs de couchage...

– Il neige ! nous annonce Pascal.

Malgré le jour qui pointe, ma première pensée est de ne pas bouger un cil, ne pas sortir le nez de la tiédeur du duvet de plumes. Qu'il neige, je n'en veux rien savoir. Je suis encore dans le demi-sommeil qui précède le réveil, il neige...

Je n'aurais pas dû sortir la tête du sac aussi brusquement, un paquet de poudre accumulée entre la toile et le mur me dégringole sur le visage, m'emplit le cou. Je me reglisse dans le sac, rien d'utile à faire dans l'immédiat... La toile de nylon s'agite, Pascal extirpe gamelles et réchauds. Tintement d'aluminium, raclement de ferraille contre le rocher. Comment retrouver le sommeil après pareille révolution ?

Nous entendons le vent qui se déchire sur les arêtes sommitales, lointain mais puissant. Vers la fin de la matinée, il tourne au sud-est, et nous le recevons de travers. La toile d'abri se gonfle dans des claquements de voile, aux limites de la déchirure. Nous renforçons les attaches...

Notre journée s'écoule en lecture. Nous avons tous emporté un bon bouquin pour passer le temps. De longues rafales déchirent les nuées, elles entrouvrent des gouffres lumineux où des tourbillons opales se précipitent. Le froid se fait dense, incisif, des brumes épaisses fondent sur notre muraille, elles les engrossent de verglas gris, laqué.

Une deuxième nuit s'écoule. Le jour se lève, sans aucune visibilité. L'après-midi, nous entrevoyons des apparitions bleues, fugitives, dans l'épaisseur nuageuse. Le plafond se disloque, des failles s'entrouvrent. Nous demeurons solidaires de la paroi, suspendus dans nos hamacs.

Le lendemain au matin, les nevados se dressent dans un ciel pur de l'est à l'ouest. La paroi est givrée, mais dès que la chaleur montera, givre et verglas s'évaporeront dans cet air sec. Il reste un peu de neige et de glace dans le fond des fissures, les anfractuosités de la roche. C'est notre indispensable réserve pour nous alimenter. L'inaction nous pèse après deux jours de repos forcé, saucissonnés dans nos hamacs...

La corde fixe est là, à l'aplomb du surplomb où de fragiles feuillets de roche tiennent par on ne sait quel prodige. L'un d'eux, tombant, a endommagé la corde, vingt mètres au-dessus du relais. Une touffe blanche double son volume. Confiant dans nos cordes de nylon, je commence à grimper, pendu littéralement sur le vide. Je me rends compte des dégâts à cinq mètres de la déchirure. Impressionnant... Sur les trois torons, deux sont tranchés net. Il ne reste de la corde qu'un seul toron intact... Je refoule un sentiment de panique. Ma réaction première est de redescendre, un unique toron ne pourra supporter plus longtemps mon poids, la corde va se rompre. Erreur, bien fabriquée, une corde de montagne est solide ! Je progresse par fraction de dix centimètres, le regard fixé sur le toron. Prière muette, peur bleue. Quand enfin mes jumars ont dépassé la déchirure, ma gorge est plâtrée. Ces quelques minutes d'extrême tension m'ont épuisé. Je finis de monter jusqu'à l'extrémité de la corde, les pitons de fixation sont solides. J'accroche mon sac à l'un d'eux, mes étriers sur l'autre, et je passe mes jambes, puis je tire une cigarette de ma poche et je l'allume...

La vue plongeante sur les compagnons est surprenante : sur la dalle, à droite du bivouac, Pascal, maintenu par un piton, André, dans le dièdre, assis dans son hamac, filme avec un 12 x 120. Je lui demande de m'envoyer la caméra mécanique Bell-Owel et deux bobines de trente mètres sur la corde fixée à mon harnais. Je filme mes compagnons.

Les trois cents derniers mètres

L'ombre vire au bleu ardoise, les reliefs deviennent imprécis, puis ils s'effacent dans le soir crépusculaire. Après avoir franchi le dernier grand mur déversé, nous installons notre septième bivouac sur une bande de glace horizontale. Elle est longue de quatre ou cinq mètres. Nous avons taillé une bordure étroite, limitée par la roche sous-jacente, de quoi tenir debout sans être repoussés vers le vide. Nous passerons là quatre nuits dans nos hamacs. Le plus difficile était derrière nous, mais rien n'est encore gagné.

Le sommet s'élève au-dessus de nous, à trois cent cinquante mètres. Deux cents mètres de muraille coupée de minces surplombs, des gouttières de glace à la verticale, donnent accès à la dernière pente, cent cinquante mètres à l'aplomb du sommet. Nous équiperons d'abord cent mètres de paroi en tirant vers la droite, sur les grands toits qui dominent l'ensemble de la face sud. Ce ne sera pas une ascension directissime, mais une voie aboutissant au sommet tout de même.

À ce jour, la directissime reste à accomplir, à charge pour de futurs protagonistes d'équiper une centaine de mètres en pitons à expansion, mais en se méfiant des grands toits décollés de la muraille, qui menacent de s'effondrer...

Nous partons avant le jour.

Nous avons équipé deux longueurs de cinquante mètres, avant de redescendre au bivouac, à la nuit tombante. J'avais espéré faire une longueur de plus, mais les cent mètres, bigrement raides, furent difficiles à négocier. Piolets, crampons et broches à glace durent entrer en jeu. Au point atteint, il nous restait une centaine de mètres avant la pente de glace, où la progression serait plus rapide. Demain le sommet ?

Il n'y eut pas de départ avant le jour. Le crépitement du grésil sur notre abri n'était pas l'annonciation d'une journée triomphante. Dans la nuit, tout avait basculé, le vent d'est charriait d'innombrables nuages vers le Pacifique. Mauvais temps ! Nous resterons quarante-huit heures inactifs sous notre toile de nylon. Lire, manger, boire, dormir... Lassant !

Aux premières heures de la troisième nuit, le ciel se dégage enfin de toutes les traces de brume.

Je ne dormais pas profondément. J'avais entendu un bruit de pierraille dévalant la paroi une seconde avant le hurlement de douleur d'André. Pascal sursaute dans son hamac.

Que se passe-t-il ?

— Ma jambe, crie André, ma jambe !

J'allume ma frontale : une pierre vient tout juste de traverser la toile de tente, elle a touché André, allongé dans son hamac. Il serre sa cuisse entre ses mains. Il gémit, le buste fléchi. J'imagine le pire, un fémur brisé... L'accident qui ne devait surtout pas se produire surgit : nous risquons de redescendre un blessé au fémur brisé. Tâche difficile pour deux valides. Nous disposons bien d'une attelle gonflable, d'une trousse de pharmacie, mais il nous faut deux jours pour rejoindre le glacier, trois peut-être. Inévitablement choqué, André ne pourra guère nous aider.

— André, où as-tu mal exactement ?

— Là, dit-il, m'indiquant le milieu de la cuisse, où la pierre l'a frappé.

— Le fémur est cassé ?

— Je ne sais pas, j'ai très mal...

— Tente de bouger la jambe, plie le genou...

Il reste un moment immobile, puis, inspirant profondément, il soulève sa cuisse en s'aidant de ses mains.

— Non ! Rien de cassé.

Ouf !

Des chairs tuméfiées, mais pas de fracture, quel soulagement !

Il est minuit. André se remet lentement de ses émotions. Il nous reste deux heures de sommeil.

Deux heures du matin. Le ciel est constellé d'étoiles, le froid est mordant, à l'est, des éclairs embrasent la nuit de lueurs rouges. Des orages formidables déchaînent des cataclysmes diluviens sur les selvas amazoniennes. De notre balcon en plein ciel, nous assistons à ce fantastique feu d'artifice dans un silence absolu. Malgré sa cuisse douloureuse, André nous assure qu'il poursuivra l'ascension. Pascal allume les réchauds. Nous buvons quantité de boissons chaudes, les sacs sont prêts depuis la veille au soir. C'est l'assaut final.

André monte péniblement, la souffrance qu'il endure est inscrite sur ses traits. Il tient bon, il veut monter. Il monte...
Des fulgurances illuminent de monstrueuses montagnes de brume, à l'est, d'énormes cumulus rougeoyants se découpent dans l'horizon étoilé. Des forces s'amassent, prodigieuses, elles se préparent à on ne sait quel titanesque assaut. Des brasiers naissent, meurent, mais pas le moindre frémissement ne nous parvient. Tout se passe à des centaines de kilomètres. Mais nous ne sommes pas inquiets, ou du moins pas encore... Nous sommes seulement émus par tant de beautés offertes...
Des ressauts ourlés de glace vive nous obligent à de dangereuses acrobaties, le moindre incident, la plus petite erreur d'appréciation sont exclus. L'assurage est précaire par endroits, une chute pourrait se transformer en catastrophe et perdre la cordée, ici. Il faut être prudent, mais sans exagération, sans perdre trop de temps... Je tourne deux bobines de trente mètres dans la première partie de la matinée. À très haute altitude, un léger voile s'étend sous la coupole du ciel. De fantastiques cumulus se dressent, figés, comme des champignons atomiques, à l'est. Une inquiétude sourde nous étreint, mais pas un seul mot n'est prononcé. Maintenant, nous savons : il faut aller vite ! La caméra reste dans le sac, le film est oublié, nous n'avons qu'un seul but : le sommet,

achever la voie. Inutile de parler, funambules, nous suivons une étroite vire de glace entre deux ressauts surplombants, nous sommes à la limite de la rupture d'équilibre. Des ascendances glacées glissent sur nos visages, nos mains nues deviennent insensibles sur la roche gelée.

Les forces colossales se regroupent à l'est. Les cumulus se déforment, ils s'allongent, ils s'inclinent sur l'ouest, un nuage lenticulaire se forme sur le Huascaran.

Un dernier couloir de glace, coupé en son milieu par une dalle, aboutit sous un ressaut de granit, avant la pente sommitale. Cinq mètres avant, je tente de planter une broche, la glace éclate, trop mince. La broche rebondit, elle disparaît dans le vide... Je dois monter jusqu'au bas de la dalle à bout de corde. Il faut placer le relais ici. Je réussis à planter un piton court dans l'unique et mince fissure de la roche compacte, sans relief. C'est peu pour un relais, c'est même tellement fragile que nous n'osons tirer sur le piton. Les prises sont rares sur cette dalle, j'hésite à poser mes crampons qui me seront indispensables en sortie du passage rocheux. À droite comme à gauche du couloir, les roches sont encore plus lisses. Tout se joue là. Redescendre, chercher ailleurs ? Il est trop tard. Nous devons gravir cette dalle, ou alors renoncer au sommet. La décision est lourde de conséquences : une seule chute, et le piton ne tiendra pas...

– Alors. J'y vais ?

– Vas-y, fait Pascal. Simplement.

André ne dit rien. Il a fort à faire avec sa jambe qui le torture. Une courte hésitation. Je grimpe deux mètres, je ne peux plus redescendre sans risquer la chute maintenant. Je reste quelques secondes figé sur les pointes avant de mes crampons posés sur de minuscules aspérités de granit. Puis je franchis rapidement les deux mètres suivants. Je tire mon piolet du harnais et je le plante dans la glace.

– Ça va ? lance Pascal, enfin détendu.

– Oui, ça va...

Serais-je seul à avoir ressenti cette émotion au creux du ventre, quand tout ne tient qu'à quelques centimètres de granit, que nos trois vies dépendent de la plus insigne maladresse ? Le couloir s'achève sous la falaise verticale qui sépare la muraille de la pente de glace. Dernière défense, haute d'une quinzaine de mètres, ne présente aucune difficulté importante, sinon ce court surplomb au départ.

Je plante un premier piton sous le surplomb. Je me tire dessus, puis un second, plus haut. Il s'arrache sous mon poids, je me retrouve debout, au point de départ, de la neige à la ceinture. Trop de précipitation. Je recommence. Calmement. La lumière baisse. La calotte glaciaire du Huascaran disparaît dans le nuage, de lourdes nuées ourlent les crêtes du Chopilcalqui, elles descendent sur le Yanapacha, des masses d'air se mettent en mouvement. Une couche de neige dure facilite la progression sur la pente sommitale.

À dix-sept heures, nous sommes au sommet !

Nous ne prenons pas même le temps de nous congratuler. Une broche à glace, un mousqueton pour faciliter le glissement du rappel, la fuite par longueurs de cinquante mètres ! Le premier arrivé au bout du rappel installe la deuxième corde. La pente fut vite descendue ! Je récupère la caméra suspendue au piton au bas de la falaise. Il fait nuit noire, nous allumons les frontales.

Des sillons lumineux, plus proches cette fois, lézardent le ciel. De sourds roulements nous parviennent, mais ce n'est pas pour nous : l'orage se concentre sur le versant amazonien, au loin...

La tourmente déborde sur le versant océanien, l'orage s'installe entre les hautes parois de Llanganuco, « il n'y a jamais d'orage dans la cordillère Blanche ». Belle légende ! Une violente rafale balaye la paroi, le ciel s'embrase, l'explosion nous fait vibrer.

Descendre au plus vite, s'éloigner du sommet ! L'orage éclate au-dessous, au-dessus de nous, les éclairs fusent de tous côtés, ils semblent jaillir du rocher. Ma crainte ? Que nous soyons foudroyés. Par deux fois, je suis parcouru d'ondes électriques, le grésil nous aveugle, il recouvre nos vêtements de verglas, il se brise à chacun de nos mouvements pour se reformer instantanément.

Il ne faut surtout pas se perdre dans la descente. Dans les rafales de grésil, la nuit, tout se confond, dalles, dièdres, couloirs étroits, ne surtout pas quitter l'axe de montée. J'ai l'impression que nous sommes trop à droite, sans en être vraiment sûr... Passer à gauche ou à droite nous amènerait en plein vide, sous les surplombs. Aveuglé de grésil, je descends un rappel qui m'éloigne de la paroi. Cette descente dans l'abîme de nuit, dans l'orage, tout me semble irréel. Le faisceau de ma lampe éclaire une forme blanche, verticale, à quelques mètres de l'extrémité du rappel... Je ne reconnais plus rien, le brouillard déforme les reliefs, fausse les distances. C'était une lame de rocher recouverte de givre. Je me balance sur la corde, j'augmente le pendule et je prends pied sur une terrasse au bas de la lame. Je reconnais enfin le passage, nous avons laissé un piton de rappel à chaque relais...

Je crie vers le haut plusieurs fois :

– Rappel libre ! Faites sauter la corde à gauche ! À gauche...

Mais comment s'entendre dans les clameurs du vent furieux ? Des minutes s'écoulent sans qu'il ne se passe rien. Je tourne la tête contre le rocher pour protéger mon visage du grésil, la corde bouge, elle monte un peu, elle redescend. Mes compagnons ont compris que j'étais arrimé au relais !

Une forme, une armure de glace parvient à ma hauteur. Je tire la corde, je l'amène près de moi, André prend place sur la terrasse dans un bruissement de cristal brisé. Le verglas n'adhère pas sur nos vêtements d'altitude. Pascal tombe du ciel à son tour. Il est blanc de givre et de glace, il irradie de lumière dans le faisceau des lampes.

Vingt-trois heures. Nous rejoignons la première corde fixe. L'orage s'est éloigné, il semble se localiser sur le Huascaran, les rafales s'espacent, bien moins violentes. Des étoiles scintillent entre les nuées.

Une heure du matin. Le bivouac enfin. Pascal arrive le premier, puis André et moi, enfin. Je tire la corde du dernier rappel grâce à l'aide de Pascal. André allume les réchauds.

Après cet orage, les rafales de grésil qui nous avaient gelé le visage, le bivouac sous le nylon nous apparaît comme un exceptionnel lieu de confort. Mieux qu'un quatre étoiles, se plaît à dire André. Toutes les étoiles de la Voie lactée emplissaient le ciel, rien que pour nous ! Nous étions riches de milliards de gemmes, et de nos vies, enfin, qui auraient pu basculer dans les décharges de foudre…

Nous dormons quelques heures. Une descente vertigineuse commence avant le jour. Malgré l'habitude, les glissades sur les anciennes cordes et nos cordes de rappel sont bien impressionnantes. Par moments, nous négligeons un peu trop la sécurité. Pascal file devant comme une balle. En technicien avisé, André calcule ses départs et ses arrivées au relais suivant. Je descends le dernier, il m'arrive parfois de caresser la roche de mes mains abîmées, et je lui murmure : « On ne se verra plus, ma belle montagne… » Les angoisses, l'extrême fatigue, les dangers courus sont déjà oubliés. Je ne voyais plus que la splendeur, la vallée de Llanganuco, les lagunes émeraude.

Il fait nuit quand nous atteignons le bas de la paroi. Les sacs restent fixés à un piton. Nous reviendrons les prendre demain. Au camp du promontoire, la nuit ne sera guère reposante : nous sommes trop fatigués, trop tendus pour bien dormir. Le lendemain en fin de journée, nous sommes de retour au camp de base.

Deux jours plus tard, je quittai les lagunes avec le sentiment d'un travail inachevé… Ne pas avoir filmé les cent cinquante derniers mètres sous le sommet me contrariait. Mes proches amis me suggérèrent de terminer le tournage sur un sommet des Alpes, car, après tout, un sommet neigeux est un sommet neigeux. Tous ressemblent au Huandoy. Le spectacle n'en souffrirait guère ! Mais je ne pus m'y résoudre.

Au début du mois de juin 1979, je repartis donc une nouvelle fois pour l'Amérique du Sud, avec mes complices, Pascal Ottmann, Xavier Chappaz et Alain Vagne. Nous gravîmes le Huandoy en ouvrant une voie nouvelle, dans une pente de glace à gauche de l'arête sud-ouest, que nous avions gravie en 1977. Quant au film, je pus le terminer enfin comme je le souhaitais...

Quelques années plus tard, Pascal Ottmann, mon bon compagnon devenu professeur-guide à l'ENSA, entreprit l'ascension hivernale de l'arête intégrale de Peuterey. Il ne revint jamais...

J'ouvrirai de nouvelles voies dans la cordillère Blanche au cours des années suivantes. Ainsi l'arête est du Chopicalqui, en compagnie de Xavier Chappaz, Michel Arizzi et Alain Vagne ; la face sud du Chacraraju, puis de nouveau le Chopicalqui par la face sud-est, avec Christophe Profit et Sylviane Tavernier, les parapentes dans nos sacs... De magnifiques sommets, où le jeu du vol libre était plus que déraisonnable !

Jacques Coudy, un frère pour moi, gravira son premier sommet, le Pisco, proche des 6 000 mètres. L'aventure se présenta de façon tout à fait imprévue pour lui. De passage à Paris avec Christophe Profit, Jacques nous invita à partager le pain à la table de son restaurant, la Brasserie de la Muette. Au cours du repas, nous évoquons notre prochain départ au Pérou. Nous ami nous écoute avec attention. Je le sens intéressé par le voyage. Je lui fais à brûle-pourpoint :

— Jacques. Tu ne veux pas nous accompagner au Pérou ?

— Si, me répond-il, sans la moindre hésitation.

À cette époque, Jacques courait le marathon de Paris chaque année. Il était toujours en superforme.

Xavier Chappaz et Michel Arizzo étaient de l'équipe. Le but de l'expédition était d'accomplir quelques beaux vols d'altitude en parapente. Hélas, les conditions atmosphériques ne nous en laisseront guère le loisir...

Approchant du sommet du Pisco à la petite aube, un étrange spectacle nous fut offert. La frange solaire ne se dessinait pas encore à l'horizon, et la lumière pâle semblait tomber à la verticale des trois sommets triangulaires du Huandoy qui se découpaient, sans la trace d'une seule ombre, parfaitement. Ils semblaient posés là, comme un somptueux décor. Pas un souffle de vent, le silence absolu. Nous restâmes sans mot dire, médusés. Aucun parmi nous n'avait jamais assisté à pareil lever du jour en montagne. Puis le soleil surgit de l'horizon, et les montagnes se nimbèrent d'or.

Jacques Coudy a gardé un émouvant souvenir de cette journée. C'était son premier sommet andin, sa marche vers l'étoile...

34

Les chemins de la vie

Ce livre aurait pu se terminer au précédent chapitre, mais privé de ce qui est devenu l'essentiel de ma vie, il serait inachevé.

« Malgré toutes tes ascensions, c'est ce que tu as fait de plus beau, m'avait dit Théo, le père curé du Dévoluy quand il baptisa ma fille à la mère église de Saint-Didier-en-Dévoluy.

Je connaissais depuis longtemps une charmante personne, une jeune femme aux yeux noirs aussi profonds que les nuits orientales. Des yeux de ravissement, des instants précieux.

Elle habitait Lyon. Hors les périodes de vacances qu'elle passait dans son chalet de Chamonix, nous nous voyions assez peu. Insuffisamment à mon gré, comme au sien, je crois. Mes voyages en Amérique du Sud, mes courses en montagne, les clients, les circuits de conférences ne facilitaient guère les rencontres.

Cela aurait pu rester une liaison amoureuse sans lendemain. Pourtant, je n'imaginais pas ma vie sans elle.

Remontant en voiture vers le chalet, je la vis au bord de la route un jour, tandis qu'elle regagnait le sien. J'arrêtai la voiture à sa hauteur. J'ouvris la portière, elle s'installa. Nous parlâmes de choses et d'autres, de la soirée que nous allions passer ensemble. Après quelques secondes de calme, elle me dit à brûle-pourpoint :

— René, il serait temps que tu te décides…
— Tu es sûre de ce que tu avances ?
— Je sais ce que je veux, m'assure-t-elle, fermement.

– Alors, dis-je, on hisse la grand-voile ! Gouvernail droit sur l'horizon.

C'était au mois d'août, voici seize ans. Elle m'accompagna dans une tournée de conférences au Canada d'un trimestre, à l'automne. L'été suivant, nous partîmes, touristes, en Équateur, puis au Pérou. Selon mes activités, nous partagions notre temps entre son chalet de Chamonix, ma maison de Bourron-Marlotte, près de Fontainebleau, et notre mas de Chaures, dans les Hautes-Alpes. Un matin, alors que nous étions au mas, elle m'annonça :

– René, j'attends un enfant. J'aimerais que ce soit une fille.

– Tu ne pouvais me faire plus beau cadeau. Une fille naîtra, j'en suis sûr, puisque tu le souhaites.

Je serrai contre moi la femme que j'aimais et l'enfant annoncé.

– Notre fille naîtra à Chamonix.

Elle a aujourd'hui quatorze ans. Elle est grande, intelligente, belle comme sa maman. Un caractère emporté parfois, mais ça tient de famille...

Le bateau va bien sur l'océan de la vie. Trop vite à notre gré. Quand il est doux, le temps passe toujours trop vite...

Château Double,
le 22 novembre 2004.

Table

1. Premières évasions, 5
2. Les miens, 18
3. Les grès de Fontainebleau, 24
4. Au poste de Gondran, 28
5. Loin des montagnes, 38
6. Jean Couzy, 46
7. Face ouest des Drus, première hivernale, 61
8. La mort en face, 67
9. La directe de la Cima Grande, 74
10. Margherita, notre dernière cordée, 85
11. Jannu, Himalaya, 7710 mètres, 93
12. Dolomites, la Cima Ovest, 102
13. Aux origines du grand alpinisme hivernal, 115
14. Grandeur et honneur des missions du guide, 128
15. Équipée tragique au pilier Central du Freney, 139
16. Heurts et malheurs d'apprentissage, 146
17. Deuxième expédition au Jannu, 151
18. Tempête sur les Grandes Jorasses, 155
19. Marathon d'altitude, 177
20. La face ouest des Drus en solitaire, 188
21. Trop d'innocence, 201
22. La face nord de l'Eiger, 207
23. Les naufragés des Drus, 228
24. Première hivernale du Freney, 246
25. La vie comme un torrent, 258
26. Le Linceul des Grandes Jorasses, 262
27. Grenoble, 1968, 271
28. Sacrilège sur le plus haut sommet, 274
29. Ascension vers l'enfer, 280
30. Voyage en Afrique, 332
31. L'intégrale du Peuterey en solitaire, 336
32. Les derniers quatre-vingts mètres, 345
33. La cordillère des Andes, 351
34. Les chemins de la vie, 380

*Cet ouvrage a été composé par les Ateliers du Dragon
Achevé d'imprimer en mai 2005
par **Bussière**
à Saint-Amand-Montrond (Cher)*

ISBN : 2-84230-229-X
Dépôt légal : mai 2005 – N° d'impression : 052164/4
Imprimé en France